개념어 사전

개념어 사전

남경태 지음

지식 세계를 항해하는 교양인을 위한

최소한의 인문학

| 머리말 |

한 개인이 '사전' 이라는 제목을 단 책을 펴냈다면 둘 중 하나다. 알래스카에 냉장고를 팔려 할 만큼 무모하거나, 아니면 알래스카에 냉장고를 팔 수 있을 만큼 뻥이 세거나. 하지만 이 책의 제목 앞에 생략된 문구를 밝히면 면죄를 받을 수 있지 않을까? '지은이가 순전히 개인적인 관점에서 쓴 개념어 사전', 이것이 이 책의 원 제목이다.

사전을 쓰는 일은 보통 저술이 아니라 편찬이라고 부른다. 그만큼 한 개인이 할 수 있는 일이 아니다. 수십 명의 전문가가 달라붙거나, 적어도 위원회가 구성되어야 가능한 작업이다. 18세기에 프랑스의 계몽주의자들이 만든 《백과전서》는 160명의 학자와 21년의 세월이 필요했고, 비슷한 시기에 중국에서 황제의 명으로 편찬된 《사고전서》는 연인원 4천 명이 동원되어 10여 년이 걸렸다.

《개념어 사전》을 그런 방대하고 엄정한 사전에 비할 생각일랑 애초에 없다. 실은 지금 그런 사전을 펴내는 게 과연 의미가 있는지도 의문이다. 전통적인 형식의 백과사전은 현재 인터넷 포털 사이트마다 무료로 제공되고 있으니 누구나 언제든 열람할 수 있다.

여기서 다루는 개념들도 '공식적' 정의를 알려면 그 백과사전들을 참고하는 것으로 충분하다. 거꾸로 말하면 이 책은 기존 백과사전과 거의 상관이 없다는 이야기다.

이 책에는 상식도 없고 정보도 없다. 게다가 객관적이지도 않고 외워뒀다 써먹을 만한 미려한 문장도 없다. 한마디로 사전이 갖춰야 할 어떤 미덕도 없다. 그 대신 이 책은 고삐 풀린 망아지가 종횡무진 초원을 누비듯이, 한 개인이 지적 세계를 좌충우돌하며 겪고 부딪힌 개념들을 자신의 색깔로 물들인 결과를 담고 있다.

여기에 수록된 개념어들은 대부분 철학과 역사를 비롯한 인문학 분야에 속한다. 과학이나 시사로 분류될 만한 개념어들도 일부 있으나 그것들도 주로 인문학적 관점에서 다뤄진다. 언뜻 봐서는 중요도가 떨어지는 듯한 개념어들도 있는데, 이 사전이 편향적이고 주관적이라는 사실을 감안한다면 그것들을 수록한 이유도 납득할 수 있을 것이다.

인문학의 개념들은 자연과학의 개념들처럼 뜻이 구체적이지 않으며, 단일한 의미보다는 복합적인 뜻의 그물을 가진다. 하나의 개념이 인접한 개념들과 연관되고 중첩되는 경우가 많다. 그래서 이 책은 비록 '사전'이라는 제목을 달고 있으나 각 개념의 의미를 사전적으로 정의하는 대신 그 이미지를 드러내고자 했다.

하나의 개념은 그 개념에 딸린 여러 가지 속성의 요약이다. 예를 들어, 자본주의라는 개념에는 자본주의가 형성되고 발전하고 변형되어온 과정, 경제제도로서의 여러 특성 등이 요약되어 있다

(그런 점에서, 이론을 한 권의 책에 비유하면 개념은 본문이 아니라 차례와 같다). 그러므로 개념을 이해할 때는 사전적 정의보다 그 개념에 관한 전반적 이미지를 얻는 것이 더 중요하다. 똑같은 개념이 사용하는 사람에 따라 의미가 다를 수 있는 것도 그 때문이다.

개념의 연쇄는 이론을 구성한다. 이론가는 여러 가지 개념을 규정함으로써 이론을 생산한다. 그러나 때로는 그렇게 생산된 이론이 거꾸로 그 이론에 사용된 개념들을 재규정할 것을 요구하기도 한다. 이렇게 개념과 이론은 유기적이고 교호적인 관계에 있기 때문에 개념의 의미를 고정하는 것은 자칫 위험한 일이 된다. 개념을 정의가 아니라 이미지로서 포착해야 하는 또 다른 이유다(아울러 이런 식의 사전이 가능한 근거이기도 하다).

사전의 형식을 취한 만큼 이 책은 어느 부분을 먼저 읽어도, 어느 부분을 읽지 않아도 상관없다. 가나다순에 따라 배열되어 있을 뿐 각각의 개념어는 서로 완전히 독립적이다. 한 권의 책으로서의 유기적인 성격은 없으나 다양한 분야의 다양한 의미를 가진 개념어들을 있는 그대로 이해하는 데는 이런 방식이 더 유효할 듯싶다.

특정 개념에 관한 선입견을 배제하고자 한다면 이 책을 사전이라고 여기지 말고 여느 책들처럼 앞부분부터 순서대로 읽는 것도 어떨까 싶다. 전혀 무관한 개념들이 이어지므로 오히려 신선한 느낌이 들지 않을까? 순서대로 읽어나가는 동안 혹시 독자의 마음속에 독창적인 연관과 연쇄가 자연스럽게 생겨나게 되지 않을까?

물론 개념들이 처음부터 가나다순으로 다뤄진 게 아니기 때문에 그런 독해는 지은이의 의도와도 무관하다.

이 책에 제시된 개념 설명은 모두 하나의 '시안'으로 받아들여도 좋다. 그런 의미에서 설명이라기보다는 주장과 제안에 가깝다. 옳고 그름을 따질 수 없는, 그저 견해일 따름이다. 굳이 변명하자면, 정설이 지배하지 않는 지금 시대에 정설을 고집한다면 얻는 것보다 잃는 게 더 많다는 생각이다. 특정한 개념어에 관해 지은이의 주장에 동의하지 않는 독자는 스스로 그 개념어에 관한 또 다른 시안을 구성해보는 것도 좋겠다.

원래 몇 년 전에 출간되었던 책을 이곳저곳 다듬고 출판사를 바꿔 새로 펴내게 되었다. 그 덕분에 다루는 개념어의 수도, 전체 글의 분량도 10분의 1만큼 늘었다. 독자의 관심과 애정도 10분의 1만큼 늘었으면 하는 바람이다.

2012년 2월

남경태

| 차례 |

ㅈ

ㅊ

ㅋ

ㅌ

ㅍ

ㅎ

일러두기

· 이 책은 2006년에 발행한 《개념어 사전》의 수정 · 증보판이다.

· 본문에 나오는 문헌명과 저자명은 인터넷 백과사전에서 쉽게 확인할 수 있기 때문에 특별한 경우가 아니면 굳이 원어를 병기하지 않았다.

· 개념어의 원어 표기는 특별한 몇몇 경우를 제외하고 원래 영어권에서 생겨난 게 아니라도 널리 쓰이는 영어를 기본으로 했다.

· 본문에 나오는 개념들 가운데 일부는 지은이가 주관적인 의미를 부여한 것도 있고 표기를 의도적으로 약간 변형한 것도 있다.

· 본문에 나오는 '→' 표시는 해당 개념어와 연관된 이 책의 다른 개념어를 나타내며, 굵은 글씨의 용어는 이 책에서 별도의 개념어로 다루어졌다는 것을 뜻한다.

· 개념어 전체를 '찾아보기'에 가나다순으로 별도 수록했다.

ㄱ

가상현실

Virtual Reality

1592년 임진왜란이 일어나자 조선의 왕인 선조는 시종과 식솔들을 거느리고 최북단의 의주까지 야반도주했다. 1950년 한국전쟁이 발발하자 대통령인 이승만은 서울을 사수하겠다던 대국민 약속을 헌신짝처럼 팽개친 채 한강 인도교를 끊고 남쪽으로 도망쳤다. 우리나라 위정자들은 예나 지금이나 달라진 게 없다(→ 노블레스 오블리주). 한 가지 위안이 있다면, 앞으로는 설령 전쟁이 터진다 해도 그럴 일은 없으리라는 점이다. 위정자만이 아니라 국민들도 보따리 싸서 피란 갈 필요가 없을 테니까.

1991년 쿠웨이트를 무력으로 점령한 이라크를 응징하기 위해 미국의 주도 아래 벌어진 걸프 전쟁은 현대전의 양상을 명확하게 보여주었다(아마 진지전과 참호전의 효시인 1853년의 크림 전쟁과 더불어 새로운 전쟁 방식의 기점으로서 전쟁사에 길이 남을 것이다). 한마디로 그것은 '가상 전쟁'이다. 불과 42일 만에 15만 명의 목숨을 앗아간 전쟁이 가상이라면 의아스럽겠지만 전쟁의 성격은 그렇다.

컴퓨터로 조작하는 현대식 미사일을 발사할 때 병사는 실제 미사일의 움직임을 눈으로 직접 보는 게 아니라 컴퓨터 화면상의 가상 이미지만을 다룬다. 물론 그 이미지는 현실의 미사일을 나타내고 있지만 병사가 관심을 두는 것은 이미지일 뿐 그것의 지시 대상(미사일)이 아니다.

따라서 미사일이 실제로 목표물에 명중했는지 여부는 병사에게 중요한 문제가 아니다. 그는 단지 화면상에서 미사일이 명중하면 임무를 훌륭하게 완수한 것이다. 설사 미사일 작동에 문제가 생겨 화면과 달리 실제 과녁을 맞히지 못했다 하더라도 그것은 프로그램이 잘못된 탓이므로 병사의 책임이 아니다. 물론 상관에게 징계를 당하지도 않는다. 이렇게 전쟁의 성격이 가상적이었으므로 프랑스의 현대 철학자인 보드리야르는 "걸프 전쟁은 일어나지 않았다."고 말한다(수많은 인명을 희생시키고 정치적 지형을 변화시킨 전쟁을 그렇게 말했다고 해서 그를 비난한 사람들도 있었으나 이는 그 말의 진의를 오해한 탓이다).

"이미지는 실재의 반영이지만 실재를 감추고 변질시키며, 실재의 부재를 감춘다. 이미지는 어떠한 실재와도 무관하며, 그 자체의 순수한 시뮐라크르(모방)다." 보드리야르는 가상 이미지, 시뮐라크르가 실제의 현실보다 더 강력한 힘을 가진다는 점이 바로 현대사회의 특징이라고 말한다. 실제로 가상공간에서 일어나는 일이 현실보다 생생하게 느껴지는 경우도 있다. **인터넷** 게임에서 사용되는 무기나 아이템이 현실의 공간에서 판매되고 거래되는 현상은 현대사회에서 가상의 힘이 어느 정도인지를 잘 보여준다. 그것들은 실존하는 물건이 아니라 가상현실 속의 물건임에도 현실을 살아가는 게이머들에게 엄청난 영향을 미치고 구속을 가한다.

과거에는 현실과 가상을 혼동하면 비정상으로 취급했지만, 오늘날에는 두 세계가 서로 밀접히 관련되고 구분이 불가능할 만큼 뒤얽혀 있다. 가상의 공간을 뜻하는 사이버스페이스(cyber space)는 원래 1980년대에 윌리엄 깁슨의 SF 소설 《뉴로맨서》에서 처음 제기된 **개념**이지만, 지금은 독자적인 세계성을 얻었고 나아가 '물질성'마저 부여받았다. 중국의 고대 철학자인 장자는 '내가 나비가 된 꿈을 꾸고 있는 것인지, 나비가 내 꿈을 꾸는 것인지 구분할 수 없다'는 호접몽을 이야기했지만, 지금이라면 나비와 '나'를 굳이 구분할 필요조차 없을 것이다.

그러나 가상이 아무리 현실 못지않게 생생하고 강력한 힘을 가진다고 해도 가상은 어디까지나 가상이다. 가상이 의미를 지니는 것은 궁극적으로 현실과의 피드백이 가능하기 때문이다. 인터넷 게임에 푹 빠진 사람이라도 먹고살아야 하듯이, 현실과 관련되지 않는다면 가상은 무의미하다. 예를 들어 인터넷 서점을 이용하는 목적은 현실의 물건인 책을 구입하기 위해서이며, 인터넷에서 얻는 모든 정보는 현실과 밀접한 연관성을 맺고 있기 때문에 가치를 지닌다. 이런 현실과 가상의 관계는 아무리 가상이 발달한다 해도 결코 역전되지 않는다.

그러므로 가상은 현실을 좌지우지할 수 없다. 화면상의 미사일이 프로그램대로 완벽하게 작동했다 해도 현실에서 물리적인 원인으로 불발에 그친다면 인명 살상은 없다. 그렇게 보면 폭력적인 컴퓨터 게임이나 영화가 현실에서 폭력을 조장한다고 보는 관점은 잘못이다. 언뜻 생각하면 그렇게 여겨질지 몰라도 가상과 현실은 엄연히 차이가 있다. 만약 가상 이미지의 영향을 받아 현실에서 범죄가 발생한다면, 그런 일을 예방하기 위해 필요한 것은 가상 이미지를 제한하는 법적 조치 따위가 아니라 가상과 현실을 올바로 구분하도록 도와주는 교육 프로그램이다.

가치

Value

단어는 대부분 다의적이지만 가치라는 단어만큼 여러 가지 층위에서 두루 사용되는 말도 드물다. 우선 일상생활에서 가치는 '중요성'이라는 뜻으로 사용된다. 일례로 가장 가치가 큰 선수, 즉 MVP(Most Valuable Player)는 팀에 반드시 필요한 기둥 선수다. 선수 생활 내내 본인의 의사로 팀을 잠시 떠난 것 이외에는 한 번도 트레이드되지 않았던 마이클 조던이나 선동열이 그런 선수다. 프로 선수라면 가치를 몸값과 거의 동일시할 수 있다.

학문에서 가치라는 말을 쓸 때는 단순히 중요하다는 뜻이 아니라 평가의 의미가 포함된다. 객관성이 중시되는 학문에서 가치는 일단 적극적으로 권장할 만한 요소가 아니다. 특히 사회과학에서는 연구자의 가치관이 연구 과정에 개입될 가능성을 최소한으로 줄이기 위해 가치중립의 자세를 요구한다. 바꿔 말하면 아무런 선입견이 없이 연구에 임해야 한다는 이야기다. 예를 들어 학교 재단을 소유한 사람이 사교육에 관한 정책을 입안한다면 가치중립을 기대할 수 없다. 반공 **이데올로기**에 젖어 있는 사람이 한국 현대사에 관한 교과서를 꾸민다면 객관적인 역사를 서술하지 못할 게 분명하다. 그러나 일관적인 가치중립, 이른바 객관적인 태도를 유지한다는 게 어디 쉬운 일인가?

실은 객관성의 대명사인 자연과학에서도 가치가 완전히 배제되지는 않는다. 과학의 주요 방법인 관찰은 언뜻 생각하면 객관성을 의심할 수 없을 듯하다. 자유주의자가 관찰하거나 사회주의자가 관찰하거나 돌은 돌이요 물은 물이다. 하지만 19세기 후반에 **실증주의**가 힘을 잃으면서 자연과학적 관찰도 객관성을 완전히 보장할 수는 없다는 사실이 드러났다. 유명한 예가 빛의 이중성이다.

고대부터 과학자들은 빛을 입자라고 여겼다. 그러나 17세기에 이르러 빛은 소리나 물결처럼 간섭과 회절 현상을 일으킨다는 사실이 밝혀졌다. 그래서 이때부터 빛은 파동으로 여겨졌으나 여전히 문제는 남았다. 파동이라면 매질이 필요한데, 우주 공간은 거의 진공이므로 아주 먼 별빛이 지구까지 전해질 수 없게 된다. 결국 고민 끝에 물리학자들은 빛이 파동이면서 입자라고 규정할 수밖에 없었다. 심지어 빛은 월, 수, 금요일에는 입자이고 화, 목, 토요일에는 파동이라는 농담까지 생겨날 정도였다. 바꾸어 말해 빛은 입자로 관찰하고자 하면 입자로 보이고 파동으로 관찰하고자 하면 파동으로 보인다는 이야기다.

관찰은 생각만큼 객관적이지 못하고, 언제나 이론이 개재되게 마련이다(때로는 관찰자 자신조차 그 점을 의식하지 못한다). 그래서 현대 과학자들은 과학적 관찰도 이론 의존적(theory-laden)일 수밖에 없다는 점을 인정한다. 보는 만큼 아는 게 아니라 아는 만큼 보는 것이다. 이렇듯 자연과학에서도 완전한 가치중립이란 불가능하다.

경제학의 분야로 넘어가면 가치는 **상품**이 지니는 속성을 가리킨다. 상품의 가치에는 사용가치와 교환가치의 두 가지 측면이 있다. 사용가치는 상품의 쓸모나 용도와 관련된다. 디지털 카메라는 사진을 찍을 때 사용하는 상품이고, 햄버거는 간이식사로 먹는 상품이다. 이와 달리 교환가치는 한 상품이 다른 상품과 교환되는 비율을 나타낸다. 일상생활에서는 사용가치가 교환가치보다 중요하지만 경제학에서 중요한 것은 사용가치보다 교환가치다. 경제학에서 가치라는 개념은 곧 교환가치를 가리킨다.

사용가치는 원칙적으로 측정할 방법이 없다. 디지털 카메라 한 대는 햄버거 100개의 가치가 있지만 산에서 길을 잃고 굶어 죽을 지경에 처한 사람에게는 카메라보다 햄버거 하나가 더 소중하다. 사용가치와 달리 교환가치는 객관적으로 양화(量化)될 수 있고 측정이 가능하므로 학문의 주요한 개념으로 이용될 수 있다. 그렇다면 교환가치는 어떻게 측정할까?

아무리 상품의 종류가 다양해도 모든 상품에는 공통의 요소가 있다. 다각형의 면적을 측정할 때는 우선 다각형을 여러 개의 삼각형으로 분할한 뒤 삼각형들의 면적을 더하면 된다. 즉 삼각형은 모든 다각형의 공통적인 요소다. 상품에서 그 삼각형의 역할을 하는 게 무얼까? 일단 화폐를 떠올릴 수 있다. 디지털 카메라 한 대의 가격이 50만 원이고 햄버거 한 개의 가격이 5천 원이라면 1 대 100의 교환 비율을 얻는다. 그러나 안타깝게도 화폐는 교환가치를 측정하는 절대적 기준이 되지 못한다. 화폐 자체도 하나의 상품에 불과하기 때문이다. 우리는 돈을 주고 카메라라는 상품을 사지만 카메라 주인의 입장에서 보면 카메라를 주고 돈이라는 상품을 사는 셈이다. 그렇기 때문에 화폐는 여러 가지 상품을 매개하는 편리한 역할을 할 수는 있어도 상품의 가치를 측정하는 객관적 기준이 되지는 못한다.

상품의 진정한 가치는 **노동**으로 측정된다. 한 상품의 가치는 그 상품을 **생산**하기 위해 투입된 노동량이다. 물론 상품을 생산하는 데는 노동 이외에도 원료와 생산도구가 필요하지만 그것들도 궁극적으로는 그것들을 생산하는 데 필요한 노동량으로 환원할 수 있다. 이런 방식을 노동가치론이라고 부르는데, 마르크스가 초기 **자본주의**를 분석할 때 적용한 개념이다.

현대의 자본주의는 마르크스의 시대와 크게 달라졌으나 노동이 가치의 원천이라는 본질은 변함이 없다. 마르크스는 가치의 생산이 분업을 통해 사회적으로 이루어지는 데 비해 생산된 가치의 소유는 사적이라는 점이 자본주의의 **모순**이라고 지적했다. 이 점은 자본주의에서 경제적 부의 불평등이 심화되는 현상으로 나타난다. 다수의 생산 대중이 갈수록 빈곤해지고 소수의 소유자들이 갈수록 부유해지는 것은 자본주의의 근본적인 병폐다.

감각

Sense

보통 지식이라고 하면 정보를 체계적으로 정리한 것을 연상한다. 경제학 지식은 경제 현상에 관한 다양한 정보가 특정한 계통에 따라 배열된 것을 가리키며, 생물학 지식은 유기체의 구조와 특성에 관한 정보가 총체적으로 집적된 것을 가리킨다. 그러나 그 방대한 지식 체계도 처음에는 아주 단순한 정보에서 시작되었을 것이다. 그럼 그 단순한 정보는 어떻게 알 수 있을까?

정보의 가장 기본적인 원천은 감각이다. 돌이 단단하고 물이 부드럽다는 것은 일차적으로 감각을 통해 알 수 있다. 그러나 감각이 체계적인 지식으로 발전하는 데는 커다란 장애물이 있다. 그것은 바로 감각이 주관적이라는 사실이다. 사람마다 다르고 때마다 다른 게 감각이다. 이런 감각에서 어떻게 올바른 지식이 나오겠는가?

그래서 고대부터 철학자들은 감각을 중시하지 않았다. 인간이 진리를 인식할 수 있는 유일한 힘은 **이성**에서 나오는 것인데, 감각은 이성을 마비시키는 경향이 있으므로 믿을 수 없었다. 외양에 속지 마라! 쌍꺼풀을 만들고 코를 높이고 턱을 깎아내도 원판은 불변이다! 게다가 누구도 외모만으로 사람의 성격까지 알 수는 없다.

하지만 아무리 감각을 불신한다 해도 감각이 사물에 관한 직접적인 정보의 원천이라는 사실은 부정하지 못한다. 여기서 철학자들은 딜레마에 봉착한다. 감각을 통해 얻은 앎이 올바르다는 것을 어떻게 보장할 것인가? 이것은 근대 철학에서 정립된 **인식론**의 가장 중요한 질문이다.

데카르트와 라이프니츠 같은 합리론자들은 감각이 오히려 진리를 인식하는 데 방해가 된다고 단정했으나 로크와 버클리 같은 경험론자들은 감각의 기능을 그리 쉽게 포기하지 않았다. 특히 버클리는 감각만이 앎의 유일한 근원이라고 굳게 믿었다. 그런데 그가 생각하는 감각은 특이한 데가 있다. 상식적으로 보면 사물이 먼저 존재하기에 그 사물에 관한 감각이 생겨난다. 하지만 그는 감각이 사물에서 나오는 게 아니라 인간이 마음속에서 만들어내는 관념이라고 여긴다. 이를테면 돌이 단단하다는 감각은 돌 자체의 성질이 아니라 우리가 지각하는 돌의 관념이라는 것이다. 그래서 버클리는 "존재하는 것은 지각되는 것"(《인간 지식의 원리론》)이라는 극단적인 **관념론**을 주장했다.

버클리의 생각은 좀 심하다 싶지만 중요한 문제를 제기하고 있다. 사물 자체와 사물에 관한 감각이 일치한다는 것을 어떻게 확신할 수 있을까? 물론 상식적으로는 전혀 문제가 되지 않는다. 얼음이 차갑다는 것은 누구나 만져보고 알 수 있다. 그러나 엄밀히 말해 그 차가운 감각은 얼음의 속성일 뿐 얼음 자체와는 무관할지도 모른다. 더구나 이 세상의 모든 얼음을 다 만져볼 수는 없지 않은가? 그럼 얼음이 차갑다는 감각은 어떻게 객관적 진리로 확증될 수 있을까?

이 문제를 해결한 사람은 18세기 독일의 철학자인 칸트였다. 그는 감각이 일차적으로 사물에서 나오는 것은 사실이지만 우리의 정신이 그 감각을 구성하는 측면도 있다고 주장했다(말하자면 상식과 버클리의 견해를 종합한 셈이다). 그에 따르면 경험론의 오류는 감각을 경험과 일치한다고 믿은 데 있다. 감각은 우리에게 자료를 줄 뿐이고 그것을 경험으로 가공하는 것은 우리의 정신이다! 칸트는 인간의 정신에 감각 자료를 가공할 수 있는 두 가지 기본 형식이 내재한다고 보고 그것을 감성과 오성이라고 불렀다. 감성이 감각기관을 통해 감각 자료를 받아들이면 오성이 그것을 개념화해 **경험**으로 만든다. 이것이 칸트가 말하는 인식 과정이다.

그전까지 철학자들은 사물에 관한 지식이 사물에서 나온다고만 생각했다. 인식 대상을 태양에 비유한다면, 대상에 관한 지식은 마치 태양의 둘레를 도는 행성들처럼 대상의 주변에서 형성된다고 본 것이다. 그러나 칸트는 그 관계를 거꾸로 뒤집어 오히려 인식주체가 인식 대상을 구성한다고 보았다. 그는 이것을 코페르니쿠스의 지동설과 같은 대전환이라고 여겨 스스로 **코페르니쿠스적 전환**이라고 자화자찬했는데, 점잖은 신사로 알려진 그의 면모와는 달리 자부심이 대단한 철학자의 면모를 보여준다.

감정

Emotion

"더 좋은 말은 등이 곧고, 사지가 말끔하고, 목이 길고, 매부리코에다 털이 희고, 눈이 검다. 성공하려는 결의를 지녔으나 자제력과 남을 존중하는 마음으로 조절할 줄 안다. 한마디로 진정으로 멋진 말이다. 이 말에게는 채찍질이 필요 없고 소리로 전하는 명령만으로 족하다. 다른 말은 등이 구부러졌고, 몸집이 지나치게 큰 데다 사지가 못났고, 목이 짧고 굵으며, 얼굴이 넓적하다. 털은 회색이 섞인 검은색이고, 눈은 충혈되어 있다. 과잉과 허식을 대표하는 말이다. 귀 주변에 털이 나 있어 소리를 잘 듣지 못하며, 채찍과 당근을 함께 사용해도 다스리기가 어렵다."(플라톤, 《파이드로스》)

자제력을 가지고 통제에 잘 따르는 말은 이성을 상징하며, 탐욕스럽고 제멋대로인 말은 감정을 상징한다. 이처럼 감정은 처음부터 '못난 말'이었다.

철학은 **이성**을 바탕으로 한다. 플라톤은 순수 이성으로 존재의 진정한 실체(이데아)를 꿰뚫어볼 수 있다고 믿었고, 데카르트는 이성을 종교에서 벗어난 근대 철학의 확고한 출발점으로 삼았으며, 헤겔은 절대 이성이 역사의 궁극적인 목적이라고 여겼다. 그러나 인간에게는 이성만 있는 게 아니라는 사실은, 이성을 그렇게 강조한 그 철학자들도 익히 알고 있었다.

인간은 이성과 더불어 감정도 가지고 있다. 사실 인간에게는 이성보다 감정이 더 원초적이고 직접적이다. 먼저 괴로운 감정을 느끼고, 그다음에 지금 내가 왜 괴로운지를 분석하고 대책을 마련하는 이성의 활동이 뒤따르게 마련이다. 하지만 전통적으로 철학에서 이성에 비해 감정은 심한 푸대접을 받았다.

상식적으로 볼 때 이성은 객관적이지만 감정은 주관성을 벗어나기 어렵다. 그런 탓에 소크라테스는 처음부터 인간의 감정을 믿지 않았다. 또 플라톤은 감정을 북돋우는 **예술**(특히 음악)을 철저히 검열해야 한다면서 국가를 이루는 세 집단—지배자, 전사, 생산자—중 맨 아래층 생산자 집단의 특징이 감정에 쉽게 휩쓸린다고 말했다. 종교가 지배한 중세에도 신학자-철학자들은 감정이 신앙에 아무런 도움도 되지 못한다고 보았으며, 근대 철학자들은 이성을 관장하는 정신과 감정에 이끌리는 신체의 **이원론**을 정립하면서 역시 감정을 이성에 비해 저열한 것으로 취급했다.

이런 뿌리 깊은 지적 전통에 균열을 낸 것은 18세기 말에 나타난 낭만주의다. 프랑스혁명으로 인간의 개성이 중시되면서 유사 이래 처음으로 차가운 이성보다 뜨거운 감정이 환대를 받게 되었다. 하지만 그것도 잠시, 이성이 거둔 빛나는 성과—산업혁명, 과학기술의 발전—에 가려 감정은 또다시 철학의 주제에서 탈락하고 말았다.

감정이 철학의 진지한 주제로 복권된 것은 공교롭게도 이성의 막강한 힘이 여러 가지 문제점을 드러내면서부터다. 19세기 영국의 역사가 액턴이 "절대 권력은 절대적으로 부패한다."라고 설파했듯이, 이성은 최고의 권좌에 오른 순간부터 타락하기 시작했다. 지성과 도덕의 원천이자 전가의 보도인 줄 알았던 이성은 현란한

빛만큼이나 짙은 그림자를 드리웠다. 산업혁명과 **자본주의**는 **상품**의 대량생산을 가능케 했고 문명의 각종 이기를 낳았으나, 그 그늘에서는 혹심한 착취와 경제적 불평등, 국제적 갈등이 암세포처럼 자라났다. 급기야는 인류 역사상 최대의 비극인 세계대전까지 발발했다(전쟁은 비합리적인 감정으로 일어나는 것처럼 보이지만 실은 냉철한 이성의 산물이다).

이런 현상에 대한 현대 철학자들의 해법은 두 갈래로 나뉜다. 하나는 결자해지의 정신으로 이성의 부작용을 이성의 힘으로써 치유하자는 입장이고, 다른 하나는 이성의 한계를 솔직히 인정하고 인간의 또 다른 측면인 감정이 가진 원초적인 힘을 생산적으로 전용하자는 입장이다. 전자는 이성의 비판적 기능을 복원하는 데 치중하며, 후자는 그동안 이성이 해왔던 역할을 감정으로, 특히 그중에서도 **욕망**으로 대체하고자 한다.

개념
Concept

"내용 없는 사유는 공허하고 개념 없는 직관은 맹목적이다."(《순수이성비판》)

칸트의 이 유명한 문구는 원래 당시 인식론 철학의 주요한 두 가지 조류였던 합리론과 경험론을 비판하기 위한 것이었다. 대륙을 무대로 전개된 합리론은 인식주체를 강조했고, 영국에서 발달한 경험론은 인식 대상에 더 큰 비중을 두었다. 따라서 합리론은 사물에 대한 인식을 주로 정신 활동의 결과라고 본 반면에 경험론은 사물에서 전해진 감각 자료에 대한 경험이 곧 인식이라고 여겼다. 그러나 칸트는 합리론적 전통을 내용 없는 사유라고 일축하고, 경험론적 전통을 개념 없는 직관이라고 비판했다.

흔히 아무 생각 없이 행동하는 사람을 속된 말로 '개념이 없는 사람'이라고 이야기하는데, 이는 실제로 칸트가 말하는 철학적 의미의 개념을 제대로 포착하고 있다. 경험론자들은 인간이 사물을 인식하는 과정에서 인식주체(이성)가 관여하는 측면을 도외시하고 오로지 주체는 인식 대상에만 주목하며 '경험=인식'을 등치시킨다. 칸트가 보기에 그것은 개념 없는 사유에 불과하다. 인간 이성은 수동적으로 감각 자료를 받아들이는 게 아니라 능동적으로 인식을 구성하기 때문이다. 칸트는 주어진 경험적 감각 자료를 정신의 한 기능인 오성이 개념화하는 과정을 거쳐야만 비로소 온전한 인식이 이루어진다고 말한다(→감각).

이처럼 철학에서 말하는 개념은 인식 과정에 개입하는 관념의 의미와 연관된다. 하지만 다른 학문들에서는 개념이 이론을 전개하는 주요한 도구로 사용된다. 이론은 개념들을 논리적으로 엮은 체계라고 볼 수 있다. 물리학은 힘, 운동, 미립자 등의 개념들을 사용하는 이론 체계이고, 경제학은 생산, 이윤, 금리 등의 개념들로 이루어진 이론 체계다.

일반적으로 말해 개념들을 올바로 구사하면 정확한 이론을 구성할 수 있다. 그러나 문제는 이론에 따라 같은 개념이 다른 의미로 사용되는 경우도 많다는 점이다. 예를 들어 자유주의 사회학에서는 중간계급(middle-class)이라는 개념을 사회 안정에 필수적인 계급이라는 뜻으로 사용하지만, **마르크스주의** 사회학에서는 부르주아지와 프롤레타리아 사이에서 동요하다가 결국 어느 한 측에 귀속되어 사라질 계급으로 본다. **국가**라는 개념도 사회가 발전하기 위한 필수적인 기구로 보는 긍정적인 입장이 있는가 하면, 지배 집단의 의도를 실현하는 도구에 불과하다고 보는 부정적인 입장도 있다.

이렇게 같은 개념을 두고 다른 의미로 사용하는 학자들이 함께 세미나를 한다면 생산적인 토론은커녕 기본적인 의사소통부터 문제가 될 것이다. 그래서 어떤 학자들은 토론에 임하거나 논문을 쓸 때 먼저 자신이 사용하는 개념들을 명확히 규정하기도 한다. 어떤 개념을 기존의 의미와 다르게 사용할 경우에는 미리 그 개념 정의를 새로 내릴 수도 있다.

사용하는 개념들의 의미가 다른 탓에 쓸데없는 오해와 분란이 빚어지는 경우는 학술회의만이 아니라 TV로 방영되는 정책 토론회 같은 데서도 흔히 볼 수 있다. 심지어 정치에 관한 논쟁을 할 때 한 측이 상대방의 개념에 관해 잘 알면서도 자신의 의지를 관철하기 위해 일부러 그 의미를 왜곡하는 경우가 종종 있다. 이를테면 한 정당이 부패의 소지가 있는 특정한 공공 기관에 대해 감리가 필요하다고 주장할 때 반대 정당은 '감독하고 관리한다'는 감리라는 개념의 본래 의미를 잘 알면서도 의도적으로 그것을 '간섭과 규제'로 곡해하면서 맞서는 경우다.

이쯤 되면 '개념에 대한 개념'부터 다시 규정해야 할 듯하다. 그러나 사실 많은 개념을 올바로 정의하기란 생각만큼 쉽지 않다. 사회과학만이 아니라 자연과학에서도 완전히 객관적인 개념이란 없기 때문이다. 누구나 개념을 객관적으로 사용하려 하고, 또 자신은 그렇게 한다고 확신한다 해도 개념의 정의에는 그 자신도 의식하지 못하는 선입견이 개재되게 마련이다. 그러므로 특정한 개념의 의미를 알고자 할 때는 반드시 그 개념이 사용된 맥락 혹은 이론 체계를 고려해야만 한다.

경험

Experience

한자 성어와 영어 숙어가 뜻과 형태 모두 비슷한 드문 사례가 있다. "백문(百聞)이 불여일견(不如一見)"과 "Seeing is believing." 둘 다 경험만큼 좋은 스승은 없다는 뜻이다.

경험이 앎을 얻기 위한 가장 기본적인 과정이라는 것은 분명한 사실이다. 소금이 짜다는 것은 맛을 보아야 알고 승리가 얼마나 달콤한지는 이겨보아야 안다. 경험하지 않고 아는 것은 올바른 앎이 아니며 기껏해야 관념적인 앎일 뿐이다.

그런데 경험을 통한 앎에는 근본적인 문제가 있다. 맛보는 사람에 따라 소금이 짠 정도가 다를 수 있고 승리를 얻기까지 치른 고통에 따라 승리의 쾌감은 달라진다. 즉 경험은 근본적으로 상대적일 수밖에 없다. 나의 경험을 고스란히 남에게 전달하는 것은 불가능할뿐더러 나의 경험조차 때와 장소에 따라 얼마든지 달라질 수 있다.

철학의 역사에서 경험을 바라보는 관점은 크게 둘로 나뉜다. 우선 데카르트로부터 시작된 합리론적 전통은 경험의 주관성과 **상대성**을 비판하면서, 주어진 경험을 해석하고 가공하는 이성적 활동이 인식 과정의 핵심을 이룬다고 보았다. **이성**을 지닌 인식주체가 없으면 경험 자체로는 아무런 지식도 되지 못한다는 논리다.

이에 반해 영국에서 주로 발달한 경험론은 감각적 경험이 앎의 유일한 원천이라는 점을 다시금 강조한다. 경험론의 시조인 로크는 우리에게 주어진 것은 외부 대상을 경험함으로써 얻는 관념뿐이라면서 "지식이란 관념들의 연결, 일치 또는 불일치, 대립에 관한 지각 이외에 아무것도 아니다."(《인간오성론》)라고 말했다. 뒤이어 버클리는 "존재하는 것은 지각되는 것"(《인간 지식의 원리에 관한 연구》)이라는 극단적 경험론을 펼쳤다.

이 두 가지 흐름은 독일의 칸트에게서 종합된다. 칸트는 일단 외부 대상에 관한 앎을 얻으려면 감각적 경험에 의존하지 않을 수 없다며 경험론의 손을 들어준다. 그러나 그는 경험론자들이 감각을 경험과 섣불리 등치시키는 실수를 저질렀다고 본다. **감각**은 자료에 불과할 뿐 아직 경험이 아니다. 감각 자료가 경험이 되기 위해서는 인간의 이성에 의해 해석되어야 한다. 마치 원료가 공장에서 가공되어 제품으로 만들어지는 것과 같은 원리다. 공장에서 제품을 만들려면 설비가 필요하듯이 우리의 이성은 감성과 오성이라는 '설비'를 갖추고 있다. 그 두 가지 기본 형식을 가동해 감각 자료를 경험으로 가공하는 과정이 곧 인식이다.

약간 절충이 가미된 종합이지만, 칸트는 경험의 중요성을 인정하면서 이성의 내부에 경험을 받아들일 수 있는 장치가 있다고 간주함으로써 경험론과 합리론의 대립을 그럴듯하게 해소했다.

그러나 19세기 후반에 현상학을 창시한 독일의 철학자 후설은 칸트가 한 걸음 더 나아가지 못한 것을 아쉬워한다. 칸트는 경험의 과정을 분석하면서 인식주체와 인식 대상을 분리했지만, 후설은 처음부터 분리되지도 않고 분리될 수도 없는 것을 칸트가 분리했다고 비판한다. 후설은 "의식은 어떻게 가능한가?"를 묻는다(후설은 인식 대신 의식이라는 용어를 사용한다). 경험을 경험이도록 해주는 것, 경험을 참된 의식으로 만들어주는 것, 이것을 후설은 '우주에서 가장 큰 수수께끼'라고 말한다.

칸트는 인식주체가 대상을 인식할 수 있는 메커니즘을 내장하고 있다고 보는 것으로 인식 과정을 설명했지만, 후설은 주체가 지향성(志向性)이라는 속성을 가지고 있기 때문에 인식이 이루어진다고 본다. 인식주체는 고정된 실체와 같은 것이 아니라 빈 그릇처럼 항상 뭔가를 채우려 하는 성질이 있는데, 그것이 바로 지향성이다. 주체는 대상을 늘 지향하며, 사물처럼 독자적으로 존재할 수 없고 지향성으로서만 존재한다.

칸트는 주체와 대상을 악수하도록 만드는 데까지는 성공했으나 주체를 대상처럼 실체화함으로써 주체-대상의 분리를 완전히 극복하지는 못했다. 후설의 현상학적 인식론은 이후 이성적 주체의 존재를 부정하고 전통적 **형이상학**을 해체하려는 현대 철학의 경향으로 이어지게 된다.

계급
Class

대한민국 헌법 제11조 1항에는 "모든 국민은 법 앞에 평등하다."고 되어 있다. 민주주의를 채택하고 있는 세계 어느 나라에나 이와 같은 평등의 이념이 법으로 규정되어 있을 것이다. 하지만 그 조항을 곧이곧대로 믿는 사람은 별로 없다. 현실적으로 불평등이 엄연히 존재한다는 것을 모르지 않기 때문이다.

여기서 주목할 것은 '법 앞에'라는 문구다. 모든 국민은 무조건 평등한 게 아니라 법 앞에 평등하다. 민주주의 사회에서는 모든 사람이 법적, 정치적 평등권을 가진다. 대통령이나 노숙자나 남의 물건을 훔치면 똑같이 절도죄가 적용된다는 게 법적 평등이고, 대통령도 노숙자도 선거에서 똑같이 한 표만 행사한다는 게 정치적 평등이다. 그러나 법과 정치의 범위를 벗어나면 평등을 보장해주는 제도적 장치는 없다.

평등을 규정한 헌법 조문의 바로 앞에 있는 제10조를 보면, "모든 국민은 …… 행복을 추구할 권리를 가진다."라는 내용이 나온다. 이 조항은 누구나 자유롭게 영리를 추구하고 재산을 소유할 수 있다는 자본주의적 경제 원칙과 관련된다. 한마디로 법적, 정치적 평등은 인정하되 경제적 불평등은 인정하지 않는다는 의미다. 바로 여기서 계급의 **개념**이 생겨난다.

중세를 벗어나 근대의 문턱으로 접어들면서 영주의 장원에서 일하던 농노들은 두 가지 **자유**를 얻게 되었다. 첫째는 **신분**으로부터의 자유이고, 둘째는 토지로부터의 자유다. 신분의 굴레에서 해방된 것은 당연히 그들에게 좋은 일이었으나, 토지에서 쫓겨난 것은 당장 먹고살 대책이 막막했으므로 원치 않는 자유였다('free'라는 영어 단어와 '自由'라는 한자어의 어의가 그렇듯이 자유란 원래 **가치**가 담긴 용어가 아니라 그냥 다른 것에 구애되지 않는 상태를 가리키는 중립적 의미다). 결국 그들은 생계를 위해 일자리가 많은 도시로 모여들어 자본주의사회의 생산력을 담당하는 노동계급을 이루었다(→노동).

계급을 규정하는 기준은 사회적 생산관계 내에서 차지하는 지위, 생산수단에 대한 관계, 사회적 부의 소유와 취득 방식이다. 쉽게 말해 생산수단을 소유하고 남을 부리는 위치에 있는가, 아니면 생산수단이 없고 남의 부림을 받으며 일하는가에 따라 자신이 어느 계급에 속하는지가 결정된다는 뜻이다. 전근대사회의 신분이 법적, 정치적 구분인 데 비해 근대사회의 계급은 경제적 구분이다.

계급은 인간 사회와 문명이 탄생한 때부터 존재했으나, 그 의미가 가장 분명하게 드러난 것은 **자본주의** 시대다. 자본주의사회는 역사상 처음으로 법적, 정치적 위장막이 걷히고, 그 배후에 내재하는 경제적 관계가 표면화된 시대이기 때문이다. 그렇기 때문에 마르크스는 자본주의 시대에 "계급적 대립이 단순화되고 전체 사회가 부르주아와 프롤레타리아라는 양대 적대적 진영으로 점점 더 분열되어가고 있다."(《공산당 선언》)라고 말했다.

마르크스주의에서 바라보는 자본주의 체제의 근본적 **모순**은 **생산**이 사회적으로 이루어지는 데 비해 소유가 사적이라는 데 있다. 즉 생산자는 다수이고 착취자는 소수다. 소수가 다수를 지배하는 상황은 기본적으로 불안정하게 마련이므로 오래갈 수는 없을 것이다. 그래서 마르크스는 **사회주의혁명**이 필연적이라고 보았다. 20세기 초에 러시아혁명으로 최초의 사회주의**국가**를 이룩한 레닌은 자본주의사회에 다수에 대한 소수의 독재가 있었다면 사회주의에는 소수에 대한 다수의 독재, 즉 프롤레타리아 독재가 수립된다고 주장했다.

하지만 그래도 계급적 갈등이 남아 있는 한 완벽한 사회라고 볼 수는 없다. 그러므로 레닌은 일시적인 프롤레타리아 독재가 끝나면 궁극적으로 무계급사회로 이행한다는 이론을 전개했다. 그것이 바로 공산주의 사회인데, 여기서는 계급과 사적 소유가 철폐되며, 나아가 국가 자체도 소멸하게 된다.

모든 목적론이 그렇듯이 공산주의를 목적으로 삼는 혁명 이론도 역시 **유토피아**적이다. 설령 계급과 국가는 폐지될 수 있다 하더라도, 모든 사람이 금욕적 종교의 계율에 따라 살아가지 않는 한 소유욕을 완전히 버린다는 게 현실적으로 가능한 일일까? 그래서인지 20세기 초에 등장했던 현실 사회주의국가들은 대부분 한 세기를 버티지 못하고 공산주의적 유토피아를 접었으며, 중국은 아직 사회주의의 기치를 내리지 않고 있으나 사실상 자본주의적 요소를 대거 도입했다.

계급의식

Class Consciousness

계급은 경제적인 **개념**이므로 계급 구분에서 무엇보다 중요한 것은 경제적 이해관계다. 하지만 경제적 이해관계가 같다고 해서 사고방식도 같은 것은 아니다. 같은 계급에 속한 사람들이 모두 같은 생각을 한다면 세상은 삭막하고 재미가 없을 것이다. 노동자라고 해서 누구나 해방을 꿈꾸지는 않으며, 자본가라고 해서 모두가 **착취**적인 성향을 가진 것은 아니다.

헝가리 태생의 사회주의 철학자인 루카치는 《역사와 계급의식》에서 한 계급의 구성원들이 반드시 행동을 함께하지는 않는다는 점을 지적했다. 그런데 계급의 공동 행동이 불가능하다면 착취 구조를 근절하기 위한 혁명은 어떻게 가능할까? 루카치에 의하면 그것은 계급의식이 동반되어야 가능하다. 계급의식이란 같은 계급에 속해 있다는 공통적 의식을 뜻하는데, 이것은 단순히 경제적 계급 개념에 의해 형성되지 않는다.

마르크스는 **자본주의** 초창기인 19세기 중반에 이미 자본주의의 붕괴를 예상했다. 그 근거는 자본주의사회에서 계급이 부르주아지와 프롤레타리아로 양극화되며, 부르주아지는 갈수록 수적으로 적어지고 프롤레타리아는 갈수록 늘어나므로 결국 프롤레타리아에게 모든 **권력**이 넘어갈 수밖에 없다는 데 있었다.

그러나 현실은 그의 예상대로 되지 않았다. 시민혁명의 물결이 드높았던 1848년의 변혁기에 서유럽 자본주의사회는 자유주의 이념을 받아들이고 노동자들의 주장을 수용하는 방식으로 국면을 타개했으며, 경제성장이 둔화된 19세기 말에는 해외 **식민지**를 개척하는 **제국주의** 정책으로 위기를 극복했다. 또 20세기에도 자본주의는 간간이 누적된 모순을 경제공황으로 털어버리고(일종의 '빚잔치'다), **국가**가 경제에 적극적으로 개입하는 방식을 도입하면서 끈질기게 생명력을 이어갔다.

사태가 이렇게 전개되자 **마르크스주의** 진영에서도 단지 프롤레타리아가 피지배계급이자 피착취계급이라고 해서 무조건 혁명의 주체가 될 수는 없다는 견해가 조심스럽게 제기되기 시작했다. 이제 프롤레타리아가 **사회주의혁명**을 주도할 수 있는 근거를 경제적 이유에서만 찾을 수는 없었다. 루카치가 계급의식을 들고 나온 것은 이런 배경에서다. 그는 계급의식의 측면에서 볼 때 자본주의사회의 프롤레타리아야말로 인류 역사상 최초로 완전한 인간 해방을 이룰 수 있는 계급이라고 주장한다. 그 이유는 무얼까?

루카치는 프롤레타리아가 이전까지의 역사에서 어느 피지배계급과 달리 자신의 경제적 토대를 분명하게 의식한 최초의 계급이라고 말한다. 그들은 자본주의를 총체적으로 바라보는 안목을 지녔기 때문에 자본주의의 기원과 종말을 알고 있으며, 자신의 운명도 의식하고 있다. 이런 프롤레타리아의 특성은 단지 계급적 이해관계에서 나오는 게 아니다. 프롤레타리아는 하나의 계급이지만 자신의 계급적 이해관계를 극복할 수 있고 계급의식을 넘어설 수 있다(그런 점에서, 같은 하나의 계급이라도 계급적 이해관계를 넘어서지 못하는 부르주아지와 다르다). 계급적 이해관계는 프롤레타리아 혁명의 객관적 조건을 이룰 뿐이고 진정으로 혁명의 주체적 요소를 만들어내는 것은 계급의식이다. 계급의식의 관점에서 보면 프롤레타리아는 역사적으로는 자본주의를 붕괴시키고 사회주의를 실현할 수 있는 계급인 동시에 철학적으로는 **주관**과 **객관**의 전통적인 이분법을 극복할 수 있는 계급이다.

루카치의 이론은 정통 마르크스주의 진영의 일각으로부터 벗어난 **관념론**적 사고라는 비난을 받았다. 특정한 계급의 계급의식은 그 계급이 처한 물질적 토대(계급적 이해관계)를 반영해야 하는데, 루카치는 그 점을 무시했다는 것이다. 예상할 수 있는 비판이다. 그러나 일찍이 마르크스는, 프롤레타리아가 주도하는 사회주의혁명은 자본주의적 착취 구조를 폐지함으로써 프롤레타리아만이 아니라 부르주아지, 나아가 인류 전체의 해방을 가져오리라고 예상한 바 있다. 이런 측면에서 보면 프롤레타리아가 자신이 속한 계급의 이해관계를 넘어 총체적인 계급의식을 가질 수 있다고 본 루카치는 오히려 정통 마르크스주의자라고 할 수 있지 않을까?

계몽주의

Enlightenment

'enlighten'이란 말은 뭔가를 밝힌다는 뜻이다. 그러므로 계몽주의라는 **개념**에는 광원(光源)과 밝혀야 할 대상, 즉 어둠이 있어야 할 것이다. 무엇이 무엇을 밝힌다는 것일까? 계몽주의가 태동한 시기가 17세기라면 그 답을 알기 어렵지 않다. 계몽주의는 근대 **이성**의 빛으로 중세의 어둠을 밝히려는 지적 운동이다.

서양의 중세는 신이 모든 것의 원인이자 목적이었고 신학이 철학을 비롯한 모든 학문의 왕으로 군림하던 시대였다. 이런 중세를 어둠으로 규정한다는 것은 곧 종교의 통제력이 그만큼 약화되었다는 의미다. 1517년 마르틴 루터가 비텐베르크 교회의 대문에 95개조 반박문을 붙이면서 시작된 종교개혁은 신을 중심으로 하는 모든 사고방식을 전면적으로 바꾸어 인간 중심의 새 시대를 열었다. 같은 시기 북이탈리아에서 성행한 인문주의는 불붙은 종교개혁의 엔진에 기름을 끼얹는 효과를 가져왔다.

인간적인 것, 그중에서도 가장 인간적인 것은 바로 이성이었다. 신의 입을 닫았으니 이제는 인간의 입을 열어야 한다. 새로 태어난 것이나 다름없는 인간 이성으로 세계를 이해하고 새 시대에 생겨난 많은 의문에 답하고자 하는 운동이 계몽주의다. 이 운동은 현실의 모든 방면에 두루 영향을 주었으나 그 구체적인 양태는 철학적 측면과 정치적 측면으로 나누어볼 수 있다.

프랑스의 수학자이자 철학자인 데카르트는 "나는 생각한다, 그러므로 나는 존재한다."라는 철학 사상의 유명한 명제를 통해 생각하는 인간, 즉 이성을 가진 주체를 철학의 출발점으로 삼았다(→ 코기토). 이것을 계기로 근대 철학은 신을 논증하는 데 초점을 맞춘 중세의 신학-철학과 완전히 결별하고, 이성의 힘으로써 세계와 인간 자신을 해명하는 것을 과제로 설정했다. 이후 이성 중심의 근대 철학은 대륙의 합리론과 영국의 경험론으로 나뉘어 전개되다가 칸트와 헤겔에게서 종합과 완성을 이루게 된다.

정치적으로 계몽주의는 인간 사회가 탄생하고 발전하는 메커니즘에서 신의 역할을 배제하고 인간 서로 간의 약속을 중시하는 **사회계약**의 이념을 낳았다. 사회가 형성되기 이전의 자연 상태에 관해 홉스와 로크의 견해는 정반대다. 홉스는 《리바이어던》에서 자연 상태를 "만인의 만인에 대한 투쟁"이라고 보는 부정적인 입장을 취한 반면, 로크는 "타인의 허가를 얻거나 타인의 의사에 의존하지 않고 자연법칙의 테두리에서 자신이 적당하다고 생각하는 대로 자신의 활동을 결정하고, 자신의 재산과 신체를 사용할 수 있는 완전한 자유를 누리는 상태"(《정부론》)라고 긍정적으로 보았다. 그래서 홉스는 전제군주제를 최선으로 여겼고 로크는 의회 민주주의를 결론으로 내세웠다. 그러나 개인의 상충하는 이해관계를 조정하기 위해 사회가 성립되었다는 기본 전제는 두 사람이 같다.

이렇듯 사회는 신의 명령이 아니라 인간의 이성에 의해 탄생했기 때문에 신이 지배자를 내려주었다는 왕권신수설 따위는 쉽게 부정된다. 1688년 명예혁명으로 영국에서 역사상 최초의 의회 민주주의 체제가 성립된 것과 1789년 프랑스혁명으로 자유·평등·

박애와 인권의 개념이 싹튼 것은 계몽주의의 가장 대표적인 정치적 표현이다. 이를 계기로 정치적 절대주의는 의회 민주주의로, 경제적 중상주의는 **자본주의**로 대체되기 시작했다. 의회 민주주의와 자본주의가 오늘날까지 면면히 이어지는 것을 보면 계몽주의의 기획은 현재도 여전히 진행 중이라고 할 수 있다.

그러나 모든 것에는 빛과 어둠이 있고 산이 높으면 골짜기도 깊은 법이다. 화려하고 밝기만 한 줄 알았던 계몽주의에도 실은 짙은 그늘과 골짜기가 있었다. 신의 손아귀에서 풀려난 근대 이성은 한동안 탄탄대로를 마음껏 달렸다. 정치적으로 신분제를 없애고 민주주의를 도입했으니 누구도 불만이 없을 것이요, 경제적으로 산업혁명과 과학기술을 발전시켜 대량생산을 이루고 수많은 문명의 이기를 만들어냈으니 모두가 박수갈채를 보낼 만한 업적이다. 하지만 그런 눈부신 성과를 올린 이성은 심각한 부작용도 낳았다.

이미 자본주의 초창기에 자본주의의 핵심인 영국에서 여섯 살짜리 아이가 하루 열여섯 시간의 중노동에 시달리는 심각한 현상이 그 부작용의 시작이었다면, 서유럽 **국가**들의 **제국주의**적 침략으로 수많은 토착 문명사회가 와해되고 붕괴된 것은 합리적 이성의 이해할 수 없는 비합리적 소산이다. 그 결정판은 인류 역사상 최대 비극인 20세기의 두 차례 세계대전이었다.

사태가 이쯤 되자 비로소 이성의 맹목적인 질주에 제동을 걸어야 한다는 소리가 높아졌다. 현대 철학에서 이성을 바라보는 관점은 두 갈래로 나뉜다. 비판철학 운동의 선두 주자인 프랑크푸르트학파의 아도르노는 이성 자체가 문제라기보다는 이성이 도구화된

점에 문제가 있다고 보고 비판적 이성을 부활시키는 것을 해법으로 제안한다. 그와 달리 **포스트모더니즘** 계열의 철학자들은 이성이 주도하는 계몽주의적 기획이 사실상 효력을 상실했다고 판단하고 이성을 배제한 새로운 사고방식만이 이성의 문제를 해결할 수 있다고 주장한다.

요컨대 이성이 아직 본연의 특장을 충분히 발휘하지 못했으므로 더욱 가열하게 밀고 나가야 한다는 관점과 이성 중심주의 자체가 낡았으므로 폐기해야 한다는 관점의 대립이다. 두 가지 해법 가운데 어느 것이 통할지는 시대적, 사상적으로 현재의 단계가 지난 다음에 역사적으로 판명될 것이다.

고독한 군중

Lonely Crowd

"남들과 똑같이 사는 것은 죽기보다도 싫다." 어느 청바지 회사의 TV 광고 문구다. 개성을 생명처럼 여기는 젊은 세대에게는 상당한 호소력이 있을 법하다. 그러나 그 회사에서 만드는 청바지가 실은 윤전기로 신문을 찍듯이 대량생산되는 것이라면 어떨까? 그 회사의 목적, 그 광고의 목적은 개성을 빌미 삼아 똑같은(따라서 개성 없는) 제품을 되도록 많이 판매하려는 데 있다. '개성 있는' 청바지를 '대량으로' 판매하려는 회사 측의 **모순**, 남들과 똑같이

사는 게 죽기보다 싫어 대량 복제품을 사서 입는 소비자의 모순, 개성의 상품화란 이렇듯 자체 모순에 불과하다.

이런 문제는 이미 1950년대에 제기되었다. 미국의 사회학자 리스먼은 《고독한 군중》에서 그런 현상이 현대사회의 타인 지향적 성격 때문이라고 말한다. 현대사회에서 중요한 것은 자신의 주체성이 아니라 자신에 대한 다른 사람들의 평가라는 이야기다. 개성을 강조하는 게 어떻게 타인 지향적이냐고? 오히려 자존심을 지키는 게 아니냐고? 물론 남보다 똑같이 사는 것을 죽기보다 싫어하는 태도까지는 그렇다. 하지만 그것을 위해 대량 소비주의를 추종하는 모순적 태도는 타인 지향적 자세와 다름없다.

리스먼이 고독한 군중을 분석하는 도구이자 대상은 성격이다. 그는 정신분석학과 문화인류학의 접근 방식을 수용해 성격을 분석한다. 하지만 사회학자로서 그가 말하는 성격은 개인적 또는 심리적 성격이 아니라 사회적 성격이다. 그는 사회적 성격을 "사회적, 역사적 환경에 의해 항구적으로 결정된 개인의 욕망과 만족의 구성"이라고 정의한다. 다시 말해 사회적 성격이란 한 개인이 외부 세계, 즉 타인들과 교섭하는 자세와 태도를 가리키는 개념이다.

사회적 성격에 따라 모든 사회는 세 가지로 구분할 수 있다. 첫째는 잠재적 인구 성장기의 사회인데, 여기서는 무엇보다 전통적 가치관이 중요하다. 둘째는 과도적 인구 성장기의 사회로, 이 사회의 구성원들은 내부 지향적인 태도로 자신의 삶을 영위한다. 셋째는 초기적 인구 감퇴기의 사회로, 여기서는 타인 지향적 태도가 개인의 사회적 성격을 구성한다.

사회학자란 원래 사회를 이리저리 구분하고 칼질하는 데 취미가 있는 사람들이니까 리스먼의 그런 구분 자체는 별로 중요하지 않다. 더욱이 1950년대에 중요한 요소였던 '인구'를 가지고 사회를 분석한 것은 지금 보면 낡은 감이 있다. 그러므로 그의 세 가지 구분에서 인구를 배제하고 전통 사회, 과도기 사회, 현대사회로 대체하는 편이 더 알기 쉽다. 중요한 것은 그가 일찌감치 타인 지향성이라는 현대사회의 큰 특징에 주목했다는 점이다.

어의상으로는 고독과 거리가 멀어야 할 군중이 고독하다는 말은 무슨 뜻일까? 군중이란 바로 리스먼이 구분한 셋째 부류, 즉 타인 지향적 사회 속에서 살아가는 개인들이다. 사회화를 기준으로 말하면 전통 사회에서는 전통이 사회화의 역할을 하며, 과도기 사회에서는 각 개인이 유아기에 사회화의 과정을 내재화하게 된다. 이를테면 성인식이나 학교를 통해 사회화의 문제가 해결되는 식이다.

여기까지는 사회화가 어렵지 않지만 타인 지향적 사회, 즉 현대사회의 경우는 다르다. 여기서는 각 개인이 다른 사람들의 기대와 선택에 대해 각자 나름대로의 반응과 자세를 정립함으로써 사회화가 이루어진다. 결국 이 사회에서는 사회화의 책임과 과제가 개인에게 전적으로 달려 있는 셈이다. '더불어 사는 사회.' 구호는 그럴듯하지만 그런 사회는 갈수록 불가능해진다(오히려 그렇기 때문에 구호로서의 힘은 더욱 강해진다). 이제 개인들은 서로 함께 살아가면서도 고독한 존재일 수밖에 없다.

모든 문제를 스스로의 책임으로 해결해야 하는데, 정작 그 해결을 위한 '참고 자료'는 자신을 바라보는 타인들의 시선밖에 없다. 어떻게든 개성과 정체성을 확보해야 하지만 내게 개성과 정체성을 부여하는 것은 타인들이다. 바로 이런 상황에서 앞에 말한 청바지 소비자처럼 맹목적인 방식으로 개성을 추구하는 모순적인 태도가 나온다.

가장 발달한 현대사회에서 오히려 그 모순이 증폭된다는 것은 묘한 현상이다. 구조주의 정신분석학자인 자크 라캉은 일찍이 아이의 인식이 성장하는 과정을 '거울'에 비유한 바 있다. 아기는 비슷한 또래의 다른 아기를 물끄러미 바라보다가 거울 앞에서와 같은 제스처를 취한다. 거울을 밀치듯이 그 아기를 밀어 아기가 넘어지면 오히려 자기가 운다. 자기가 넘어진 것처럼 생각하기 때문이다. 라캉은 그런 아기의 정체성을 '이자(二者) 관계'라고 불렀는데, '삼자(三者) 관계'를 기본으로 하는 현대사회에서, 그것도 아기가 아닌 어른들이 그런 나르시시즘을 통해 개성과 주체성을 확보해야 한다는 것은 묘한 아이러니다.

리스먼의 《고독한 군중》은 발간 즉시 수만 부가 팔리는 열렬한 반응을 불러일으켰다. 현대사회를 살아가는 개인의 본질적 고독을 이야기한 그 책이 베스트셀러가 되었다는 것 역시 몰개성의 개성을 말해주는 사실이 아닐까? 리스먼은 군중이 고독하다는 자신의 논지가 군중에게서 큰 공감을 얻은 역설적 현상에 과연 기뻐했을까?

공동체

Community

인간이 사회를 이루어 살게 된 이유에 관해서는 여러 가지 학설이 있다. 17세기 영국의 철학자 홉스는 각 개인이 자신의 이익만을 좇는 야만적인 자연 상태를 극복하기 위해 사회를 구성했다고 말한다. 반면에 다음 세대의 철학자인 로크는 자연 상태를 문화적인 상태로 본다. "인간이 이성에 따라 살아감으로써 지상에 인간을 재판할 권리를 지닌 사람이 아무도 없는 상태가 바로 자연 상태다."(《정부론》)

서로 정반대로 주장했으나 두 사람의 해법은 똑같다. 홉스는 야만적인 자연 상태를 바로잡기 위해, 로크는 이성적인 자연 상태를 유지하기 위해 사회가 필요하다고 보았다. 프랑스혁명의 이념을 제공한 루소는 로크와는 또 다르게 목가적인 의미에서 자연 상태를 바라보았으나, 개인들의 이해관계를 조정하기 위해 사회가 필요하다고 본 관점은 그들과 마찬가지다. "각자가 절대적으로 자신을 양도함으로써 모든 사람은 동일한 조건을 가지게 된다."(《사회계약론》)

사회가 성립되기 이전에—시간적인 의미가 아니라 논리적으로 선행한다는 의미다—존재하는 소규모의 자치적 집단을 공동체라고 부른다. 그런데 공동체의 구성원은 사회의 구성원과 달리 말 그대로 공동생활을 영위하며 공동의 운명을 가지고 있다. 그러므로 홉스는 물론 로크와 루소의 이론도 공동체와는 전혀 무관하다.

그렇다면 공동체와 사회는 어떻게 다를까?

《사회계약론》에서는 지배자의 존재가 전제된다. 개인마다 다른 이해관계의 차이를 조정하는 제3자가 곧 지배자다. 지배자는 한 명일 수도 있고(왕국), 지배층이라는 복수의 형태를 취할 수도 있다(공화국). 그에 비해 공동체는 구성원 전체가 동등한 권리를 가지는 자치체라는 특성을 지닌다. 그러므로 공동체에서는 지배자나 지배층이 없다. 흔히 공동체에 **유토피아**적 이미지가 붙는 것은 바로 그런 이유 때문이다.

공동체는 중세 후기 유럽의 자치도시에서 생겨난 코뮌(commune)을 원형으로 한다. 신분 질서가 엄격한 영주의 장원을 피해 도시로 몰려든 농노들은 모두 같은 처지였으므로 누가 누구를 지배한다는 관념이 없었고 그럴 필요조차 없었다. 이렇게 처음부터 평등과 자치가 관철되었다는 점에서 코뮌은 인류 역사상 인간 해방의 이념에 가장 가까운 집단이었다.

역사적으로 가장 유명한 코뮌은 1871년 프랑스-프로이센 전쟁에서 프랑스가 패배하고 나폴레옹 3세의 반동적인 제2제정이 몰락했을 때 파리 시민들이 조직한 파리 코뮌이다. 3월 18일에서 5월 28일까지 72일 동안 시민들은 자치와 자율에 기반한 해방구를 만들어 정부에 맞섰다. 결국 정부군에 진압되고 2만 명의 시민이 몰살당했으나 그러한 역사적 경험은 코뮌이 왜 **공산주의**(communism)의 어원이 되었는지 생생하게 보여주었다.

현대사회가 진화할수록 일각에서는 공동체의 '정신'을 되찾자고 말한다. 그러나 그 인도주의적 테제는 수용할 수 있다 해도 제도가 뒷받침되지 않은 '정신'만으로도 공동체의 부활이 가능한지는 미지수다.

공리주의

Utilitarianism

한계효용이라는 말이 있다. 1만 원으로 짜장면 세 그릇을 사 먹는다면 한계효용이 점점 체감하게 되므로 그 대신 탕수육을 시켜 먹든가, 영화를 보고 햄버거를 사 먹든가, 음반을 사든가 하는 등의 소비 방식으로 최대 효용을 추구해야 한다는 뜻을 담은 **개념**이다. 19세기 경제학자들이 만들어낸 용어인데, 그 근저에는 만족도를 지수화하고 비교할 수 있다는 전제가 깔려 있다.

쾌락을 계량화할 수 있다는 터무니없는 자신감은 18세기 영국의 철학자인 벤담이 선배다. 그가 주창한 공리주의는 모든 인간이 고통을 피하고 쾌락을 추구한다는 단순한 사실에서 출발한다. 그러니까 풍전등화의 위기에 처한 나라를 구하기 위해 자신의 몸을 던진 안중근 같은 사람은 애초부터 공리주의에서 배제된다. 누구나 쾌락의 극대화를 추구한다고 보는 얄팍한 공리주의가 다수결의 원칙으로 이어져 근대 민주주의의 기본 이념이 되었다는 사실은 민주주의의 가치를 의심케 하지만, 어떤 의미에서 그것은 **자본주의**경제에 기반을 둔 민주주의의 한계이기도 하다.

물론 "옳고 그름의 척도는 최대 다수의 최대 행복"(《도덕과 입법의 원리 입문》)이라는 벤담의 모토에 따르면 안중근의 행위도 설명할 수 없는 건 아니다. 안중근이 자신을 희생한 행위는 개인적으로 고통을 택한 것이지만 한민족이라는 '다수의 행복'을 위해서였다고 보면 되니까. 그러나 안중근이 만약 다수의 행복 이전에 유구한 역사에 빛나는 나라를 먼저 생각했다면 어떨까? 그저 양적으로 다수의 국민을 생각한 게 아니라 추상적인 민족과 대의명분을 우선했다 해도 그의 행위를 벤담의 공리주의로 설명할 수 있을까? 결핵에 걸려 죽어가면서도 완벽한 작품을 남기기 위해 애쓴 화가의 예술혼을 단지 많은 사람에게 만족을 주기 위한 의도로 환원할 수 있을까? 아마 벤담은 그렇게 설명하는 데 만족했을 것이다.

최대 다수의 최대 행복을 절대적 진리로 굳게 믿은 벤담은 쾌락을 누구나 인정할 수 있는 객관적인 척도로 만들기 위해 일곱 가지 범주를 정했다. 강도, 지속성, 확실성, 근접성(쾌락을 얼마나 빨리 느끼는가), 생산성(다른 쾌락을 얼마나 낳을 수 있는가), 순수성(고통을 얼마나 덜 수반하는가), 연장성(얼마나 많은 사람에게 혜택을 주는가)이 그 범주들인데, 말하자면 '쾌락 성적표'를 산출하기 위한 기준인 셈이다.

쾌락과 행복이 그렇듯 지수로 표현될 수 있다면 얼마나 좋을까? 정치가나 행정가는 정책 결정에 유용하게 써먹을 수 있으니까 크게 환영할 것이다. 그러나 벤담의 황당하고 우스꽝스러운 범주에서 보듯이 본질상 주관적인 요소를 섣부르게 객관화하면 부작용이 따르게 마련이다. 벤담의 사상을 전수받았고 벤담처럼 자유주의 철학자였던 밀도 그런 문제점을 느끼고 그 조잡한 공리주의를 개선하고자 했다.

밀은 무조건 다수의 행복을 중시할 경우 이른바 '고급문화'가 설 지평이 사라진다는 점을 우려했다. TV를 보는 일반 국민들에게 국가대표 축구 중계와 한국의 전통 가옥을 소개하는 교양 프로그램 중에서 선택하라고 하면 다수결 표결의 결과는 뻔할 것이다. 그러나 "다른 종류의 쾌락보다 더 바람직하고 가치 있는 쾌락이 있다."(《공리주의》)라고 믿은 밀은 쾌락을 벤담처럼 양적으로만 측정할 게 아니라 질적으로도 측정해야 한다고 보았다(쾌락을 측정할 수 있다고 본 점에서는 두 사람이 같다).

밀이 생각한 대안은 고급문화를 판단할 전문가 집단을 구성해야 한다는 것이었다. 하지만 그런 방식에도 문제가 있다. 그 전문가 집단 역시 주관적인 견해로 빠질 가능성이 없지 않은 데다 자칫하면 엘리트주의로 흐를 수도 있다. 대체 누가 고급문화를 정의할 자격이 있을까? 그리고 소수의 안목에 기초한 고급문화의 정의를 어떻게 정당화할 수 있을까?

결국 공리주의는 양적인 측면에서나 질적인 측면에서나 결함이 많은 사상이었으나, 자본주의사회의 천박한 논리에 잘 영합한 탓에 현대 민주주의의 이념으로 살아남을 수 있었다. 오늘날에도 민주주의 선거에는 무차별적인 다수결의 원칙이 적용된다. 그래서 정치인은 여전히 정책보다 인기가 중요하다.

관념론

Idealism

탁상공론이라고 해서 반드시 탁상에서만 하는 것은 아니듯이 관념론도 'idea'라는 말이 들어 있다고 해서 좋은 아이디어와 관련된 **개념**은 아니다. 오히려 상식적으로 말하는 관념적 사고란 탁상공론처럼 현실적 조건과 무관하고 별로 실효성이 없는 생각을 가리킨다. 하지만 **관념론**의 의미와 역사를 보면 그런 오명과는 전혀 어울리지 않는다.

관념론은 말 그대로 관념(idea)을 중시하는 철학적 사유의 방식을 가리키는데, 그 반대의 개념을 보면 의미를 더 확연하게 이해할 수 있다. 관념론의 반대는 두 가지로, 존재론적으로는 **유물론**(materialism)이고 **인식론**적으로는 실재론(realism)이다. 유물론은 물질이 세계의 근본이라고 보는 관점이며, 실재론은 인식 대상이 우리의 의식과 독립적으로 실재한다고 보는 관점이다. 그러므로 관념론은 그 두 가지의 반대, 즉 물질이 아니라 관념을 세계의 근본으로 간주하고 인식 대상이 의식과 밀접한 관련이 있다고 보는 사유 방식이다.

관념을 근본으로 여긴다고 해서 물질을 완전히 도외시한다는 것은 아니다. 18세기 영국의 경험론 철학자인 버클리가 "존재하는 것은 지각되는 것"이라는 극단적인 관념론을 주장하자, 당대의 인기 작가였던 새뮤얼 존슨은 버클리가 돌을 발로 걷어차보면 발의 아픔이 관념에 불과한 게 아니라는 사실을 깨닫게 되리라고 말한 적이 있었다. 하지만 관념론은 그런 천박한 비판에 무너질 만큼 허약한 사조가 아니다.

관념론의 기원은 멀리 고대 그리스의 플라톤에게까지 거슬러 올라간다. 플라톤은 우리가 인식하는 사물의 배후에는 그 사물의 이데아라는 것이 별도로 존재하며, 개별 사물들은 그 이데아의 모사라고 주장했다. 말하자면 수많은 꽃은 꽃의 이데아를 모방한 것이며, 우리가 도덕적인 행동을 할 수 있는 이유는 선(善)의 이데아가 있기 때문이라는 것이다(→미메시스). 이 이데아는 관찰이나 경험을 통해 존재를 검증할 수 없으므로 관념이라고 볼 수 있다. 플라톤은 현실 세계가 이데아 세계의 조잡한 모방에 불과하다고 보는 **이원론**을 전개했다.

이런 관점이 후대로 이어져 중세에는 사물의 개별자와 별도로 보편자가 실재한다는 실재론이 등장했다. 이것은 신을 논증하는 문제와 함께 중세의 양대 철학적 쟁점을 이루었다. 관념론은 사물 자체 같은 것이 실재한다고 여기지 않으며, 인간은 사물의 본질이 아니라 단지 사물에 관한 관념만을 가질 수 있다고 보는 점에서 실재론과 대립한다.

철학적 관념론이 특히 강세를 보인 시기는 18~19세기 칸트, 피히테, 셸링, 헤겔로 이어지는 독일 관념론의 시대였다. 칸트는 인식주체가 수동적으로 대상을 인식하는 게 아니라 적극적으로 대상을 구성한다는 획기적인 발상의 전환을 시도했으며(→코페르니쿠스적 전환), 헤겔은 **절대정신**이라는 독보적인 관념이 세계의 모든 것과 역사의 기원이자 목적이라고 주장했다.

헤겔은 그런 관념론을 토대로 근대 **형이상학**을 종합하고 완성했다(→ 미네르바의 부엉이). 그러므로 이후의 철학은 모두 헤겔 철학을 비판하면서 새 출발을 다짐할 수밖에 없었는데, 헤겔의 의도와는 달리 이것이 현대 철학의 출발점을 이루었다. 신학자였던 포이어바흐는 헤겔의 절대정신을 사실상 신의 부활이라고 간주하면서 헤겔을 거꾸로 뒤집어야 한다고 말했으며, 마르크스는 그 논지를 이어받아 헤겔의 보수성을 지적하고 그의 관념론을 유물론으로 바꿔야 한다고 주장하면서 사회주의 이념의 철학인 **변증법**적 유물론을 정립했다.

관념은 물질 앞에 무력한 것처럼 보이지만 때로는 관념의 힘으로 물질의 힘을 극복하는 것도 충분히 가능하다. 안중근처럼 역사에서는 특정한 관념이나 이념을 위해 자신의 물질적 신체, 즉 생명을 바친 사람들을 많이 찾아볼 수 있으며, 그런 사람을 위인이라고 부른다.

관료제

Bureaucracy

상명하복(上命下服). 위에서 명령하면 아래에서는 무조건 복종한다. 복지부동(伏地不動). 자신의 의무를 수행하지 않고 바닥에 엎드려 몸을 사린다. 공무원의 소극적인 업무 태도를 비난할 때 흔히 사용하는 어구다. 모든 공무원이 그렇다면 나라가 제 꼴이 날 리 없겠지만, 일부 공무원은 실제로 그런 자세를 가지고 있기에 그런 말이 나왔을 것이다. 하지만 그런 현상은 공무원 사회에만 있는 게 아니라 관료제 특유의 병폐다.

관료제는 현대 **국가**가 국민을 통치하기 위한 주요 수단이다. 역사적으로 볼 때 국가가 탄생한 이래 관료(고위 관리)와 관료의 지배는 늘 존재했으나 관료제는 현대의 산물이다. 그렇다면 과거에 있었던 관료의 지배와 현대 국가의 관료제는 어떻게 다를까?

과거의 국가든 현대 국가든 국가가 존립하기 위해서는 관료 행정이 필수적이다. 무릇 국가라면 국민을 보호하고 국토를 수호하기 위해 군대와 경찰력을 유지하고, 각종 공공 기관을 운영하고, **세금**을 거두어야 하는데, 이런 행정 업무를 담당하는 집단이 관리들이다. 관리는 각자 자신의 의무에 맞는 **권력**과 권한을 가지고 있다. 그러나 과거의 국가와 현대 국가는 관리가 권력과 권한을 행사하는 방식에서 차이가 있다.

현대 국가는 국민이 주인이지만 과거의 왕국이나 제국은 지배자가 곧 국가였다. 그렇기 때문에 왕-관료-관리-백성에 이르는 통치 라인이 (시스템이 아니라는 의미에서) 인격적으로 구성되었고, 관리를 임용할 때 개인의 능력보다 신분을 우선시했다. 또한 관직이 높은 고관은 하급 관리들에게 전권을 행사했으며, 정해진 임기도 없고 부하들의 인신까지 마음대로 다룰 수 있는 지위에 있었다. 관리의 부패가 많았던 것은 그 때문이다. 이 점은 일찍부터 국가가 관리들을 통해 백성을 지배한 중국의 역사에서 자주 볼 수 있다.

18세기 초 청나라의 황제인 옹정제는 관리들의 부패가 극심한 탓에 중앙으로 수송되는 조세가 부족해지자 관리들의 청렴을 배양하려는 취지에서 양렴은(養廉銀)이라는 제도를 시행했다. 지방관들에게 별도의 녹봉까지 얹어주면서, 백성을 지나치게 닦달하지 말고 조세를 제대로 수송하도록 유도하는 제도였다. 관리들이 조세에서 떼어먹을 몫을 미리 수당으로 지급하는 발상이 나올 정도라면 왕조시대에 가렴주구가 얼마나 심했는지 짐작할 수 있다.

현대 국가의 주인이 국민이라는 것은 바꿔 말하면 주권의 소유자가 (특정한 개인이나 집단이 아니라는 의미에서) 비인격적이라는 뜻이다. 국민 개개인은 인격적 주체이지만 전체로서의 국민은 비인격적 집단이라고 볼 수 있다. 그래서 관료제의 행정은 비인격적으로, 즉 시스템을 통해 집행된다. 관료제의 체계에서 특정한 직위에 딸린 권한은 법으로 정해졌으며, 그 직위를 차지하고 있는 관리라는 인물이 아니라 직위 자체에 부여된다. 그런 점에서 관료제는 현대적 합리성의 소산이라고 볼 수 있다. "관료제적 지배는 기본적으로 지식 기반에 대한 통제를 의미한다. 이것이 관료제를 특히 합리적으로 만드는 특징이다."(베버, 《사회 · 경제조직론》)

문제는 합리성이라는 말이 무색하게 현대 관료제는 부패와 비리를 근절하지 못하고 전혀 합리적으로 기능하지도 않는다는 점이다. 과거의 관리들이 백성을 임의로 **착취**했다면 현대의 관리들은 법적 규정을 악용하고 남용하는 방식으로 부정을 저지른다(이것 역시 인격성과 비인격성의 차이다). 게다가 관료제의 각 직책은 형식적 효율성에 따라 임무와 권한이 구분되어 있기 때문에 직책들

간의 소통이 막혀 있는 경우가 많다. 그래서 부패와 부정 자체가 시스템에 가려서 쉽게 드러나지 않는다.

이런 관료제의 병폐는 역설적이게도 **자본주의**의 **모순**을 극복했다고 주장하는 **사회주의**국가에서 오히려 더 선명하게 드러난다. 사회주의 체제의 관료 집단은 자본주의사회의 자본가처럼 지배자이자 착취자의 역할을 할 뿐 아니라 생산수단이 대부분 국유화되어 있기 때문에 막강한 권력을 소유한다. 그래서 사회주의국가의 관료제를 일종의 과두정치와 같은 지배 방식으로 간주하는 학자도 있다.

관용

Tolèrance

차이와 차별은 분명히 다른 말이지만 현실에서는 자주 뒤섞이며, 때로는 의도적으로 혼용되기도 한다. 예를 들어 기업에서 신입 사원을 모집할 때 학력 차이를 학력 차별과 혼동하는 경우가 종종 있다(학력에 따른 편차가 비상식적일 정도로 심할 경우다). 또한 우리 사회처럼 여전히 가부장제와 남성 중심주의가 우세한 사회에서는 남녀의 성적 차이를 성적 차별로 몰아가려는 불순한 의도가 자주 나타난다. 차이는 인정하되 차별은 거부하라! 이것이 관용의 기본 관점이다.

관용을 흔히 '톨레랑스(tolérance)'라는 프랑스어로 말하는 관행은 원래 역사적이고 종교적인 데 연원이 있다. 그 기원은 16세기 초 종교개혁의 불길이 전 유럽을 휩쓸 무렵으로 거슬러 올라간다. 당시 종교 갈등이 가장 심했던 곳은 칼뱅주의의 본산인 프랑스였다. 위그노라고 불린 프랑스의 칼뱅주의자들은 프랑스에서 '국가 안의 국가'라고 불릴 정도로 세력이 커졌다.

더 이상 좌시할 수 없다고 본 프랑스의 가톨릭 정권은 대대적인 신교 탄압에 나섰다. 역사에서 위그노 전쟁이라고 알려진 이 갈등은 1562년부터 30여 년 동안 지속되면서 프랑스 전역을 피폐하게 만들었다. 마침내 신교도 출신의 왕인 앙리 4세가 1598년에 낭트 칙령을 내려 구교와 신교의 타협을 유도함으로써 오랜 종교 갈등을 매듭지었다. 종교 때문에 그렇게 격렬한 내전을 벌인 것을 새삼 반성하는 의미에서 프랑스 사람들은 관용이라는 기치 아래 통합을 도모했다. 신앙의 차이는 인정하되 그 차이로 인한 차별은 폐지한다는 게 관용의 이념이었다.

프랑스에서 위그노 전쟁이 한창일 때 이웃인 영국은 엘리자베스 1세의 치세를 맞아 '영국 르네상스'의 번영을 누리고 있었다. 그러나 얼마 안 가 영국에도 관용이 필요한 상황이 닥쳤다. 이번에도 문제는 종교였다. 영국의 칼뱅교도인 청교도들은 가톨릭 군주인 제임스 1세가 종교적 반동으로 돌아서자 즉각 반발했다(그의 신교 탄압으로 1620년에 한 무리의 신교도들이 메이플라워 호를 타고 아메리카로 이주한 것이 훗날 미국의 기원을 이루었다).

이 갈등은 1642년에 내전(청교도혁명)으로 터졌으나 한 차례의 진통으로 해결될 문제는 아니었다. 다만 그 과정에서 청교도 세력이 몰락한 것은 구교와 신교 양측이 타협을 이루기에 유리한 조건이 되었다. 마침 가톨릭 세력은 강력한 왕권을 지지했고 국교회 세력은 의회를 지지했으므로 종교 분쟁은 정치체제의 문제와도 관련이 있었다. 결국 1688년에 왕당파와 의회는 군주제를 존속시키면서 의회가 **권력**을 차지하는 기묘한 타협을 이루었는데(명예혁명), 그 결과 세계 최초의 입헌군주제와 의회 민주주의 국가가 탄생했다.

당시 영국의 대표적인 철학자로 폭넓은 존경을 받았던 로크는 재빨리 《관용에 관한 편지》라는 책을 써서 종교적 파벌의 상호 관용을 호소했다. 그는 국교도였으나 종교로 인해 자신의 사상에 완벽하게 부합하는 새로운 정치체제가 붕괴하는 일은 어떻게든 피해야 한다고 여겼다. 국가는 교회가 국가에 반대하는 행위를 하지만 않는다면 어떤 교회에도 제재를 가해서는 안 된다. 또한 교회는 다른 교파에 속하는 사람들에게 신앙을 강요하는 일이 없어야 한다. 이것이 《관용에 관한 편지》의 골자였고, 정치와 교회를 완전히 분리하는 그의 사상은 특히 **식민지**인 아메리카에서 큰 인기를 얻었다.

이런 역사적 배경을 가진 관용의 **개념**은 아직도 종교 갈등을 겪고 있는 현대사회의 일부 국가에 여전히 통용된다. 그러나 신앙의 자유를 보장하는 나라에서 관용은 종교만이 아니라 각종 차별을 철폐하기 위한 기초적인 이념의 역할을 한다. 역사적 기원과 성립된 과정에서 보듯이, 관용은 흔히 오해하는 것처럼 국가가 베푸는

'시혜' 같은 게 아니라 국가가 존립하기 위한 필수 요소다. 현대 국가에서 여성이나 장애인 같은 사회적 약자, 동성애자나 외국인 같은 사회적 **소수자**가 단순히 관용을 호소하지 않고 당당히 요구할 수 있는 이유다.

관음증

Voyeurism

정신 질환 가운데 가장 많은 종류가 성(性)에 관련된 것을 보면 프로이트가 **리비도**를 중심으로 정신분석 이론을 전개한 것도 충분히 이해할 만하다. 관음증 역시 성과 관련이 있는 개념이지만, 그나마 직접적인 폭력을 수반하지 않는다는 면에서 사디즘(성적 상대방을 학대하는 데서 쾌감을 얻는 것), 마조히즘(성적 상대방에게 학대를 당하는 데서 쾌감을 얻는 것)보다는 낫다고 해야 할까? 그런 점에서는 트랜스베스티즘(이성의 옷을 입고 성적 만족을 얻는 것)처럼 개인적인 차원에 국한되는 증세라고 할 수 있겠지만 그래도 정신 질환의 하나인 것은 분명하다.

관음증이란 다른 사람의 나체나 성행위를 보는 데서 성적 만족을 얻는 증세인데, 성적 욕구를 정상적인 방식으로 충족시키지 못할 경우에 나타난다. 하지만 마음에 둔 상대방과 성관계를 할 수 없는 상황에서 그 상대방의 성행위를 몰래 지켜보는 것만으로 정신 질환자라고 규정할 수는 없다. 관음증 환자는 거기서 더 나아가 상대방과의 성관계가 충분히 가능한 상황에서도 그냥 바라보기만 하는 데서 성적 만족을 추구하는 사람을 가리킨다. 관음증은 대개 남성에게서 많이 나타나며, 만성적으로 증세가 나타나는데도 방치하게 되면 더 나쁜 증세인 사디즘이나 마조히즘으로 이어질 수 있다.

다른 정신 질환과 마찬가지로 관음증에 관해서도 한 가지 오해가 있다. 그것은 심리학과 정신분석학의 차이에 관계된 오해다. 두 가지 학문은 언뜻 비슷해 보이지만 실은 인문학과 의학만큼이나 큰 차이가 있다. 프로이트의 시대만 해도 양자의 차이는 별로 없었으나 오늘날에는 양자를 분명히 구분한다.

심리학적 치료와 정신분석학적 치료는 크게 다르다. 공교롭게도 정신분석학을 창시한 프로이트는 정작 의사로서는 심리학적 치료에 주로 의존했다. 그는 자유연상을 통해 환자의 **무의식** 속에 있는 **콤플렉스**를 의식 선상에 드러냄으로써 환자를 치료할 수 있다고 믿었다. 그러나 지금은 정신 질환을 심리적인 측면보다는 화학적인 측면의 결함으로 간주한다. 물론 정신 질환의 원인이 화학적인 것은 아니다. 하지만 정신 질환이 발생하게 된 원인은 심인성(心因性)일지 몰라도 질환으로 나타났을 때는 신체적인 질환과 마찬가지다. 따라서 자유연상이나 최면술 같은 심리 치료보다는 약물을 이용한 화학적 치료를 주로 사용한다. 관음증을 치료할 때도 예전 같으면 심리와 행동을 교정하는 치료법이 적용되었겠지만 지금은 그런 방법 이외에도 화학적 치료법이 중요하게 사용된다.

교양

Education

일반적으로 우리 사회의 학부모들이 생각하는 가장 쓸모 있는 공부는 영어와 컴퓨터일 것이다. 학부모들은 자녀들이 영어에 능숙하고 컴퓨터를 잘 다루면 학교 성적은 물론이고 장차 취업과 승진에도 훨씬 유리하리라고 굳게 믿는다.

하지만 한번 생각해보자. 영어와 컴퓨터를 잘하는 것은 물론 중요하다. 그러나 그것들은 그 자체로 공부의 목적이 아니라 다른 공부를 하기 위한 수단일 뿐이다. 영어를 배우는 목적은 영어로 된 문헌을 읽거나 영어를 쓰는 외국인과 소통하기 위해서이며, 컴퓨터를 배우는 목적은 정보화 시대를 맞아 필요한 정보를 습득하기 위해서다. 그러므로 영어와 컴퓨터를 공부의 궁극적 목적으로 삼는 것은 수단을 목적으로 여기는 전도적 가치관이다.

우리 사회가 얼마나 본말이 전도되어 있는지는 교육에서부터 드러난다. 원래는 교양과 교육을 함께 뜻하는 education이라는 말이 주로 교육으로만 통용되는 것도 그 단적인 예다.

고등교육기관인 대학에서도 그런 전도 현상은 예외가 아니다. 대학에서 가장 인기 있는 학과는 문과의 법학과 경영학, 이과의 의학과 공학이다. 그런데 그것들은 모두 응용 학문이다. 그렇다고 해서 나쁠 거야 없지만 문제는 응용 학문의 위세에 눌려 철학과 역사, 물리학과 수학 등 기초 학문이 지나치게 위축되어 있다는 점이다. 기초 학문이 튼튼해야 응용 학문이 제대로 자리를 잡는다고 보면 우리 사회의 전도 현상은 심각한 수준이다.

현대사회에서 기초 학문은 그 자체로 독자적인 학문 체계를 형성하는 동시에 응용 학문에 대해서는 교양의 역할을 한다. 법학을 공부하기 위해서는 철학과 사회학이 교양으로 필요하고, 의학을 공부하려면 화학과 생물학이 교양으로 필요하다. 그렇기 때문에 대학에는 대개 기초 학문들이 교양 강좌로 개설되어 있다.

교양이란 원래 고대 그리스-로마의 자유 과목(liberal arts)에서 비롯되었다. 이는 말 그대로 특별한 전문 과목이 아니라 자유로이 선택하는 과목이었으며, 여기서 비롯되어 올바른 사회생활에 필요한 지적, 도덕적 기초 지식을 습득하기 위한 과목이었다. 그러나 중세에 접어들면 교양이 한층 체계화된다. 중세의 스콜라 철학자들은 교양 과목을 모두 일곱 가지로 구분하고, 문법 · 수사학 · 논리학의 3과를 기초 과목으로, 산수 · 기하 · 음악 · 천문학의 4과를 심화 과목으로 정했다. 이 중세 7과는 르네상스 시대부터 인문학(humanitas)이라고 불리게 되었다. 자연과학의 시대인 19세기에 자연과학을 이루는 학문들이 인문학에서 떨어져나가면서 인문학은 철학 · 역사 · 정치학 같은 전통적 학문들과 더불어 경제학 · 사회학 · 심리학 · 언어학 등의 신흥 학문들을 아우르는 의미로 정립되어 오늘에 이르게 되었다.

현대사회에서 인문학의 위기는 곧 교양의 위기와 통한다. 학문의 직접적인 활용도가 중시되는 사회적 분위기에서는 인문학과 교양이 뒷전으로 물러날 수밖에 없다. 또한 효율성과 경제적 **가치**가 다른 모든 가치를 압도할 만큼 중시되는 사회에서는 인문학과 교양의 참된 가치가 묻힐 수밖에 없다.

그러나 앞으로 이 세상에서 법학과 의학이 사라진다 해도 철학과 역사는 남을 것이다(심지어 현재의 법학과 의학에서 이룬 성과도 나중에는 철학과 역사 속에 포함된다). 인문학과 교양은 여타 학문들의 토대이자 궁극적인 목적이며, 해당 시대의 사회와 현실을 집약적으로 보여주는 중요한 창문이라는 점에서 근본적인 쓸모가 있다.

실용과 응용 학문은 언제나 중요한 것이지만 교양이 뒷받침되지 않으면 장기적인 경쟁력을 잃게 된다. 대학에서 교양이 중시되지 않고 대학 교육을 취업의 준비 과정으로 여기는 태도가 보편화된 사회라면 미래에는 결국 그 취업의 문조차 한없이 작아질 것이다.

구조주의

Structuralism

"하느님이 그들에게 복을 주시며 그들에게 이르시되 생육하고 번성하여 땅에 충만하라, 땅을 정복하라, 바다의 물고기와 공중의 새와 땅에 움직이는 모든 생물을 다스리라 하시니라."(〈창세기〉 1장 28절)

종교가 아니라 역사의 관점에서 보면, 이 **성서** 구절에 가장 알맞은 시대는 천지창조의 시기보다 19세기 후반일 것이다. 인간은 세상 만물의 주인이었고 자유로웠다. 과학적, 철학적 이성은 모든 것을 설명할 수 있었고 모든 이치를 이해할 수 있었다. 세계는 한없이 투명했다. 비록 당시의 현실은 곧이어 다가올 세계대전의 암운이 드리운 폭풍 전야였으나 지성의 영역은 더없이 안정적이었다.

이 휴머니즘의 절정기, 이성 만능의 시대에 휴머니즘과 이성에 반대하는 구조주의가 탄생한 것은 아이러니다. "물질적 존재 조건이 낡은 사회 자체의 태내에서 충분히 성숙하기 전까지는 새롭고 고도한 생산관계가 결코 나타나지 않는다."(마르크스, 《정치경제학 비판 요강》) 마르크스는 사회혁명의 시기를 말한 것이지만 이 말이 지적 혁명에도 적용된 걸까? 구조주의는 낡은 지성이 충분히 성숙했을 때 등장했다.

프로이트는 환자를 치료하기 위해 **무의식**이라는 **개념**을 구성했으나, 그의 의도와 달리 무의식은 심리학이나 정신분석학의 테두리 내에만 머물지 않고 지성의 영역 전체에 커다란 충격을 주었다. 그전까지 인간의 정신은 청순한 여배우처럼 늘 맑고 밝은 이미지였다. 비록 신체는 생물 유기체로서의 한계를 완전히 극복하지 못하고 이따금 부도덕한 욕망과 추한 탐욕에 휩싸이기도 하지만, 정신은 언제나 고결한 기품을 자랑했다. 그런데 무의식은 인간의 정신이 처음부터 이중적이고 분열적이라는 비밀을 폭로한 것이다. 마냥 예쁜 집에도 뒷간이 있듯이 정신의 내부에는 흉물스럽고 추악한 무의식이 도사리고 있었다.

같은 시기에 프랑스의 언어학자인 소쉬르는 또 다른 측면에서 인간을 깎아내리고 있었다. 그전까지 인간은 이성에 바탕을 두고 사유하며 완전한 자유의지를 가진 주체적 존재로 간주되었다. 인간은 신이 부여한 능력과 권한으로, 인간만이 지닌 언어라는 수단으로 세상 만물을 다스리고 통제하는 역할을 담당했다. 그런데 소쉬르는 인간이 언어를 사용하는 주체가 아니라 오히려 언어구조의 지배를 받는 존재에 불과하다고 말했다. 인간이 자기 것이라고 여겼던 자신의 말과 글은 실상 자신이 만들지 않은 문법에 맞춰 자신이 만들지 않은 단어들을 나열하는 것에 지나지 않았다(자신의 말과 글 가운데 과연 진정한 자신의 것이 얼마나 되는지 따져보라!).

인간이 무의식에 의해 분열되고 언어구조에 의해 주인의 자리에서 쫓겨난 비참한 상황은 구조주의가 자라나는 토양이 되었다. 프로이트와 소쉬르의 영향을 받아 구조주의의 싹을 틔운 사람은 프랑스의 인류학자인 클로드 레비스트로스였다.

레비스트로스는 여러 사회의 친족 관계, 생활양식, **신화**, 종교, **예술**, 요리 등의 문화적 측면을 연구해 인간 사회의 공통적인 요소를 추출하고자 했다. 인간 사회들은 여러 가지 면에서 서로 다르고 각 사회마다 고유한 특징이 있지만 그 다양한 현상의 배후에는 불변의 측면이 있다. 레비스트로스는 여러 사회의 드러난 차이점을 표층으로 규정하고, 그 배후에 감춰져 있으나 모든 사회에 존재하는 보편적인 요소를 심층으로 규정하면서 이것을 구조라고 불렀다.

이렇게 구조주의는 언어학과 인류학에 뿌리를 두고 있지만 특정한 이론 체계라기보다는 방대한 방법론에 가깝기 때문에 하나의 이론을 넘어 하나의 사조를 이루게 되었다. 대체로 구조주의의 특징은 무의식을 강조하고(레비스트로스는 사회구조를 사회적 무의식이라고 말했다), 이성의 동일성(혹은 동질성)을 부인하며, 주체를 사유의 중심으로 보는 대신 오히려 구조—언어구조와 사회구조—산물이라고 간주한다. 이런 점에서 구조주의는 반(反)지성주의이고 반인간주의지만 방법론적으로 그럴 뿐, 도덕적인 의미의 비합리주의나 비인간주의는 아니다.

구조주의는 전통적 **형이상학**을 거부하지만 오히려 형이상학에서 분석하고자 하는 인간존재를 분석하고 설명하기에 더 유리한 방법론을 제공한다. 형이상학은 인간을 분석의 주체로 설정하면서도 동시에 인간을 분석의 대상으로 삼는 근원적인 자가당착에서 벗어날 수 없기 때문이다. 이에 비해 구조주의는 인간을 중심에서 탈락시켰으나 인간을 분석의 주체가 아닌 대상으로 확고히 정립함으로써 훨씬 더 객관적인 분석의 지평을 열어놓는다. 그렇게 보면 반휴머니즘을 기치로 내세우는 구조주의가 실은 휴머니즘보다 더 휴머니즘에 가까울지도 모른다.

국가

State

1917년 러시아 임시정부의 탄압을 피해 잠시 핀란드로 도피하고 있던 시기에 레닌은 《국가와 혁명》이라는 책을 썼다. 1963년

군복을 벗고 대통령이 될 차비를 갖추던 시기에 박정희는《국가와 혁명과 나》라는 책을 썼다. 레닌이 말하는 국가는 **공산주의** 사회로 이행하기 전 일시적으로 존재하게 될 프롤레타리아 국가이며, 박정희가 말하는 국가는 오랜 왕조시대를 거쳐 공화국으로 갓 태어난 대한민국이다. 레닌이 말하는 **혁명**은 프롤레타리아 국가를 수립하기 위한 **사회주의**혁명을 가리키며, 박정희가 말하는 혁명은 군부독재 체제를 수립하는 데 결정적 기여를 한 1961년 5·16 군사 쿠데타를 가리킨다. 제목은 비슷해도 두 사람의 책은 전혀 다르며, 같은 **개념**이라도 좌파인 레닌과 우파인 박정희가 그 개념에 실은 의미는 정반대다. 그렇다면 국가란 정의하기 나름일까?

흔히 국가를 조국이라고 표현하면서 민족과 거의 동일시하는 우리 사회의 과도하게 **민족주의**적인 풍토에서는 국가의 개념에 비하하는 의미를 담기가 매우 어렵다. 그러나 일반적으로 국가는 나라 자체라기보다는 통치 기구를 뜻하는 개념이다. 한 나라는 지배체인 국가와 피지배체인 시민사회로 나뉜다.

처음으로 국가의 개념을 철학적으로 정립한 사람은 플라톤이다. 그는 국가를 세 가지 집단이 완벽한 조화와 분업을 이룬 '하나의 커다란 개인'으로 보았다. 지배자 집단은 지혜를 덕목으로 삼고 국정을 수행한다. 전사 집단은 용기가 덕목이며 국가를 보호하는 역할을 한다. 국가의 경제력을 담당하는 생산자 집단은 절제를 덕목으로 한다. 이 세 집단이 균형을 이루었을 때 마지막 덕목인 정의가 구현된다. 플라톤은 이런 국가를 철학자가 다스리는 이상국가라고 믿었다.

그의 제자인 아리스토텔레스도 대동소이한 국가관을 내세웠으나 결론은 반대였다. 플라톤은 철학자가 왕으로 지배하는 국가를 모델로 삼았지만, 아리스토텔레스는 국가의 정치 형태를 군주정, 귀족정, 공화정으로 구분하고 그 가운데 공화정이 으뜸이라고 여겼다. 하지만 두 사람 모두 시대의 한계를 벗어나지는 못했다. 당시의 국가란 인구 1만 명이 넘지 않는 도시국가에 불과했다.

그에 비해 일찌감치 도시국가의 시대가 끝나고 영토 국가의 개념과 중앙집권 체제가 자리 잡은 동양의 국가는 사뭇 다른 발전 과정을 걸었다. 중국의 경우 기원전 770년부터 기원전 221년까지 지속된 춘추전국시대에는 도시국가들이 발달했으나, 진시황이 중국 대륙을 통일한 이후에는 20세기 초까지 2천여 년 동안 제국의 역사가 전개되었다. 아리스토텔레스의 구분에 맞춘다면 군주정을 취한 왕국에 해당하겠지만, 그리스의 폴리스와는 비교도 안 될 만큼 거대한 국가이므로 개념 자체가 다를 수밖에 없다.

동양의 국가에서는 국토와 국민보다 사직(社稷)이 가장 중요했다. 사직은 원래 농경을 관장하는 신이었으나 점차 왕조의 조상과 동일시되었다. 건국자나 건국 시기가 모호한 경우가 많은 서양의 왕국에 비해 동양의 왕국에서 건국자가 각별히 숭배를 받는 이유도 사직을 중시하기 때문이다. 그러므로 설령 외적이 침략해서 국토와 국민을 유린한다 해도 사직을 보존하면 국가는 유지될 수 있었다. 11세기에 북쪽의 거란이 침략했을 때 고려의 현종이 남쪽의 나주까지 도망친 일이나 16세기에 일본이 남쪽에서 침략했을 때 조선의 선조가 북쪽의 의주까지 도망친 일은 그래서 정당화된다.

공화국 시대인 20세기에까지 이승만이 그 수치스러운 전철을 밟은 것은 이해와 용납이 불가능한 일이지만(그럼에도 이승만을 국부國父로 받들자는 황당한 발상이 지금도 제기된다).

서양의 왕조에 비해 동양의 왕조가 훨씬 오래 존속했던 것도 마찬가지 이유에서다. 같은 왕국이라도 서양의 국가는 일찍부터 정치와 종교가 분리되었고 국토와 국민을 중시했다. 왕조의 혈통을 중시하지 않았기 때문에 후사가 끊기거나 다른 국가와의 전쟁에서 패배했을 경우에는 쉽게 왕조가 교체되었다(반역의 의미가 동양식 왕조에 비해 약했다). 중세에 접어들면 정치와 종교가 더욱 확연히 분리되어, 신성의 영역을 교회가 관장하고 세속의 영역을 국가가 지배하는 분권 체제가 성립되었다.

중세가 해체되면서 교회의 지배력이 약화되고 세속 군주들이 힘을 얻음에 따라 유럽에는 군주가 절대 **권력**을 가지는 절대주의 시대가 개막된다. 17세기 초에 영국 왕 제임스 1세는 왕의 권력을 신이 부여한다는 왕권신수설을 주장했는데, 만약 그가 중국이나 한반도 군주들의 권력을 알았더라면 몹시 부러워했을 법하다. 동양의 군주들은 이미 오래전부터 절대 권력을 지녔고, 심지어 중국의 황제는 천자(天子), 즉 하늘의 아들로 자칭했으니까.

정치적 절대주의와 경제적 중상주의가 각각 의회 민주주의와 **자본주의**로 바뀌자 국가의 의미는 크게 달라졌다. 18세기의 **계몽주의** 사상가들은 국가의 역할이 개인들의 상충하는 이해관계를 조정하는 데 있다고 보았으며, 역사상 최초로 국가의 주권이 지배자가 아닌 피지배자, 즉 국민에게 있다고 주장했다. 중세적 질서가 해체되면서 우후죽순으로 생겨난 유럽의 국가들은 저마다 근대적 국민국가(nation-state, → 민족주의)를 이루고 부국강병을 도모했다. 그 양상은 일단 전쟁으로 드러났으나 전쟁이 끝나면 반드시 조약으로 전쟁의 결과를 정리했는데, 이 관습이 점차 국제 질서의 기반이 되었다.

본격적인 자본주의 시대에 접어들면서 국가는 대외적으로는 국제 질서의 주체로 활동했고 대내적으로는 국부(國富)와 국민을 보호하기 위해 법치국가의 형태를 취하기 시작했다. 그러나 자본주의가 **제국주의**로 변질되고 전 세계의 **식민지** 분할이 완료되자 국가는 새로운 임무를 가지게 되었다. 국가는 이제 성장의 엔진이 멈출 지경에 처한 자본주의경제에 적극적으로 개입해야 했다. 그 결과가 20세기의 양차 세계대전이다.

그와 동시에 새로운 국가 유형으로 사회주의국가가 등장했다. **마르크스주의**의 국가 개념은 원래 레닌이 밝혔듯이, 다수에 대한 소수의 독재(부르주아 독재)를 소수에 대한 다수의 독재(프롤레타리아 독재)로 바꾸고, 일정 기간이 지나 자본주의적 **착취**의 흔적이 제거되고 나면 **계급**과 더불어 역사의 뒤안길로 사라지는 것으로 규정되었다. 그러나 1917년 러시아혁명으로 사회주의국가를 수립한 소련은 오히려 자본주의국가보다 더욱 사회의 모든 부문에 대한 통제력을 강화하는 방식으로 나아갔다. 그 결과 경제의 효율성을 잃고 **관료제**의 병폐에 시달리다가 현실 사회주의의 실험은 20세기 말에 사실상 실패로 끝났다.

국가를 부정적인 관점에서 지배계급의 지배 기구로 파악한 레닌과, 긍정적인 관점에서 사회 발전의 수단으로 간주한 박정희는 둘 다 자신의 국가관을 현실에서 완전히 정당화하지 못했다. 극좌와 극우가 실패했다면, 새는 역시 좌우의 날개로 날아야 하는 걸까?

국사
National History

나는 바오바브나무란 교회만큼이나 큰 나무라는 것을 어린 왕자에게 이야기해주었다.

그는 영리하게도 이렇게 말하는 것이었다.

"하지만 바오바브나무도 크기 전에는 조그마할 거 아냐?"

생텍쥐페리의 《어린 왕자》에 나오는 대목인데, 어린 왕자의 이 단순하면서도 현명한 견해를 국가의 역사에 대입해보자. 어느 나라나 출발점은 조그마한 촌락이었고 건국자는 그 촌락의 족장에 불과했다. 하지만 자기 나라의 역사에만 시선을 집중하면 그 당연한 사실이 잘 보이지 않는다. 자기 나라가 처음부터 바오바브나무였던 것으로 착각하며, 건국자도 처음부터 영웅으로 등장한다. 이것은 역사를 서술할 때 흔히 범하는 범주 착오의 오류다.

날 때부터 어른이었던 사람은 없듯이 문명이 탄생한 이후 어느 사회도 완전한 고립 상태로 출발하지는 않았다. 모든 사회는 바오바브나무처럼 덩치가 큰 상태로 태어나지 못했기에 처음부터 주변과 끊임없이 크고 작은 교류를 하면서 성장하고 발전했다. 그래서 어느 사회도 자기 완결적인 역사를 가지지는 않는다.

그렇게 보면 엄밀하게 말해서 국사(國史), 즉 '한 나라의 역사'라는 개념은 성립하지 않는다. 한 개인의 역사도 가문과 혈통, 사회관계 등 복잡한 씨줄과 날줄로 엮여 있듯이 한 나라의 역사는 탄생부터 현재까지 한 번도 홀로 존재한 적이 없었고 늘 주변 지역과 국제적 관계를 맺어왔다. 그래서 세계적으로 국사, 즉 'National History'라는 말을 쓰는 나라는 거의 없다.

하지만 안타깝게도 우리 사회에서 역사라고 하면 대개 국사를 가리킨다. 역사 과목을 교과과정의 필수로 넣느냐 마느냐를 놓고 갈팡질팡하는 교육부의 관리들이나, 역사 과목이 자식의 대학 입시에서 변수가 될까봐 걱정하는 일반 시민이나 머릿속으로 생각하는 역사란 곧 국사와 동의어다. 그러나 세계 대부분의 나라들에서 역사란 국사가 아니라 지역사이며 더 나아가 세계사다.

국사를 과목이나 학문의 명칭으로 쓰는 나라는 무척 드물다. 고대부터 현대까지 대부분의 나라들은 원래 국사가 아니라 '지역사'로 출발했을 뿐 아니라, 현대 국가 체제가 확고히 자리 잡은 오늘날에도 국사의 관점은 그다지 효력이 없다. 역사는 문명의 탄생 이래 끊임없이 글로벌화되어왔고 지금은 그 과정이 완성되는 시점이다. 그렇게 보면 국사라는 명칭은 더욱 낡은 감이 있다.

예를 들어 영국의 역사는 로마제국과 접촉하는 것부터 시작한다. 로마는 갈리아(지금의 프랑스)에 살던 켈트족을 바다 건너 잉글랜드로 내몰았고 한때는 잉글랜드를 브리타니아 속주로 거느렸다. 그래서 영국의 고대사는 로마제국과 불가분하게 얽혀 있다. 게다가 로마와 접촉하면서 영국에 알파벳 문자(라틴어)가 도입되었고 5세기에는 그리스도교도 전래되었다. 로마를 통해 영국은 유럽 문명권에 편입될 수 있었던 것이다.

오늘날 영국인들은 고대에 로마가 영국에 문명을 전했다는 사실을 있는 그대로 받아들인다. 영국의 역사 교과서는 로마의 침공을 받았을 때 저항한 고대 영국의 민족 영웅을 부각시키면서도, 역사의 여명기에 로마에서 문자와 종교를 들여왔고 심지어 한동안 로마의 지배를 받았다는 것을 부끄럽게 여기지 않는다. 당시에는 로마가 영국보다 문명의 빛이 더 밝았으므로 로마의 지배는 당연했을 뿐 아니라, 무엇보다 고대의 영국은 지금의 영국과 달랐고 고대의 로마는 지금의 이탈리아가 아니었기 때문이다.

그에 비해 '현재의 우리나라'는 정부나 국민이나 고대에 중국으로부터 문명이 전래된 것을 부끄럽게 여기고 가급적 숨기려 한다. 한사군이 대표적인 예다. 기원전 2세기 말에 중국의 한제국은 고조선(위만조선)을 멸망시키고 변방 관리 정책의 일환으로 한사군을 설치했다. 하지만 우리 역사학계와 역사 교과서는 그 사실 자체를 부정하거나 그 의미를 축소하려 애쓴다. 심지어 한사군이 한반도와 무관하고 멀리 랴오둥 인근에 존재했다거나, 설치하려는 논의만 있었을 뿐 실제로 설치되지는 않았다는 주장도 제기된다. 이웃에게서 영향을 받지 않고 독자적으로 성장한 자랑스러운 우리 역사! 언뜻 보면 주체적인 사고방식 같지만 실은 그 반대로 역사적 콤플렉스에 가깝다.

2천 년 전의 한제국은 지금의 중국도 아니고 당시의 고조선이 지금의 대한민국도 아니다. 그저 문명의 초창기에 서로 접촉했을 뿐이고 당시 문명의 빛이 약간 더 밝았던 지역에서 이웃 지역으로 자연스럽게 문명이 전파되었을 뿐이다. 그 고대의 접촉을 부끄럽게 여기고 사실 자체를 부정하려는 태도는 오늘날의 시각으로 과거 역사를 바라보는 오류이며, 바오바브나무의 범주 착오다(역사를 국제정치적으로 이용하려는 오늘날 중국의 불순한 '동북공정'은 다른 측면에서 비판해야 할 대상이다).

국사적 관점을 고집하면 지역사와 문명 교류의 역사를 보지 못하거나 왜곡하기 쉽다. 사실 국사적 관점의 오류는 우리 민족의 건국신화인 단군신화에서부터 드러난다. 알고 보면 단군신화는 대단히 특이한 건국신화다. 그리스도교 성서의 〈창세기〉를 비롯해 세계 대다수 민족의 창조신화는 하늘과 땅을 갈라 인간 세상을 만드는 천지창조로 시작한다. 메이저 문명만이 아니라 군소 문명도 마찬가지다. 그런데 단군신화에는 그 과정이 없다. 단군신화의 시작은 천지창조가 아니라 단군이라는 지배자가 등장해 나라를 세우고 다스리게 되는 과정이다

그래서 단군신화는 창조신화가 아니라 '건국신화'이며, 철저히 지배계급의 신화다. 우리는 단군을 민족의 시조로 여기지만, 엄밀히 따지면 그 신화를 사실로 가정한다 해도 우리 민족의 시조는 단군이 아니라 단군의 지배를 받은 피지배 민중이다. 단군은 백성들의 아버지가 아니라 지배자, 그것도 외부에서 온(하늘에서 내려

온) 지배자였을 뿐이니까.

이처럼 다른 문명권의 창조신화와 달리 우리의 건국신화는 '나라'를 세우는 데서 시작하기 때문에 바오바브나무의 범주 착오를 처음부터 조장하는 경향이 있다. 이 폐해는 예상외로 매우 심각하다. 이런 신화에서 출발하면 개인이나 민간 영역의 여지가 없이 국가가 역사의 주인공이 되며, 사회의 다른 모든 부문보다 정치를 최우선으로 여기게 된다. 지배-피지배 관계가 당연시되는 것은 물론이다. 정치권력은 '하늘에서' 내려왔으므로 처음부터 신성시되고 기존의 지배-피지배 관계를 뒤집는 혁명은 당연히 죄악시된다. 우리 역사에 지금까지도 혁명이 없었던 이유를 말해주는 한 가지 요소다.

국사적 관점을 강조하는 태도를 취할 때 가장 큰 맹점은 지역사, 즉 이웃에 관한 무지다. 그 대표적인 예가 일본의 역사다.

일본은 우리와 가장 가까운 나라임에도 우리 역사에 거의 등장하지 않는다. 그나마 띄엄띄엄 나오는 경우도 전혀 계통성이 없다. 역사 교과서에는 고대에 한반도를 통해 철기 문명이 일본 서부에 전래된 것을 시작으로 우리의 삼국시대에 몇 차례 일본에 문물을 전한 게 언급될 뿐 이후에는 왜구가 해안에 들끓었다는 것 이외에는 일본에 관한 내용이 없다. 그러다 1천 년 뒤에 갑자기 일본이 임진왜란을 일으키면서 다시 우리 역사에 등장한다. 하지만 그것도 잠시일 뿐, 이후 수백 년 동안 우리 역사에는 일본이 전혀 나오지 않다가 19세기 후반에 느닷없이 인천 앞바다에 일본 군함이 나타나 강화도조약을 강요한다. 그 뒤부터는 일본의 역사와 우리 역사가 긴밀하게 맞물린다.

이런 식으로 역사를 설명하면 고대에 한반도로부터 선진 문명을 전해 받은 일본이 어떻게 한반도를 대규모로 침공하게 되었는지, 그리고 임진왜란에서 승리하지 못한 일본이 어떻게 제국주의 국가로 발돋움해 한반도와 중국까지 집어삼켰는지 전혀 알 수 없게 된다. 국사적 관점의 한계를 넘어 일종의 역사 왜곡이다.

국사만 해도 복잡하고 어려운데, 어떻게 지역사와 세계사까지 공부해야 하느냐고 항변하는 사람도 있을 것이다. 하지만 국사가 어려워지는 이유가 바로 국사에만 편중되기 때문이라면 어떨까? 모든 것은 맥락으로부터 두절되면 알기 쉬워지는 게 아니라 반대로 더 어렵고 복잡해진다. 국사라는 말을 쓰지 않는 나라들이 국사를 따로 떼어내 교육하고 학습하는 우리보다 오히려 '국사' 교육을 더 철저히 할 수 있는 이유다.

권력

Power

다소 무관해 보일지 모르지만 권력의 **개념**을 말하려면 먼저 번역의 문제를 말하지 않을 수 없다. trade union을 '무역연합'으로 번역한 사례가 있었다. trade에는 '무역'이라는 뜻이 있고 union은 '연합'이니까 번역자는 아무 생각 없이 그렇게 옮겼을 테지만 올바른 뜻은 노동조합이다. 그 무신경과 대담함이라니! 또 New Age는 대문자로 표기되었는데도 번역자가 굳이 '신시대'라고 옮긴 사례도 있다. 그냥 뉴에이지라고 읽어주면 될 것을, 번역자의 과잉 친절이 오히려 의미를 훼손한 경우다.

권력의 경우는 그 정도의 터무니없는 오역은 아니지만 일상어인 원어를 뭔가 전문 용어처럼 번역했다는 점에서 광의의 오역이다. 영어의 power, 프랑스어의 pouvoir, 독일어의 Macht는 모두 우리말의 '힘'에 해당하는 평이한 단어들이다. 그러므로 권력이라는 개념을 이해하려면 그 용어에 담긴 딱딱하고 정치적 냄새가 풍기는 이미지는 떨쳐버려야 한다.

물론 정치권력도 주요한 권력의 하나인 것은 틀림없다. 현대 **국가**에서 정치권력은 양면성을 지닌다. 한편으로는 국가와 사회의 존립을 위해 반드시 필요한 것이지만, 다른 한편으로는 개인의 인권과 자유를 침해할 잠재성을 가지고 있다. 특히 정치권력은 합법적으로 발동되기 때문에 그 위험성이 부각되기 어렵다. 독재국가에서 국민의 일부가 정부에 반대하는 행동을 취할 경우 정치권력은 그것을 반역 행위로 몰아 폭력적으로 진압하는데, 대개 그 과정은 합법성의 외피를 쓰고 있으므로 정부의 법적 책임이 면제된다(도덕적, 역사적 책임은 별개다).

흔히 공권력이라고 불리는 거시적인 정치권력과 달리 미시적인 차원에서 작동하는 정치권력도 있다. 그 대표적인 예는 **관료제**에서 비롯되는 권력이다. 이 권력은 특정한 분야에서 권한을 가진 관리가 법이나 행정 명령의 이름으로 행사한다. 이것 역시 표면상으로는 합법적인 권력이며 공권력과 마찬가지로 양면성을 가진다.

그러나 정치권력과 달리 일상생활의 영역에서 은밀하게 작용하는 권력도 있다. 프랑스의 현대 철학자인 미셸 푸코가 주장하는 지식=권력이 그런 예에 속한다. 푸코는 그런 권력이 국가가 행사하는 정치권력보다 위험하다고 말한다. "국가는 권력 관계의 그물 위에 존재하는 상부구조일 뿐이며, 실제로 인간의 육체를 규정하고 성이나 가족 관계 등을 규제하는 것은 사회 전체에 퍼져 있는 섬세한 권력의 그물이다."(푸코, 《광기의 역사》)

권력의 행사에는 항상 지식이 동반된다. 푸코가 직접 드는 사례는 광기다. 중세와 르네상스 시대에 광기는 일종의 예지적인 재능으로 인정되었고 광인도 사회에서 배제되지 않았다. 그러나 **이성**이 전일적으로 지배하는 근대에 접어들면서 광기는 '이성(sanity)이 없는 상태(insanity)'로 규정되어 사회에서 격리되기 시작했고, 19세기에 정신분석학이라는 지식 체계가 탄생하면서부터는 정신병원에 감금되어 치료의 대상이 되었다. 광기를 정신 질환으로 규정하는 지식이 광인을 감금할 수 있는 권력을 낳은 것이다.

권력이 일상적인 개념이듯이 푸코가 말하는 지식도 정교한 학문적 이론 체계만이 아니라 일상생활에 관계된 평범한 앎을 포함한다. 그러므로 현대사회의 모든 영역에는 그런 방식의 권력이 이미 작용하고 있다. 이성이 지배하던 시대에 지식은 인간을 몽매한 상태에서 해방시켜주는 것이었으며, 권력의 지배에 저항하는 속성을 지니고 있었다. 그러나 이제는 지식이 권력과 합체되어 오히려 억압과 질곡을 가져오는 역할도 한다는 사실이 알려진 것이다.

지식이 권력을 낳는 경우는 특히 전문 지식의 영역에서 확연히 드러난다. 법원과 병원에서 흔히 보는 사례다. 판사는 법에 관련된 지식에만 전문가이고 의사는 신체와 관련해서만 전문가임에도 피의자나 환자를 상대할 때 모든 방면을 두루 아는 것처럼 처신하면서 도덕적으로 훈계하려 한다. 이런 아이러니를 풍자하는 퀴즈가 있다. 의사가 라틴어로 처방전을 써주고, 약사가 약을 굳이 갈아주는 이유는 뭘까? 답: 환자의 증상이 실은 가벼운 감기라는 것을 환자가 알지 못하도록 하고, 약사가 준 약이 실은 아스피린이라는 것을 모르도록 하기 위해서.

귀납 / 연역

Induction/Deduction

어느 주민센터 직원이 한 마을에 사는 주민들의 성씨를 조사하는 임무를 맡았다. 그런데 몇 사람에게 물어보니 모두 성이 최씨라고 대답한다. 알고 보니 그 마을은 집성촌이었다. 직원은 서류에 마을 주민들의 성이 모두 최씨라고 기록했다. 그러나 아뿔싸, 마을에는 박씨가 단 한 사람 있었다. 이는 16세기 영국의 철학자인 베이컨이 말한 귀납과 연역의 함정이다.

지식을 얻는 방법, 그리고 그 지식을 검증하는 방법에는 두 가지가 있다. 하나는 아래로부터 진행하는 귀납이고 다른 하나는 위로부터 진행하는 연역이다. 주민센터 직원이 주민 몇 명을 만나 성을 물어본 것은 귀납적 방법이다. 그리고 거기서 얻은 결론으로 마을 주민들이 모두 최씨라고 생각한 것은 연역적 판단이다. 두 가지 모두 장단점이 있다.

플라톤이 말하는 인간의 인식 과정은 먼저 사물에 대한 추측으로 시작한다. 그 추측이 쌓이면 신념이 되고, 신념을 우리의 의식이 가공해 **개념**을 구성한다. 이것이 일반적인 귀납적 추론이다. 하지만 여기에는 맹점이 있다. 붉은 장미가 화려하게 핀 꽃밭을 보고 "아, 장미는 붉은색이구나!" 하고 결론을 내린다면 잘못이다. 장미에는 흰색도 있기 때문이다. 그렇다고 해서 이 세상의 모든 장미를 다 관찰할 수는 없는 노릇이다. 귀납적 추론은 참된 지식을 주지 못한다.

그럼 연역적 추론은 어떨까? 잘 알려진 연역은 아리스토텔레스가 말한 삼단논법이다.

> 모든 사람은 죽는다.(대전제)
>
> 소크라테스는 사람이다.(소전제)
>
> 따라서 소크라테스는 죽는다.(결론)

여기서 대전제와 소전제가 참이면 결론은 당연히 참이다. 아리스토텔레스는 이런 삼단논법을 가장 완벽한 논증이라고 믿었다. 그러나 연역법에도 역시 문제가 있다. 전제가 자명하다면 그 추론은 무조건 옳지만 전제의 자명함은 대체 어떻게 증명할 것인가?

모든 것은 늘 다른 것에 의해 증명되어야 하는데, 이런 방식은 결국 무한한 순환 논증을 낳을 뿐이다.

아래로부터 추론하는 귀납법은 경험과 관찰에 의존하기 때문에 근본적으로 참 지식에 닿지 못하고, 위로부터 추론하는 연역법은 자명한 원리에서 출발하기 때문에 전제 자체를 증명할 수 없다. 이런 딜레마를 두고 베이컨은 개미와 거미에 비유했다. 지식을 추구하려면 거미처럼 자기 것을 내놓아서도 안 되고(연역법), 개미처럼 그저 모든 것을 긁어모아서도 안 된다(귀납법). 거미와 개미보다 우수한 곤충은 벌이다. 벌은 수집과 정리를 병행한다. 베이컨은 벌의 방식을 귀납법의 개선으로 간주하고 이런 정교한 귀납적 추론을 통해 진리를 알 수 있다고 주장했지만, 귀납법의 근본적 한계를 명쾌하게 극복하지는 못했다. 오히려 후대의 영국 철학자인 흄은 귀납적 지식이 순전히 습관에 의한 관념의 연상에 불과하다는 극단적 회의론을 주장했다.

비록 나름의 장단점과 한계는 있지만 귀납과 연역은 지금도 논리학에서 지식을 검증하는 주요한 방법일 뿐 아니라 일상적으로도 지식을 습득하는 주요한 방법으로 사용된다. 관찰을 중시하는 대개의 자연과학에서는 귀납이 우세하지만 수학 같은 기본적인 과학은 여전히 연역의 아성이다. 사실 양측이 논쟁하면 아무래도 연역 측이 다소 우위에 서게 마련이다. 귀납적 추론은 단 하나의 반증에도 부정될 수 있지만, 연역적 추론을 논리적으로 부정하기란 쉽지 않기 때문이다.

그리스도교

Christianity

원래 원시 종교는 모두 다신교였다. 로고스(이성)가 발달하지 못한 미토스(신화)의 세계에서는 불가해한 자연현상을 종교로 설명했다. 따라서 때로는 그런 현상의 가짓수만큼 많은 신이 필요했다. 비의 신, 번개의 신, 폭풍의 신, 숲의 신 등 두려움과 미지의 것에 대해서는 모조리 신을 갖다 붙일 수밖에 없었다. 그런 상태에서 기원전 2천 년 무렵에 히브리인들이 유일 신앙을 가지게 된 것은 불가사의한 일이다.

좁은 지역의 한정된 인구였기 때문일까? 주변 민족들과 다툼을 거듭하는 과정에서 자연스럽게 차별성을 가지게 된 탓일까? 정확한 이유는 알 수 없으나 히브리인들은 일찍부터 야훼라는 유일신을 섬겼고, 이들의 신앙은 이스라엘 왕국 시대를 거치면서 유대교로 계승되었다. 그 뒤 조로아스터교 같은 다른 일신교도 생겨났으나 고대 세계에서 문명의 빛이 가장 밝았던 오리엔트 지역에는 여전히 다신교가 지배적이었다. 바로 그런 상황에서 느닷없이 신의 아들이라고 자처하는 예수 그리스도가 등장했다(그리스도라는 이름은 메시아라는 히브리어를 그리스어로 번역한 것이다).

올림포스 산의 신들처럼 신화를 통해 인간사에 간섭한 신들은 많았어도 이렇게 신 또는 신의 아들이라고 주장하는 인물이 인간 세상에 나타난 것은 유사 이래 처음이었다. 물론 그 무렵 중국의 황제는 하늘의 아들이라고 자처했으나, 중국인들이 말하는 하늘이란 인격신의 **개념**이 아니라 천리(天理), 즉 하늘의 이치를 뜻했으므로 종교적인 신과는 달랐다.

그런데 종교적으로는 예수 그리스도의 출현이 예기치 않은 일이었을지 몰라도 철학적으로는 유일 신앙이 오래전부터 예고되어 있었다. 인류 최초의 신화이자 서사시의 주인공인 길가메시는 사랑하는 친구의 죽음을 계기로 영생을 얻고자 여행을 떠나는데, 이는 오리엔트 문명에 이미 불멸과 불변의 것에 대한 관심이 있었음을 말해준다. 이런 관심은 그 바로 서쪽 이오니아 세계로 전해져 최초로 철학이 탄생하는 데 밑거름이 되었다. 탈레스를 비롯한 초기 철학자들이 눈에 보이는 세계의 배후에서 단일한 아르케(근본, 본질)를 찾으려 한 것은 그 영향이다(→연금술).

그 문제의식은 다시 서쪽의 그리스로 무대를 옮겨 아테네의 플라톤이 이어받았다. 플라톤은 가시적인 현실 세계가 이데아 세계의 모방이라고 간주함으로써 유일신의 근거를 마련했다. 또다시 문명의 중심이 서쪽의 이탈리아로 옮겨진 뒤 로마 세계에서 발달한 스토아 철학은 유일 신앙의 교리를 낳은 지적 토양이 되었다(금욕주의, 목적론, 신의 의지, 신 앞에서 평등한 인간의 개념 등 스토아 철학의 기본 내용은 그리스도의 시대 이전에 제기된 탓에 그리스도만 없을 뿐 거의 그리스도교의 교리와 다를 바 없다). 이렇게 무대가 다 갖춰진 상태에서 예수 그리스도가 등장한 것이다.

그래도 '지저스 크라이스트'가 '슈퍼스타'로 발돋움하기까지는 그가 죽고 나서도 3세기가 더 필요했다. 로마제국 시대에 꾸준히 교도의 수를 증가시킨 그리스도교는 313년 마침내 로마 황제 콘스탄티누스에 의해 공인을 받게 된다. 당시 콘스탄티누스는 쿠데타를 통해 집권한 탓에 권력을 안정시킬 필요성이 절실했는데, 마침 그리스도교라는 신흥종교가 그의 정치적 이해와 딱 맞아떨어졌다.

그리스도교의 내부 진통이 시작된 것은 바로 이 시기다. 밖으로 완전한 합법화를 쟁취했으니 다음은 안을 정비해야 했다. 가장 중요한 일은 오랫동안 미루어두었던 숙제, 즉 예수 그리스도의 문제였다. 창시자인 그리스도가 신도 아니고 신의 아들을 자처한 이상 어떻게든 신과의 관계를 설정하지 않을 수 없었다. 그리스도를 신으로 간주하는 입장과 그리스도의 신성(神性)을 부정하는 입장이 충돌한 결과 전자가 승리했고, 성부(신)와 성자(그리스도)를 성령이 이어준다는 절충적 **삼위일체**설이 정론으로 굳어졌다.

종교회의에서 이단으로 몰린 일파는 이후 게르만족에게 널리 퍼져 그리스도교를 간접적으로 전파했으며, 7세기에는 아라비아에서 또 다른 일신교인 이슬람교가 탄생하는 데 기여했다(이슬람교에서는 그리스도와 마호메트를 다 예언자라고 간주한다). 그리스도교의 본산이 된 유럽 세계는 동로마의 그리스정교회와 서유럽의 로마가톨릭으로 분화되었다.

1천 년의 중세 동안 유럽 세계는 그리스도교가 지배했다. 기본적으로는 교회가 신성의 영역을 관장하고 세속의 영역은 군주들이 다스리는 분업 구도였으나, 교회는 하나이고 군주들은 다수였으므로 중세 초기에는 교회의 권력이 더 클 수밖에 없었다. 하지만 권좌에 오른 교회는 서서히 부패하기 시작했고 중세 후기에 덧쌓인 모순은 결국 16세기에 종교개혁으로 터져 나왔다.

중세의 신학적 쟁점은 신의 존재를 논증하는 문제와 더불어 신앙과 이성 중에 어느 것이 먼저인지, 다시 말해 믿고 알 것인지 알고 믿을 것인지의 문제였는데, 이 토론 과정에서 인간 이성은 점차 신앙의 테두리를 벗어나게 되었다. 그 결과가 종교개혁과 거의 같은 시기에 일어난 인문주의 운동이다.

교회와 신앙은 한순간에 무너져 내리고 인간 이성이 세계의 주인으로 올라섰다. 교회라는 질서의 축이 무너졌으니 혼란은 피할 수 없었다. 중세 내내 바깥 세계와의 전쟁(십자군 전쟁) 이외에는 큰 규모의 전쟁이 없었던 유럽 세계는 근대의 문턱에 들어서면서부터 줄곧 전란과 영토 재편에 시달렸다. 마지막 종교전쟁이자 최초의 영토 전쟁인 17세기 초의 30년 전쟁(1618~1648)부터 1945년 제2차 세계대전이 끝날 때까지 3세기에 걸친 유럽 세계의 혼란은 교회가 예전과 같은 조정자의 역할을 하지 못하는 시대에 새로운 질서를 수립하기 위한 진통이었다.

그런 점에서 현대의 UN은 중세 유럽의 교황과 같은 성격을 가지고 있다. 현대의 UN처럼 중세의 교황은 권위의 상징으로 군림했으며, 세속 군주들의 이해관계가 충돌할 경우 조정하는 역할을 했다. 또한 미국 같은 강대국의 입김에 놀아나는 오늘날의 UN처럼 중세의 교황도 막강한 세속 군주 앞에서는 속수무책이었다(그런 점에서 미국이 사실상 지배하는 지금의 UN은 14세기의 아비뇽 시대와 닮았다. 그렇다면 미국 대통령은 아비뇽 시대의 프랑스 왕 필리프 4세에 해당하는데, 필리프는 별명이 미남왕이었으니 미국인들은 대통령 선거에서 후보의 용모를 중시해야 할 것이다!).

국교(國敎)라고 할 만한 특정한 종교가 없는 우리 사회의 관점에서 보면 종교가 역사 전체를 관류하는 현상을 이해하기 어렵지만 그리스도교는 하나의 종교라기보다 세계관에 해당한다. 조선시대의 유학, 성리학이 단지 하나의 학문이 아니라 조선 사회의 세계관이었던 것과 마찬가지다. 세계관은 곧 한 사회의 생활양식과 통한다. 우리에게 설과 추석을 쇠지 말라면 저항할 수밖에 없듯이 다른 민족에게 특정한 종교를 강요한다면 마찰이 일어날 것은 뻔하다.

강력한 세계종교이자 포교 종교인 그리스도교는 중세에 십자군 원정으로 이슬람 세계를 침략했고, 중세 사회가 해체될 무렵 아메리카 대륙에 진출하면서 그 세계의 생활양식을 유린했다. 비록 지금은 강제적인 포교 정책을 포기했으나, 그리스도교 문명권은 제2차 세계대전이 끝난 뒤 이슬람권의 한복판에 이스라엘의 건국을 지원함으로써 오랜 분쟁의 씨앗을 뿌려놓았다. 게다가 아직 그리스도교는 다른 종교, 다른 세계관을 배척하는 자세를 완전히 버리지 못하고 있다.

근본주의

Fundamentalism

2001년 9월 11일 아침, 미국의 심장부 뉴욕에 위치한 세계무역

센터 쌍둥이 건물에 비행기 두 대가 충돌하는 미국 역사상 최악의 테러가 일어났다. 이 사태로 400미터 넘는 두 건물이 붕괴되었고 3천여 명이 목숨을 잃었다. 테러의 주체는 알카에다라는 이슬람 근본주의 단체로 알려졌으며, 전 세계 사람들은 테러의 당위성을 떠나 근본주의의 위험성을 새삼 실감해야 했다.

원리주의라고도 불리는 근본주의는 어느 종교에나 있고, 나타나는 양상도 거의 비슷하다. 우선 종교의 경전을 자구 그대로 따라야 한다는 입장을 취하며(순결성), 금욕에 가까운 엄격한 윤리를 내세우고(도덕성), 다른 종교는 물론 같은 종교의 다른 종파에 대해서까지도 적대적이거나 배타적인 태도를 보인다(편협성).

사실 근본주의라면 이슬람교보다 **그리스도교**가 선배다. 제 나라에 살 때는 애국심이라는 걸 몰랐어도 외국에 나가 살게 되면 과도한 애국자가 되게 마련이다. 19세기 초에 미국에서 들불처럼 일어난 그리스도교 근본주의 운동이 그랬다.

미국은 원래 출신부터 고향을 등진 신교도들이 세운 나라다. 종교적으로 가톨릭에서 갈라져 나온 데다 조국을 떠나 바다 건너 멀리 이주해온 처지라면 원래의 종교보다, 원래의 나라보다 더 뿌리에 집착할 수밖에 없다. 종교적 뿌리라면 바로 **성서**다. 근본주의자들은 성서에 아무런 오류도 없고 문구 그대로의 의미 이외에 어떠한 다른 해석의 여지도 없다고 보았으며(예를 들면 예수가 처녀의 몸에서 태어났다는 것, 여러 가지 기적, 부활 등), 성서의 〈요한계시록〉에 나오는 것처럼 그리스도가 이 세상에 재림해 1천 년 동안 다스리고 최후의 심판을 한 뒤 세상의 종말이 오리라고 믿었다. 대표적인 교파가 그리스도재림교회인데, 그 창시자인 미국의 밀러라는 농부는 성서를 토대로 1844년 10월 22일에 그리스도가 재림하리라고 계산했다. 물론 그 예언은 맞지 않았으나 이 교파는 근본주의 열풍에 힘입어 금세 교세를 확장할 수 있었다(우리나라에서도 1992년에 세상의 종말과 이른바 휴거가 온다고 주장한 사이비 종파가 큰 사회적 파문을 일으킨 바 있다).

그런 성장에 힘입어 근본주의자들은 다른 종파에 대해 전투적이고 호전적인 자세로 일관하면서 각종 사회적 문제와 정책 결정에도 영향력을 행사하고자 했다. 20세기에 들어서는 사이비 예언으로 여론몰이를 하는 전략은 포기했으나, 냉전 시대에 극우적인 반공주의로 대중을 호도한다든가 **진화론**을 비난하고 성서에 입각한 **창조론**을 정식 교육과정에 포함시키려 하는 등 파괴적인 책동을 서슴지 않았다.

이슬람 근본주의는 제2차 세계대전이 끝난 뒤 1948년 팔레스타인에 이스라엘 공화국이 세워진 사건을 계기로 크게 일어났다. 이슬람 세력권인 중동의 심장부에 다른 종교(그것도 배타적인 유대교)의 국가가 탄생한 것도 충분히 논란거리였지만, 그보다 심각한 것은 이스라엘 때문에 팔레스타인의 주민들이 수천 년 동안 살아온 고향을 빼앗기고 졸지에 난민이 되었다는 사실이다.

이스라엘의 건국은 전후의 어수선한 틈을 타서 연합국 측이 전쟁 지원의 보상으로 유대인들의 요구를 들어준 결과였다. 비록 유대인들은 3천 년 전 가나안 땅에 이스라엘 민족의 국가가 있었다는 역사적 사실을 내세웠지만(→ 디아스포라), 그 황당한 명분의 배후에는 힘의 논리가 숨어 있었다. 그 논리대로라면 북아메리카 원주민도 불과 수백 년 전까지 조상 대대로 살아오던 터전을 유럽에서 온 백인들에게 빼앗겼으니 땅을 돌려받아야 하지 않을까?

근본주의자들은 부패하고 무능한 이슬람 정권이 이슬람권의 위기를 초래했다고 비난하면서 코란의 가르침을 충실히 따르는 새로운 이슬람 국가를 수립하고자 했다. 그러나 그들이 주적으로 삼은 것은 이스라엘 공화국의 탄생을 지원한 그리스도 문명권이었고, 그중에서도 핵심인 미국이었다. 여러 차례에 걸친 중동 전쟁에서 이슬람권의 국가들이 이스라엘을 몰아내지 못하자 이슬람 근본주의자들은 전쟁보다 테러의 방식을 택했다. 그들은 군대를 조직하고 이스라엘과 크고 작은 싸움을 벌이는 한편 이스라엘의 강력한 지지자인 미국을 대상으로 세계 각지에서 테러를 일으켰다. 그 결과가 2001년 9·11 사태였다.

문제는 테러로 해결될 게 아니고, 더욱이 이슬람 근본주의 세력은 해결의 주체가 될 수 없지만, 중동에 최종적인 평화가 오기까지는 테러가 끊이지 않을 것이다. 지금까지 중동 문제로 노벨 평화상이 주어진 것은 세 차례나 되지만 분규가 해결될 전망은 여전히 요원하다(역사적으로 숙성된 인문학적 문제에 대한 사회과학적, 정책적 접근 방식의 한계다). 앞으로 이 지역이 얼마나 많은 노벨 평화상을 양산하게 될지는 아무도 모른다.

근친상간

Incest

그리스의 도시 테베의 왕은 아들의 손에 죽음을 당하리라는 신탁을 받고 고민하다가 갓난 아들을 산에 버린다. 그러나 아들은 어느 농부에게 구출되어 다른 도시의 왕궁에서 자란다. 청년으로 성장한 그는 장차 아버지를 죽이고 어머니와 결혼하리라는 비극적인 신탁을 알게 된다. 그 운명을 피하려고 무진 애를 썼으나 그는 결국 자신도 의식하지 못하는 사이에 아버지를 죽이고 어머니와 결혼한다. 자살로도 자신의 죄를 씻을 수 없다고 여긴 그는 스스로 눈을 멀게 하고 딸이자 동생인 안티고네와 함께 참회의 여행을 떠난다.

잘 알려진 오이디푸스의 신화인데, 이와 같은 근친상간에 관한 이야기는 그리스신화만이 아니라 전 세계에서 보편적으로 발견된다. 오늘날에는 근친상간이 관습적으로 터부시되고 제도로 금지되어 있지만 이는 그리 오래된 일이 아니다. 근친상간의 점잖은 표현인 근친혼은 세계 어느 역사에나 흔히 있었고, 유학을 통치 이념이자 생활의 윤리로 삼았던 우리 역사에서도 많이 볼 수 있다.

신라 초기에 성골의 혈통을 유지하기 위해 왕족 내의 근친혼이 많았던 것은 잘 알려진 사실이지만, 유학의 기본 이념이 도입된 뒤에도 근친혼을 배제하는 분위기는 없었다. 7세기에 신라의 김춘추는 김유신의 누이를 아내로 맞고 김유신에게 딸을 시집보내 두 사람은 처남-매부이자 장인-사위 관계가 되었다(비슷한 시기에 중국 당나라에서는 태종이 후궁으로 들인 측천무후를 그 아들인 고종이 아내로 삼았는가 하면 당 현종은 정식 며느리로 들어온 양귀비를 빼앗아 비로 삼았다). 10세기에 신라의 마지막 왕인 경순왕은 고려를 건국한 왕건의 환심을 사기 위해 그에게 사촌누이를 시집보냈고 그 보답으로 왕건은 경순왕에게 자기 딸을 준 일도 있었다. 또 고려의 5대왕인 경종은 친자매를 둘 다 정비(正妃)로 삼기도 했다.

처음부터 성리학을 국가의 이념으로 삼은 조선의 경우에도 그런 관습은 쉽게 바뀌지 않았다. 조선의 5대왕인 문종이 죽고 어린 단종이 즉위했을 때 단종의 삼촌인 수양대군은 동생 안평대군과 실권을 놓고 다툼을 벌였다. 당시 그는 안평대군이 숙모(젊어서 죽은 세종의 동생 성녕대군의 아내)와 정분을 통했다고 비방했는데, 진상은 알 수 없지만 왕실에도 이런 루머가 돌 정도였다면 일반 사회에서 근친혼의 관습이 드문 일은 아니었다는 추측이 가능하다.

성리학이 조선의 지배 **이데올로기**만이 아니라 일상생활의 윤리로 자리 잡은 것은 16세기 초에 조광조가 《여씨향약》을 널리 보급하면서부터다. 이때부터 왕실은 물론 일반 백성에 이르기까지 전면적으로 근친혼을 금기시하게 되었다. 성리학의 근친혼에 대한 거부감은 심지어 동성동본의 결혼을 법으로 금지하는 세계사적으로 보기 드문 강박증적 관념을 낳았다. 1997년에야 비로소 헌법재판소에서 동성동본의 결혼 금지가 헌법에 위배된다는 판결이 내려져 이 문제가 해결되었다.

한편 근친혼과 달리 근친상간을 금지하는 사회적 원칙은 오래전부터 존재했으며, 문명화되지 않은 원시사회에서도 일반적이었다. 프랑스의 구조주의 인류학자인 레비스트로스는 현존하는 다양한 인간 사회를 정밀하게 분석한 결과 근친상간의 금지를 인간 사회가 성립하기 위한 전제 조건이라는 결론을 내렸다. 그가 말하는 근친상간은 친족적인 의미보다 **공동체**적인 의미가 강하다. 따라서 근친상간의 금지는 혈통의 측면보다 사회관계의 측면과 연관된다.

근친상간이 금지되어 있다면 공동체는 완전히 독립적으로 살아갈 수 없게 된다. 자손을 번식시키려면 남자와 여자가 결합해야 하는데, 공동체 내의 결혼이 금지되어 있으므로 반드시 다른 공동체와의 교류가 필요하다. 이 교류는 곧 여자의 교환으로 나타난다(모계사회라면 남자의 교환이 되니까 **페미니즘**의 관점을 들이댈 필요는 없다). 레비스트로스는 이렇게 결혼을 매개로 이루어지는 인간관계가 인간 사회의 보편적인 특징이라고 말한다. 두 개 이상의 공동체가 여자를 주고받음으로써 친족 관계가 형성되고 이것이 곧 사회구조의 토대가 된다.

정신분석학의 창시자인 프로이트는 3~5세의 유아기 심리를 설명하면서, 아들은 아버지를 적대하고 어머니에게 애정을 느끼는 오이디푸스 **콤플렉스**를 가진다고 주장했다(유아기의 딸이 겪는 그 반대 심리를 가리키는 엘렉트라 콤플렉스는 후대의 학자들이 만든 **개념**이다). 그가 말하는 것은 무의식적 심리 과정이므로 자신에게 과연 그런 적이 있었는지 굳이 기억하려 애쓸 필요는 없다. 근친혼이 근친상간의 역사적 표현이라면, 오이디푸스 콤플렉스는 근친상간의 심리적 표현에 해당한다.

기시감

Déjà-vu

처음 만나는 사람, 처음 본 풍경이라도 문득 언젠가, 어디선가 보았다는 느낌이 들 때가 있다. 이 섬뜩한 느낌을 기시감(데자뷰)이라고 부른다. '이미déjà', '보았다vu'는 뜻의 프랑스어에서 나온 말이다. 때로는 젓가락을 집는 것과 같은 지극히 일상적인 행위에서도 순간적으로 기시감이 느껴지는 경우가 있다.

기시감은 심리학의 용어라기보다는 기억의 속성을 말해주는 **개념**인데, 대부분은 착각에 기인한다. 어떤 풍경을 보거나 사람을 만났을 때 우리의 두뇌는 풍경이나 얼굴 전체가 아니라 특징적인 일부분을 선명하게 기억하고 나머지는 배경으로 기억한다. 따라서 분명히 처음 겪는 경험이라 해도 경험의 부분적 특징이 같을 경우 두뇌 속에 저장된 과거의 경험과 같다고 착각하는 것이다.

실제의 경험과 같다고 느껴질 만큼 강렬한 기시감도 있다. 그래서 일부 사이비 종교나 과학에서는 기시감을 이른바 전생의 기억이라고 주장하기도 한다. 물론 전생 같은 것은 없다. 전생을 말하는 사람은 셋 중 하나라고 보면 된다. 첫째는 가장 불순한, 의도적인 거짓말을 하는 경우다. 둘째는 본인이 기억 속에서 뭔가를 착각한 경우다. 가장 가능성이 높은 셋째는 **무의식**이다. 최면 상태에서 전생의 기억이 드러난다는 주장이 있지만, 최면에 걸렸을 때 자신이 의도하지 않은 생각이나 경험을 진술하는 것은 꿈을 꿀 때와 마찬가지로 무의식의 작용이다.

그러나 엄밀하게 말해 기억이 한 개인의 삶을 넘어 전승되는 현상이 전혀 불가능하다고 단정할 수는 없다. 다만 그런 일이 가능하다면 그것은 두뇌의 기억이 아니라 인류 역사만큼이나 오래된 유전자 차원의 기억일 것이다. 기억의 이런 측면에 관해서는 스위스의 심리학자 융이 밝힌 바 있다(→원형).

기호

Sign

아침에 일어나면 신문을 보고, 출근길에는 라디오나 MP3로 음악을 듣고, 직장에 가서는 서류를 읽는다. 점심시간이 되면 거리의 횡단보도를 건너 식당을 찾고, 오후에는 회사 차를 타고 수많은 도로 표지판을 지나 거래처로 간다. 저녁에 퇴근하면 친구들과 영화를 한 편 보고, 집에 와서는 책을 읽다가 잠자리에 든다. 이 과정에서 접하는 것들은 모두 기호다.

현대 생활은 기호로 가득하다. 사전적 정의에 따르면, 기호란 실존하는 사물이나 현상을 대리하는 매체를 뜻한다. 따라서 신문기자가 직접 말해주는 정보가 아니라 신문에 게재하는 기사, 록밴드가 직접 연주해주는 음악이 아니라 녹음된 음악은 다 실제의 사물이 아니므로 기호가 된다. 신문이나 서류, 책 같은 문자와 언어의 기호, 음악 기호, 도로 표지판, 영화와 TV의 영상 기호 등등 우리는 무수한 기호의 세계에 살고 있다.

기호의 일차적인 목적은 소통이다. 사회가 단순하면 소통의 과정도 단순하다. 원시사회는 집단의 규모가 작고 삶의 과정이 단순했기 때문에 그다지 많은 기호가 필요 없었다. 대부분의 소통은 구성원들 간의 직접 대화로 가능했고, 간혹 제사를 지낼 때 신의 뜻을 알기 위한 기호 정도가 사용되었을 뿐이다. 그러나 수많은 사람이 모여 사는 현대사회, 특히 도시에서는 면식도 없는 사람들끼리의 소통이 필요하므로 객관적으로 의미를 전달할 수 있는 기호가 사용되며, 기호 자체도 갈수록 다양해지고 추상화된다.

그런데 기호의 시대인 현대에 들어 기호에 근본적인 문제점이 제기되고 있다. 기호가 소통을 매개해준다는 것이 과연 사실일까? 일단 이런 의문은 어리석어 보인다. 횡단보도의 표지판은 문명권의 어느 나라 사람이 보든 쉽게 그 의미를 알 수 있으며, 음악은 만국 공용어라는 닉네임처럼 누구나 쉽게 듣고 즐길 수 있다. 기호는 분명히 소통에 도움을 줄 뿐 아니라 언어의 장벽마저 해결해주므로 편리하다!

그러나 문제시되는 것은 정작 소통의 기능에서 핵심이 되는 언어다. 언어 기호는 과연 의미를 제대로 전달하는 수단일까? 이런 의문을 처음 제기한 사람은 프랑스의 구조언어학자인 소쉬르다. 그는 기호를 의미하는 것(기표, signifiant)과 의미되는 것(기의, signifié)으로 구분하고, 양자의 관계가 생각하는 것처럼 그렇게 필연적이지 않다고 주장한다. 언어 기호가 지시 대상을 가리킨다고 보는 전통적인 관점을 뒤집은 것이다.

나무라는 말이 나무를 가리키고 바위라는 말이 바위를 뜻하는 것은 당연한데, 대체 소쉬르는 무슨 말을 하는 걸까? 그는 스피노자의 말을 빌려 "개는 짖어도 개라는 낱말은 짖지 않는다."고 말한다. 그의 말은 마당에서 뛰노는 실제의 개(기의)를 개라는 이름(기표)으로 불러야 할 필연적인 이유가 없다는 뜻이다. 개를 소나 닭으로 바꿔 불러도 아무런 상관이 없다.

그렇다면 개를 개라고 부르게 된 이유는 무얼까? 그런 이유 따위는 없다. 그것은 순전한 우연이다. 개를 개라고 부르는 것은 개라는 낱말이 지시하는 대상, 즉 실제 개와 관계가 있는 게 아니라 단지 언어 체계에서 정해진 약속일 따름이다. 여기서 소쉬르는 차이라는 중요한 **개념**을 끄집어낸다. 개는 소나 말이 아니기 때문에 개다. 목요일은 수요일이나 금요일과 다르기 때문에 목요일일 뿐이다.

전통적인 견해에 따르면, 개념이나 이름은 그것이 지시하는 대상과 밀착된 것으로 간주되었다. 이를테면 실제 개에서 개라는 단어가 나왔다고 보는 것이다. 그런데 소쉬르는 그 생각이 착각이고 실은 차이가 대상을 설명한다고 말한다. 차이란 실체가 아니라 관계를 나타내는 용어다. 따라서 중요한 것은 실체적 사고가 아니라 관계적 사고다. 남극은 북극이 없으면 아무런 의미를 가지지 못하며, 중위는 대위와 소위 사이의 계급이라는 의미 이외에 실체적인 정의를 가지지 않는다. 기호의 의미를 결정하는 것은 실체(지시 대상)가 아니라 다른 기호들과의 관계(차이)다.

이런 의미의 전복은 '숨은 것'의 중요성을 드러낸다. 관계는 실체에 가려 눈에 잘 띄지 않는다. 우리는 실체적 사고에 익숙하기 때문에 실체의 배후에 숨은 관계를 포착하지 못한다. 기호를 실체로 간주하면 기호와 지시 대상을 **무의식**적으로 일체화하기 때문에 그 기호의 본래 의미를 나타내는 맥락을 놓치게 되며, 이른바 '행간의 의미'를 이해하지 못한다. 예를 들어 "그래, 너 잘나서 좋겠다."는 친구의 빈정거리는 말을 액면 그대로, 즉 실체적으로 이해하면 기분이 좋을지도 모르지만("내가 잘났다고 말해주는구나.") 친구들 사이에서는 곧바로 왕따가 될 것이다(→텍스트/콘텍스트).

기호를 해석할 때 기호 자체보다 기호를 둘러싼 맥락이 중요하다는 사실은 현대사회에서 기호가 지니는 다양한 의미와 힘을 말해준다. 오늘날에는 과거처럼 **권력**이 노골적으로 작용하지 않고 기호를 통해 은밀하게 행사된다. 이런 기호의 권력에 착안한 보드리야르는 기호가치의 개념으로 현대사회의 특징을 설명한다.

마르크스가 **가치**를 사용가치와 교환가치로 구분한 것은 **생산**의 관점에서 가치를 바라본 것이었다. 이것을 소비의 관점으로 바꾸면 기호가치의 의미가 드러난다. 고급 자동차의 대명사인 BMW나 벤츠가 일반 자동차보다 특별히 좋은 것은 아니다. 물론 안전도나 승차감이 더 좋기는 하겠지만 그런 것만으로는 엄청난 가격 차이를 설명하지 못한다. 고급 자동차를 선호하는 대다수 소비자의 진정한 의도는 바로 기호가치에 있다.

기호가치는 **문화권력**을 상징한다. BMW나 벤츠는 소유자의 신분과 권력, 부와 지위를 나타낸다. 여기서 전통적인 의미에서의 가치는 중요하지 않다. 고급 자동차라는 '기호'는 실체적 지시 대상—성능, 안전도 등—과는 무관하며, 다른 기호들과의 관계—일반 자동차보다 훨씬 고급이라는 특성—속에서 의미를 가진다. 이렇게 보면 이른바 '명품'을 좋아하는 취향도 거기에 내포된 천박한 가치관을 제외한다면 기호가치를 추구하는 태도라 할 수 있겠다.

보드리야르는 그런 강력한 물질성을 가지는 기호의 억압적 성격에 주목한다. 현대 **자본주의**의 억압과 **착취**는 마르크스의 시대처럼 생산과정에서 확연하게 드러나는 게 아니라 기호로 위장되고 기호를 통해 재생산된다. 따라서 진정한 해방은 프롤레타리아 **혁명**이 아니라 기호로부터 벗어나는 기호 혁명을 통해 이루어질 수 있다. 사회·정치적 혁명도 이루지 못한 판에 기호 혁명의 과제까지 제기한다면 좀 때 이른 감이 있지만.

노동

Labor

인간을 바라보는 관점에는 여러 가지가 있다. 철학자라면 지성을 가진 존재로 볼 것이고, 역사가라면 역사를 만들어가는 주체로 볼 것이며, 과학자라면 두뇌가 발달한 영장류의 하나로 볼 것이다. 아리스토텔레스는 인간을 정치적 동물(zoon politikon)로 보았고, 파스칼은 인간이 생각하는 갈대라고 말했다. 더 통속적인 관점도 있다. 교회에서는 인간을 신도로 볼 테고, 법정에서는 피의자로, 병원에서는 환자로, 장의사는 잠재적 시신으로 볼지도 모른다. 그러나 인간을 어떻게 보든 간에 인간은 인간으로 규정될 수 있는 공통적인 속성을 가지고 있다.

우선 인간은 언어를 사용한다. 인간 이외에 언어를 사용하는 동물은 지구상에 없다. 원숭이나 돌고래가 몸짓이나 발성으로 약간의 의사소통을 하지만 인간의 언어처럼 다양한 의미를 표현하고 전달하지는 못한다. 언어가 인간의 속성이라는 것은 지극히 당연하지만, 그만큼 당연한데도 자주 잊는 속성이 또 한 가지 있다. 그것은 바로 노동이다.

노동이라면 일한다는 건데 동물도 먹고살기 위해 일하지 않는가? 하지만 동물의 일과 인간의 노동은 질적으로 다르다. 인간의 노동은 생존을 위한 활동일 뿐만 아니라 자아를 실현하는 과정이기도 하다. 물론 가족을 먹여 살리기 위해 건설 현장에서 인부로 노동하거나 아파트 경비를 서는 노동을 자아실현이라고 말하기에는 사치스러운 게 사실이다. 여기서 자아실현이란 철학적이거나 도덕적인 의미가 아니라 조직화된 사회관계를 반영한다는 의미다. 특정한 사회관계에서 주어진 역할을 소화하는 것이 곧 노동의 관점에서 본 인간의 자아실현이다.

인간의 노동은 맹수가 먹이를 사냥하는 것처럼 고립적으로 진행되지 않는다. 예를 들어 공장 노동은 생산 방식 자체가 분업에 의존하므로 당연히 사회관계를 바탕으로 한다. 또한 홀로 고독하게 진행하는 것처럼 보이는 예술가의 창조적 노동도 역시 감상자에게 작품을 보이거나 판매하기 위한 것이라는 점에서 사회관계가 내재해 있다. 즉 인간의 노동은 본래적으로 사회적 노동이다.

노동의 이런 특성을 낳는 것은 무얼까? 분업일까? 하지만 집단을 이루고 살아가는 벌과 개미 같은 곤충도 분업적으로 일하므로 분업인 것만은 아니다. 차이는 목적의식성에 있다. 동물의 일은 맹목적이지만 인간의 노동은 처음부터 목적을 의식하고 있기 때문에 사회적이다. 목수는 나무를 깎아 의자를 만들 때 미리 노동의 전 과정을 이해하고 최종적인 목적을 의식한 상태에서 노동을 진행한다. 노동의 목적은 자신의 노동이 사회관계에서 어떤 기능을 할지를 안다는 사실에서 비롯된다.

그러나 현대 **자본주의**사회의 노동은 고도로 분업화되어 있기 때문에 인간 노동의 본래적인 총체성을 심각하게 저해한다. 공장에서 노동자는 하나의 부품처럼 주어진 단순 작업을 반복한다. 노동자는 자신이 투여한 노동의 결과가 어떤 것인지 구체적으로 알지 못하며, 노동 생산물에 관해서도 전혀 소유권을 가지지 못한다. 이런 현상은 현대사회의 커다란 문제들 가운데 하나인 노동 **소외**를 낳는다.

경제적으로 노동은 **가치**를 낳는 원천이다. 이런 관점에서 경제학의 시조에 해당하는 애덤 스미스는 노동가치설을 주장했고, 마르크스는 그 학설을 계승해 자본주의적 **생산**과정을 설명했다. "상품 가치의 크기는 그 상품에 포함되어 있는 '가치를 형성하는 실체', 곧 노동의 양으로 측정된다. 노동의 양은 노동이 투여된 시간으로 측정되고, 노동시간은 다시 한 시간이라든가 하루라든가 하는 일정한 단위 시간을 척도로 삼는다."(마르크스, 《자본론》)

통나무는 상품이 아니지만 목수(노동자)가 그것을 깎고 다듬으면(노동을 투여하면) 의자라는 상품이 된다. 이런 점에서 노동은 가치를 창조하는 주요한 원천이다.

그런데 여기서 한 가지 의문이 생긴다. 의자를 만드는 일이 목수의 노동만으로 되는 건 아니지 않은가? 톱과 대패도 있어야 하고 목수가 먹을 점심 도시락도 있어야 한다. 톱과 대패, 도시락은 모두 돈을 주고 사야 한다. 그렇다면 돈도 가치를 낳는 게 아닐까?

그러나 돈 역시 하나의 상품에 불과하다. 우리는 가게에서 돈을 주고 물건을 사지만, 가게 주인은 우리에게 물건을 주고 돈을 산다. 돈이 기준인 것처럼 여겨지는 이유는 어느 상품보다도 교환하기 쉽다는 이유 때문이다. 더구나 돈은 가치를 유통시킬 뿐 생산하지는 않는다.

또한 톱과 대패, 도시락도 모두 노동의 산물이다. 마르크스는 그것들을 '죽은 노동'이라고 부르며 노동자의 실제 노동, 곧 '산 노동'과 구분 짓는다(노동이 죽었다는 뜻은 아니고 '과거로부터 축적된 노동'이라는 뜻이다). 죽은 노동과 산 노동이 결합되어 상품이라는 가치 형태를 창조하는 것이다.

자본주의적 생산은 바로 노동자가 자신의 노동을 통해 가치를 만들어내는 과정이다. 자본주의 이전의 사회에서는 노예나 농노만 있었을 뿐 노동자는 없었다. 노예와 달리 노동자는 자본가에게 고용되어 일정한 시간 동안 노동을 해주고 임금을 받아 생활한다(노동자라고 해서 꼭 공장 노동자만 생각하면 안 된다. 샐러리맨, 운전기사, 외판원 등 노동의 대가로 자본가에게서 임금을 받는 사람은 모두 노동자다. 그런 점에서는 학교 선생님도 노동자의 신분이다. 단, 자영업자나 상인, 농민, 연예인 등은 자신의 노동력을 파는 게 아니므로 노동자가 아니다).

임금이라는 대가를 받으므로 노동력도 하나의 상품이다. 따라서 노동력이라는 상품의 가치도 다른 상품들과 마찬가지로 그것을 생산하는 데 들어간 노동시간으로 결정된다. 노동자는 우선 먹고살아야 하며, 또 노동력도 기계처럼 낡으므로 재생산할 수 있어야 한다. 이것을 다른 표현으로 바꾸면, 노동력의 가치는 노동자와 그 가족이 생활하고 노동자가 자신의 노동력을 훈련하고 개발하는 데 들어가는 생활필수품들을 생산하는 비용이 된다.

그런데 노동력은 자본가의 입장에서도 하나의 상품이다. 자본가가 노동자를 고용했다는 것은 곧 노동력을 구입한 것이므로 그것을 다른 상품처럼, 예컨대 기계처럼 자기 마음대로 이용할 권리가 있다. 따라서 자본가는 그 노동력이라는 상품이 훼손되지 않는 한에서 최대한 이용하려 할 것이다. 그 결과 노동자는 자기 노동력의 가치 이상을 생산하게 된다. 마르크스의 비유에 따르면, 한 필의 말이 먹는 먹이와 그 말이 기수를 태우고 갈 수 있는 시간은 전혀 별개의 것이듯이 노동력을 보전하는 데 필요한 가치와 노동자가 노동력으로 생산해내는 가치는 차이가 있다. 이 가치의 잉여부분을 마르크스는 잉여가치라고 부른다.

바로 이 잉여가치 덕분에 자본주의는 탄생하고 성장할 수 있었다. 잉여가치를 이용해 자본가는 원료, 임대료, 각종 **세금** 등 상품생산에 필요한 비용을 지불할 뿐만 아니라, 남은 부분을 이윤으로 바꾸어 노동력을 더 구입하거나 기계를 새로 갖춰 새로운 상품생산을 위한 투자를 할 수 있게 된다. 이렇게 해서 이루어진 새로운 상품생산은 그 이전보다 더욱 규모가 클 수밖에 없다. 이것이 자본의 증식 과정인데, 이렇게 자본가의 자본을 낳고 늘려주는 것은 인간의 노동이다.

노마디즘
Nomadism

중국에서 유럽까지, 유라시아 대륙 대부분을 아울렀던 **제국**은 역사상 몽골제국 하나뿐이다. 13세기에 몽골은 불세출의 정복군주였던 칭기즈 칸과 오고타이 칸의 시대에 동아시아를 정복하고 동남아시아에서 인도, 서남아시아까지, 중앙아시아에서 러시아, 동유럽까지 손에 넣어 역사상 유일무이한 대제국을 건설했다. 몽골은 유목민족이었기에 몽골제국은 중앙아시아를 주름잡은 유목제국의 대표 주자로 꼽힌다.

하지만 엄밀히 따져보면 '유목'이라는 말과 '제국'이라는 말은 어울리지 않는다. 유목은 고정된 삶의 터전을 가지지 않는 삶의 형태를 가리키는 데 비해 제국은 강력한 정치적 중심과 방대한 변방으로 구성된 체제를 뜻하기 때문이다. 그래서일까? 몽골제국은 칭기즈 칸의 손자인 쿠빌라이 칸에 이르러 유목적 속성을 버리고 중국식 제국으로 노선을 전환했으나 결국 오래 버티지 못하고 역사의 뒤안길로 사라졌다.

쿠빌라이의 착각(혹은 딜레마)은 오늘날 노마디즘을 외치는 사람들도 상당수가 공유하고 있다. 유목민, 즉 노마드(nomad)에서 나온 노마디즘은 말 그대로 유목민의 정신이라는 뜻이다. 물론 쿠빌라이의 시대에는 없었던 용어이고 설령 썼다 해도 촌스럽고 비문명적인 것을 가리키는 의미였을 것이다(몽골과 만주 등 중원 북쪽의 유목 문명권은 늘 중화를 동경했다). 하지만 현대사회에서 노마디즘은 유목민처럼 기동성이 뛰어나고(이른바 '모바일 세계') 창의와 혁신을 두려워하지 않는 정신을 가리키는 의미로 주목을 받고 있다. 기업 CEO나 정치인도 '디지털 노마드'라는 용어를 서슴없이 입에 올릴 정도다. 문제는 현대의 구호가 된 노마디즘이 과연 올바른 의미로 사용되고 있느냐에 있다.

노마디즘의 반대 개념은 정착민의 정신이다. 정착민의 대표는 단연 농민이다. 농민의 특성은 뭔가를 소유한다는 데 있다. 농민은 땅과 집과 가축을 소유하고 그 재산들이 있는 삶의 터전을 놓치지 않으려 한다. 그 반면 유목민은 뭔가를 영구적으로 소유할 경우 오히려 생존이 불가능해진다. 항구적인 풀밭과 물이 없는 지역에서는 늘 풀밭과 물을 찾아 이동해야만 살 수 있다. 농민은 소유해야만 생존할 수 있고 유목민은 소유하지 않아야만 생존할 수 있는 셈이다.

정착민은 소유하고 그 소유를 늘리고 소유에 점점 더 집착하는 방식으로 살아간다. 그 가운데 어느 개인이 다른 개인보다 재산이 많아지면 그 재산을 지키기 위해 덜 가진 사람을 고용하게 된다. 역사적으로 계급과 신분은 잉여재산을 가진 개인들이 등장하면서 탄생했다. 이 과정의 정점이 왕국과 제국이다. 사회의 모든 부가 개인에게 집중되는 제국은 정착민 문명의 총화다.

중앙집권적 제국 체제가 굳어지면서 사회는 지배계급이 원하는 방향으로 편성되고 재편된다. 중국을 중심으로 하는 동아시아 중화제국의 역사가 바로 그 과정을 가장 뚜렷하게 보여준다. 중국의 지배계급은 지리적으로 중원, 정치적으로 천자를 중심으로 하는 동심원적 구조를 형성했고, 그 구조를 유지하는 제도로 관료제를 도입하고 그 구조를 정당화하는 이데올로기로 유학을 만들어 수천 년이나 지배계급 중심의 역사를 전개했다.

이렇게 굳어진 체제에서는 **혁명**이 불가능하다. 혁명은 원래 변방에서 일어나게 마련이다(정치적 혁명만이 아니라 문화적 혁명도 그렇다. 예컨대 14세기 북이탈리아는 북쪽으로 제국, 남쪽으로 교황령이라는 두 강대국 사이에 끼인 변방이었기에 르네상스라는 문화적 혁명의 무대가 되었다). 혁명이란 틀에 박힌 주류적 사고에서 벗어나 탈주하려는 태도에서 비롯되는데(그래서 혁명은 기본적으로 유목적이다), 강력한 지배계급이 일체의 일탈을 용납하지 않는 조밀한 체제에서는 그 가능성이 원천적으로 봉쇄되어 있다. 동아시아 역사에서 숱한 왕조 교체는 있었어도 왕조 체제를 타도하는 혁명이 시도된 적도 드물었고 성공한 적은 한 번도 없었던 것은 그 때문이다.

정착민 문명은 역사의 초기에 강력한 힘을 발휘한다. 한 사회의 자원을 집중시킬 수 있다면 전쟁과 정복 활동에 훨씬 유리하기 때문이다. 그러나 권력과 부의 집중을 특성으로 하는 정착민 문명은 성장과 진화가 임계점에 달하면 내외적 한계에 직면하게 된다. 내적 한계는 체제상의 근본적인 혁신이 불가능해진다는 점이고, 외적 한계는 외부 세계와 접촉할 경우 취약점을 드러낸다는 점이다. 혁명이 부재한 동아시아의 역사가 내적 한계를 말해준다면 17세기 이후 서양 제국주의의 침탈에 전혀 대비하지 못했던 것은 외적 한계를 말해준다.

몽골제국은 노마디즘에서 출발했으나 제국 체제로 돌아서면서부터는 파국에 처할 운명이었다. 역사적으로 '유목 제국'이라는 **모순** 명제는 실패했다. 하지만 실패한 것은 노마드 제국일 뿐 노마디즘이 아니다. 오히려 제국의 시대가 지나간 현대에 노마디즘은 더욱더 큰 힘을 발휘할 것이다. 그러나 노마디즘을 통해 뭔가를 소유하고 늘리고 팽창하고 집중하려는 시도는 쿠빌라이의 딜레마를 재현할 따름이다. '디지털 노마드'를 내세우는 현대의 CEO나 정치인처럼 정착민의 문명을 강화하고 그 생활방식을 확산시키려는 목적이라면 노마디즘이라는 말 대신 자본주의적 기업가 정신(entrepreneurship)이나 19세기 초 미국의 개척 정신(pioneer spirit)이라는 용어를 쓸 일이다.

노블레스 오블리주

Noblesse Oblige

노숙자를 도와야 하는 이유는 무얼까? 독거노인을 보살펴야 하는 이유는 무얼까? 경제적으로만 보면 노숙자나 독거노인은 **가치**를 거의 생산하지 않는다. 유용한 노동력을 가지고 있지 않을뿐더러 오히려 그들을 부양하는 데 사회적 자원이 소모된다. 심지어 일부 노숙자들은 노동 의욕이 없고 이따금 잔 범죄를 저지르는 경우도 있다. 그래서 심사가 빙퉁그러진 사람들은 **세금**으로 그들을 돕는 데 불만을 토로하기도 한다.

그럼에도 불구하고 그들에게는 사회적 지원이 제공되고 있으며, 많은 사람은 그래야 한다고 믿는다. 그 이유는 주로 법적 권리나 인도주의, 박애 정신 같은 도덕적 측면에서 설명된다. 이를테면 누구나 동등한 인권을 가지고 있다든가, 따스한 사회를 만들어야 한다든가, 인간은 동물과 다르다든가 등등이다. 그리고 한마디 덧붙인다. 그게 바로 노블레스 오블리주라고.

하지만 그것은 노블레스일지언정 오블리주는 아니다. '고결한 의무', 즉 '상류층의 의무'라고 번역되는 노블레스 오블리주는 사실 도덕과 무관하다. 도덕이라면 의무(오블리주)라는 말이 붙을 이유가 없다(도덕을 의무와 합체한 칸트는 논외로 치자).

노블레스 오블리주는 원래 역사에서 나왔다. 그 배경은 신분제에 있다.

신분제는 동서양 역사에서 공통적으로 있던 제도이나 두 신분제는 성격이 크게 달랐다. 사회의 기틀이었고 차별적인 성격을 지닌 점은 마찬가지지만, 동양의 신분제는 지배층이 피지배층을 지배하기 위한 서열의 의미가 강한 반면 서양의 신분제는 사회적 역할과 기능을 규정했다.

동양의 신분제는 상위 신분과 하위 신분, 지배자와 피지배자의 위상으로만 나뉠 뿐 신분이 사회적 기능이나 역할을 규정하지 않았다. 동양 사회 특유의 병농일치 개념이 그 예다. 중국 당제국의 골간이었던 부병제는 농민이 전시에 병사로 복무하는 병농일치의 제도였으며, 고려와 조선의 군사 제도도 기본적으로 병농일치의 성격을 가졌다.

그와 달리 서양의 역사에서는 고대부터 농민과 병사가 확실히 구분되었다. 농민은 국가의 경제적 토대를 담당했고, 병사는 국가를 방어하거나 적을 정복해 영토를 늘리는 역할을 맡았었다. 이집트의 파라오는 용병을 고용할지언정 농민을 병사로 부리는 일이 없었다. 로마제국에서도 농민들은 농사를 지었으며, 로마 군단이 정복을, 게르만 용병이 변방의 방어를 맡았다.

높은 신분은 그 신분에 어울리는 사회적 역할을 맡는다. 이런 발상이 노블레스 오블리주라는 관념을 낳았다. 사회의 지도층이나 상류층은 그 신분에 어울리는 사회적 책임과 의무를 수행해야 한다는 의미다. 노블레스 오블리주의 기원은 보통 기원전 3~2세기에 벌어진 포에니 전쟁에서 찾는다. 지중해의 패권을 놓고 카르타고와 싸운 이 전쟁에서 당시 로마의 귀족들은 스스로 전쟁 비용을 부담했을 뿐 아니라 평민보다 먼저 전장에 나가 싸우다 죽는 것을 명예로 여겼다.

그런 배경을 가지고 있기 때문에 노블레스 오블리주는 흔히 생각하는 것과 달리 도덕적 개념이라기보다 역사적인 개념이다. 귀족이라고 해서 죽음이 두렵지 않을 리 없다. 죽음을 각오하고 전장에 나가는 자세는 단순히 개인적 용기에서 나온 게 아니라 신분에 따라 사회적 역할이 주어진 역사에 바탕을 두고 있다. 거꾸로 말하면, 동양 사회에서 지금까지도 노블레스 오블리주의 실천이 부족한 원인은 도덕성이 모자라기 때문이 아니라 그런 역사가 부재했기 때문이다.

기원전 1세기에 카이사르는 로마 최고의 권력자로 폼페이우스,

크라수스와 함께 삼두 체제를 이루었다. 로마가 공화정 단계를 넘어 제국으로 가야 한다고 본 그는 당연히 제국의 리더, 즉 황제가 되고 싶었다. 그러나 원로원 의원 정도의 정치적 야심이라면 몰라도 로마의 최고 지배자가 되려 한다면 반드시 구비해야 하는 자격이 있었다. 말이 삼두 체제지 '국민 장군'인 폼페이우스, '국민 부자'인 크라수스에 비해 카이사르는 문벌이 좋다는 것 말고는 내세울 게 없었다.

그래서 그는 전쟁 지휘관의 경험을 쌓기로 결심했다. 20대 초반 군대에 복무한 경험이 고작이었을 뿐 거의 정치가로서만 살아왔던 그가 험한 갈리아로 가서 사나운 야만족과 싸우기로 결정한 이유는 그가 영웅이고 위인이어서라기보다 당시 로마제국의 사회적 가치관이 요구하는 최고 지배자의 자격을 갖추기 위해서였다. 즉 그는 언제라도 죽을 위험성이 있는 전장에 가고 싶어 간 게 아니라 장차 로마의 황제가 되려는 정치적 야심을 가졌기에 그 위험을 감수해야 한다고 여겼을 뿐이다. 당시 로마의 지배층에게 노블레스 오블리주는 개인의 도덕성과 무관하게 기본적으로 갖추어야 할 요건이었다.

거꾸로 말해 동양의 역사에 등장하는 지배자들에게 노블레스 오블리주의 관념이 부재했던 이유는 동양 사회의 가치관이 지배층에게 그런 요건을 요구하지 않았기 때문이다(역사적으로 동양 사회의 지배자는 늘 천리를 앞세우고 이데올로기적으로 군림하려 했다). 기원전 4세기의 알렉산드로스에서 18세기의 나폴레옹에 이르기까지 수천 년간 서양의 역사에 등장하는 지배자들은 군사 원정이 계획되면 거의 예외 없이 직접 군대를 이끌고 원정에 나섰다. 그에 비해 동양의 지배자들은 몸소 전장에 나가는 경우가 거의 없었고 늘 장수와 군대를 파견했다.

중국 역대 한족 왕조의 수많은 황제 가운데 친히 군사를 거느리고 고비 사막을 넘은 황제는 명대 초기의 영락제가 유일하다. 동양의 체제에서는 지배자가 전장에 나가는 위험을 감수하려 하지 않았고, 실제로 그렇게까지 하지 않아도 되었다. 그래서 동양의 역사에서는 전장에서의 노블레스 오블리주가 전무했는데, 개인적 용기의 차원이 아니라 사회적 신분이 그런 역할을 요구하지 않았기 때문이다. 중국 황제의 별칭인 '천자'라는 말에서 보듯이 동양 사회의 지배자는 처음부터 하늘에 의해(천리에 따라) 정해져 있었기 때문에 카이사르처럼 애써 자격을 증명할 필요가 없었던 것이다.

노블레스 오블리주의 관점에서 보면 우리 역사는 대단히 심각하다. 우리 역사에서는 삼국시대 이후 원정은커녕 방어전에서조차도 국가의 최고 지도자가 친히 군대와 생사를 함께한 사례가 없다. 고려 초기의 왕 현종은 자신이 거란에 대해 강력한 압박 정책을 추진했으면서도 막상 거란이 남침하자 남쪽 멀리 전라도 나주까지 도망쳤다. 비슷한 시기에 잉글랜드 왕 리처드와 프랑스 왕 필리프가 왕의 신분으로 십자군 원정에 직접 참전했던 사실과는 크게 비교되는 지배자의 자세다.

임진왜란이 일어나자 조선의 왕 선조는 남쪽에서 북진하는 일본군의 위세에 놀라 잽싸게 북쪽 끝단의 의주까지 피신했다. 당시 선조는 부끄러움을 알았던지 가족과 측근들만 거느린 채 한밤중에 폭우를 뚫고 야반도주했다. 비슷한 시기에 스웨덴 왕 구스타프는 유럽 대륙의 혼란기를 틈타 자신의 왕국을 선진국의 대열에 합류시키기 위해 군사를 거느리고 발트 해를 건너 30년 전쟁에 뛰어들었다가 큰 공을 세우고 뤼첸 전투에서 전사했다.

그래도 고려의 현종과 조선의 선조는 궁색하게나마 변명이 가능하다. 왕조시대에 왕국의 주인은 왕이었고 가장 중요한 일은 사직을 보존하는 것이었으므로 수많은 백성이 희생된다 해도 어쩔 수 없는 일이라고 치부할 수 있다(→국가). 그러나 1950년 한국전쟁이 발발한 지 겨우 사흘이 지났을 때 대통령이던 이승만은 수도 서울을 사수하겠다던 약속을 헌신짝처럼 팽개치고, 수백 명의 피란민들을 희생시키며 한강 인도교를 끊고 남쪽으로 도망쳤다. 명색이 공화국 체제인 대한민국에서 국정의 최고 지도자가 대국민 약속을 어기고 국민들을 희생시켜 제 목숨을 보존한 것은 엄연한 범죄 행위다. 하지만 전쟁이 끝나고서도 이승만은 처벌을 받기는 커녕 거뜬히 대통령으로 재선되었다.

노블레스 오블리주는 전쟁에서 생겨났으나 전쟁에만 국한되지 않는다. 평화 시에 권력과 부를 지닌 사회의 상류층이 공공의 이득을 위해 봉사하는 행위도 역시 노블레스 오블리주의 한 부분이다.

15세기 북이탈리아의 도시들이 아무리 경제적 번영을 누렸다 해도 각 도시를 지배하던 유력 가문들에 노블레스 오블리주의 정신이 없었다면 르네상스 예술은 만개하지 못했을 것이다. 물론 그들이 모두 예술을 발전시키겠다는 고결한 각오에서 예술가를 후원한 것은 아니었고, 대부분 개인적인 미학적 취향이나 권위를 과시하려는 세속적 욕망에서 예술을 장려했다. 그러나 역사적으로 볼 때 각 도시의 지배자들이 예술 후원에 적극적으로 나서지 않았다면 르네상스 미술의 걸작들이 그렇게 대량으로 생산되어 후대까지 전해지지는 못했을 것이다.

근대 음악이 발달한 17~18세기 독일의 경우도 마찬가지다. 음악가도 자신의 음악을 사주는 팬들이 없으면 먹고살 수 없다. 지금과 같은 방송 매체나 오디오 장비가 없었던 시절의 음악 팬은 군주와 귀족들이었다. 수많은 영방국가로 나뉘어 있던 독일 지역의 수많은 군주가 음악의 '소비자'로 나서지 않았다면 바흐, 모차르트, 베토벤은 탄생하지 못했을 것이다.

미국의 기업가인 록펠러가 뉴욕 시에 수도 시설을 기부하고 2010년까지 시민들의 수도료를 면제해준 것이라든가, 전도가 유망한 젊은 연주자들에게 고가의 명품 바이올린을 무료로 대여해주는 스트라디바리 협회의 활동은 박애나 도덕의 소산일 수도 있지만, 그보다는 노블레스 오블리주의 역사와 전통에 따른 행위다. 반면 오늘날 동양 사회의 상류층에게서 기부 문화를 찾기 어려운 것이라든가, 사회적 특권을 누리면서도 그에 상응하는 책임과 의무를 다하려는 의식이 부족한 것은 도덕의식의 결여 때문이기도 하지만 노블레스 오블리주가 사회 발전에 기여했던 역사가 부재한 탓이다.

노블레스 오블리주는 단순히 정치·경제적 상류층이 사회적 하층에게 베푸는 시혜가 아니라 '의무'다(만약 그것이 시혜라면 베풂을 받는 사회 계층에게도 굴욕적이다). 바꿔 말하면 사회체제가 제대로 기능하기 위해 필수적인 요소다. 상류층이 상류층의 지위를 유지하려면 노블레스 오블리주를 도덕으로 여길 게 아니라(도덕이라면 필수가 아니라 선택에 불과해진다) 의무로 받아들여야 한다.

여기서 맨 앞에 제시한 질문에 답할 수 있다. 노숙자와 독거노인은 당연히, 그리고 당당히 사회적 지원을 받아야 한다. 그 이유는 그들의 법적 권리를 존중하기 위해서만도 아니고 인도주의를 실천하기 위해서만도 아니다. 바로 사회가 존속하기 위해서다. 사회가 존속하지 못하면 상류층도 없을 테니까.

농업혁명

Agricultural Revolution

인류 문명의 초기부터 노예가 있었다는 것은 잘 알려진 사실이지만 문명이 생기기 이전에도 인간이 노예를 부렸다는 사실은 잘 알려져 있지 않다. 노예는 인류가 도시 문명을 일구기 시작할 때부터 있었다. 도시를 건설하게 된 것도 실은 노예 덕분이었다. 노예가 도시보다 먼저라니 가능한 일일까? 하지만 그 노예는 인간이 아니었다.

노예를 인간으로만 생각하는 것은 인간 중심적인 사고다. 노예의 사전적 정의는 "자신의 권리를 빼앗기고 남의 부림을 받는 사람"이지만, 더 넓게 인류학적인 시각에서 보면 인간이 자신의 이익을 위해 재산처럼 소유하는 다른 생물 종도 노예에 포함시킬 수 있다. 그런 관점에서 인간이 사육하고 재배하는 동물과 식물도 모두 노예가 된다. 인간이 최초로 식물을 노예화한 과정이 바로 농업혁명이다.

인간은 지구상에 등장한 뒤 수백만 년 동안 채집-수렵 생활을 했다. 자연적으로 자라는 식물을 채집하고 야생동물을 사냥하는 생활은 사실상 여느 동물들의 삶과 다름없었다. 그러다가 기원전 1만 5천~1만 년 전쯤에 인간은 최초로 자신이 식량으로 삼는 동식물의 생명 주기 전체를 통제할 수 있다는 것을 깨달았다. 이것이 농업혁명인데 신석기시대가 시작될 무렵이었으므로 신석기 혁명이라고도 부른다.

동식물을 최초로 사육하기 시작한 곳은 오늘날 중동의 고원 지대였다. 기후가 건조한 현재와 달리 당시 이 지역은 기후가 온화하고 강우량이 풍부했기 때문에 별다른 관개를 하지 않고도 작물이 자랄 수 있었으며, 각종 동식물의 원형이 많이 발견된 곳이기도 하다. 밀, 귀리, 보리, 소, 양, 염소, 돼지 등이 이곳에서 최초로 인간에 의해 재배되고 사육되었다.

처음으로 식물 재배에 착안한 인간은 아마 매년 야생 밀이 특정한 지역에서 집단으로 자란다는 사실에 주목했을 것이다. 이윽고 그는 떨리는 마음으로 몇 알의 밀을 땅에 심고 자라나는 모습을 관찰했을 것이다. 인류 역사상 처음으로 작물을 수확했을 때 그의 가슴은 얼마나 벅차올랐을까?

한곳에서 정기적으로 많은 농작물을 얻을 수 있다는 사실을 깨달은 뒤 인간은 정착 생활을 시작했고, 점차 그 주변에 다른 인간들이 모여들어 소규모 **공동체**를 이루었다. 집을 지니고 살게 되면서 인간은 개와 소를 시작으로 동물을 사육하기 시작했다. 개는 집과 작물을 지키고 사냥을 돕는 용도로 길렀고 소는 큰 힘이 필요한 밭갈이에 유용했다.

농업혁명은 점차 다른 지역으로 퍼져 여러 곳에서 독자적으로 현지의 조건에 맞는 동식물의 사육과 재배가 이루어졌다. 소의 젖을 먹는다는 발상은 중동에서 처음 생겨났는데, 그 흔적은 오늘날 인류의 3분의 2에게 우유를 소화할 수 있는 락타아제라는 효소가 없다는 사실로 증명된다. 유럽인과 중동인은 우유를 소화할 수 있지만 한국이나 중국, 일본 등 동아시아인과 아프리카인, 아메리카 원주민들은 대부분 락타아제가 없어 우유의 당분인 락토오스를 제대로 소화하지 못한다. 락타아제가 생겨난 것은 중동 사람들이 젖소의 우유를 식용하게 된 이후 유전자 돌연변이가 일어난 탓이다.

농업혁명으로 풍부한 식량을 정기적으로 확보할 수 있었던 덕분에 인간 사회는 점점 규모가 커졌다. 약 1만 년 전에 생겨난 촌락 공동체는 그 뒤 약 4천 년을 거치면서 꾸준히 영역이 확대되었다. 큰 강 주변에는 더 복합적인 공동체가 생겨났고, 점차 관개를 이용한 농업도 시작되었다. 인류 최초의 도시로 알려진 시리아의 예리코는 그 시기에 생겨났다(예리코가 실제로 최초의 도시라기보다는 지금까지 유적을 통해 알려진 도시로서 가장 오래되었다는 의미다).

신석기시대의 농경은 고지대에서 자연 강우를 이용했다. 그러다가 인간은 점차 강 주변의 토양이 비옥한 저지대까지 내려왔다.

차츰 농업 생산량이 증대하면서 인구가 늘자 대규모 배수와 관개가 가능해졌으며 그것은 또한 더 이상의 인구 증대를 가능케 했다. 이 과정이 집중적으로 일어난 곳이 오늘날 문명의 발상지로 알려진 메소포타미아와 나일 강 유역, 황허 유역 등이다. 이때부터 인류는 선사시대를 끝내고 우리에게 잘 알려진 역사시대를 시작한다.

ㄷ

달력

Calendar

해마다 1월이 되면 한동안은 새 연도에 익숙하지 않아 헤매게 마련이다. 사실 계절이 바뀌고 나이를 먹는 것은 자연현상이지만, 단 하루 차이로 연도가 바뀐다는 것은 사람이 만든 인위적인 제도일 뿐이다. 작년 12월 31일보다 올해 1월 1일이 훨씬 더 추운 것도 아니고, 그사이에 내 몸이 팍 늙어버린 것도 아니다. 그런데 왜 기분은 그렇게도 다를까? 그저 달력을 바꾸어 걸었을 뿐인데…….

기록에 따르면, 우리나라에 달력을 전해준 나라는 중국이라고 한다. 최초의 황제로 알려진 진시황은 이미 기원전 200년경에 달력을 만들어 사용했다. 1년의 길이를 365.25일로 정했다는 점에서 상당히 정확할뿐더러 오늘날의 양력과 거의 비슷하다. 중국의 달력이 한반도에 전래된 것은 674년이다. "문무왕 14년 정월에 당에 가서 숙위하던 대나마(신라의 벼슬 이름) 덕복전이라는 사람이 역술(易術)을 학습하고 돌아와 새 역법으로 개정했다."(김부식, 《삼국사기》) 바로 이 구절 때문에 마치 중국에서 수입해서 쓴 달력이 우리나라 최초의 것인 양 여겨진다.

그런데 근거가 되는 바로 그 구절도 그때까지 한반도에 달력이 없었다는 이야기는 아니다. 그것도 달력을 처음 도입했다고 말하는 게 아니라 그전에 쓰던 달력을 바꾸었다는 내용을 나타낸다. 그렇다면 신라는 왜 그때까지 쓰던 달력을 중국에서 도입한 달력으로 바꾸었을까? 여기에는 우리 고대사의 수수께끼를 푸는 하나의 열쇠가 있다.

지금은 누구나 달력을 쉽게 살 수 있고 굳이 소장하지 않아도 휴대전화나 인터넷으로 볼 수 있지만, 천문학이 발달하지 못했던 고대에는 달력을 만든다는 일부터가 결코 쉽지 않았다. 예나 지금이나 달력의 본래 기능은 날짜를 확인하는 데 있다. 이를 위해서는 천체의 움직임을 잘 살펴야 하는데, 이건 아무나 할 수 있는 일이 아니었다. 천문학이 발달하지 못했으므로 과학적인 면에서도 어려운 일이었지만, 다른 한편 하늘의 움직임을 감히 알려고 한다는 것은 일반 백성에게는 허용되지 않는 일이기도 했다.

사실 달력이 없으면 나라가 있을 수도 없다. 나라는 정치와 행정이 필요한 법인데, 달력이 없으면 그것이 불가능하기 때문이다. 어느 달 어느 날에 관리들이 회의를 하거나 군대를 소집할 것인지를 정할 수도 없고, 심지어 지엄하신 왕의 생신이 언제인지도 모르는데 그걸 나라라고 할 수가 있을까? 그런데 한반도에는 문무왕이 중국의 달력을 도입해서 사용한 674년 이전에도 고구려, 백제라는 나라들이 있었으며, 그 이전에는 삼한과 고조선이라는 나라들도 있었다.

만약 중국에서 달력을 들여오기 이전에는 그것을 사용하지 않았다면, 그때까지 한반도에 있었던 고대 **국가**들의 존재를 모조리 부정해야 할 것이다. 그러므로 이미 한반도에서는 독자적인 달력을 사용하고 있었다고 보아야 한다. 우리 역사 기록에는 달력에 관한 사항이 전하지 않으나 일본의 고대 역사서인 《일본서기》에는 중국 달력이 백제를 거쳐 일본으로 전해졌다는 기록이 보인다. 이미 기원 554년에 백제의 역학자가 일본으로 건너간 일이 있으며, 602년에는 백제의 승려가 달력을 일본에 전했다. 이렇게 보면 674년에 중국에서 달력을 처음으로 도입했다는 《삼국사기》의 주장은 단지 신라를 중심으로 본 것일 뿐이다.

그런데 문무왕은 왜 굳이 그전까지 잘 쓰던 달력을 중국 달력으로 바꾸었을까? 그가 김춘추(태종무열왕)의 아들로서 삼국 통일의 주역이었다는 사실은 그 이유를 충분히 시사한다. 고구려와 백제를 멸망시키고 불완전하게나마 삼국 통일을 이룬 데는 당제국의 도움이 절대적이었다. 676년에 신라가 삼국 통일을 이루었으니 달력을 도입한 674년이라면 불과 그 2년 전의 일이다. 신라는 중국의 힘을 빌려 삼국 통일을 이루기 위해 모든 제도를 중국식으로 바꾸었던 것이다.

고구려와 백제에 비해 힘의 열세에 있던 시절에 신라는 648년 진덕여왕 때 이미 스스로 자청해서 중국의 의식(儀式)을 따르게 되며, 왕을 비롯한 모든 관리가 중국식 옷을 입게 된다. 중국의 힘을 빌리기 위해 자발적으로 속국이 된 것이다. 드디어 대망의 삼국 통일을 이루고 나서는 달력마저 중국 것을 들여왔다. 중국 달력을 쓰기 시작하면서 한반도의 모든 제도와 문물은 중국식으로 바뀌었다.

이처럼 달력은 날짜를 확인하는 기능 이외에 한 국가의 자주성을 나타내는 상징이기도 하다. 이 점은 오늘날 세계 대부분의 나라들이 서력기원을 사용하는 데 비해 이슬람력을 쓰는 중동(마호메트가 메카에서 메디나로 이주한 622년이 이슬람력으로 원년이다), 주체력을 쓰는 북한(김일성이 태어난 1912년이 주체력으로 원년이다)이 서구 세력에 대한 가장 강력한 저항 세력으로 남은 데서도 알 수 있다.

1895년 조선은 일본의 압력으로 그해의 음력 11월 17일을 1896년 1월 1일로 고치면서 처음 양력을 도입했다(그 때문에 1895년 11월 18일부터 그해 말까지 40여 일의 기간은 우리 역사에 공식적으로 존재하지 않게 되었다). 그래서 시작된 것이 양력과 음력의 병용인데, 엄밀히 말하면 둘 다 우리 고유의 달력은 아니다.

담론

Discourse

담론이란 담화와 논의를 줄인 말이다. 학문적 이론이나 정치적 발언은 물론이고 일상적인 대화나 토론도 모두 담론이다. 사전적인 어의 이외에 고유한 의미가 없으므로 실은 **개념**이라고 할 것도 없는 용어인데, 마치 특별한 개념처럼 자리 잡은 데는 프랑스의 현대 철학자인 미셸 푸코의 영향이 크다(프랑스어에서는 discours라고 쓰고 '디스쿠르'라고 읽는다).

담화와 논의라면 다루고자 하는 주제가 있어야 할 것이다. 즉 담론은 특정한 대상을 설명한다. 그렇다면 담론은 대상과 밀접한 연관이 있어야 한다. 그런데 푸코는 담론이 대상과 따로 노는 역사적 계기에 주목한다. 코페르니쿠스의 지동설이 등장하기 전까지 태양계라는 대상을 설명하는 담론은 태양과 달, 행성, 뭇 별들이 지구의 주위를 규칙적으로 회전한다는 천동설이었다. 그러나 지동설이 제기되면서 묘한 현상이 벌어졌다. 대상은 그대로인데 대상을 설명하는 담론이 바뀐 것이다. 담론과 대상의 관계는 흔히 생각하는 것처럼 밀접하지 않다.

푸코는 광기를 예로 든다. 알다시피 광기란 '미친 기운'이라는 뜻이다. 언뜻 생각하면 이런 정의는 너무도 분명한 것 같지만 광기를 그런 뜻으로 규정하게 된 것은 그리 오래된 일이 아니다(→권력). 중세와 르네상스 시대에 광기는 **이성**을 넘어서는 영역을 가리키는 말이었으며, 이때까지만 해도 광인은 사회에서 배제되지 않았다. 그러나 17세기에는 광기를 윤리적으로 결함이 있는 것으로 여기고 배제하게 되었으며, 광인은 사회에서 격리되었다. 그 수단으로 종합병원이 생겨났는데, 병원이라는 명칭이 붙었어도 처음에는 치료 기관이라기보다 일종의 감옥이었다. 그리고 정신분석학이 생겨난 19세기부터는 광기를 정신 질환으로 취급해 환자를 정신병원에 입원시켜 치료하게 되었다. 이렇듯 광기와 광인은 언제나 존재해왔는데도 그것을 대상으로 하는 담론은 시대마다 내용이 크게 달라졌다.

그 이유는 무얼까? 지식이 발전한 탓일까? 그럴 수도 있겠지만 푸코는 다른 측면을 지적한다. 예를 들어 그는 17세기에 출현한 종합병원을 이렇게 설명한다. "그것은 유사 법률적인 구조를 가진 행정기관으로서 기존의 **권력** 체계에 따르는 법정 밖의 선고와 판결의 주체였다."(《광기의 역사》) 광기에 관한 담론이 변화함에 따라 종합병원이라는 권력기관이 탄생한 것이다.

담론은 그 내용 자체가 가지는 의미보다도 항상 권력에 의해 왜곡되는 측면이 더 중요하다. 담론을 왜곡시키는 권력은 바로 담론에 담긴 지식 자체에서 나온다. 지식은 권력을 낳으며, 권력이 행사되기 위해서는 반드시 지식이 필요하다. 마치 정경유착처럼 현대사회에서 지식과 권력은 서로를 돕고 성장시키는 시너지 효과를 가진다. 같은 대상을 두고도 하나의 담론이 다른 담론으로 바뀌는 과정이 곧 지식의 발전을 이루며, 그에 따라 권력의 주체와 행사 방식이 달라진다. 지적 호기심이 추동했던 과거와 같은 순수한 지식은 이미 없다.

데우스 엑스 마키나

Deus Ex Machina

읽기에도 까다로운 이 라틴어 문구를 문자 그대로 옮기면, '기계에서 나온 신'이라는 뜻이다. 고대 그리스와 로마의 연극에서 시기적절하게 신이 등장해 극의 플롯을 해결해버린 데서 유래했다. 극의 사실성보다 교훈적 메시지를 중시했던 당시의 극작가들은 연극이 클라이맥스로 치달으면서 복잡하게 얽힌 문제들을 실제로 기중기와 같은 기계 장치로 공중에서 신이 내려와 일거에 해결해버리는 방식을 즐겨 구사했다.

작가가 시나리오를 쓰거나 연출자가 연극을 연출할 때 줄거리를 일목요연하게 구성하는 작업이 어렵다는 것은 이해하겠지만, 그렇다고 '해결사'를 고용해버리면 앞과 뒤의 연결에 필연성이 없어진다. 더구나 갈등이 가장 고조되었을 때 그런 상황이 벌어지면 관객은 맥이 풀릴 수밖에 없다. 주인공이 막다른 궁지에 몰려 어찌해볼 수 없는 순간에 느닷없이 나팔이 울리며 기병대가 나타나 구조하는 바람에 순식간에 비극에서 희극으로 바뀌는 미국의 삼류 서부영화 같은 식이다.

하지만 고대 연극에서 그 수법이 사용된 것은 꼭 작가가 갈등을 풀어갈 극적인 모멘트를 만들지 못했거나 관객의 말초신경을 자극하는 통쾌함을 위해서만은 아니었던 듯하다. 적어도 그리스시대 3대 비극 시인 중 두 사람인 소포클레스나 에우리피데스 같은 이들이 즐겨 사용했다는 것을 보면 그렇게 유치한 방식은 아니었을 것이다.

어쨌든 이후 데우스 엑스 마키나는 막다른 상황이나 어려운 결말에서 필연성 없이 등장해 위기를 해소하는 편의적인 역할 또는 그러한 기법을 가리키는 정식 연극 용어가 되었다. 연극만이 아니라 소설에서도 자주 사용되었는데, 인과성과 필연성을 중시하는 현대의 연극과 소설에서는 삼류 기법의 대명사로 간주된다.

그런 통속적인 기법이 가장 고도한 지성을 요구하는 철학에서도 즐겨 사용되었다면 어떨까? 근대 철학의 시조인 데카르트는 인식주체의 확실한 기반을 마련했으나 주체와 대상의 연관을 끝내 해명하지 못해 여기에 데우스 엑스 마키나를 끌어들였다. 주체가 대상을 인식할 수 있는 근거는 신이 인간에게 준 본유관념(처음부터 가지고 태어난 관념)이 있기 때문이라고 설명한 것이다.

또한 "존재하는 것은 지각되는 것"이라는 **관념론**을 주장한 버클리는 인간이 지각하지 않는 시간에도 사물이 연속적으로 존재한다는 것을 보장하기 위해 신이 대신 지각해준다고 설명했는데, 이것 역시 해결사를 편의적으로 고용한 결과다. 심지어 라이프니츠는 정신과 신체의 관계를 해명하는 대목에서, 정신이 신체 기관을 작동시키는 게 아니라 실은 신이 정신과 신체가 일치하도록 예정했다고 주장했다. 철학에서는 라이프니츠의 그 편리한 학설을 예정조화설이라고 부르지만, 오히려 '해결사설'이라고 불러야 할 듯싶다.

용어에 '신(데우스)'이 들어 있는 데서 보듯이 사실 모든 종교가 궁극적으로는 데우스 엑스 마키나를 기반으로 한다. 인간이 이성의 힘으로 설명할 수 있는 것을 다 설명한 뒤에 남은 것은 모조리 신의 영역으로 몰아넣는 게 종교의 특징이니까. 종교에서는 그것을 신비와 기적이라고 말하지만 그 배후에는 결국 '기계'가 있다.

도
道

"하나의 물건도 집을 수 없을 때는 어떻게 해야 합니까?"
"내려놓아라."
"아무것도 집을 수 없는데 어떻게 내려놓을 수 있습니까?"
"그럼 가져가거라."

12세기 중국 선종 불교의 승려가 말한 공안(公案), 즉 화두다. 언뜻 들으면 멋진 이야기인 듯싶지만 그런 방면에 감수성이 발달하지 못한 사람에게는 그저 말장난으로 들릴 수도 있다. 수양이 부족한 탓일까?

화두는 원래 선종 불교에서 자주 쓰는데, 사실 동양 사상의 거의 모든 부분에서 찾아볼 수 있으니 딱히 불교적인 것이라고만 할 수 없다. "말할 수 있는 도(道)는 영원한 도가 아니며 부를 수 있는 이름은 영원한 이름이 아니다."《도덕경》의 첫머리를 장식하고 있는 이 말도 일종의 화두다.

《도덕경》은 중국의 춘추시대에 노자가 지었다고 알려져 있지만, 노자의 실존 여부도 확실치 않고 고대의 고전이 흔히 그렇듯이 한 개인의 창작물이라고 보기도 어렵다. 전해지는 바에 따르면, 《도덕경》은 노자가 주나라의 패망을 예감하고 떠날 때 자신을 추앙하던 어느 지방 관리의 요청을 받고 단 5천 자의 분량으로 도의 개념을 정리해준 책이라고 한다.

솔직히 말하면 화두나 선문답 따위는 액면 그대로 믿기 어렵다. 말할 수 있는 도는 왜 영원한 도가 아닐까? 부를 수 있는 이름은 왜 영원한 이름이 아닐까? 그렇다면 도란 무슨 특별한 재능을 가졌거나 수양을 거친 사람만이 공감할 수 있는 비밀스런 교의라도 된단 말일까? 대체 그런 도가 무슨 필요가 있을까?

선문답이나 화두는 그럴듯해 보이지만 지나치게 추상적이다. 추상적인 것은 아무래도 해석이 분분하게 마련이다(심지어 그 해석으로 먹고사는 사람도 많다). 예컨대 **그리스도교**의 **성서**에 무수한 주석이 주렁주렁 달리는 이유는 성서의 내용이 추상적이기 때문이다. 예수가 떡 다섯 개와 생선 두 마리로 많은 군중을 먹였다는 기적은 말 그대로의 뜻일까, 아니면 하나의 상징일까? 때로는 추상을 넘어 수상쩍다. 하지만 화두는 예수의 기적보다 더 수상쩍다. 그 이유는 종교처럼 노골적이지 않고 때로는 사기성도 있기 때문이다. 화두는 실제로는 무의미하면서도 마치 특별한 깨달음을 담고 있는 것처럼 위장될 수 있다.

화두를 읽고 대번에 깨달음을 얻었다고 여긴다면 필경 화두를 장식하는 역설적인 표현의 매력에 속아 넘어간 탓이다. 모든 **역설**

은 정설이 있기에 존재한다. 도는 '일단' 말할 수 있는 것이고, 이름은 '일단' 부를 수 있는 것이어야 한다. 그러므로 《도덕경》의 첫 구절은 이렇게 써야 더 정확해진다. "말할 수 있는 도도 있지만 영원한 도는 굳이 말해서 얻어지는 게 아니다. 부를 수 있는 이름도 물론 좋은 이름이지만 진짜 영원한 이름은 부를 수 있거나 없는 것과 무관하다." 그런데 이렇게 말하면 너무 평이해서 재미가 없고 듣는 이에게 깊은 인상을 주기 어렵다. 결국 화두는 깨달음을 위장한 수사(修辭)에 불과한 걸까?

말과 무관한 깨달음이란 없으며, 개인과 개인 사이에 텔레파시나 불립문자 같은 것은 없다. 그보다는 차라리 데카르트처럼 자기 안의 확실성("나는 생각한다, 그러므로 존재한다.")에서부터 시작하는 게 더 솔직한 깨달음의 출발점이다(→코기토).

어깨에 힘을 빼고 보면 도의 가르침은 실상 신비주의와는 거리가 멀다. 도는 그냥 '묻지 마!'가 아니다. 도의 근원은 '어둠'이고, 어둠은 곧 '신비의 문'이다. 진실하고 영원한 것은 어둠 속에 있을 뿐 현실에는 존재하지 않는다. 그러므로 도는 모든 것을 신비 속에 파묻는 것과는 정반대로 신비 속에서 모든 것을 찾으라고 적극적으로 권고한다.

세상 만물의 근원에는 도가 있다. 만물은 도에 따라 자연스럽게 존재하지만, 인간은 욕심으로 그 도에서 벗어나고 오히려 도를 거스르고자 한다. 세상을 망치고 악행을 일삼는 행위는 말할 것도 없고, 세상을 고치고 선행을 하고자 하는 의욕도 역시 인위적인 욕심에 불과하다. 인위가 빚어낸 무질서와 혼란을 극복하려면 아무 욕심도 없고〔無慾〕 아무것도 하지 않는 상태〔無爲〕, 즉 무위자연(無爲自然)으로 되돌아가야 한다. "성인(聖人)은 아무것도 하지 않아도 저절로 그렇게 되는 것, 즉 무위자연을 택한다."(《도덕경》)

아무것도 하지 않는 것 역시 순전히 정적인 상황인 것만이 아니듯이 무위자연 역시 소극적이기만 한 개념은 아니다. 노자가 《도덕경》에서 진정으로 말하고자 하는 내용은 바로 말하지 않는 것, 즉 침묵과 어둠 속에 있다. 사람들은 소리와 빛은 보지만 침묵과 어둠은 보지 못한다. 그것을 볼 줄 아는 안목과 인식을 갖추면 그때부터의 행위는 무위자연의 태도를 취하면서도 '적극적인' 행위가 될 것이다. 찬 것(드러난 것)을 보지 말고 빈 것(숨은 것)을 보라. 필요한 것은 바로 "흙을 빚어 그릇을 만들지만 그릇을 쓸모 있게 만드는 것은 그릇 속의 빈 곳"(같은 책)이라는 깨달음이다.

이렇게 해석한다면 도의 개념은 서양철학의 내용과 크게 다르지 않다. 이를테면 실재(presence)의 심층에 있는 부재(absence)의 의미를 강조하는 **구조주의**의 **인식론**이기도 하고, 정말 중요한 것은 눈에 보이지 않는다고 말한 《어린 왕자》의 교훈이기도 하다. 차이가 있다면 도는 해석자들이 지나치게 신성시한 탓에 오히려 그 의미가 퇴색하는 반면, 구조주의와 《어린 왕자》는 같은 개념을 한결 담백하고 냉철하게 보여주기에 오히려 더욱 빛을 발한다는 점이다.

동일자/타자

le même/l'autre

사전은 수많은 정의로 이루어진 책이다. 국어사전은 우리말에서 사용하는 낱말들의 정의를 수록하고 있으며, 백과사전은 학문과 시사에서 사용하는 용어들의 정의를 수록하고 있다. 그런 만큼 사전에 나오는 정의는 매우 엄정하고 최대한 객관적인 의미를 담고 있다. 그러나 사전은 무수한 의미를 정의하면서도 다른 한편으로는 무수한 의미를 누락시킨다.

정의의 배후에는 배제가 있다. 예를 들어 국어사전에서 '행복'의 정의를 찾아보면 "생활의 만족과 삶의 보람을 느끼는 흐뭇한 상태"라고 되어 있는데, 이 정의에 의거하면 민족을 위한 희생이나 종교적 순교는 행복에서 배제된다. 또 백과사전에서 **'예술'**이라는 용어를 찾아보면 "작품의 창작과 감상에 의해 정신의 충실한 체험을 추구하는 문화 활동"이라는 정의가 나오는데, 이에 따르면 "정치는 수백만 명의 운명을 결정하는 고도의 예술"이라는 명제는 성립하지 않는다.

한 **개념**이나 용어를 특정한 의미로 고정하면 그 의미의 그물에서 벗어나는 내용은 모두 배제되게 마련이다. 그 결과 선택된 것은 동일자가 되고 배제된 것은 타자가 된다. 미셸 푸코에 따르면, 무엇을 선택하고 무엇을 배제할지를 결정하는 것은 지식 체계다. 지식의 주요 기능은 흔히 생각하는 것처럼 대상에 관해 무언가를 가르쳐주거나 정보를 주는 데 있는 게 아니라 한 대상과 다른 대상의 차이를 규정하고 서로 구분하는 데 있다. 지식은 차이를 기준으로 대상에 관한 정의를 내리며, 그 정의가 가져오는 구분은 필연적으로 배제를 낳는다.

문제는 지식 체계가 누적됨에 따라 배제도 점점 쌓인다는 점이다. 산이 높으면 골짜기가 깊듯이 지식의 봉우리가 높아질수록 지식에서 배제되는 것도 길고 짙은 그림자가 된다. 이 과정이 반복되면 들리는 것은 항상 동일자의 목소리뿐이고 타자의 목소리는 점점 감추어지게 된다.

동일자는 드러나 있기 때문에 알기 쉽지만 동일자에 의해 배제된 타자는 숨겨져 눈에 띄지 않는다. 동일자는 늘 주목을 받고 중요한 것처럼 느껴지는 반면에 타자는 너무나 익숙한 탓에 당연시되어 묻혀버린다. 그래서 역사는 동일자를 중심으로 진행되고 서술된다. 그 현상이 심화되면 동일자 중심의 역사는 사실 역사의 반쪽에 불과한데도 불구하고 마치 역사의 전체인 양 포장된다.

그렇다면 역사를 온전히 복원하기 위해서는 숨은 것의 역사, 침묵한 타자의 목소리를 드러내야 한다는 이야기다. 그 방법은 과연 무얼까?

과거를 찾아내는 방법이라면 우선 역사학을 생각할 수 있다. 역사학은 전해지는 문헌과 자료를 통해 과거를 밝혀내는 학문이다. 그러므로 무엇보다 논거가 확실하다는 장점이 있고, 문헌과 자료만 풍부하다면 해당 시대를 어느 정도 정확하게 조명할 수 있다. 하지만 역사학의 그 장점은 동시에 단점이 된다. 문헌과 자료는 지식의 산물이므로 의식적으로든 무의식적으로든 배제되고 누락되는 것이 반드시 있게 마련이다(작성될 당시에도 왜곡될 수 있고 훗날 해석될 때도 왜곡될 수 있다).

그렇다면 역사학과는 다른 방법이 필요해지는데, 푸코는 고고학적 방법을 제안한다. 사실 타자의 역사는 역사에 온전히 남지 못한다. 동일자의 역사에서 타자는 연속적인 역사를 이루지 못하고 무의식처럼 묻혀 있으며 흔적으로만 남게 된다. 흔적을 찾아내는 데 필요한 학문이라면 역사학보다 고고학이 어울린다. 역사학이 공식적으로 전해지는 문헌과 자료로 과거를 복원한다면 고고학은 이미 버려진 유적과 유물(흔적과 자취)에서 과거를 캐내는 학문이다.

까마득한 옛날에도 신체 장애인이 있었으나 비정상적으로 취급되어 역사에 늘 타자로 묻혔다. 고대 그리스신화에 흔적이 남아 있듯이 문명의 여명기에도 동성애가 있었으나 이성애가 압도적인 동일자의 역사에서 늘 배제되었다. 이 타자의 흔적을 찾아내고 복원해야만 총체적인 역사가 된다.

물론 숨겨져 있다고 해서 모두 보물인 것은 아니듯이 타자의 목소리라고 해서 무조건 진실을 담고 있는 것은 아니다. 때로는 캐낼 가치가 별로 없는 타자의 흔적도 있을 것이다. 그러나 타자의 목소리를 복원하는 일은 단순히 역사의 뒤안길을 더듬는 게 아니라 그동안 동일자의 목소리로 일관되어온 현실의 역사에 엄중한 경고가 될 수 있을 것이다.

디아스포라

Diaspora

유대인만큼 평판이 극적으로 엇갈리는 민족도 없다. 유대인은 중세 유럽에서 수전노의 대명사였고 오늘날에도 미국의 재계와 언론계를 좌지우지하는 검은손인가 하면, 인류 역사상 최대의 비극인 **홀로코스트**의 희생자였고 마르크스나 아인슈타인, 프로이트 같은 위대한 인물들을 배출하기도 했다. 또한 《탈무드》의 지혜를 지닌 현명한 민족인가 하면, 악명 높은 선민의식(유대인만이 신의 선택을 받았다는 사상)으로 똘똘 뭉친 이기적인 민족이기도 하다. 그러나 다양하고 극단적인 평판 속에서도 한 가지 공통점은 유대인만큼 역사에서 수난을 많이 당한 민족이 없다는 점이다. 그런 사연을 말해주는 개념이 디아스포라다.

이 말은 원래 '흩어졌다'는 뜻의 히브리어로, 지금은 세계 각지로 흩어진 유대인들이 이룬 공동체를 가리키는 의미로도 사용된다. 《구약성서》 전체가 유대인의 이야기지만 유대인의 정식 역사는 기원전 13세기에 모세의 영도로 이스라엘 민족이 이집트에서 탈출해 가나안에 나라를 세우는 것부터 시작된다. 그 뒤 이들은 수백 년 동안 평온하게 살다가 기원전 6세기에 신바빌로니아의 침공을 받아 나라를 잃고 많은 백성이 바빌론에 노예로 끌려가게 되는데, 이것이 디아스포라의 기원이다.

이스라엘 땅에 남은 유대인들은 이후 이 지역이 로마제국의 속주로 편입되면서 로마의 지배를 받았다. 이 과정에서 유대교를 모태로 **그리스도교**가 창시되었으나 유대인들은 선민의식이 배제된 이 신흥종교를 인정하지 않았다. 처음에 유대교를 용인하던 로마제국이 탄압으로 노선을 바꾸자 유대인들은 로마제국에 저항해 전쟁을 일으켰다. 그 결과는 예루살렘 성전이 파괴되고 마사다 요새에서 부녀자를 포함한 960명 거의 전원이 자살을 택하는 참극이었다. 이 사건을 계기로 유대인들의 나라는 지도에서 지워졌고 이때부터 시작된 본격적인 디아스포라는 20세기까지 지속되었다.

고향을 등진 유대인들은 대부분 유럽으로 갔으나 유대교 특유의 신앙과 생활 습관은 버리지 않았다. 하지만 중세에 유대인들이 박해를 받은 이유는 거기에만 있지 않다. 유럽의 영주들은 유대인에게 각종 차별과 규제를 가했고 특히 부동산을 소유할 권리를 인정하지 않았다. 그래서 유대인들은 장사에 전념할 수밖에 없었고 믿을 것이라고는 전대에 가득 찬 현금밖에 없었다. 셰익스피어의 희곡 《베니스의 상인》에 나오는 탐욕스러운 유대인 장사꾼 샤일록은 그런 이미지를 대표한다.

그러나 영주들은 전쟁이 벌어진다든가 하는 이유로 돈이 필요할 때면 유대인들에게서 돈을 빼앗고 국외로 추방했다(부동산을 소유하지 못했기에 더욱 추방에 취약한 처지였다). 전쟁이 끝나면 다시 살던 곳으로 돌아와 장사를 했고 돈을 벌면 또다시 빼앗기고 추방되는 악순환이 중세 유대인의 삶이었다. 언젠가 고향인 팔레스타인에 유대인의 나라를 세우고 그곳으로 돌아가야 한다는 시오니즘은 그런 피폐한 삶이 낳은 자연스러운 염원이었다.

자본주의 시대인 근대로 접어들면서 점차 유럽의 경제를 장악하게 된 유대인들은 유럽 세계의 질서가 근본적으로 재편되는 20세기를 맞아 시오니즘을 실현할 기회를 맞았다. 양차 세계대전에서 승전국 측에 막대한 재정을 지원한 대가로 마침내 그들은 1948년 이스라엘 공화국을 수립하기에 이르렀다. 하지만 문제는 끝난 게 아니라 이때부터가 시작이었다.

유대인들의 입장에서는 수천 년 만에 고향을 되찾았다고 볼 수 있으나 막상 수천 년 동안 팔레스타인에 살아온 주민들의 입장에서는 아닌 밤중에 홍두깨가 따로 없었다. 졸지에 삶의 터전을 빼앗긴 그들은 신생국 이스라엘에 거세게 저항했고 여기에 주변 이슬람권 국가들이 가세했다. 이렇게 시작된 중동 전쟁은 이후 수십 년 동안 굵직한 것으로만 다섯 차례가 터졌고 이 지역은 21세기까지도 여전히 세계적 분쟁 지역으로 남았다.

이렇게 보면 중동 문제는 단순히 시사적인 현안이 아니라 수천 년의 역사가 난마처럼 얽힌 대형 사건이다. 오래 묵은 생강이 더 맵듯이 오래 묵은 문제는 해법도 장기적으로 구상하고 실천해야 한다. 그러나 대립하는 양측—이스라엘을 지원하는 서구 열강과 팔레스타인을 지원하는 아랍 세계—은 처음부터 미봉책으로 일관했고, 이 때문에 사태는 오히려 더 복잡해졌다. 역사적이고 인문학적인 사안인 만큼 개인의 업적을 중시하는 정치인들의 손에 맡겨두면 단기적이고 시사적인 해결책밖에 나올 수 없다. 팔레스타인 문제가 아직도 노벨 평화상의 '공장'인 것은 그 때문이다.

ㄹ

레세페르

Laissez-faire

프랑스어에서 laissez는 영어의 let과 비슷한 뜻을 가진 laisser 동사의 2인칭 변화 형태이고 faire는 영어의 do와 같은 뜻이다. 그러니까 laissez-faire는 "마음대로 하게 놔둬.", "내버려둬."라는 뜻이다. 비틀스의 〈렛잇비(Let it be)〉와 같은 의미인데, 그 노래에서 말하는 성모 마리아의 지혜와는 거리가 있다. "괜찮아, 잘 될 거야."라는 위안의 뜻보다는 약간 무책임한 의미가 있기 때문이다. 더 고상한 용어로 표현하면 레세페르는 자유방임주의를 가리킨다. 이 일상적인 프랑스어가 개념어로 자리 잡은 데는 역사적이고 경제적인 맥락이 있다.

어떤 면에서는 애덤 스미스가 말한 **보이지 않는 손**과 비슷한 의미지만 그보다 선배다. 스미스는 **자본주의** 초창기에 살았으나 레세페르는 자본주의의 전 단계인 중상주의 시대에 프랑스 중농주의자들이 즐겨 쓴 용어다.

"사람들이 각자 알아서 하는 대로, 참견하지 말고 내버려둬라." 18세기에 프랑스 중농주의자들은 중상주의에 반대하는 슬로건으로 레세페르를 주장했다. 중상주의자들이 요구하는 무역 관세, 특권적인 규제와 조치에 반대하는 슬로건이었다.

역사적으로 보면 유럽 세계에 본격적인 '국경선'이 생겨난 것은 17세기부터였다. 중세가 해체되자 각국 군주들은 전에 없던 선(線) 개념의 국경을 만들고 영토 국가를 건설했다. 이것을 국민국가라고 부르는데, 이렇게 국경선이 생겨나자 원래 자연스럽게 이루어지던 경제적 교류도 정치적 국경선의 영향을 받게 되었다. 국경선은 보이지 않는 장벽이 되었고, 이 장벽을 이용해 군주들은 관세의 관념을 도입했으며, 이렇게 경제에 칸막이가 생기자 국부의 개념이 탄생했다. 그러나 관세는 물자 유통을 중심으로 하는 상업과 무역에는 도움이 되지만 물자 생산을 중심으로 하는 농업에는 오히려 해가 되었다. 프랑스 중농주의자들이 레세페르를 구호로 내건 이유는 그 때문이었다.

이 구호를 경제학적 기초 위에서 더욱 체계화한 사람은 영국의 스미스다. 그는 국제 무역에 앞서 우선 국내 산업에서 레세페르가 필요하다고 보았다. 생산된 **상품**은 시장에서 교환되는데, 레세페르에 바탕을 둔 시장에서의 자유로운 교환은 **생산**이나 분배의 균형을 조정하는 힘이다. 필요 이상으로 많이 생산된 상품은 사려는 사람이 적으므로 가격이 내려가고, 가격이 내려가면 생산하려는 사람이 적어지므로 생산량이 줄어들게 된다. 반대로, 너무 적게 생산된 상품은 사려는 사람이 많아지므로 가격이 오르고, 그 결과 그 상품을 생산하려는 사람이 늘어나므로 물량이 늘어나게 된다.

이처럼 생산이든 가격이든 시장의 **보이지 않는 손**에 의해 적절하게 조절되게 마련이므로 정부가 굳이 나서서 감 놔라 대추 놔라 하지 말고 그냥 내버려두는 게 가장 좋다. 이것이 레세페르의 정신이다.

언뜻 보면 자연스럽고 그럴듯한 이론이지만 문제는 있다. 레세페르가 효력을 발휘하려면 시장에서의 완전한 자유경쟁이 전제되어야 한다. 만약 어느 분야에서 생산자들 간에 담합이 이루어지거나 어느 기업이 특정한 분야를 독점할 경우 레세페르는 통하지 않는다. 다자간의 약속이란 원래 지켜지기보다 깨지기가 훨씬 쉬운 법이다. 지키는 건 모두가 함께해야 하지만 깨는 건 단 하나만 나서도 되니까.

게다가 자본주의 세계에서는 경제에 국경이 없는 반면 정치에는 국경이 있기 때문에 국제 무역에서 어느 **국가**가 단독으로 레세페르 정책을 추구한다면 바보가 되기 십상이다. 그래서 현대 자본주의에서는 레세페르의 원칙을 소박하게 믿지 않는다. 비틀스의 〈렛잇비〉는 좌절한 사람들에게 마음의 안정을 주지만 레세페르는 현대 국가의 안정을 가져다주지 못한다.

리비도

Libido

전통적으로 인간은 정신과 신체로 나뉜다고 보았으나 두 부분의 위상은 달랐다. **이성**을 인간의 중요한 속성으로 간주하는 전통 철학에서는 정신이 신체를 움직이게 한다고 보았다. 예를 들면 정신을 운전자로, 신체를 자동차로 보는 관점이다. 신체는 적어도 철학의 분야에서는 오랫동안 푸대접을 받았다. 하지만 욕망을 새로이 조명하고자 하는 20세기의 현대 철학(→포스트모더니즘)에서는 정신에 대한 비중을 낮추고 오히려 신체를 중시한다. 이런 철학적 전환에 모티프를 제공한 사람은 프로이트다.

프로이트가 연구한 **무의식**은 분명히 인간 정신의 일부분이지만 전통적인 개념의 인간 정신(이성적 주체)과는 크게 다르다. 어떤 면에서 무의식은 정신이라기보다 신체적 속성에 가깝다. 그런 무의식의 속성을 분석하는 데 프로이트가 사용한 주요 개념이 바로 리비도다.

리비도란 성적 본능 혹은 충동을 뜻한다. 그래서 성욕과 혼동되는 경우가 있지만, 리비도는 좁은 의미에서 남녀 간의 성적 교접과 연관된다기보다는 성적 에너지에 가까운 개념이다. 프로이트는 초등학교에 들어가기도 전인 어린이도 리비도의 형태를 취하는 성욕을 가지고 있으며, 이것이 인격의 형성에 지대한 역할을 한다고 본다.

갓난아이는 엄마의 젖을 먹는 행위에서 성적 쾌감을 느끼므로 프로이트는 이 시기를 구순기(口脣期)라고 부른다. 이 시기가 끝나고 2~3세가 되면 아이는 배변에서 쾌감을 느끼는 항문기로 접어든다. 이때 아이는 배변의 쾌감과 배변을 지연시켜 쾌감을 높이려는 **욕망** 사이에서 갈등하며, 자기 신체의 욕구를 통제하는 법을 학습한다(욕망을 억제하는 것도 쾌감을 얻는 한 방식이다!).

5~6세의 아이는 자신의 성기를 쾌락의 원천으로 삼는 남근기에 속한다. 아이는 어머니에 대한 애정과 아버지에 대한 적의를 품지만, **근친상간**의 금기 때문에 욕망이 억압된다. 이 시기에 오이디푸스 **콤플렉스**와 거세 콤플렉스가 생겨난다. 이후 아이는 성적 욕망이 숨어버리는 잠재기에 들어갔다가 11~12세에 사춘기를 맞아 이성에 대한 성욕에 눈을 뜨게 된다.

이것이 리비도가 발달하는 정상적인 과정인데, 여기에 문제가 발생하면 리비도가 고착되거나 퇴행하는 방향으로 일탈하게 될 수 있다. 동성애로 나아가거나 신경증에 걸리는 현상이 그런 사례다.

처음 이 학설을 발표했을 때 프로이트는 엄청난 비난에 시달렸다. 철학자는 물론 종교계와 도덕주의자들은 이성과 자유의지를 가졌고 도덕을 아는 존엄한 인간 존재를 프로이트가 비천한 성적 에너지의 잣대로 함부로 판단한다며 분노를 감추지 못했다. 하기야 그들의 심정을 이해하지 못할 바가 아니다. 자신의 치부를 정면으로 바라본다는 것은 누구에게나 괴로운 일이니까.

그러나 프로이트는 리비도를 인간의 치부라고 여기기는커녕 오히려 정신 활동의 에너지라는 적극적인 의미를 부여했다. 문제를 제대로 알면 푸는 방법도 깨닫게 마련이다. 리비도를 올바르게 이해하면 리비도가 정상적으로 발달할 수 있도록 해주는 게 얼마나 중요한 일인지 알게 된다. 프로이트는 문제를 일으킨 게 아니라 반대로 이미 존재하는 문제를 해결하는 방도를 제시한 것뿐이었다.

만년에 프로이트는 리비도를 무기물로 돌아가려는 성향, 즉 죽음에의 충동으로 보았다가 나중에는 정반대로 삶의 본능에 속하는 것으로 보는 등 일관된 입장을 취하지 못했다(→에로스/타나토스). 하지만 리비도의 개념을 제시했다는 것만으로도 프로이트가 정신분석학에 끼친 공적은 충분하다. 다만 콤플렉스의 개념도 그렇듯이 프로이트가 지나치게 남성 중심주의적인 시각에서 리비도를 분석한 것은 유감이다.

ㅁ

마녀사냥

Witch hunt

지금은 정치적인 이유에서, 혹은 여론에 밀려 무고한 사람을 죄인으로 모는 것을 마녀사냥이라고 말하지만, 마녀사냥은 원래 정치가 아니라 종교에 연원을 둔 용어였고 무고한 사람을 단죄하려는 의도가 두드러졌던 것도 아니다. 역사적으로 마녀사냥은 중세에 성행했던 종교재판에 근원을 두고 있다.

"너는 무당을 살려두지 마라."(〈출애굽기〉 22장 18절) **성서**에는 이런 구절이 나온다. 학설이든 교리든 정설이 뿌리를 내리면 이단이 생기는 법이다(지식은 곧 구분이고 구분에는 권력이 개재된다. → 권력). **그리스도교**가 지배 **이데올로기**로 자리 잡은 유럽의 중세에는 교회의 정통 교리에서 조금만 벗어나도 이단으로 간주되곤 했다. 이 이단의 극단화된 형태를 가리켜 마법이라고 규정한 것이다.

오늘날의 관점에서 보면 터무니없게 여겨져도 당시 종교재판관들은 엄연히 신의 가르침에 따라 행동한 것뿐이다. "사람의 엄지손톱 위에 천사 몇 명이 앉을 수 있는가?" 또는 "예배를 올릴 때 어느 대목에서 할렐루야를 외쳐야 하는가?"가 중세 종교회의의 '진지한' 주제였다는 점을 감안하면, 마녀사냥도 웃어넘길 일만은 아니다.

그러나 종교재판의 과정은 결코 객관적이지 않았다. 명칭이 재판이라고 해서 오늘날의 법적 절차를 연상하면 안 된다. 우선 종교재판관은 누구의 고소도 필요 없이 의심이 가는 사람을 데려다 놓고 그냥 심문할 수 있었으며, 당사자의 자백이나 두 사람의 증언이 있으면 간단히 유죄판결을 내릴 수 있었다. 게다가 고문도 승인되었고, 냉전 시대에 있었던 간첩 신고처럼 교회에서는 이단에 대한 밀고를 적극 장려했다.

종교개혁의 분위기가 무르익을 무렵인 15세기 말에 가톨릭 세력의 정치적 중심이 에스파냐로 옮겨가면서 '마녀'라는 용어가 부쩍 사용되기 시작했다. 이 시기에 마녀는 단지 마법을 쓰는 여자일 뿐 아니라 악마와 계약하고 성관계를 맺은 여자라는 마녀론이 등장했고 본격적인 마녀사냥이 개시되었다. 당시 에스파냐는 오랜 이슬람 지배에서 벗어나 그리스도교권으로 복귀한 지 얼마 되지 않은 탓에 종교적 보수화가 특히 심했다(군대와 같은 종교 조직인 예수회가 가장 강성한 곳도 에스파냐였다).

재판관은 피의자에게 고문을 가해 1년에 한 차례 깊은 밤중에 열린다는 '악마의 연회(Witches' Sabbath)'에 참석했다는 자백을 받아내고 그것을 마녀라는 증거로 간주했다. 물론 SF 영화도 아니고 그런 연회가 실제로 존재할 리는 없을 터, 따라서 숨은 의도는 전염병이나 천재지변을 당한 마을에서 액땜을 하거나 화를 주술적으로 예방하려는 데 있었다. 이를테면 종교적 희생양인 셈인데, 실제로 그 제물이 된 사람들은 꽤 많았다. 모두 합쳐 1만 명이 넘는 여자들이 희생되었고 한 번에 100명 이상이 처형되기도 했다. 백년전쟁의 히로인인 프랑스의 잔 다르크가 영국군의 포로로 잡힌 뒤 마녀로 몰려 열아홉 꽃다운 나이에 화형에 처해진 사건은 유명한 사실이다.

아무런 증거도 없고, 증거가 있을 수도 없었지만 그렇기 때문에 오히려 사람들의 공분을 자극했던 마녀사냥은 교회의 영향력이 약화되고 근대 이성이 생겨난 17세기 말 무렵 현저히 줄었다. 하지만 마녀는 사라졌어도 마녀사냥은 남았다. 오늘날에는 사법적 절차에 의해 판단해야 할 사안이 여론과 매체에 의해 미리 재단되는 현상을 가리켜 '현대판 마녀사냥'이라 부른다. 마녀사냥은 처음에는 이단 심문이라는 종교적 의미로 출발해 이후 희생양이라는 주술적인 의미로 바뀌었다가 현대에 들어서는 무고를 뜻하는 비유어로 자리 잡은 셈이다. 물론 부정적인 이미지가 강한 탓에 마녀사냥을 주도하는 측은 결코 마녀사냥이라는 말을 쓰지 않는다.

마르크스주의

Marxism

이론과 실천은 서로 유기적인 관계에 있지만 엄연히 다른 차원에 속한다. 학문과 삶도 서로 밀접한 연관을 가지지만 반드시 일치하지는 않는다. 이론을 구성하고 학문을 발전시키는 것은 학자로서의 임무이고 그것을 실천하는 것은 활동가로서의 삶이다. 과학의 경우를 제외하고는 두 측면을 한 사람이 소화하는 경우는 극히 드물다. 그 드문 예에 속하는 사람이 카를 마르크스다.

"지금까지 철학자들은 단지 세계를 여러 가지 방식으로 해석하기만 했으나 중요한 것은 세계를 변혁하는 것이다." 마르크스가 27세 때 쓴 〈포이어바흐에 관한 테제〉라는 책자에 나오는 마지막 열한 번째의 테제다. 일찍이 고대 그리스의 플라톤은 자신의 이상국가론을 실현하기 위해 애썼고 중국의 공자는 자신의 정치사상을 현실에 적용할 나라를 찾기 위해 천하를 주유했다. 그러나 두 사람은 기본적으로 자신의 세계관과 도덕관에 입각해 이론과 사상을 구성했고, 그것을 현실 속에서 실험하고자 하는 자세를 취했다. 그들과 달리 마르크스는 기존의 현실에 뿌리를 두고 이론을 구성했으며, 현실에 내포된 문제점과 **모순**을 바로잡는 혁명을 시도했다.

마르크스의 사상을 종합적으로 마르크스주의라고 부르지만 마르크스와 마르크스주의는 차이가 있다. 이미 마르크스가 살아 있을 때부터 마르크스주의자를 자처하는 사람들이 있었으나 마르크스 본인이 그것을 거부한 바 있었다. 20세기 초에 성립한 최초의 사회주의국가가 표방한 마르크스주의를 보았다면 아마 마르크스는 자신의 이름이 부당하게 도용되었다며 흥분했을지도 모른다. 그럴 만한 근거는 충분하다.

우선 마르크스의 **자본주의** 분석(→가치, →노동)에 따르면 **사회주의혁명**은 제정러시아나 중국 같은 나라에서 일어날 수 없다. 마르크스는 자본주의 단계를 충실히 거친 뒤 그 물질적 토대를 바탕으로 사회주의로의 이행이 가능하다고 보았다. 그래서 그의 생전에 급진적 혁명론을 제시한 '마르크스주의자'들이 자본주의의 폐해를 지적하며 혁명적 분위기가 무르익었다고 판단하자 마르크스는 "지금 우리는 자본주의의 과다가 아니라 부족으로 고통에 시달리고 있다."고 경고했다. 강력한 반(反)자본주의자였던 마르크스가 그런 말을 했다는 사실은 그가 혁명의 단계를 뛰어넘는 것을 얼마나 경계했는지 여실히 보여준다.

또한 마르크스는 기본적으로 인간 해방의 궁극적 이념을 목표로 삼고 이론과 실천을 전개했다. 그가 언뜻 비인간적으로 보이는 유물론을 표면에 내세운 이유는 물질적 조건이 인간 해방을 위한 필요조건이라고 보았기 때문이다. 그는 자유의 왕국과 필연의 왕국을 구분하면서 인간의 **노동**이 필요와 목적에 의해 강요되는 필연의 왕국이 극복되어야만 자유의 왕국, 즉 사회주의·공산주의 사회로 넘어갈 수 있다고 여겼다. 이런 입장은 비록 혁명의 단계론이라는 비판을 면할 수 없지만, 사회의 발전이 물리학의 법칙과 같은 일종의 자연사적 과정을 취한다는 그의 확고한 믿음을 반영하는 것이었다.

역사는 결국 마르크스의 '단계론'이 옳다는 것을 증명했다. 경제에서 비롯된 아래로부터의 혁명이 아니라 위로부터의 정치혁명을 통해 **권력**을 장악한 20세기의 '마르크스주의자'들은 인위적인 방법으로 사회주의 이행에 필요한 물질적 조건을 실현하고자 했다. 마르크스와 목적은 같지만 노선은 정반대를 취한 것인데, 해방의 이념과 법칙적인 이해가 부족했던 그들은 결국 **관료제**에 굴복했고, 처음부터 잘못 끼운 단추의 문제점을 끝내 극복하지 못한 채 자본주의 진영의 파상적 공세 앞에 한 세기를 채우지 못하고 20세기 말에 좌초하고 말았다.

마르크스는《자본론》을 1권밖에 완성하지 못했기 때문에—2권과 3권은 그가 남긴 원고를 엥겔스가 편집해 출간했다— '마르크스주의자'들은 만약《자본론》이 그의 생전에 완성되었다면 세계자본주의론, 계급론, 혁명론이 다루어졌을 것이라고 추측한다. 자본주의 분석을 통해 사회주의 이행의 필연성을 논증했으니 그다음은 당연히 혁명의 주체와 과정을 분석했을 것이라는 가정이다. 그러나《자본론》을 끝까지 완성했다 하더라도 마르크스는 세계자본주의로 끝맺고 계급론과 혁명론은 다루지 않았을 공산이 크다. 그가 혁명의 구체적인 양상을 서술했다면 과학이 아니라 예언의 차원으로 넘어가는 것이기 때문이다(이 점을 오해한 반공주의 진영에서는 터무니없게도 그를 예언자로 몰아붙이기도 했다). 마르크스는 자본주의가 충분히 발전하면 자본주의의 모순도 충분히 성숙할 것이고 사회주의혁명은 어떤 형태로든—구체적으로는 각 나라가 처한 실정에 따라 가변적으로—일어나리라고 보았을 뿐이다.

현실 사회주의는 몰락했으나 마르크스의 혁명적 낙관주의가 완전히 물거품으로 돌아갔다고 단정할 수는 없다. 물론 마르크스가 분석하던 시기의 자본주의와 현대 자본주의의 양태는 적지 않은 차이를 보이고 있지만, 아직 자본주의적 생산양식의 범주에서 벗어난 것은 아니다(오히려 자본주의적 착취와 경제적 불평등은 갈수록 가속화되고 있다). 또한 **생산**의 사회적 성격과 소유의 사적 성격의 근본 모순이 해소된 것도 아니다. **국가**가 경제에 개입하는 방식을 통해 자본주의적 모순이 완화된 것은 사실이지만, 아직 그 근본 모순을 완전히 해결할 수 있는 방책은 보이지 않는다. 자본주의를 세계적 규모로 전일화하려는 세계화 전략이 성공하고 나면 자본주의의 근본 모순은 다시 다른 형태로 고개를 치켜들 것이다. 그런 의미에서 마르크스의 '예언'은 현재까지 판단중지 상태이며, 아직도 유효하다.

매카시즘

McCarthyism

대체로 '-주의(-ism)'라고 하면 특정한 시기에 성행한 특정한 사조를 가리킨다. 그 앞에 사람의 이름이 붙으면 물론 그 사조에서 핵심적인 사상가를 뜻한다. 토미즘(Thomism)은 중세철학의 거두인 토마스 아퀴나스에서 비롯된 사조이고, **마르크스주의**는 19세기의 대사상가인 카를 마르크스에게서 비롯된 사조다. 그런데 1950년대에 매카시즘이라는 용어를 유행시킨 조지프 매카시는 사상가라고 말할 수 없을 만큼 조잡한 인물이다.

매카시즘은 냉전주의의 극치인 극단적 반공주의를 가리킨다. 매카시는 미국 위스콘신의 지방 검사 출신으로 1946년 상원의원 선거에서 당선되어 별 뚜렷한 활동 없이 몇 년간을 평범하게 보냈다. 그러다가 느닷없이 1950년 2월에 미국 국무부에 205명의 공산주의자들이 침투해 있다고 발표하는 바람에 일약 전국 신문의 1면 톱기사를 장식하는 인물로 떠올랐다. 미국 전역을 들썩였던 이 사건은 상원의 외무위원회에 출두한 매카시 자신이 정부의 어느 부서에서도 정식 공산당원이 있다는 증거를 전혀 제시하지 못함으로써 어처구니없는 해프닝으로 끝났지만, 사건의 후유증은 당시의 반공적 사회 분위기에 편승하여 매카시를 일약 영웅으로 만들었다(몇 개월 뒤 한국전쟁이 일어났는데, 미국이 처음부터 적극적으로 전쟁에 참여한 데는 매카시 해프닝의 영향이 있었을지도 모른다).

대중의 인기를 등에 업은 그는 전국적인 반공 '십자군'을 조직하겠다고 큰소리쳤으며, 1952년에 무난히 재선되었고 상원 운영위원장까지 맡아서 공산주의자 색출에 전념했다. 그러나 그는 무책임한 고발로 아무런 근거 없이 수많은 사람을 일터에서 쫓겨나게 했을 뿐 한 사람의 공산주의자도 찾아내지 못했다. 아이젠하워 대통령까지 비난의 과녁으로 삼았던 매카시는 결국 자신의 인기를 위한 지나친 무리수 때문에 1954년 상원에서 쫓겨나고 말았다.

매카시는 그렇게 사라졌으나 매카시즘은 쉽게 문패를 내리지 않았다. 현대판 **마녀사냥**처럼 전개된 매카시즘의 신풍은 미국 내의 무고한 사람들을 무수히 희생시킨 것은 물론 그 와중에 벌어진 한국전쟁으로 인해 바다 건너 먼 나라의 현대사까지 얼룩지게 만들었다. 매카시의 사기극이 백일하에 드러난 뒤에도 미국을 중심으로 한 서방 진영은 **사회주의** 진영에 대해 1970년대까지 냉전주의 정책을 고수했다.

특히 국토와 민족이 분단되고 남과 북이 서로 적대하는 상황에 처해 있던 우리 사회는 매카시즘의 선풍을 확대 재생산했다. 냉전 정도가 아니라 극단적 반공주의에 물든 박정희 유신독재 정권은 매카시 같은 자가 없더라도 매카시즘을 만들어낼 만한 집단이었다. 이런 분위기는, 1970년대까지만 해도 위대한 저항 시인이었던 김지하가 1974년에 다음과 같이 토로한 심정으로 충분히 감지된다. "마르크스가 꽃을 꽃이라고 부른다고 해서 왜 우리가 꽃을 꽃이라고 불러서는 안 되는가?" 1975년에 조작된 인혁당 사건으로 사형선고를 받은 여덟 명에게 바로 그 이튿날로 사형을 집행한 것은 유신 정권의 매카시즘적 광기를 적나라하게 보여주는 증거였다.

모노가미 / 폴리가미

Monogamy/Polygamy

오늘날의 문명사회에서는 대부분 모노가미(일부일처제)가 법으로 규정되어 있지만, 이 관습이 제도화된 것은 그리 오래된 일이 아니다. 본능을 중시하는 생물학적 인간의 개념을 받아들인다면 아마 모노가미보다 폴리가미(일부다처제 혹은 일처다부제)가 자연스러운 것일지도 모른다. 실제로 인류 문명이 탄생할 무렵에는 세계적으로 폴리가미가 훨씬 더 많았으며, 현재까지도 폴리가미를 관습으로 취하고 있는 사회가 상당수 존재한다.

우선 폴리가미의 한 형태로, 형제가 공동의 아내를 취하는 경우는 그다지 드물지 않다. 인도의 어느 부족은 형제가 동시적으로 한 아내를 공유하는 일처다부제의 관습을 가지고 있으며, 이슬람 율법은 남자가 아내를 네 명까지 거느릴 수 있는 일부다처제를 허용한다. 역사에서는 그런 경우를 더 많이 찾아볼 수 있다. 고대사에 나오는 중국의 흉노와 우리의 부여에는 형이 죽으면 동생이 형수를 아내로 삼는 변형된 일처다부제가 있었다.

동양의 역사에서는 근세까지도 모노가미보다 폴리가미가 더 흔했다. 조선시대에 서얼 차별로 자주 사회문제화되었고 1960년대까지도 우리 사회에 존속했던 축첩제도는 그 대표적인 사례다.

유럽의 역사에서는 **그리스도교**가 지배한 중세부터 폴리가미가 법으로 금지되었다. 배우자가 사망할 경우 재혼하는 것은 허용되었으나 여기에도 제한은 있었다. 두 번째까지는 괜찮았지만 삼혼은 '점잖은 간통'이라고 불렸고 4년 동안 성찬식을 받지 못하는 벌을 받아야 했다(당시 성찬식은 신의 은총을 정기적으로 받는 행사였으므로 개인적으로 무척 중요했다). 만약 누가 분별없이 사혼까지 하려 한다면 간통보다 더 나쁜 일부다처의 죄를 지은 것으로 간주되어 '인간이 아닌 금수와 같은 존재'로 취급되었고 8년 동안 성찬식을 받지 못하는 벌이 부과되었다.

그래서 그리스도교 역사가들은 그리스도교의 교리 덕분에 모노가미가 자리를 잡았다고 주장하지만 그것은 사실과 다르다. 모노가미의 관습은 그리스도교가 성립하기 전에도 일찍부터 일반화되어 있었다. 그 점을 가장 잘 보여주는 예는 로마제국 초기의 황실이다. 초대 황제인 아우구스투스는 아들을 낳지 못한 탓에 부하들 중에서 믿을 만한 사람을 골라 양자로 삼고 제위를 상속시켰다.

만약 로마가 중국식 제국(한반도의 왕조들도 포함된다)이었다면 제위 계승의 고민 따위는 하지 않았을 것이다. 천자의 혈통을 중시하는 중국의 경우에는 황제가 많은 후궁을 거느렸으므로 설사 황후가 아들을 낳지 못한다 해도 황실의 대가 끊기는 경우는 거의 없었다. 후궁들 중 한 명이 아들을 낳으면 얼마든지 제위 계승자로 삼을 수 있었기 때문이다. 물론 황제의 아들들이 치열한 권력 다툼을 벌인 적도 많았으나 그것은 부작용에 불과했다.

묘하게도 로마 황제들은 역사적으로 중요한 제국의 초기에 마치 약속이라도 한 듯이 아들을 거의 낳지 못했다. 그러자 로마의 황실에서는 아예 양자 상속제를 관습으로 삼았다. '로마의 평화(Pax Romana)'라고 불리는 2세기의 번영기—이 시기는 다섯 명의 현명한 황제가 연이어 등장해 '5현제 시대'라고도 불린다—에는 별 문제가 없었으나 아무래도 제위 세습보다는 권력의 정통성이 취약할 수밖에 없었다.

결국 5현제 시대가 끝나면서 로마제국은 권력의 불안정이 노골화되었고, 이는 극심한 사회 불안과 혼란으로 이어졌다. 워낙 황제가 암살되는 사건이 잦다 보니 235년부터 284년까지 약 50년 동안에는 황제의 수가 무려 26명에 달했다. 군인 출신의 황제가 많은 탓에 역사에서는 이 시기를 군인황제 시대라고 부르는데, 자고 나면 반란으로 권력이 바뀌던 시절이었다. 권력 구조의 불안을 초래한 인물이 하필 로마 역사상 가장 지혜로운 황제로 꼽히는 마르쿠스 아우렐리우스였다는 사실이 공교롭다. 5현제의 마지막 황제이자 《명상록》을 지은 스토아 철학자이기도 한 그는 5현제 중 유일하게 아들을 낳아 제위를 상속시켰는데, 그 아들은 유명한 폭군인 콤모두스였던 것이다.

모더니즘

Modernism

합리적이고 과학적인 사고라고 하면 흔히 현대적이라고 말한다. 주관과 **감정**을 최대한 배제하고 냉철한 **이성**과 과학적인 관점을 취하는 것은 현대성에 부합하는 태도라고 간주된다. 하지만 상식에서는 그럴지 몰라도 실제로 현대성은 그런 것과 거리가 멀다.

현대라는 말은 그냥 현재의 시기를 가리키는 보통명사일 수도 있지만 고유명사로 쓰면 19세기 말에서 20세기 초 이후를 가리킨다. 바로 그 무렵에 전통적인 권위와 사고방식을 거부하는 모더니즘이라는 지적 흐름이 생겨났다.

낡은 사고의 틀을 부수는 데 앞장서는 것은 대개 사회 이론이나 과학보다 문학이나 **예술**이다. 중세의 틀을 해체한 이탈리아 르네상스의 기폭제가 된 인물들도 단테와 페트라르카 같은 문학가나 미켈란젤로 같은 미술가였듯이 모더니즘도 철학이나 과학보다 예술의 분야에서 먼저 시작되었다.

우선 **사실주의**를 반대하면서 탄생한 인상주의가 모더니즘의 선봉을 맡았다. 우리로 치면 국전(國展)에 해당하는 19세기 말 프랑스의 보수적인 살롱전은 시대의 추세를 무시하고 여전히 고리타분한 사실주의의 입장을 고수했다. 구태에 젖어 있는 아카데미의 화풍과 살롱전의 기준에 반발심을 품은 낙선 화가들은 독자적으로 전시회를 열었고, 이들을 가리켜 어느 기자가 '인상주의자(impressionniste)'라고 비아냥거린 것은 인상주의의 출발을 알렸다. 르네상스 이래로 가장 큰 미술사상의 변혁이었다.

1830년대에 사진술이 발명되었을 때 화가들은 사실상 직업을 잃게 된 것이나 다름없었다(→사실주의). 전통적으로 회화 미술은 현실의 인물이나 풍경을 있는 그대로 묘사하는 데 가치가 있었는데, 이제 그 점에서 도저히 사진술과 경쟁할 수 없었던 것이다. 사진을 이용하면 화가의 솜씨를 빌리지 않아도 누구나 원하는 인물과 풍경을 그림보다 더 사실적인 이미지로 소장할 수 있게 되었다. 당시의 기술력으로 컬러 사진이 나오지 못했기에 아직까지는 화가들이 그럭저럭 먹고살 수 있었지만 어차피 시대의 변화는 사실주의가 감당하지 못할 게 뻔했다. 자칫 죽어갈 뻔한 회화 미술을 살린 게 바로 인상주의다. 인상주의 화가들은 현실을 그대로 묘사하기보다 철저히 주관적인 관점에서 현실의 한 단면을 포착하는 데 주력했다. 사진술이 아무리 발달해도 불가능한 영역이다. 당대의 인상주의는 순수한 예술적 동기에서 생겨났으나, 결과적으로는 사진으로 포착할 수 없는 회화 미술의 독자적인 영역을 찾았다는 점에서 화가들의 직업적 수명을 늘리는 데 결정적인 기여를 한 셈이다.

이후 인상주의처럼 전통의 권위에 도전하고 새로운 양식을 추구하는 흐름은 미술에서 상징주의, 야수파, 입체파, 초현실주의로 이어졌고, 문학에서도 기존의 문체나 플롯의 구성 방식을 풍자하고 현대 문명의 어두운 측면과 **소외**를 부각시키는 사조를 낳았다. 모더니즘은 상식에서처럼 합리적이고 과학적이기는커녕 오히려 비합리성과 반과학주의로 나아간 것이다.

그런데 그런 예술과 문학상에 생겨난 새로운 풍조의 배후에는 근대 이성이 붕괴의 조짐을 보이는 철학상의 중대한 변화가 깔려 있다. 데카르트로부터 시작된 근대 이성과 철학적 합리주의는 **자본주의**와 산업혁명의 시대를 맞아 절정의 위세를 떨쳤고, 19세기 후반의 자연과학주의와 실증주의에서 최고조에 달했다. 그러나 그렇게 만개한 합리주의가 붕괴할 조짐은 이미 수십 년 전부터 사상의 변화를 통해 예고되고 있었다.

19세기 초 헤겔의 사상에서 근대 이성은 종착역에 이르러 근본적인 한계를 드러냈으며, 이후의 철학자들은 색깔과 방향은 제각각이었어도 한목소리로 헤겔 철학을 비판하면서 전통적 **형이상학**의 종말을 선언했다. 그런 점에서 모더니즘은 이미 철학적으로 준비되었고 그것의 표출이 곧 예술과 문학의 새로운 추세로 나타났다고 해야 할 것이다.

20세기 중반을 넘어서면서 제2차 세계대전 이후 모더니즘은 또다시 중대한 형질 변화를 겪는다. 그 결과는 모더니즘 이후, 즉 **포스트모더니즘**이라고 불리지만 현재까지 구체적인 양태로 정형화되지는 않고 있다.

모순

Contradiction

어떤 주장이나 논리에 조리가 없고 일관성이 결여되어 있다는 뜻으로 모순이라는 말을 쓴다. 우선 어원에도 그런 의미가 있다. 옛날 중국의 어느 장사꾼이 세상에서 가장 튼튼한 방패도 뚫을 수 있는 창(矛, 모)과 세상에서 가장 날카로운 창도 막을 수 있는 방패(盾, 순)를 함께 팔았다는 데서 나온 말이므로 모순은 그 자체로 모순적인 의미다.

그러나 모순은 비록 부정적인 기원을 가졌어도 반드시 부정적인 의미만 가진 **개념**이 아니다. 일찍이 철학의 초창기에 이오니아의 철학자인 헤라클레이토스는 대립물의 투쟁이 모순을 이루고 이 모순에서 운동이 생겨난다고 주장했다. 이후 다양한 사상이 제기된 고대, 신학적 합의를 중시하던 중세, **인식론**이 초점이었던 근대를 거치는 동안 모순의 개념은 철학의 무대에서 오랫동안 퇴장해 있었다. 그러다가 19세기에 헤겔이 다시 모순을 되살려 **변증법**을 구성했고, 마르크스는 그 변증법을 차용해 모순을 사회 발전의 원동력이라고 보았다.

마르크스가 말하는 모순의 개념은 여러 가지 형태를 취하지만 사회**혁명**을 낳는 근본 요인이라는 점에서는 공통적이다. 우선 생산력과 생산관계의 모순은, 대체로 일정하게 성장하는 생산력에 비해 생산관계는 특정한 기간 동안 변하지 않는 데서 생겨난다. 마치 자라나는 청소년의 몸과 옷의 관계처럼 생산력이 어느 정도까지 발달하면 기존의 생산관계로 담아낼 수 없게 된다. 이때가 바로 사회혁명이 일어나는 시기다. 예를 들어 고대 노예제적 생산관계에서 생산력이 점점 발달하자 마침내 더 이상 노예제로 감당할 수 없는 단계로 접어들어 중세 봉건제적 생산관계로 이행하게 되었다는 논리다.

자본주의사회의 특유한 모순은 사회적 생산과 사적 소유의 모순이다. 자본주의적 대량생산은 분업을 통해 이루어지므로 기본적으로 집단적이고 사회적인 성격을 지닌다. 그러나 생산에 필요한 생산수단과 생산의 결과물인 상품은 자본가가 독차지하므로 자본주의적 소유는 늘 사적일 수밖에 없다. 이 모순은 결국 자본주의적 경제성장을 저해하고 이윤율을 떨어뜨려 **사회주의**의 집단적 소유로 이행할 수밖에 없게 만든다. 이 모순의 **계급**적 표현은 자본계급과 노동계급의 모순으로 나타난다.

마르크스의 모순론이 사회 분석에 치중한 데 비해, 중국 사회주의혁명을 성공시킨 마오쩌둥은 《모순론》에서 모순의 개념을 실제 혁명 과정에 적용했다. 그는 마르크스가 분석한 자본주의사회의 근본적 모순을 기본모순으로 규정하고, 구체적인 혁명 과정에서 기본모순이 취하는 양태는 혁명의 환경에 따라 다양할 수 있다고 보았다.

20세기 초 중국의 사정은 마르크스가 살았던 19세기 유럽은 물론 사회주의혁명이 일어나던 20세기 초의 러시아와도 달랐다. 우선 중국은 노동자보다 농민이 다수이며, 중국은 선진 자본주의국가가 아니라 일본 제국주의의 침탈을 받고 있는 반(半)**식민지** 상황이었다. 이런 점을 감안해 마오쩌둥은 **제국주의**와 식민지의 모순을 그 단계의 주요모순으로 설정하고, 우선은 계급투쟁보다 민족 해방을 위한 투쟁에 모든 역량을 총동원해야 한다고 주장했다. 하지만 그 이론에 따르면 기본모순이 주요모순과 어떤 관계를 가지는지가 불투명해진다(그래서 마오쩌둥은 마르크스주의자로 자칭했으나 어떤 면에서는 마르크스주의자가 아니었다).

현대 철학에서 바라보는 모순의 개념은 사회혁명을 위한 분석과 실천보다 이론과 인식의 측면에 중점을 둔다. 여기에는 인식주체의 문제가 관련된다.

전통적 **형이상학**에서는 늘 철학적 주체가 가정되었고, 이 주체는 이성적이고 연속적이며 확실성과 동일성을 가진 존재로 간주되었다. 그러나 **구조주의** 철학자들은 자유의지를 가진 주체란 존재하지 않는다고 보았으며, 오히려 주체 자체가 구조의 산물이라고 여겼다. 나아가 포스트구조주의에서는 무의식을 강조하면서 의식적 주체의 개념을 크게 약화시키고, 주체의 일관성이란 환상일 뿐이라고 주장했다. 예컨대 들뢰즈와 가타리는 일관성은커녕 분열증이 자본주의의 정상적인 현상이라고 보았는가 하면, 푸코는 인과성과 필연성을 버리고 예측 불가능성과 우연성의 관념을 철학에 도입해야 한다고 말했다.

모순이 현실의 일부분이라면 적어도 현실의 일부는 모순적으로 구성되어 있다는 이야기다. 그렇다면 모순을 배제하는 게 아니라 반대로 포함하는 시각을 가져야만 현실을 올바로 볼 수 있다. 대학 입시 논술을 비롯한 일반적인 글쓰기에서는 흔히 모순 없이 일관적으로 글을 써야 한다고 가르치지만, 데리다 같은 사람은 모순과 불완전함이란 결함이 아니라 글 자체에 필연적으로 내포된 고유한 특성이라고 본다. 물론 그의 방식대로 글쓰기를 할 경우 과연 좋은 성적을 거둘 수 있을지는 다른 문제다.

목적론

Teleology

누가, 무엇을, 어떻게, 하는가? 모든 행위의 구성 요소는 이 세 가지다. 즉 행위에는 주체, 방법, 목적이 있다. 추리소설이 발달해온 과정도 그 세 단계로 나뉜다. 초기 추리소설은 "Who done it?," 즉 범인이 누구냐는 데 초점을 맞추었다. 그다음에는 범행이 어떻게 이루어졌느냐("How done it?")로 중심이 옮겨갔고, 가장 높은 단계로 범죄의 목적("Why done it?")을 중시하기에 이르렀다.

사건이나 현상을 설명할 때 목적을 고려하면 상당히 그럴듯한 이론을 구성할 수 있다. 하지만 그 경우 자칫하면 목적론의 함정에 빠지게 된다.

목적은 사건의 시간 순서로 보면 맨 마지막에 위치하기 때문에 중간 과정의 모든 것을 설명하기에 편리하다. 문제는 바로 거기에 있다. 목적에 비추어 설명할 경우 이론은 깔끔해지지만 실상은 아무것도 제대로 설명하지 못한다. 게다가 목적은 전가의 보도처럼 남용되는 경우가 많다. 그 대표적인 예가 목적과 원인을 혼동하는 경우다.

예를 들어 어떤 청년이 유흥비를 마련하기 위해 오토바이를 훔쳐 팔다가 검거되었다고 하자. 이 사건에서 청년은 행위의 주체이고, 오토바이를 훔쳐 파는 것은 행위의 방법이며, 유흥비를 마련하는 것은 행위의 목적이다. 행위의 원인은 여기에 없다. 그러나 사건을 보도하는 기사는 흔히 목적을 원인으로 둔갑시킨다. 범죄의 원인과 목적을 동일시하면 그런 범죄를 예방할 수 있는 방책을 세우지 못한다. 원인을 추측해보면, 청년은 돈이 없으나 놀고 싶은 유혹에 빠져 있었다는 것이 될 터이다. 따라서 그런 범죄를 예방하려면 청년이 돈을 벌 수 있도록 하고 놀고 싶은 유혹에 넘어가지 않도록 하는 방책이 필요하다. 이렇게 원인을 분석하면 해결책을 수립할 수 있으나 목적론에 빠지면 생산적인 해결책을 생각할 수 없다.

목적론은 목적을 뜻하는 그리스어 텔로스(telos)에서 나온 개념이다. 어원에서 알 수 있듯이 목적론의 원조는 고대 그리스의 철학자인 아리스토텔레스다. 그는 운동의 네 가지 인자를 말하는데, 여기서 가장 중요한 것은 목적이다. 조각가가 작품을 제작하는 과정을 네 인자로 설명하면, 대리석(질료인)을 깎아서(동력인) 조각상(형상인)을 만들어 아름다움(목적인)을 실현하는 과정이라고 할 수 있다.

도토리가 참나무로 자라는 운동을 설명하면서 아리스토텔레스는 참나무가 도토리의 목적이라고 말한다. 실제로 도토리는 참나무로 자라니까 그 이론에는 아무런 문제도 없는 듯하다. 그러나 그것은 전형적인 목적론의 오류를 보여준다. 추론의 결과로 목적이 도출되는 게 아니라 처음부터 목적이 전제되기 때문이다. 게다가 아리스토텔레스는 참나무가 도토리의 목적이자 궁극적인 원인이라고 본다. 목적과 원인을 동일시한다면 앞에서 말했듯이 생산적인 설명이 불가능해지며 논증 자체가 순환할 수밖에 없다.

그런 논증에 가장 잘 어울리는 대상은 신이다. 아리스토텔레스의 시대까지는 아직 유일신의 관념이 지배적이지 않았지만, **그리스도교**가 지배하는 중세가 되면 목적론은 마치 고기가 물을 만난 것처럼 신을 논증하는 데 강력한 도구가 된다. 중세를 대표하는 철학자이자 신학자였던 토마스 아퀴나스는 《신학대전》에서 이렇게 말했다. "생명이 있는 사물은 내적 목적을 가지며, 생명이 없는 사물은 외적 목적을 가지는데, 그 궁극적인 목적은 신을 향한다."

신은 세계의 창조자이므로 세계의 원인이며, 동시에 세계가 궁극적으로 지향해야 할 목적이기도 하다. 결국 신은 모든 걸 설명하는 것 같지만 실은 아무것도 설명하지 못하며, 모든 것의 원인이자 목적인 것 같지만 아무것의 원인도 목적도 아니다.

이런 결함을 가졌음에도 불구하고 목적론은 근대에 접어들어 철학이 독자적인 영역을 획득한 뒤에도 여전히 유용하게 쓰인다. 헤겔은 **절대정신**의 외화가 세계이고, 역사란 절대정신이 자기실현을 이루는 과정이라고 보았다. 역사의 종착역은 다시 절대정신이다. 즉 역사의 원인과 목적이 같은 순환론의 구조다. 헤겔의 사상에서 절대정신은 특정한 종교의 외피를 두르지 않았을 뿐 중세 그리스도교의 신과 거의 같은 역할이다.

목적론의 매력은 이론의 완성도를 높여주는 데 있지만 그 매력에 지나치게 빠졌다가는 돌고 도는 순환론에서 헤어 나오지 못한다. 그래서 칸트는 《판단력비판》에서 목적론은 지식의 범위를 규제하는 원리일 뿐 지식을 구성하는 원리는 되지 못한다고 말했다.

뫼비우스의 띠

Möbius Strip

종이로 만든 기다란 띠가 있다. 연필을 떼지 않고 앞면과 뒷면을 따라 연속되는 선을 그을 수는 없을까? 불가능하다. 종이 띠의 앞면과 뒷면은 서로 분리되어 있는 이차원의 면이기 때문이다. 그런데 이차원을 삼차원으로 만들면 가능하다. 종이의 한쪽 끝을 다른 쪽 끝과 풀로 붙이면 된다. 그래도 안 된다고? 그럼 그냥 붙이지 말고 한쪽 끝만 살짝 비틀어 뒤집어서 붙여보라. 신기하게도 연필은 종이 띠의 앞면과 뒷면에 계속 이어지는 선을 긋게 된다. 이렇게 만든 띠에는 앞면과 뒷면의 구별이 사라진다. 서로 다른 차원이 연결된다.

이 띠를 고안한 사람은 19세기 독일의 수학자인 뫼비우스다. 그가 이 띠를 만든 이유는 장난감으로 가지고 놀려는 게 아니라 유클리드기하학의 한계를 극복하기 위해서였다.

고대 그리스의 수학자인 에우클레이데스가 정립한 유클리드(에우클레이데스의 영어명) 기하학은 간단히 정의하면 평면기하학이라고 할 수 있다(그의 저술에는 입체기하학도 있으나 기본적으로 평면의 개념에서 연장된 입체의 개념이다). 기하학이 탄생한 이래 수천 년 동안 유클리드기하학은 진리로 간주되었으나 19세기 후반에 이르러 유클리드기하학으로는 설명할 수 없는 기하학적 관념들이 등장했다. 이를 총칭해 비유클리드기하학이라고 부른다.

평범한 직선의 개념도 비유클리드기하학에서는 의미가 달라진다. 예를 들어 곡면에 그은 직선은 직선일까 곡선일까? 축구공 위에 자를 대고 똑바로 직선을 그으면 그 자체로는 직선이지만 결과적으로는 곡선이 된다. 삼각형의 내각의 합은 180도지만 축구공의 안쪽 면에 삼각형을 그리면 내각의 합이 180도에 모자라며, 바깥 면에 그리면 180도를 넘게 된다. 삼차원의 입체에서는 이차원의 평면에서 통용되었던 원리가 얼마든지 달라질 수 있는 것이다.

뫼비우스는 차원을 넘나드는 것을 시각적으로 보여주기 위해 뫼비우스의 띠를 고안했다. 띠 자체는 이차원의 평면이지만 이것을 삼차원화한 뫼비우스의 띠는 이차원과 삼차원의 성질을 함께 지니게 된다. 이런 성질에 착안해 1970년대의 암울한 **노동** 현장을 그려냈던 조세희의 소설《난장이가 쏘아올린 작은 공》에서는 뫼비우스의 띠를 **계급** 간의 간격을 뛰어넘는 은유로 사용한 바 있다.

뫼비우스의 띠와 비슷한 의미를 가진 용어로 클라인의 병(Klein bottle)이라는 것도 있다. 독일의 수학자인 클라인이 만든 병인데, 일반적인 병에 있는 안팎의 구분을 해체하는 구조로 되어 있다. 원통형의 관에서 한쪽 끝은 그대로 두고 다른 한쪽 끝은 표면을 까뒤집어 서로 붙이면, 안쪽과 바깥쪽의 구별이 없는 병이 생긴다. 이 병은 삼차원의 물건이면서 삼차원에 국한되지 않는 성질을 가지고 있으므로 삼차원의 액체를 그 병에 부어 넣을 수는 없다. 다만 이 병은 그림으로만 형상화될 수 있을 뿐 뫼비우스의 띠처럼 간단하게 만들 수는 없다.

무의식

Unconsciousness

꿈의 내용을 마음대로 정할 수 있다면 얼마나 좋을까? 로또 복권이 당첨되어 프로방스를 유람할 수도 있고, 잉베이 맘스틴보다 손가락이 빨리 돌아가 바로크 기타의 신이 될 수도 있다. 모든 게 꿈에서는 얼마든지 가능하다. 일생 동안 수면 시간을 모두 합하면 사는 기간의 거의 3분의 1에 해당하니까 최소한 인생의 3분의 1은 행복하게 살 수 있을 것이다.

하지만 불행하게도 자기 마음대로 꿈꿀 수 있는 사람은 없다. 오히려 꿈은 내 의도와는 정반대의 줄거리를 가지는 경우가 허다하다. 누가 내 뒤를 쫓아오는데 내 발이 마음대로 움직이지 않아 빨리 도망치지 못하고 애만 태웠던 꿈은 누구나 한 번쯤 꿔봤을 것이다. 꿈꾸는 사람은 난데 왜 꿈의 내용은 의도대로 되지 않는 걸까?

결론부터 말하면 "꿈 깨라!"다. 사실 꿈의 내용은 자기 소망의 실현과는 상관이 없다. '꿈의 전문가'였던 프로이트에 따르면, 꿈은 '억압된 소망의 위장된 실현'이기 때문이다. 게다가 꿈은 자신의 소망과 거리가 멀 뿐 아니라 자신의 의지와도 상관이 없다. 내가 내 꿈을 꾸는데 꿈의 내용은 내 의지와 무관하다니? 묘한 말이지만 사실이다. 적어도 프로이트의 《꿈의 해석》을 '해몽책'으로 여기지 않는다면 그렇다.

꿈을 원하는 대로 꿀 수 없다는 것은 곧 '내 안의 누군가'가 꿈의 내용을 내 의지와 무관하게 전개한다는 뜻이다. 그렇다면 적어

ㅁ

도 나(내 정신, 내 의식)는 하나가 아니라는 것인데, 대체 어떤 놈이 내 안에 들어와 있을까?

흔히 우리는 자유의지를 가지고 있다고 생각한다. 지하철을 탈까 버스를 탈까는 내 마음이다. 내일 친구들 모임에 나갈까 말까도 내 마음이다. 심지어 점심을 먹을까 그냥 굶을까 하는 것도 내 마음이다. 세상 모든 일이 내 의도대로 되지는 않는다 해도 많은 사람들은 내 주변의 것, 나와 관련된 것은 기본적으로 내 마음대로 할 수 있다고 여기며 살아간다.

하지만 프로이트는 그게 우리 마음의 전부가 아니라고 말한다. 그것은 인간 정신에서 의식에 해당하는 부분일 뿐이다. 의식이 빙산의 일각이라면 그 수면 밑에는 거대한 빙산의 본체가 도사리고 있다. 그 빙산은 바로 무의식이다. 내 안에 들어와서 내 꿈을 멋대로 조종하는 놈도 바로 그 무의식이라는 놈이다. 무의식은 19세기의 심리학자들이 만든 용어지만 프로이트에 의해 상세히 분석되었다.

빙산의 본체가 그렇듯이 평소에 무의식은 의식 선상에 드러나지 않는다. 무의식은 오히려 의식에 의해 억압되어 있으며, 의식이 그것을 끄집어내려 하면 의식에 저항하고 좀처럼 모습을 드러내지 않으려 한다. 그렇다면 무의식에 관해서는 어떻게 알 수 있을까? 바꿔 말해서 우린 의식밖에 가진 게 없는데 어떻게 무의식을 알 수 있을까?

아무리 몸조심하는 무의식이라도 어쩔 수 없이 자신의 존재를 드러내는 경우가 있다. 우선 무심코 실수를 하는 경우다. 프로이트는 단순한 실수에서도 중대한 의미를 찾을 수 있다고 말한다.

"실수는 결코 우연이 아니라 정신적 행위이며, 거기에는 분명 의미가 있고 두 가지 상이한 의도가 상호작용하여 발생하는 것이다."(《꿈의 해석》)

그 '두 가지 상이한 의도'란 무얼까? 도덕적이고 금욕적인 사고방식을 가진 사람이 어느 화랑에서 누드화를 보고 화가에게 이렇게 말한다. "이 작품은 외설적인 향기를 물씬 풍기는군요." 그 말을 한 당사자는 물론 듣는 화가도 '예술적인 향기'라고 말하려다가 발음이 비슷한 탓에 무심코 '외설적인 향기'라고 실언했으리라고 생각할 것이다. 하지만 말한 사람의 정신 속에 그 작품을 외설로 여기는 생각이 전혀 없었을까? 그 사람은 예술이라고 말하려는 의도를 가졌지만, 그와 더불어 그 의도를 방해하는 다른 의도, 즉 그 작품을 외설로 보는 의도가 그에게 있었던 게 아닐까? 그 '두 가지 상이한 의도'가 상호작용하여 그런 실언을 낳은 것은 아닐까?

실수보다 무의식을 더 적나라하게 보여주는 경우는 바로 꿈이다(술이나 마약에 취했을 때도 무의식이 드러난다). 꿈의 내용이 비현실적이고 비논리적인 이유, 꿈의 내용이 내 의도와 정반대로 전개되는 이유는 바로 무의식이 개재해 있기 때문이다. 무의식도 분명히 내 정신에 속하는 것이지만, 내 의식으로는 그 정체를 제대로 알 수도, 마음대로 조종할 수도 없다.

프로이트가 꿈의 해석에 천착한 이유는 바로 무의식을 알아내기 위해서였다. 그는 무의식도 의식처럼 체계화되어 있다고 믿었다. 그러나 무의식은 의식과 대립 관계에 있으므로 의식의 통제가 풀리면 그제야 비로소 활동을 시작한다. 의식의 통제가 풀리는 것은 곧 잠을 잘 때이고 무의식의 활동은 곧 꿈이다. 즉 꿈은 무의식이 그 존재를 드러내는 기분 나쁜 창문이다.

프로이트는 꿈의 해석을 통해 무의식을 분석함으로써 환자의 노이로제(신경증)를 치료할 수 있었다. 노이로제의 근원에는 환자 자신도 해명하지 못하고 때로는 거부하기까지 하는 무의식적인 감정의 응어리(**콤플렉스**)가 있다. 그 무의식의 덩어리를 환자에게 명시적으로 밝히고 설명해주면, 노이로제 환자는 뚜렷한 증세 호전을 보였다. 그런 임상 경험을 통해 프로이트는 정신분석학이라는 새로운 학문 체계를 확립했다.

그러나 프로이트의 공적은 정신 질환의 치료에만 있지 않다. 무의식이 존재한다는 게 증명됨으로써, 의식이 전부인 줄만 알았던 인간 정신의 구조는 이제 전체적으로 다시 해명되어야 할 필요성이 생겨난 것이다. 그것은 바로 현대 철학(특히 **구조주의**와 **포스트모더니즘**)의 가장 중요한 과제가 된다. 프로이트는 무의식의 발견이 철학에까지 커다란 영향을 미칠 줄은 '꿈에도' 생각하지 못했을 것이다.

문화권력

Cultural Power

권력은 공식적인 것과 비공식적인 것이 있다. 공식적인 권력은 법을 토대로 행사되는 정치권력과 공권력을 가리킨다. 이 권력은 의미나 용도가 명백하다. 그러나 비공식적 권력은 정확히 정의되지 않고 행사되는 방식도 모호하다. 대표적인 예는 **신분**에서 비롯되는 권력이다. 오늘날은 신분사회가 아니지만 비공식적인 신분은 엄연히 존재한다. 투표할 때는 평등선거의 원칙에 따라 누구나 똑같이 1인 1표를 행사하지만, 한 시민의 발언이 재벌그룹 회장의 발언과 같은 영향력을 가진다고 믿는다면 순진한 생각이다. 언뜻 평등해 보이는 인터넷이나 SNS에서 유명 배우의 견해가 영화 이외의 영역에서도 큰 힘을 발휘한다는 것은 언뜻 평등해 보이는 사이버 공간도 실은 권력(여론)에 의해 물들어 있다는 것을 보여준다(물론 그것이 반드시 부정적으로만 볼 수는 없겠지만).

그런데 비공식적 권력 중에서도 가장 비공식적인 것은 신분이 아니라 문화에서 나온다. 그것이 곧 문화권력이다. 문화는 삶의 양식을 반영하므로 문화권력의 기반은 무척 다양하다. 지식, 정보, **미디어**처럼 가시적인 게 있는가 하면 연고나 명성처럼 은밀하게 작용하는 것도 있다.

가시적인 문화권력자는 이른바 '전문가'라고 불리는 집단이다. 교수, 의사, 판사 등 사회의 엘리트 직업에 속한 이들은 자신의 전문 지식을 바탕으로 비공식적인 권력을 행사한다. 문제는 이 권력이 공식적으로 허용된 범위를 넘어서는 경우가 자주 있다는 점이다.

분명히 심장만을 다루는 전문의임에도 의사는 심장과 무관한 환자의 버릇과 기호까지 간섭하고 충고하며, 환자 역시 그 간섭과 충고를 받아들인다(물론 의사의 행위는 선의에서 비롯된 것이겠지만 어쨌든 그가 윤리 교사인 것은 아니다). 법정에서 판사는 범죄라고 추정되는 행위만을 재판해야 함에도 피의자에게 생활양식에 관한 부분까지 훈계하며, 피의자도 대개 그 훈계를 받아들인다. TV 뉴스의 앵커는 뉴스를 전달하는 기능만 하는데도 마치 사회 전반에 관한 전문가인 것처럼 처신하며, 시청자들 대부분은 그에게 그런 역할을 주문하고 때로 의지한다. 의사와 판사는 지식과 정보가 권력을 낳는 경우이고, TV 앵커는 미디어가 권력을 낳는 경우다.

은밀하게 작용하는 문화권력은 그보다 더 일상적이다. 사회에 일정한 영향력을 행사하는 위치에 있는 인물을 알고 지낸다는 사실만으로도 충분히 문화권력자가 될 수 있다. 흔히 인맥, 학맥, 지연 등으로 표현되는 연고의 권력이 그런 예다. 청와대 비서관이 사돈의 팔촌이라는 이유로 파출소에서 큰소리를 친다든가, 재벌그룹 회장이 고등학교 동문이라는 이유로 하청 계약을 따낸다든가, 심지어 감방에서 큰 주먹과 함께 지냈다는 이유로 나이트클럽의 영업부장이 되는 게 그런 권력의 행사다.

유명 작가나 연예인은 명성과 인기에서 나오는 문화권력을 향유한다. 이들 역시 자신의 직업 분야를 넘어서는 전문 지식을 가지지 못했음에도 다방면으로 영향력을 행사한다. 베스트셀러 소설을 썼다고 해서 청소년 문제에 전문가인 것은 아닌데도 미디어의 아동 학대 프로그램에 나와 발언하는 작가, 인기를 끈 영화의 주인공일 뿐인데도 시사적인 현안에 관해 깊이 있는 견해를 가진 것처럼 착각하고 발언하는 배우가 그런 예다.

문화권력은 비공식적이기 때문에 문제시되지 않을 수도 있으나 오히려 그래서 더욱 위험한 측면이 있다. 정치권력이나 공권력 같은 공식적 권력에는 반드시 책임이 따르게 마련인데, 문화권력자는 권력을 행사하기만 할 뿐 책임은 지지 않기 때문이다. 특히 인터넷을 비롯해 개인 매체가 발달한 현대사회에서는, 권력의 작용은 뚜렷하지만 권력의 주체가 은폐되는 경우가 많으므로 문화권력의 위험성이 더욱 크다(일종의 여론으로 간주되는 '댓글'도 **익명성**을 이용한 문화권력이다).

문화상대주의

Cultural Relativism

제국주의의 시대로 불리는 19세기에 서구 열강은 전 세계를 자기들 마음대로 분할했다. 아프리카와 동남아시아, 태평양 일대의 섬들처럼 문명의 힘이 미약한 지역은 물론이고 동아시아처럼 인구가 많고 수천 년 전부터 빛나는 문명을 발전시켜온 지역도 서구의 막강한 물리력 앞에서 추풍낙엽처럼 무너졌다. 그 양태는 침략이었으나 세계 분할이 어느 정도 완료되자 서구는 자신들이 경제적, 군사적으로 침탈한 지역에 대해 지적 호기심을 보이기 시작했다(→오리엔탈리즘). 그 결과로 탄생한 새로운 학문이 인류학이다.

인류학은 다양한 인간 사회들을 비교 연구하고 그 특징과 성격을 분석하는 학문이다. 그러므로 인류학에서는 대다수 사회에서 볼 수 있는 보편적이고 획일적인 사회경제적 메커니즘보다 각 사회의 특성이 두드러지게 나타나는 문화의 영역을 중시하게 마련이다. 그런데 문화는 각 사회의 생활양식을 반영하고 있으므로 절대적인 기준으로 판단할 수 없다. 또한 서로 다른 사회의 문화를 비교할 수는 있어도 어느 문화가 다른 문화보다 우월하다고 말할 수는 없다. 흔히 말하는 '선진' 문화나 '후진' 문화란 잘못된 용어다. 이것이 문화상대주의의 개념이다.

문화상대주의란 다양한 사회의 문화를 인정하고 각각의 문화를 그 사회의 고유한 환경 속에서 이해하고자 하는 태도를 말한다. 지극히 당연하고 상식적인 태도가 개념화된 이유는 서구의 경우 문화상대주의를 견지하기가 쉽지 않기 때문이다. 서구는 다른 세계를 힘으로 정복한 역사가 있기 때문에 서구 문화의 특징인 합리성과 효율성을 마치 보편적인 가치인 양 여기기 쉽다. 그러나 그런 관점에서는 다른 문화를 올바로 이해할 수 없다.

인류학자 베니딕트는 뉴멕시코의 푸에블로족과 멜라네시아의 도부족을 예로 들어 문화상대주의를 설명한다. 푸에블로 인디언 사회는 모계사회이며 종교와 주술이 지배한다. 남자의 의무는 서구 사회처럼 자신의 가족을 먹여 살리는 일이 아니라, 각 가정의 제사용 물건들(특히 가면)을 잘 관리하는 일이다. 물론 그들도 열심히 일해서 재산을 늘리려고 노력하지만, 그 목적은 남보다 잘 살려는 데 있다기보다 자기 소유의 가면을 마련해 제사를 지낼 때 부족의 가면신들을 성대하게 접대하기 위한 것이다.

서구의 가치관으로 보면 1년 내내 제사에만 열중하는 푸에블로족은 어리석기 짝이 없다. 그렇다면 어떻게 그들의 사회가 수백 년 동안이나 존속할 수 있었을까? 베니딕트는 푸에블로족의 가치관이 서구와 전혀 다르다고 말한다. "그들은 개인의 권위를 몹시 경멸한다. 권력이나 지식을 갈망하는 자는 주변의 비난을 받고 주술로 박해를 당하기 십상이다. 반면 이상적인 인간은 남을 지도할 생각 따위는 전혀 하지 않고, 이웃 사람들의 구설수에 한 번도 오르지 않는 위엄 있고 사근사근한 사람이다. …… 어떤 시합에서도 한 사람이 계속 이기면 그는 경기에 참여하지 못하도록 제외된다. 그들은 승자가 자주 바뀔 수 있는 게임을 좋아한다. 따라서 어떤 걸출한 선수가 나오면 그 경기는 이미 망친 거다."(《문화의 패턴》)

프랑스의 인류학자이자 **구조주의** 인식론에 크게 기여한 레비스트로스는 서구인들이 흔히 '원시적'이라고 간주하는 부족에게도 나름의 합리성이 있다고 말한다. "필리핀의 하누누족은 새의 종류를 75개의 범주로 구분하고, 뱀들은 10여 가지, 물고기는 60여 가지로 분류한다. 곤충은 108가지로 분류하고 각기 다른 이름을 붙였으며, 개미의 종류만도 13가지나 된다."(《야생의 사고》) 하누누족은 계절을 건기와 우기로 나누기 때문에 색깔도 마른 색, 말라 빠진 색, 축축한 색, 끈적끈적한 색 등으로 분류하는데, 사계절이 있는 사회의 관념과 전혀 다르다고 해서 그런 사고방식을 야만적이라거나 비합리적이라고 보면 잘못이다.

문화상대주의는 오지의 부족을 상대할 때만 필요한 자세가 아니다. 자신의 문화가 우월하다는 착각에 빠지면 남에게도 그것을 강요하게 된다. 특히 여러 민족과 종교가 어울려 살아가는 지역에서 그런 태도는 피비린내 나는 전쟁을 부르는 경우가 많다. 중동과 발칸 반도가 세계의 화약고로 불렸던 이유는 바로 거기에 있다 (→신).

문화제국주의

Cultural Imperialism

몸은 가둘 수 있어도 영혼마저 가둘 수는 없다. 양심수의 자부심에 찬 선언이 아니다. 신체를 완전히 정복해도 정신까지 정복할 수 없다는 것은 세계의 지리적 정복을 완료한 서구 제국주의 열강이 새삼 깨달은 진리다. 제2차 세계대전이 끝나면서 동시에 제국주의의 세계 분할과 재분할도 끝났다. 이 시기까지의 무기는 막강한 군사력과 경제력이었다. 그러나 그때부터는 더 이상 그 무기의 효력이 통할 환경이 아니었다.

무엇보다도 **식민지**의 정치적 지배가 불가능해졌다. 서구의 선발 제국주의와 후발 제국주의의 대결이었던 제1차 세계대전, 서구 제국주의와 파시스트 제국주의의 대결이었던 제2차 세계대전은 모두 제국주의적 **모순**의 표출이었다. 그러므로 다시 그런 공멸적인 전쟁이 일어나지 않도록 하려면 제국주의를 해체하고 식민지의 해방을 허용해야 했다. 그 덕분에 1950년대까지 수많은 신생국이 생겨나 서구의 제1세계, 사회주의 진영의 제2세계에 이어 제3세계를 이루었다.

서구의 입장에서는 이 신생국들을 계속 손아귀에 장악하려면 과거와는 다른 방책이 필요했다. 한편으로는 식민지의 해방과 자립을 지원하면서도 다른 한편으로는 서구에 종속된 상태를 유지해야 했다. 그러자면 전보다 훨씬 교묘하고 세련된 수단이 필요했다. 이 새로운 수단이 문화제국주의다.

정치적 지배는 금세 알 수 있지만 문화적 지배는 눈에 잘 띄지 않는다. 서구의 경제적 지원이 절실하게 필요했던 신생국들은 도움을 받는 과정에서 문화적 종속이 심화된다는 사실을 미처 깨닫지 못했다. 신생국의 형편에서는 당장 밀가루를 받아 식량난을 해결해야 했고 미군의 주둔을 허용해 국방비 지출을 줄일 수밖에 없었다. 그러나 밀가루를 받으면 햄버거가 따라 들어왔고 미군의 주둔을 허용하면 영어가 널리 퍼졌다. 과거의 가시적인 침략과는 달리 눈에 보이지 않는 침투와 침탈, 이것이 문화제국주의의 가장 두드러진 특징이다.

정보화 시대에 접어들면 문화제국주의의 도구는 정보로 집중된다. 그래서 정보제국주의라고도 말하는데, 미국을 비롯한 서구 국가들이 중요한 국제적 정보를 장악하고 전 세계에 포괄적인 영향력을 행사하며 세계 여론을 좌지우지하는 현상을 가리킨다. 그 대표적인 사례는 1991년에 일어난 걸프 전쟁이다. 이 전쟁을 실시간으로 보도한 미국의 뉴스 전문 방송인 CNN은 전쟁에 관한 생생한 정보를 전달하는 동시에 미국의 입김이 강하게 반영된 편향

보도로 일관했다.

정보화 사회의 핵심으로 자리 잡은 **인터넷**은 문화제국주의에 유리한 조건이기도 하고 불리한 조건이기도 하다. 서구의 선진국들은 막강한 경제력과 정보력을 바탕으로 인터넷을 통해 자국의 문화를 선전하고 유포하려 하지만, 무수한 익명의 정보 제공자들이 참여하는 인터넷의 특성은 정보의 획일화를 거부한다. 그러므로 인터넷이 문화제국주의를 조장하게 될지, 제어하게 될지는 각 나라의 대응력에 달려 있는 문제다.

따지고 보면 문화제국주의는 현대사회의 현상만도 아니다. 일찍이 기원전 6세기에 중국의 공자는 《춘추》라는 역사서를 편찬했는데, 중국을 세계의 중심으로 놓고 중국을 높이고 주변 세계를 깎아내리는 서술 방식을 의도적으로 구사했다. 최초로 중화와 오랑캐를 '학문적으로' 구분한 것이다. 이른바 '춘추필법'이라고 불리는 그 편향적인 서술 방식에서 악명 높은 중화주의의 이념이 싹텄다(그렇게 보면 공자가 아직도 우리 사회에서 큰 존경을 받는 것은 묘한 일이다). 문제는 이런 고대적 문화제국주의가 역사 속에만 남아 있지 않고 현대에도 흔히 부활한다는 점이다. 2002년부터 중국 정부가 추진하고 있는 동북공정(고구려를 비롯한 중국 주변국들의 역사를 중국 역사에 포함시키려는 정책)이 그런 예다.

물신성

Fetishism

인간의 존엄성이 당연시되는 현대사회지만 구체적인 일상생활의 영역으로 들어가면 항상 인간으로서의 품위가 유지되지는 않는다. 정부의 조직 체계에서 교육인적자원부(교육과학기술부의 전신)라는 부서의 명칭은 인간을 자원으로 분류한다는 사실을 드러내며, 군대나 학교에서 인간은 정해진 병력이나 인원을 채우는 양적 개념으로 규정된다. 출근과 등교 시간에 지하철 공익요원에게 인간이란 등을 떠밀어 지하철에 태워야 하는 짐과 같은 존재에 불과하다.

질적으로 대우받아야 마땅한 인간이 양적 '덩어리'로 취급되는 현상의 근저에는 **자본주의** 특유의 물신성(物神性)이 있다. 마르크스가 제기한 물신성은 자본주의사회에서 여러 가지 양태로 나타나는 전도 현상의 하나다.

인류 역사에서 경제적 **생산**은 언제나 있었으나 **상품**의 개념은 자본주의 단계에서 처음 출현했다. 물론 물건을 만들어 판다는 관념이 없었던 것은 아니다. 봉건사회의 수공업적 생산에서도 직조공은 자신이 짠 피륙을 시장에 내다 팔아 생활에 필요한 물건들을 구입했다. 그는 피륙을 제조하는 데 필요한 생산수단과 자기 **노동**의 생산물을 자신이 직접 소유했다.

그와 달리 자본주의적 생산에서는 생산수단과 생산물을 자본가가 소유하며, 노동자는 자본가에게서 임금을 받고 자신의 노동력을 판매한다. 이것이 자본주의적 상품생산의 원리다. 과거의 생산 양식과는 달리 자본주의에서는 생산자가 자신의 생산물을 소유하거나 판매하지 못한다. 그러므로 생산자들 간의 사회적 관계는 상품의 관계로 치환된다. 인간관계가 맺어져야 할 자리에 상품이나 화폐가 그 역할을 대신하는 것이다.

인간이 만들어낸 상품은 마치 독자적인 생명을 가진 것처럼 서로 교환되고 그것들끼리 관계를 형성한다. 이것은 인간이 만들어낸 신이 거꾸로 인간을 지배하는 양태와 같다. 그런 전도적 현상을 마르크스는 상품의 물신성 혹은 물신숭배라고 부른다.

물신성은 상품의 생산과 판매에서만 나타나지 않는다. 자본주의에서 화폐는 그 자체로 하나의 상품이면서도 다른 상품들의 교환가치를 표현하는 역할을 한다. 그러나 상품→화폐→자본의 과정이 진행되면서 화폐는 단순히 가치를 표현하는 매개물이 아니라 처음부터 다른 상품들의 가치를 측정하는 기준인 것처럼 여겨지게 된다. 이것이 화폐의 물신성이다. 자본가가 본래 사용가치가 거의 없는 화폐를 수전노처럼 축장하는 이유는 여기에 있다. 그래서 마르크스는 자본가와 수전노의 차이를 이렇게 말했다. "자본가는 합리적인 수전노이고 수전노는 미친 자본가다." 결국 본질적으로는 같다는 이야기다.

정신의학에서는 물신성이 다른 의미로 사용된다. 이성의 옷이나 소유물에서 성적 만족을 느끼는 질환을 가리켜 페티시즘이라고 말하는데, 인간이 아닌 물건에 집착한다는 점에서는 자본주의의 물신성과 같다.

물자체

Ding an sich

모든 사물은 보편성과 특수성이라는 두 가지 존재의 측면을 가진다. 예를 들어 축구공은 공으로서의 보편성과 더불어 축구를 할 때 사용하는 공이라는 특수성을 가지고 있다. 보편성의 측면을 보편자라고 부르며, 특수성의 측면을 개별자라고 부른다. 보편자와 개별자의 문제는 중세에 중요한 철학적 쟁점이었다.

나무의 개별자는 지금 내가 보고 있는 버스 정류장 앞에 심어진 플라타너스라는 구체적인 나무다. 하지만 나무의 보편자는 개별자와 다른 차원의 존재다. 나무에는 플라타너스만이 아니라 물푸레나무, 떡갈나무, 감나무 등 수많은 종류가 있다. 이 각기 다른 나무들을 나무라는 말로 총칭하는 이유는 나무의 보편자가 있기 때문이다. 나무 같은 자연 존재만 그런 게 아니다. 〈왕의 남자〉, 〈아바타〉 같은 수많은 영화를 영화라는 이름으로 총칭할 수 있는 이유도 영화의 보편자가 있기 때문이다.

이렇게 보편자의 존재를 인정하는 입장은 실재론이라고 부른다. 반면에 보편자란 이름만 있는 것일 뿐 실제로 존재하지는 않고 오로지 개별자만 존재한다고 보는 입장은 유명론이라고 부른다. 이 실재론과 유명론의 대립은 신에 관한 논증과 더불어 중세 철학의 양대 쟁점을 이루었다.

데카르트가 근대 철학의 문을 연 이래 합리론과 경험론으로 나뉘어 전개되던 철학적 **인식론**은 칸트에 이르러 종합을 이루었으나(→ 경험, → 코페르니쿠스적 전환), 보편자의 문제만큼은 칸트도 어쩌지 못했다. 사물의 일반적인 본질 같은 게 정말 있는 걸까? 없다고 하기에는 뭔가 아쉽고, 있다고 말하면 그 존재를 증명해야 하는 부담이 따른다. 고민 끝에 칸트는 그것을 물자체(物自體)라는 개념이라 부르고 물자체는 인식할 수 없는 것이라고 규정했다.

물자체란 '사물 자체'라는 뜻인데, 서양철학의 **개념**들이 도입되던 초기에 먼저 일본어로 번역된 탓에 우리말로 읽으면 낯설게 느껴지는 개념이 되었다. 플라톤의 이데아, 중세의 보편자와 대충 비슷한 의미의 개념으로 보면 된다.

칸트는 우리가 사물을 인식하는 것은 사물에서 비롯된 감각 자료 혹은 관념일 뿐 사물의 본질은 아니라고 보았다. 우리는 사물의 전체를 아는 게 아니라 사물이 우리의 정신에 드러내주는 현상만을 가지고 인식의 내용을 구성할 수밖에 없다. 그래서 우리의 인식은 현상계로 국한된다.

그러나 경험적 인식에는 한계가 있어도 상상에는 한계가 없다. 관찰은 경험 가능한 것으로 국한되지만 경험 불가능한 것도 상상은 가능하다. 인식의 지평선 너머 물자체의 세계는 어떻게 말해야 할까? 존재한다고 봐야 할까, 순전히 허구라고 봐야 할까?

칸트는 물자체가 속한 세계를 예지계라고 부르며 인식과 경험이 불가능하다고 분명히 선을 그었다. 현상을 넘어서는 물자체에 관해 우리의 정신은 어떠한 **경험**도, 지각도, 인식도 가질 수 없다. 물자체가 실제로 존재하는지, 또 과연 필요한 개념인지에 관해서는 칸트 이후의 철학에서 숱한 논란을 낳았으나, 물자체의 개념이

데카르트로부터 시작된 근대 인식론의 한계를 뜻한다는 것은 철학자들의 공통된 견해다.

인식이 불가능한 것을 존재한다거나 존재하지 않는다고 말하는 것은 형용 **모순**이다. 어찌 보면 "없는 것이 있다."는 말처럼 무의미하다. 그렇게 보면 **무의식**을 의식으로 설명하려 한 프로이트도 형용 모순이다. 모든 면에서 현대의 사상은 한계에 처해 있고 동시에 위기에 처해 있다.

미네르바의 부엉이

Owl of Minerva

미네르바는 지혜의 여신이고 부엉이도 서양에서 지혜를 상징하는 동물로 꼽히니까 미네르바의 부엉이라면 탁월한 지혜를 뜻할 것이다. 19세기 독일의 철학자 헤겔은 자신의 사상을 미네르바의 부엉이에 비유할 만큼 자신감이 넘쳤다. 난해하기 짝이 없는 그의 철학을 다른 사람들이 제대로 이해하지도 못하면서 비판하는 것을 가리켜 헤겔은 마치 선문답처럼 말했다. "미네르바의 부엉이는 황혼이 질 무렵에야 비로소 날개를 펴기 시작한다."(《법철학》)

시대를 앞서 나가는 사람은 고독하다. 남들이 자신을 알아주지 못하기 때문이다(혹은 알아주지 않는다고 여기거나). 헤겔은 자신의 그런 처지를 미네르바의 부엉이에 비유했다. 선견지명의 지혜가 없는 보통 사람은 늘 현재의 사태가 어떻게 돌아가는지를 모르고 있다가 지나간 뒤에야 "아하, 그랬구나." 하고 알아차린다. 헤겔의 말은 그런 어리석음을 풍자하고 있다. 참새가 봉황의 뜻을 어찌 알겠느냐는 태도다.

사실 헤겔의 태도는 고독에 시달린다기보다는 느긋하고 상당히 오만한 느낌도 보인다. 실제로 헤겔은 자신의 사상에 대해 오만할 정도로 대단한 자부심을 가졌다. '봉황의 뜻'(부엉이의 뜻?)이 대체 무엇이기에 그는 그토록 자신감에 넘쳤을까?

헤겔은 칸트가 합리론과 경험론을 종합한 것까지는 좋았으나 더 나아가지 못한 것을 불만으로 여겼다. 칸트는 인식주체가 인식대상을 수동적으로 받아들이는 데 그치지 않고 능동적으로 구성한다고 봄으로써 이성적 주체의 능력을 끌어올렸지만(→ 코페르니쿠스적 전환) 거기서 더 나아가려 하지 않았다.

헤겔은 칸트가 한 걸음 더 앞으로 갔다면 자신이 주장하는 **절대정신**을 발견했으리라고 생각했다. 칸트는 인식의 과정을 완벽하게 설명했다는 데 만족하고 인식의 범위를 넘어서는 본체의 세계, 즉 예지계에 관해서는 인식을 포기했다(→ 물자체). 그러나 절대적 이성을 가진 절대정신이라면 인식이 불가능한 영역은 없다. 칸트는 개별 이성의 차원만 염두에 둔 나머지 집단 이성, 절대 이성을 알지 못했다. 그 점을 칸트의 시대만이 아니라 자기 시대의 학자들도 이해하지 못하고 있다는 생각에서 헤겔은 미네르바의 부엉이를 언급한 것이다.

항아리 안에서 항아리의 모습을 제대로 알 수는 없다. 마르크스도 자본주의 시대에 자본주의의 본질을 알기는 어렵다고 말한 적이 있다. 하지만 결과적으로 보면 헤겔 역시 미네르바도 봉황도 되지 못했다. 그는 자신이 철학을 완성했다고 자부하고 철학의 종말을 엄숙히 선언했으나 그것은 수천 년간 서구 철학 사상을 지배하던 **형이상학**의 종말일 뿐이었다. 그래서 헤겔 바로 다음 세대의 철학자들은 일제히 그의 사상을 비판하고 그의 철학적 무덤 위에서 새로운 철학을 출범시켰다.

미디어

Media

정보 고속도로라는 말처럼 **인터넷**은 도로와 같은 역할을 하는 매체, 즉 미디어다. 한자어의 매체(媒體)나 영어의 미디어(media, 미디엄medium의 복수형)는 둘 다 뭔가를 매개한다는 뜻이다. 도로는 가족이 여름휴가를 가거나 화물차가 물자를 수송할 때 사용하듯이 어떻게 쓰는가가 중요할 뿐 도로 자체가 중요한 것은 아니다. 인터넷도 역시 메시지를 전달한다는 점에서 도로와 같은 기능을 한다. 이게 일반적인 상식이다. 그러나 캐나다의 미디어 비평가인 매클루언의 생각은 다르다.

그는 미디어를 매체로만 보는 기존의 견해를 정면으로 반박한다. 미디어는 메시지가 오가는 도로에 불과한 게 아니라 메시지

자체다. 그래서 그는 미디어는 곧 메시지라고 말한다. 미디어는 메시지를 담는 그릇이라기보다 그 자체로 독자적인 메시지를 이룬다는 이야기다.

신문이나 라디오, TV 같은 전형적인 미디어는 말할 것도 없지만 그 밖에도 인간이 생존과 생활을 위해 필요로 하는 거의 모든 것이 미디어적인 속성을 가지고 있다. 예를 들어 자동차와 비행기도 역시 하나의 미디어다. 이것은 인간의 신체에 없는 기능을 새로이 창조한 게 아니라 인간이 본래적으로 갖고 있던 기능(즉 이동할 수 있는 기능)을 확대하고 강화한 것이기 때문이다. "석탄, 솜, 석유 등의 원료나 천연자원은 기술적 미디어다. 이것들은 사회를 형성하는 요소인 동시에 사회적 제약이기도 하다. 솜이나 석유는 라디오나 TV와 마찬가지로 해당 사회의 정신생활 전체의 '기본요금'이 되어 있다."(매클루언, 《미디어의 이해》)

고통과 쾌락의 차이는 미묘하다. 고통과 쾌락은 각기 고유한 의미가 있는 듯 보이지만, 실상은 고통이 없는 게 쾌락이고 쾌락이 없는 게 고통인 경우가 많다. 과학기술의 산물 역시 마찬가지다. 자동차, 전화 등은 처음에 생겨날 때에는 인간의 생활을 편리하게 해주는 것이었으나(쾌락의 증대), 전 사회가 점차 자동차와 전화를 중심으로 하여 재편되면서 이제는 오히려 없으면 불편한 측면(고통의 감소)이 더 커지게 되었다. 즉 처음에는 생활을 여유롭게 만들고 더 즐기기 위한 '추가요금'이었으나 이제는 그 사회에서 살기 위한 '기본요금'으로 변한 것이다.

전통적인 미디어(신문, 라디오, TV 등)도 기술적 미디어와 전혀 다를 게 없다. 기존의 미디어 이론가들은 미디어에 담기는 내용만을 문제 삼았을 뿐 미디어 자체는 중요하지 않은 것으로 여겼다. 그러나 미디어가 필수적인 것으로 자리 잡은 현대사회에서 그런 견해는 큰 착각이다.

매클루언은 TV라는 전혀 새로운 미디어—그의 시대에는 그랬다—가 등장한 것에 주목한다. 기존의 미디어관에서 보면 TV는 '매체'일 뿐이므로 그 자체로는 중요하지 않다. 이런 입장에서는 TV로 폭력물이나 음란물을 방송하면 폭력 범죄나 성범죄를 조장할 수 있다는 견해가 쉽게 도출된다. 하지만 언뜻 그럴듯해 보여도 실상 그런 견해는 이론적으로만이 아니라 현실적으로도 무력하다. TV의 방송 내용을 순화한다고 해서 범죄율이 줄어들지는 않으니까(사실 범죄를 유발하는 요소는 사회 내에 이미 존재하는 것이고 TV는 그런 사회를 반영하고 있을 따름이다).

매클루언은 인터넷이 중시되는 디지털 문명의 시대로 접어들기 전에 세상을 떠났지만, 그가 지금 살아 있다면 인터넷에 관해서도 어떤 이야기를 했을지 추측하기 어렵지 않다. 아마 그는 인터넷이 단지 메시지를 전달하는 도로의 역할만이 아니라 그 자체로 메시지를 이룬다고 말했을 것이다. 그런 점에서 그는 곧 다가올 디지털 문명의 세상을 충분히 예견하고 있었던 셈이다.

매클루언은 신문으로 대표되는 언론 미디어를 핫(hot) 미디어로, TV를 쿨(cool) 미디어로 규정한다. 신문과 책 등 활자화된 정보는 이미 논리적으로 말끔히 정리되고 완결되어 있는 정보라는 뜻에서 핫 미디어다. 그러나 TV는 그보다 훨씬 엉성한 정보를 제공하지만 그만큼 수용자의 참여도를 유발한다는 점에서 쿨 미디어가 된다('핫'과 '쿨'은 정보의 조밀도가 높으냐, 낮으냐에 따라 구분된다). 쉽게 말해서 활자는 읽는 사람이 그 내용을 거의 그대로 받아들일 수밖에 없지만, 영상은 수용자가 훨씬 적극적인 태도를 취할 수 있다. 책에 대한 논평은 전문가가 담당하지만 TV에 대한 논평은 어지간한 시청자라면 누구나 할 수 있다는 게 그 반증이다.

TV의 사회적 폐해가 드러나기 시작한 시대에(우리나라의 경우 1970년대에 TV를 '바보상자'라고 부르는 현상이 생겼다) 매클루언은 과감하게 TV의 중요성을 지적하고 나섰다. 그에 따르면 TV는 활자 미디어의 제약에 갇혀 있었던 인간이 처음으로 얻게 된 전(全)감각적인 미디어다. 그래서 그는 자신의 책인 《미디어의 이해》의 부제를 '인간의 확장'이라 이름 지었다. 매클루언은 뉴스의 신뢰도에서 신문보다 방송이 앞서게 된 현재의 현상을 수십 년 전에 예견한 셈이다.

핫 미디어의 세상은 가고 쿨 미디어의 세상이 왔다. 매클루언은 TV의 혁명적 파급력을 중시했지만, 지금 우리는 그것을 인터넷이 가져온 디지털 문명에 대입해 사고할 수 있다. 인터넷이 1960년대의 TV보다 훨씬 '쿨'하다는 것은 매클루언도 틀림없이 인정할 것이다. 인터넷의 정보는 TV의 정보보다 훨씬 '쿨'할뿐더러 네티즌도 TV 시청자보다 훨씬 적극적인 참여자다. 그러나 인터넷을 바라보는 기성세대의 시선은 전통적인 미디어를 보는 관점과 크게 달라지지 않고 있다. 그렇기 때문에 매클루언의 주장은 여전히 유효하며 지금도 다시 되풀이될 필요가 있다. 미디어는 메시지다!

미메시스

Mimesis

예술가와 의사의 공통점은 무얼까? 마음과 몸을 치유하는 기능을 한다는 점일까? 기예(art)를 중시한다는 점일까? 그보다는 교육 방식이 닮은꼴을 찾을 수 있다. 전통적으로 **예술**교육과 의학교육은 개인 교습이 가장 효과적이었다. 르네상스 시대 이래로 음악과 미술 교육은 학생들이 학교에 모여 배우는 방식이 아니라 스승의 집에 제자로 들어가 직접 1 대 1로 배우는 방식이었다. 의학교육도 마찬가지였는데, 오늘날 수련의를 뜻하는 인턴(intern)과 레지던트(resident)라는 말에 모두 '거주'의 의미가 들어 있는 것에서 그 흔적을 확인할 수 있다.

1 대 1 교육은 모방을 기본으로 한다. 제자는 스승의 작업을 곁에서 지켜보면서 스승의 솜씨를 모방한다. 무수한 모방을 되풀이하는 과정에서 제자는 스승을 똑같이 흉내 내는 복제의 수준을 점차 벗어나 자기만의 기술을 개발하게 된다. 예술 창작을 위한 모방을 미메시스라고 부른다.

미메시스는 창의성의 어머니다. 대가의 테크닉을 모방하는 단계가 없으면 훌륭한 예술가가 될 수 없다. 기본적인 현의 운지법조차 모르는데 바흐의 무반주 바이올린 곡을 창의적으로 해석해 연주할 수는 없으며, 색 혼합의 초보적인 효과도 알지 못하고서 전람회에 내걸 유화를 그릴 수는 없다. 자신만의 예술적 감각을 제대로 발휘하기 위해서는 먼저 미메시스의 과정이 필요하다.

사본이 있다면 원본도 있을 것이다. 플라톤은 미메시스의 원본이 자연이라고 보았다. 예술의 미메시스는 곧 자연을 재현하는 것이다. 그러나 원본을 능가하는 사본은 없듯이 예술은 자연을 완벽하게 복제하지 못한다. 그 한계를 말해주는 것은 플라톤의 이데아론이다.

플라톤은 자연과 현실 세계에 존재하는 모든 사물이 이데아의 사본에 불과하다고 보았다. 나무에는 참나무, 물푸레나무, 상수리나무 등 수많은 종류가 있는데, 모두 나무라고 부르는 이유는 무얼까? 소설, 만화, 교과서, 참고서를 뭉뚱그려 책이라는 이름으로 부르는 데는 뭔가 책의 본질 같은 게 있기 때문이 아닐까? 플라톤은 그것이 바로 이데아라고 여겼다. 나무의 이데아가 있기 때문에 개별 나무들이 존재하며, 책의 이데아가 있기 때문에 수많은 종류의 책들이 존재한다. 아름다움의 이데아가 있기에 아름다운 꽃, 아름다운 행동, 아름다운 여인 등이 있을 수 있는 것이다.

눈에 보이는 것은 거짓이고 이데아의 세계만이 참된 실재의 세계이자 진리의 세계다. 완벽한 이데아의 조잡한 모방이 바로 자연과 현실의 세계다. 그렇다면 그 자연을 예술적으로 모방한 미메시스는 더욱 조잡할 터이다. 그런 이유에서 플라톤은 예술을 저급한 것으로 취급했다.

플라톤이 주장한 이상국가에서 교육의 주안점은 음악과 체육이다(미술은 없다는 점에 주목하라). 그러나 음악은 잘 통제되어 사람들의 마음에 절제의 덕을 일깨워주는 것이라야 한다. 자칫하면 음악은 향락과 타락을 부를 수 있으므로 반드시 검열을 거쳐야 한다. 심지어 플라톤은 음조가 복잡하면 안 되며 화음도 사용하지 말아야 한다고 가르쳤다.

자연은 이데아의 미메시스이고 예술은 자연의 미메시스다. 플라톤은 복제를 거듭할수록 사본의 질이 떨어지는 게 당연하다는 생각에서 미메시스는 그럴듯한 모방조차 되지 못한다고 여겼다. 그러나 지금의 컴퓨터 파일은 아무리 복제해도 사본의 질이 원본에 비해 떨어지지 않는다. 그렇다면 플라톤이 틀린 걸까? 아니면 현대에는 미메시스의 과정이 필요 없이 곧바로 창의성을 확보할 수 있게 된 걸까? 악기 하나 다룰 줄 모르면서 컴퓨터를 이용한 '편집'만으로 대중가요를 우지끈뚝딱 만들어내는 작곡가들이 각광받는 현상을 보면 미메시스 자체가 필요 없어졌는지도 모른다.

미장센

Mise en Scène

연극과 영화는 어떤 차이가 있을까? 가장 큰 차이는 라이브와 녹화라는 점일 것이다. 연극은 실시간으로 관람하는 데 비해 영화는 제작이 완료된 뒤에 관람한다. 하지만 그보다 큰 차이는 차원이라는 측면에 있다. 연극과 영화는 차원이 다르다. 수준이 어떻다는 말이 아니라 연극은 삼차원의 예술이고 영화는 이차원의 예술이라는 이야기다.

연극의 공간은 무대와 객석으로 이루어지며, 무대 위의 공간도 삼차원으로 배치된다. 그에 비해 영화에는 객석이 존재하지 않으며—영화는 현장에서 관객과 함께 호흡하지 않는다—스크린은 마치 회화 평면처럼 삼차원의 현실을 이차원으로 표현하는 장치다(프레임이 있다는 점에서도 영화는 연극보다 회화에 더 가깝다. 프레임은 작가가 원하는 장면만을 관객에게 보여주도록 하는 장치다).

연극과 영화의 차이를 단적으로 보여주는 개념이 미장센이다. 원래 프랑스의 연극 용어였던 미장센은 말 그대로는 '무대(장면) 배치'라는 뜻인데, 지금은 연극과 영화에서 연출이라는 종합적인 의미로 사용된다. 하지만 영화에서 말하는 미장센은 좀 더 구체적인 의미가 있다.

영화는 몽타주(편집) 기법을 많이 사용한다. 연극은 무대에서 직접 공연되기 때문에 편집이 불가능하지만 영화는 얼마든지 편집할 수 있으며, 어떻게 편집하느냐에 따라 영화의 분위기도 크게 달라진다. 영화에서 편집은 무척 폭넓은 의미를 지닌다. 단순히 촬영된 필름을 이어붙이거나 떼어내는 의미에서의 기계적인 편집만이 아니라 처음부터 연출과 밀접하게 연관된다. 그래서 감독은 장면들을 촬영할 때 이미 편집을 염두에 두고 화면을 구성한다. 특정한 부분을 클로즈업한다든가, 등장인물의 동선을 따라 카메라를 이동하는 영화 특유의 기법도 편집의 관점에서 구사되는 것이다. 몽타주를 통해 감독은 자신이 원하는 대로 영화를 만들 수 있다. 그러나 영화의 이런 장점은 동시에 단점으로도 작용한다.

사실주의 영화를 지향하는 비평가들은 몽타주가 현실을 있는 그대로 보여주는 게 아니라 조작하고 왜곡한다고 비판한다. 감독이 몽타주를 통해 특정한 의도를 부각하면 관객은 그것을 그대로 받아들일 수밖에 없다. 해석의 여지는 거의 남지 않는다. 그와 달리 연극에서는 삼차원의 무대 공간에서 관객이 자신의 시선을 마음대로 돌릴 수 있으며, 따라서 관객 스스로 작품을 해석할 수 있는 여지가 넉넉하게 남아 있다(심지어 스토리가 전개되는 중에도 관객은 스토리와 동떨어져 무대 위의 작은 소품에 눈길을 주어도 상관없다). 영화의 관람보다 연극의 관람이 관객의 입장에서 더 능동적인 이유는 그 때문이다.

영화에서 몽타주를 최소한으로 제한하는 것은 곧 미장센을 살리는 방법이다. 편집이 최소화되므로 영화는 연극적인 느낌이 강해진다. 그래서 편집에 반대하는 영화감독은 자연히 미장센을 강조하는 방향으로 나아가게 된다. 몽타주는 극적인 긴장감을 주는 데 편리한 기법이지만 관객에게 특정한 분위기나 감동을 강요하는 역효과를 빚을 수 있다. 그에 비해 미장센에 충실한 감독은 화면을 정적인 회화 작품처럼 구성하면서 다의적인 표현을 통해 관객에게 스스로 관찰하고 해석할 수 있는 자유를 부여하고 영화에 동참하도록 유도한다.

미장센을 효과적으로 살리는 대표적인 영화 기법으로는 롱테이크(long take)와 디프포커스(deep focus)가 있다. 롱테이크는 한 장면을 끊지 않고 길게 가져가는 촬영 기법이고, 디프포커스는 카메라의 심도를 극대화해 가까이 있는 사물과 멀리 있는 사물에 한

꺼번에 초점을 맞추는 기법인데, 우리 눈이 현실에서 사물을 바라보는 관점과 매우 비슷한 느낌을 준다(엄밀히 말하면 우리 눈은 수시로 시점을 바꾸지만 그 결과가 심도를 넓힌 것과 같다는 의미다). 디프 포커스 기법으로 유명한 1941년도 미국 영화 〈시민 케인〉의 감독 오손 웰스는 영화의 연극적 효과를 강조했다. "관객은 화면 속에서 원하는 것을 선택해 볼 수 있다. 나는 관객에게 특정한 의도를 강요하지 않는다."

몽타주와 미장센은 하나를 살리면 다른 것이 죽을 수밖에 없는 대립적인 영화 기법이다. 대체로 몽타주는 영화 특유의 역동적인 스토리 전개에 유리하고, 미장센은 영화에 연극적인 사실성과 호흡을 불어넣는 데 유리하다.

사실성을 기준으로 보면 몽타주와 미장센, 나아가 영화와 연극은 큰 대조를 이루는 듯하다. 간단한 질문을 던져보자. 영화와 연극 중 어느 것이 더 사실적일까? 언뜻 생각하면 영화가 더 사실적으로 보인다. 영화는 무대가 현실적이고 소품과 배우의 연기도 일상적인 느낌을 준다. 그에 비해 연극은 무대 자체가 인위적이고 대사와 배우의 연기, 발성이 모두 부자연스럽다. 하지만 거꾸로 생각할 수도 있다. 영화는 세트와 소품 등 모든 요소가 현실을 모방하기 위해 계산된 것이며, 몽타주 역시 작품에 사실성을 부여하기 위한 '인위적인' 기법이다. 그에 비해 연극은 모든 요소가 편집되거나 가공되지 않은 '날것'이며, 굳이 의도하지 않아도 관객이 본래의 미장센으로서 받아들인다는 점에서 영화보다 훨씬 더 사실적이다.

영화와 몽타주는 사실성을 '추구'하는 반면 연극과 미장센은 사실성을 '전제'로 삼는다. 그렇게 보면 두 장르는 사실성의 관념에서 다르다기보다는 사실성을 바라보는 방향에서 차이가 있다고 하겠다.

민족주의
Nationalism

유구한 세월에 걸쳐 동질적인 역사를 이루어 살아온 탓인지 우리는 민족이라는 개념에 거의 종교적이라 할 만큼 엄숙한 의미를 부여한다. 그래서 문화 **공동체**인 민족을 무의식적으로 정치적 공동체인 국가와 일치시키는 습관이 있다. 그런데 서양의 역사에도 그런 시기가 있었다. 'nation'이라는 영어 단어가 민족과 국가를 모두 뜻하는 것은 그 역사의 흔적이다.

종교개혁으로 교회가 정신적 구심점으로서의 권위를 잃자 17세기부터 유럽 세계는 각국이 각자의 이해관계에 따라 움직이는 각개약진의 시대를 맞았다. 이 대분열기는 17세기 초의 30년 전쟁에서 20세기 중반의 제2차 세계대전까지 300여 년 동안 지속되는데, 이 기간이 대체로 민족주의의 시대에 해당한다.

그중에서도 특히 민족주의가 배타적이고 호전적인 양태로 나타난 시기는 19세기였다. 그 이전은 유럽의 국민국가들이 속속 탄생하는 초기였고, 그 이후는 성숙한 국민국가들이 선발 제국주의와 후발 제국주의로 나뉘어 갈등을 벌이는 후기였다. 그사이에 해당하는 19세기는 민족주의의 특성이 가장 두드러지게 나타난 시기였다.

이 시기의 민족주의가 드러낸 호전성은 쇼비니즘(chauvinism)이나 징고이즘(jingoism)이라는 별명에서도 알 수 있다. 쇼비니즘은 나폴레옹을 신처럼 숭배했던 쇼뱅이라는 프랑스 병사의 이름에서 비롯되었으며, 징고이즘이란 영국의 대러시아 강경책을 지지하는 군중이 즐겨 부르던 대중가요의 후렴구('by jingo')에서 나온 이름이다.

19세기의 유럽 국가들은 정치·외교적으로 날카롭게 대립했고, 경제적으로 치열한 무역 경쟁을 벌였으며, 때로는 군사적인 정면 대결도 마다하지 않았다. 당시는 이미 지구상의 거의 대부분이 유럽의 제국주의 열강에 의해 분할된 상태였으므로 그것은 곧 전 세계의 패권을 놓고 벌이는 다툼이나 다름없었다.

그러나 20세기에 접어들어 유럽 열강의 힘겨루기가 끝나자 민족주의는 **식민지**·종속국의 이념으로 차용되었다. 제2차 세계대전이 끝나고 갓 해방된 신생국들은 일제히 민족주의 노선을 채택했으며, 강대국들도 스스로 표방한 민족자결주의의 원칙에 묶여 옛 식민지의 민족주의에 노골적으로 반대하지 못했다. 하지만 신생국들이 구호로 내건 민족주의는 유럽의 역사에 등장했던 민족주의와는 사뭇 달랐다.

유럽의 역사에 등장했던 민족주의는 중세적 질서에서 벗어나 근대적 국민국가의 수립을 지향했으나, 일찍부터 영토 국가와 1민족 1국가의 관념이 존재했던 아시아와 아프리카 지역에서 민족주의는 그다지 새로운 개념이 아니었다. 게다가 신생국들은 식민지·종속국의 상태에 있을 때부터 외세에 반대하고 민족 해방을 이루어야 한다는 과제를 안고 있었다.

이렇듯 역사적 배경과 목적이 달랐기 때문에 신생국의 민족주의는 독재 정권이 권력을 정당화하는 수단으로 자주 이용되었다. 독재자들은 '민족=국가'의 등식을 날조해 이미 역사적으로 낡아빠진 군국주의적 민족주의를 종교적 교리처럼 만들었고, 사회적 비판 세력을 민족주의라는 명분을 내세워 탄압했다. 우리 현대사의 경우, "우리는 민족중흥의 역사적 사명을 띠고 이 땅에 태어났다."라는 국민교육헌장이나 "조국과 민족의 영광을 위해 몸과 마음을 바쳐 충성을 다할 것."이라는 국기에 대한 맹세에서 민족주의가 얼마나 왜곡되어 있는지 알 수 있다(특히 "나라의 융성이 나의 발전의 근본임을 깨달아"라는 국민교육헌장의 구절은 국가주의와 집체주의의 백미다).

그러나 우리 사회는 독재 체제에 반대하는 세력도 민족주의를 슬로건으로 채택한 특이한 경험을 가지고 있다. 박정희의 유신독재가 끝나고 전두환의 군사독재가 지배하던 1980년대에 진보적 정치 세력의 일각에서는 우리 사회가 정치적으로 식민지가 아닐 뿐 경제·군사적으로는 아직 식민지 상태에서 완전히 해방되지 못했다는 관점에서 민족주의 노선을 채택했다. 1960~1970년대에 박정희 정권이 조장한 게 우파 민족주의였다면 1980년대의 경우는 좌파 민족주의에 해당한다고 볼 수 있는데, 사실 좌파와 민족주의는 서로 모순적인 개념이었으니 황당한 현상이었다.

좌파와 우파의 양 진영에서 민족주의를 **이데올로기**로 내건 데는 이유가 있다. 현대사회에서도 여전히 민족주의는 특정한 정치 세력이 대중의 지지를 얻는 데 주요 무기가 되기 때문이다. 그러나 인터넷과 같은 첨단 매체 덕분에 정보와 가치관이 국경과 문화의 차이를 넘어 쉽게 공유되고 보편화되는 오늘날에는 민족주의가 점차 용도를 잃고 있으며 갈수록 칼날이 무뎌지고 있다. 그러므로 과도하게 민족주의를 내세우는 세력이 있다면 그 정치적 의도를 의심해볼 수 있다.

ㅂ

변증법

Dialectic

모순은 논리의 적이다. 올바른 논리를 전개하려면 모순을 배제해야 한다. 반대로, 논쟁에서 승리하려면 상대방의 논리에서 모순을 찾아내야 한다. 이것은 논리학의 기본이자 일상적인 대화에서도 상식에 속한다.

그런데 변증법은 모순을 수용하고 이용한다. 그게 어떻게 가능할까? 모순에도 위상이 있기 때문이다. 모순을 모순으로 규정하는 것은 특정한 맥락에서다. 어떤 맥락에서는 모순이라 해도 다른 맥락에서는 모순이 되지 않는 경우가 있다. 예를 들어 천동설에서는 일부 행성의 역행운동이 모순이었지만 지동설에서는 모순이 아니다(외행성들은 지구 공전과의 상대적 관계 때문에 일시적으로 역행하는 것처럼 보일 수 있다). 생명체가 자신의 생명을 포기하는 것은 모순이지만 인간이 더 큰 대의를 위해 자신을 희생하는 것은 모순이 아니다. 그렇다면 모순은 마냥 배제할 게 아니라 이론을 구성하는 필수 요소가 될 수도 있다.

변증법은 원래 대화술에서 나왔다(대화를 뜻하는 영어 단어인 dialogue와 같은 어원이다). 고대 그리스의 소크라테스는 대화를 통해 상대방이 스스로 자기 안의 진리를 깨우치도록 하는 방법을 자주 구사했다. 산파술이라고 알려졌는데, 이 방법이 바로 변증법이다. 그래서 초기의 변증법은 혼자만의 일방적인 사유가 아니라 쌍방향적인 대화를 통해 진리에 접근하는 방법으로 알려졌다.

대화에는 흐름이 있다. 처음에는 주제로부터 먼 상태에서 대화가 시작되지만 진행되면서 점점 주제에 접근하게 된다. 그렇기 때문에 대화는 모순을 끌어안을 수 있다. 낮은 차원의 대화에서 모순이었던 것이 높은 차원에서 해소되고, 다시 여기서 모순이 생겨나 더 높은 차원에서 해소되는 전개 방식을 취하는 것이다.

독일의 근대 철학자 헤겔은 바로 그런 점에 착안해 대화술로 출발한 변증법의 논리를 철학의 방법론으로 끌어올렸다. 그는 특정한 명제나 사물의 상태를 정립으로 보고 여기에 반정립이 대립해 종합이 이루어진다는 '정(正)-반(反)-합(合)'의 변증법적 법칙을 확립했다(→ 절대정신). 이 변증법은 처음부터 변화와 발전의 개념을 포함하고 있다(변화와 발전은 모순을 전제로 해야만 가능하다).

헤겔의 쇄신된 변증법은 논리학만이 아니라 종교나 현실의 역사에도 두루 적용된다. **성서**로 말하면 최초의 인간 아담이 정립이고 그의 갈비뼈에서 반정립인 이브가 나왔다. 두 사람의 종합이 아들인 카인이다. 더 거창한 성서적 주제를 든다면, 태초에 신이 있었고 이 신이 외화되어 사탄이 나온 과정도 정립과 반정립에 해당한다. 그 종합은 성서의 맨 끝 〈요한계시록〉에 나오는 신과 사탄의 싸움이다. 물론 성서에서는 당연히 신이 최종적인 승리를 거두고 천년왕국을 건설하는 것으로 끝난다.

역사에 적용되는 변증법의 예로 헤겔은 노예제를 든다. 고대 아테네 사회에서는 민주주의와 노예제가 공존하고 있었다. 민주주의가 정립이라면 노예제는 반정립이다. 고대 민주주의는 필연적으로 노예제를 낳고 그것에 의존할 수밖에 없었다. 노예들이 사회의 물질적 토대, 즉 경제적 생산을 담당하지 않았다면 민주주의는 물론이고 그리스의 철학과 문화도 탄생하지 못했을 것이다. 하지만 정립-반정립의 관계가 어느 정도 지속되면 양자의 모순이 점점 커져 결국 종합으로 치닫는다. 시민의 자유와 노예의 예속은 고대 민주주의 사회를 해체하고 중세 봉건제 사회라는 종합을 낳았다.

헤겔은 자신의 철학에서 핵심적 개념인 **절대정신**의 운동 법칙을 설명하기 위해 변증법을 이용했다. 그러나 그를 계승하면서 비판한 마르크스는 헤겔의 변증법을 **관념론**으로 몰아붙이고 변증법적 **유물론**을 주장했다. 사회가 발전하는 동력을 모순에서 찾은 것은 헤겔과 같지만, 마르크스는 그 모순이 논리적인 게 아니라 경제적 토대에서 비롯된다고 말한다.

사회의 경제적 토대는 생산력과 생산관계로 구성되며, 이 두 가지가 합쳐져 사회의 생산양식을 이룬다. 생산양식이 변하는 계기는 생산력과 생산관계의 모순이다. 생산력은 문명이 발달함에 따라 단선적으로 발전한다. 그러나 생산관계는 한번 자리를 잡으면 일정한 기간 변하지 않는 게 특징이다. 비유하자면 양자는 몸과 옷의 관계라고 할 수 있다. 청소년기에 몸은 시간에 비례해 꾸준히 성장하지만 옷은 그렇지 않다. 매일 새옷으로 갈아입는 게 아니라 적어도 몇 개월 동안은 입다가 자라난 몸을 감당할 수 없게 될 때 새 걸로 사 입는다. 봉건사회에서 생산력은 완만하면서도 꾸준히 발달했다. 봉건적 생산관계가 성장한 생산력을 감당할 수 없을 때 생산관계가 변해 **자본주의** 생산양식으로 진입했다. 자본주의사회에서 생산력은 인류 역사상 가장 빠른 속도로 발전했다. 그렇다면 자본주의 생산관계는 조만간 버티지 못하고 새로운 생산관계로 바뀌어야 할 것이다. 마르크스는 그렇게 예측했고 새로운 생산관계가 가져올 새로운 생산양식을 **사회주의**라고 불렀다. 그 결절점이 바로 사회주의**혁명**이다. 이렇게 변증법적 유물론이 역사에 적용되는 것을 가리켜 역사적 유물론이라고 부른다.

마르크스는 변증법적 발전 법칙이 마치 자연법칙처럼 통용된다고 믿었다. 실제로 자연현상에서도 변증법의 법칙이 적용되는 사례를 발견할 수 있다. 물은 섭씨 0도에서 99도까지는 액체 상태를 유지하다가 100도가 되면 기체로 변하기 시작한다(상온에서의 자연 증발은 무시해도 좋을 양이다). 이렇게 양적 변화(0도에서 99도까지)가 질적 변화(액체에서 기체로)를 유발하는 법칙은 생산력의 발달로 생산관계가 바뀌는 과정을 설명하는 원리와 같다. 그러나 실제 역사의 전개 과정을 보면 사회주의는 성공을 거두지 못했다. 자연의 변증법과 역사의 변증법은 차이가 있는 걸까? 아니면 아직 적절한 시기가 오지 않은 걸까?

보이지 않는 손

Invisible Hand

한 지역에서 5천 년 이상 살아온 것을 자랑으로 여기는 우리는 다른 나라도 우리와 비슷한 역사를 가지고 있을 것이라고 막연히 생각하는 경향이 있다. 이를테면 한반도에 고려와 조선이 있었을 때 유럽에도 영국, 프랑스, 독일 등의 국가들이 있었을 것이라는 생각이다. 실제로 세계사 교과서를 보면 오늘날의 유럽 국가들이 등장하는 것은 중세 이후임을 알 수 있다.

유럽의 국가들은 우리 역사의 고려나 조선과는 크게 다르다. 한반도는 지역이 좁으니까 단일한 왕조가 안정된 권력을 가지고 지배했지만, 중세와 근세에 유럽은 수많은 나라로 나뉘어 다양한 국제 질서를 이루고 있었다(우리의 전설과 달리 서양의 전설에 왕자와 공주가 많이 등장하는 것은 나라가 많았기 때문이다). 따라서 영국, 프랑스, 독일 같은 서유럽 국가들도 오늘날과는 달리 영토와 민족이 분명히 고정되어 있지 않았다. 심지어 독일과 이탈리아 같은 나라는 19세기 후반에야 비로소 단일한 국가 체제를 이룬다. 중세 역사에 나오는 독일과 이탈리아는 나라 이름이 아니라 지역 이름일 뿐이다.

그럼 오늘날과 같은 서유럽 세계가 생겨난 것은 언제일까? 그 원형은 상당히 거슬러 올라갈 수 있지만, 역사학자들은 보통 17세기에 오늘날 서유럽 세계의 모태가 생긴 것으로 간주한다. 당시의 서유럽 국가들을 국민국가 혹은 민족국가라고 부른다.

그전까지 지역 문명권을 이루면서 공동의 역사를 전개해오다가 갑자기 개별 국가로 나뉘었으니 모든 게 새롭고 혼란스러웠다. 더욱이 원래부터 국가들 간의 구분을 전제로 했던 정치에 비해 경제의 경우는 중세까지 통합적으로 전개되어왔으므로 혼란은 더욱 심했다. 이런 혼란상을 정리하려면 새로운 학문이 필요했다. 그래서 18세기에는 경제학이라는 새로운 학문이 탄생했는데, 그 창시자가 영국의 애덤 스미스다(처음에는 정치경제학이라는 명칭으로 불렸다). 1776년에 스미스는 각국으로 분립된 유럽의 상황을 배경으로 《국부론》이라는 책을 썼다. 보이지 않는 손은 바로 이 책에 나오는 핵심 개념이다.

사적 소유 혹은 사유재산을 기본으로 하는 데서 알 수 있듯이 **자본주의**의 기본 단위는 개인이다. 그런데 개인의 경제활동이 어떻게 해서 '국부'를 형성할 수 있을까? 이 연관을 설명하는 개념이 보이지 않는 손이다. 각 개인이 자기의 이익에 따라 경제행위를 하면 마치 보이지 않는 손이 모든 것을 조절하고 통제하는 것처럼 자연히 경쟁이 생겨나고 발전이 이루어진다는 뜻이다. 비록 경쟁하는 개인들에게는 생사를 건 생존경쟁이겠지만 전체로 보면 선의의 경쟁이 된다. "각 개인은 사회의 공익을 증진하려는 것이 아니며, 또한 자신이 사회의 이익을 어느 정도 증진하고 있는지도 모른다. 생산물이 최대의 가치를 가지도록 산업을 운영하는 행위는 모두 자기 자신의 이익을 위한 것이다. 그러나 이를 통해 각 개인은 보이지 않는 손에 이끌려 자신이 의도하지 않았던 목적을 촉진하게 된다."(스미스, 《국부론》)

국가가 시행하는 각종 경제 제도는 시장의 운동을 규제하는 것이 아니라 시장의 자기 조절 능력이 저절로 발휘되도록 해주어야 한다. 기업이나 소비자는 각자 (국익을 고려하는 게 아니라) 자신의 이익을 위해 행동하는데도 보이지 않는 손은 수많은 기업과 소비자들의 조화를 만들어낸다. 어떤 재화나 용역의 가격이 지나치게 높으면 소비자가 구매하지 않을 것이며, 지나치게 낮으면 기업이 생산하지 않을 것이다. 따라서 재화와 용역의 가격은 기업과 소비자가 자연스럽게 정할 수 있고 그것에 대해 양측은 아무런 불만도 갖지 않을 것이다. 이 원리가 국제적으로 확장되면 국가 간의 무역에도 그대로 적용될 수 있다. 이것이 바로 자유무역의 개념이다.

스미스의 시대인 자본주의 초창기에는 실제로 보이지 않는 손이 손재주를 발휘했다. 하지만 자본주의가 충분히 성숙한 19세기 말부터 상황은 달라졌다. 생산력의 발달로 상품생산량은 꾸준히 늘어가지만, 반비례로 빈곤해진 대중은 그 상품들을 미처 다 소비하지 못하게 된다. 따라서 자본주의국가들은 새로운 시장을 개척하기 위해 해외로 진출했는데, 그것이 바로 아프리카와 아시아를 무대로 한 서구 열강의 **제국주의**적 침략이다. 그러나 시장의 개척에는 한계가 있으므로 그것은 근본적인 치유책이 되지 못한다.

제국주의의 세계 분할이 완료되면서 해외 **식민지** 시장이 없어졌다. 이제 제국주의 열강은 서로가 가진 식민지를 빼앗기 위해 전쟁을 벌일 수밖에 없다. 20세기에 일어난 두 차례의 세계대전은 그런 상황을 배경으로 한다. 그런 참극을 겪고 나서야 비로소 자본주의국가들은 보이지 않는 손이란 '보이지 않는 꿈'이었음을 깨닫는다. 이후 그들은 경제에 대한 적극적인 국가의 개입과 간섭을 추구했으며, 국가가 수요를 창출하고 생산을 조절하는 역할을 해야 한다는 방향으로 경제 이론을 수정하게 된다.

그럼 스미스의 이론은 이제 완전히 폐기 처분해야 하는 걸까? 그렇지는 않다. 자본주의의 기본 단위는 언제나 자유로운 개인(혹은 기업)이다. 아무리 국가가 개입한다고 해도 개인과 기업의 경제 활동을 일일이 통제할 수는 없다(그랬다가 실패한 것이 **사회주의** 경제 제도다). 스미스는 마치 국가가 경제에 개입하게 되는 사태를 예견이라도 한 것처럼 이렇게 말한다. "자기자본을 어떤 분야에 투자하면 좋은지에 대해 각 개인은 어떤 정치가나 입법자보다도 훨씬 더 잘 판단할 수 있다. 민간인에게 자본을 어떻게 사용하라고 지시하려는 정치가는 헛수고를 하는 것이며, 실은 권력에 욕심을 내는 것이다."(《국부론》)

현대 자본주의경제에서 국가의 역할이 강조된 것은 자유경제를 포기했다기보다는 계획경제로 그것을 보완하려는 의미다. 그러나 자유경제와 계획경제 가운데 어느 쪽에 비중을 두어야 하는지는 각 나라마다 사정이 다르므로 일률적으로 정할 수 없는 문제로 남아 있다. 경제를 살리자는 모토는 같지만 스미스의 시대에는 경제 주체들이 각자 자신의 이윤 추구에 몰두하는 것이 곧 경제를 살리는 길이었고, **신자유주의**와 세계화의 논리가 판치는 현대에는 국가의 현명하고도 적극적인 개입이 경제를 살리는 길이다.

봉건제

Feudalism

인류 역사는 보통 고대-중세-근대로 나뉜다. 역사 전반으로도 그렇지만 각 문명권이나 나라의 역사를 구분할 때도 그 삼분법이 유용한 경우가 많다. 고대와 근대는 비교적 정의하기가 쉽다. 고대는 왕조가 성립하고 발전하는 시대였고, 근대는 오늘날의 체제가 성립한 이후를 가리킨다. 유럽의 역사로 보면 5세기 로마제국이 멸망하는 시점까지가 고대 역사이고, 17세기 30년 전쟁이 시작되는 시점부터가 근대에 속한다. 정치적으로 보면 고대는 왕조 시대, 근대는 공화정이 탄생하고 자리 잡는 시대다.

그럼 고대와 근대의 사이인 중세는 무얼까? 이 시기는 보통 봉건시대라고 말한다. 봉건이라는 한자어는 원래 고대 중국에서 만들어졌다. 봉할 봉(封) 자에 세울 건(建) 자, 그러니까 '토지를 봉하여 국가를 세운다'는 뜻이다. 서양에서도 봉건제는 봉토와 관련이 있다. 봉건제는 영어로 feudalism이라고 부르는데, 여기서 feud란 바로 봉토라는 뜻이다. 그렇다면 중세와 봉건제는 동서양의 역사에 공통적인 시대이자 제도라고 할 수 있겠다.

하지만 동양의 봉건제와 서양의 봉건제는 사뭇 다르다. 동서양의 중세가 다른 이유도 봉건제의 차이에서 찾을 수 있다.

서양의 역사에서는 로마제국이 무너진 5세기부터 15세기까지 1천 년간을 중세 봉건시대라고 부르는데, 이 시기에는 중앙집권적인 제국 체제가 존재하지 않았다. 사실 서양의 역사에서는 로마제국 이후, 즉 중세 내내 제국다운 제국이 없었다(→ 제국). 그렇게 제국과 중앙 권력이 없었다면 봉건제의 요체인 봉토는 누가 누구에게 주었다는 걸까?

중앙 권력은 없었어도 군주들 간의 서열은 있었다. 서양의 중세를 한마디로 요약하면 종교적으로는 통합되어 있고 정치적으로는 분열되어 있는 시대라고 할 수 있다. 각 도시마다 교회가 있고 교회의 책임자인 주교는 로마의 교황과 조직적인 연계를 가졌다(일찍부터 영토 국가가 발달한 동양과 달리 서양에서는 중세 내내 거의 도시 국가 체제였고 17세기에 이르러서야 영토 국가 체제가 일반화된다(→ 사회계약). 그래서 유럽 전체가 그리스도교권이라는 통합성을 유지할 수 있었다. 이 통합성은 기본적으로 분권화된 중세 유럽을 하나의 문명권으로 아우르는 최소한의 동질성이었다. 하지만 종교 외적인 측면, 즉 세속의 영역에서는 도시마다 지배자가 다른 극도의 분권 체제였다.

이 분권적이고 분산적인 성격을 어느 정도 극복하기 위해 봉건적 서열이 필요했던 것이다. 그러나 서열도 그다지 강력한 구속력이 있는 것은 아니었다. 표면상으로는 서열상 상위 군주가 하위 군주에게 봉토를 내리고 충성의 서약을 요구하는 형태였지만, 실제로는 하위 군주가 기존에 가지고 있던 영지와 지배권을 상위 군주가 그대로 인정해주는 식이었다. 수직적인 충성이라기보다는 수평적인 동맹에 가깝다. 이렇게 서열이 형식적이었다는 점이 바로 유럽 봉건제의 성격을 말해준다. 즉 봉건제는 누구의 명령으로 조직되거나 성립한 게 아니라 군주들 간의 타협이 만들어낸 산물이었던 것이다. 그래서 봉건적 서열이 존재한다 해도 얼마든지 하위 군주가 상위 군주와 갈등을 빚고 때로는 전쟁도 불사할 수 있었다(예컨대 백년전쟁). 유럽 중세사에서 신성 로마 황제가 로마 교황과 갈등을 빚거나 세속 군주와 황제가 다툼을 벌이는 장면이 자주 등장하는 것은 그 때문이다.

이렇게 서양의 봉건제가 아래로부터 자연스럽게 생겨난 느슨한 체제였던 데 비해 동양의 봉건제는 기원과 짜임새에서 크게 달랐다. 우선 처음부터 강력한 중앙 권력에 의해 형성되었고 봉건 서열이 훨씬 더 강력한 구속력을 가지고 있었다.

중국의 봉건제는 서양에 비해 훨씬 이른 고대에 생겨났다. 진시황이 대륙을 통일하던 기원전 3세기에 처음 등장했으니 시기적으로 서양보다 1천 년 가까이 앞선다. 제국이 탄생하면서 강력한 중앙집권 체제가 성립한 중국에 권력 분산의 의미를 가진 봉건제가 생겨난 데는 그럴 수밖에 없는 사정이 있다. 넓은 중국 대륙을 황제나 중앙 권력이 통치하기에는 무리가 있었으므로 황제는 변방 지역을 가신들에게 나누어 주고 통치를 위임해야 했던 것이다. 진시황은 법가사상을 통치 이념으로 삼은 데다 개인적으로도 강력한 카리스마가 있었기에 군현제를 실시했으나, 그 뒤에 들어선 한제국의 창건자인 유방은 그렇지 못한 처지였기에 군국제로 바꾸었다. 그래서 본격적인 봉건제는 한제국에 이르러 면모를 갖춘다.

군현제라면 전국의 행정 편제가 군(郡)과 현(縣)으로 나뉘니까 중앙 권력의 힘이 크고, 군국제라면 지역에 '현' 대신 '국(國)', 즉 나라가 들어선 만큼 지방 권력의 힘이 상대적으로 크다. 원래 하급 지방관 출신이라 전 황제인 진시황은 물론 라이벌인 항우만큼의 카리스마도 없었던 유방은 군현제를 밀어붙이지 못하고 군국제에 만족해야 했다.

이렇게 봉건제가 성립한 배경과 취지가 달랐던 탓에, 중국에도 봉토가 있었지만 중세 유럽과는 의미가 달랐다. 중세 유럽에서는 군주들이 이미 가진 영지를 봉토로 인정한 데 비해 중국에서는 황제가 실제로 신하들에게 봉토를 하사했다. 당연히 신하들은 자치권을 누리지 못하고 중앙의 명령을 충실히 따라야 했다. 말하자면 봉토의 소유자는 서양 중세의 세속 군주처럼 독립적인 지배자였던 게 아니라 중앙정부의 관료와 같은 역할을 수행한 것이다.

그렇다면 동서양 봉건제의 차이는 확연해진다. 동양식 봉건제는 중앙 권력이 강력한 가운데 위에서부터 시행된 제도였고, 서양식 봉건제는 중앙 권력이 부재한 가운데 아래에서부터 성립한 제도였다. 그런 만큼 장단점도 뚜렷하다. 동양식 봉건제는 중앙집권에 유리하게 작용한 반면 서양식 봉건제는 처음부터 느슨했을뿐더러 시간이 갈수록 더욱 분권화되는 조짐을 보였다. 그런 탓에 동양은 중세가 지나면서 중앙 권력의 힘이 갈수록 강해졌고, 서양은 중세 후기에 그나마 최소한의 통합성을 부여하던 교회가 약화되자 곧바로 세속 군주들이 각개약진으로 나아가 근대의 문을 열었다.

봉건시대를 거치며 중앙 권력이 강화된 중국은 단기간에 세계적 강국으로 성장하고 선진 문명을 일구었으나, 중앙 권력이 약화되면 사회 전체가 건잡을 수 없이 무너져 내리는 단점을 내내 극복하지 못했다. 중국의 역대 왕조들이 대부분 반란으로 붕괴한 데는 그런 원인이 있었다. 이에 비해 봉건시대를 거치며 미약했던 중앙 권력마저 사라진 서양은 중세 후기로 가면서 아예 중심이 없는 다원화 노선으로 나아갔다. 두 문명의 근대사는 이미 봉건제의 성격에서 결정되어 있었던 것이다.

불확정성의 원리
Uncertainty Principle

같은 시대라는 사실은 서로 다른 여러 가지 요소들을 섞이게 만든다. 철학, 과학, **예술**은 원래 전혀 다른 분야에 속하지만 같은 시대의 철학, 과학, 예술은 묘하게도 동질성을 보인다. 물론 언제나 그런 것은 아니다. 시대에 따라 그 접점이 클 때도 있고 쉽게 발견되지 않을 만큼 작을 때도 있다. 20세기 초는 접점이 역사적으로 가장 클 때에 속한다.

우선 철학의 분야에서 이 시기에는 전통적 **형이상학**이 해체될 조짐에 처해 있었다. 19세기 후반을 주름잡았던 실증주의를 마지막으로 그 뒤에 등장한 철학자들은 거의 예외 없이 철학적 **이성**의 위기를 부르짖었다. 후설을 계승한 하이데거의 실존적 현상학은 인간 주체가 고정된 실체이기는커녕 속이 빈 그릇처럼 정형화되지 않고 대상화되지 않는 존재임을 드러냈다. 분석철학의 태두인 비트겐슈타인은 철학의 한계를 언어로 제한하고, 윤리나 종교, 예술 등 전통 철학이 주제로 삼았던 것들을 '말할 수 없는 것'으로 규정했다. 예술의 분야에서도 **모더니즘**, 상징주의, 다다이즘, 초현실주의 등 전통적인 도덕과 이념으로부터 벗어난 비합리성과 **무의식**을 강조하는 사조들이 잇달았다.

아무리 합리성이 무너진 시대라 해도 과학은 역시 이성을 토대로 해야 하지 않을까? 과학은 합리성의 마지막 보루가 아닐까? 그러나 그렇게 생각한다면 오산이다. 미국의 물리학자인 조지 가모프가 20세기 초를 가리켜 '물리학을 뒤흔든 30년'이라고 말한 바 있듯이 이 시기에는 과학적 합리성마저 크게 흔들렸다. 그 30년의 초기에 아인슈타인의 상대성이론은 절대적 관점의 여지를 제거하고 모든 관찰이 상대적일 수밖에 없음을 밝혔으며, 그 기간이 끝나갈 무렵에 발표된 하이젠베르크의 불확정성의 원리는 양자역학의 탄생을 알렸다.

불확정성이라니 무엇을 확정할 수 없다는 걸까? 결론부터 말하면 물체(특히 소립자)의 위치와 속도를 동시에 확정할 수 없다는 원리다. 일반적으로 물체의 운동을 예측하려면 위치와 운동량을 알아야 하는데, 불확정성의 원리는 그것이 불가능하다고 못 박는다(현재의 과학과 기술 수준으로 알 수 없다는 게 아니라 원리적으로 불가능하다는 이야기다). 물론 날아가는 돌멩이나 달리는 자동차와 같은 일반적인 물체는 위치와 운동량을 알기 쉽지만 이것은 불확정도가 극히 작기 때문이다. 그래서 불확정성의 원리는 주로 소립자처럼 아주 작은 물체에 적용된다. 크기가 작다고 의미도 작은 것은 아니다. 핵에너지가 현대사회에 어떤 의미를 가지는지 안다면 소립자의 물리학이 얼마나 중요한지도 알 것이다.

이 원리를 이해하려면 양자도약의 개념을 알아야 한다. 원자에 에너지를 가하면 에너지를 받은 전자는 들뜬 상태가 되어 원자핵으로부터 더 먼 다른 궤도로 옮겨가게 된다. 그런데 문제는 옮겨가는 방식이다. 그냥 축구공을 걷어찬 것처럼 일정한 궤적을 그리며 옮겨가면 좋겠는데 그러지 않고 전자는 깜짝쇼를 벌인다. 마치 SF 영화에서 보는 순간 이동처럼 전자는 기존의 궤도에서 갑자기 사라졌다가 동시에 다른 궤도에 버젓이 나타나는 것이다. 이런 궤도상의 도약을 양자도약이라고 부른다.

하이젠베르크는 보어가 발견한 양자도약의 개념을 바탕으로 불확정성의 원리를 밝혀냈다. 특정한 순간에 전자의 위치를 파악하는 실험을 상상해보자. 전자의 위치를 알려면 먼저 전자에 빛을 쪼여야 한다. 그런데 아무리 작은 빛 에너지라 해도 소립자인 전자에게는 감당하지 못할 엄청난 에너지다. 이 에너지를 받는 순간 전자는 양자도약을 일으켜 원래의 궤도에서 사라져버린다. 즉 전자는 관찰하려는 순간 이미 그 자리에 없는 것이다. 이것이 불확정성의 원리다.

전자를 관찰할 수 있는 초고성능 현미경은 현재의 기술력으로 만들 수 없지만 문제는 설령 장차 그런 장비가 개발된다 해도 마찬가지라는 점이다. 전자는 '원리적으로' 관찰할 수 없다. 오히려 전자의 위치와 운동량을 확정하려 애쓸수록 불확정도는 더욱 커지게 된다. 확실한 앎을 얻으려 할수록 확실성에서 점점 더 멀어지는 셈이다. 현대의 추세인 우연성의 증대는 물리학에서도 확인된다.

이 불확정성의 원리는 직접적으로는 양자역학에서 통용되지만 더 근본적으로는 인간이 자연을 인식하는 데 숙명적인 한계가 있음을 말해준다. 양자도약의 개념은 전통적으로 믿어왔던 동시성의 관념을 뿌리째 뒤흔든다(→ 상대성). 에너지를 받은 전자는 한 궤도에 존재하면서 동시에 다른 궤도에 존재한다고 볼 수도 있고 반대로 어느 궤도에도 존재하지 않는다고 볼 수도 있다. 동시성이 흔들리면 인과율도 흔들린다. 기존의 물리학에 따르면, 특정한 순간 물체의 상태는 그 직후의 상태를 결정한다. 그러나 불확정성의 원리는 전자의 현재 상태를 알았다고 해서 다음 상태를 안다는 것은 불가능하다는 사실을 말해준다.

철학과 예술에 이어 과학의 분야에서도 기존의 합리성은 더 이상 통하지 않게 되었다. 이성의 시대가 끝났거나, 아니면 최소한 전통적인 이성의 개념이 근본적으로 수정되어야 한다는 의미다. 평소에 서로 소원했던 철학과 예술과 과학이 한목소리를 낸다는 것은 학문과 사상에서 그만큼 큰 진폭의 변화가 진행되고 있다는 것을 의미한다.

빅뱅

Big Bang

자연과학에서는 실험이 매우 중요하다. 실험은 이론을 검증할 뿐 아니라 새로운 이론을 낳는 산파의 역할도 한다. 하지만 물리학은 다르다. 여타의 자연과학 분야와는 달리 현대물리학에서는 실험이 이론을 쫓아가지 못한다. 소립자를 이루는 쿼크의 경우 이론에서는 그 존재가 확인되지만 실험으로는 아직 발견되지 않았다. 초신성이 폭발해 생성되는 블랙홀도 역시 이론적으로는 분명히 존재하는 것이지만 실제로 발견되지는 않았다(블랙홀로 추정되는 천체들은 있다). 이처럼 아주 작은 쿼크나 아주 큰 블랙홀 같은 것을 다루는 현대물리학에서는 실험이 도저히 이론을 따라잡지 못하고 있다.

그렇다면 상상 속에서는 어떨까? 상상으로는 뭐든지 가능하다. 어떤 의미에서 현대물리학은 과학적으로 뒷받침되는 상상력의 산물이다. 그중 하나가 현재 우주 탄생의 이론으로 거의 확실시되고 있는 빅뱅 이론이다. 만화에서 '대폭발'이라는 뜻으로 자주 사용하는 빅뱅이라는 말을 1960년대에 처음으로 제기한 미국의 물리학자 조지 가모프도 상상력이 뛰어난 과학자였다.

하지만 빅뱅을 이론적으로 입증하는 데 결정적인 기여를 한 사람은 영국의 우주물리학자인 스티븐 호킹이다. 그는 약 150억 년 전에 공간의 개념을 부여할 수조차 없이 작은 하나의 점이 대폭발을 일으키면서 우주가 탄생했다는 이론을 전개했다. 모든 원소와 물질만이 아니라 시간과 공간도 바로 그때 생겨났으므로 빅뱅은 모든 것의 처음이다.

엄청난 크기의 우주가 어떻게 하나의 점에 모여 있었을까? 이를 설명하기 위해 호킹은 특이점이라는 개념을 도입한다. 아인슈타인의 상대성이론으로 시간과 공간은 물리적으로 구분할 수 없는 것이 되었으며, 그래서 시공간(time-space)이라는 개념이 생겨났다(→ 상대성). 시공간이 탄생할 무렵은 바로 특이점의 순간이다. 빅뱅 초기의 상황, 특이점의 순간은 무시간, 무공간의 상태이므로 어떠한 물리법칙으로도 설명할 수 없다. 시간과 공간을 설명하는 모든 용어는 특이점에서 의미를 잃는다. 사실 특이점을 설명하는 법칙은 원리적으로 존재할 수 없다. 특이점은 문자 그대로 '모든 것의 시작'이니까 현존하는 어떤 법칙도 특이점을 설명하지 못한다.

그렇다면 특이점의 순간, 즉 빅뱅 초기에 관해서 우리는 아무것도 알 수 없는 것일까? 그렇지는 않다. 오히려 빅뱅 초기의 순간은 예상보다 훨씬 자세히 밝혀져 있다. 현재 연구되는 것은 빅뱅이 일어난 직후 1초 이내에 일어난 사건들이다(빅뱅이 일어나고 100만분의 1초가 지났을 때는 양성자와 중성자가 탄생했다). 아직 전혀 알려지지 않은 것은 빅뱅의 순간부터 10^{-43}초(이 시간을 플랑크 시간이라 부른다)가 지날 때까지의 일이다. 10^{-43}초에 물질 인플레이션이 일어났기 때문에 그 이후에 관해서는 어느 정도 밝혀진 상태다.

빅뱅 초기를 말해주는 또 한 가지 단서는 흔적이다. 화석으로 수백만 년 전의 과거를 알 수 있듯이 과거로 거슬러 올라갈 수 없다면 현재의 것에서 과거의 흔적을 찾으면 된다. 첫 번째 흔적은

100억 광년 너머에 있는 먼 은하들이다. 지금 우리에게 전달되는 그 은하들의 빛은 100억 년 전에 생성된 빛이므로 초기 우주의 모습에 관해 알려준다(우리의 우주에는 과거, 현재, 미래가 공존하고 있으므로 그 자체가 거대한 타임머신이다). 또 다른 흔적은 블랙홀이다. 블랙홀은 상상할 수조차 없는 엄청난 중력이 작용하는 곳이며, 그 중력이 빛조차 가둠으로써 바깥에서는 보이지 않는 특이한 천체다. 호킹은 바로 이 블랙홀 안에서는 빅뱅의 순간과 비슷한 특이점의 상황이 존재하리라고 본다.

빅뱅이 일어난 뒤부터 137억 년이 지난 현재까지 우주는 내내 팽창해왔으며, 앞으로도 오랫동안 팽창을 계속할 것이다. 그 팽창의 끝은 무얼까? 우주는 무한히 팽창할까, 아니면 언젠가는 도로 수축할까? 이 문제에 관해서는 추측밖에 할 수 없지만 학자들은 최초의 빅뱅이 어떤 규모였는지에 따라 무한한 팽창이냐, 수축이냐가 결정된다고 말한다. 따라서 이것도 역시 빅뱅의 순간을 밝혀야만 알 수 있는 문제다(현재는 빅뱅이 한 번만 있었던 게 아니라 무수히 있었고 지금 이 순간에도 일어나고 있다는 다중우주(multiverse) 이론이 제기되고 있다).

하지만 에너지의 관점에서 보면, 우주를 구성하는 주요 원소인 수소와 헬륨은 끊임없는 별의 핵융합 과정으로 인해 언젠가는 고갈될 것이다. 이때가 되면 더는 별이 탄생하지 못한다. 따라서 각 은하는 백색왜성, 중성자별, 블랙홀 등으로 채워질 텐데, 이것이 우주의 종말이다. 인간의 종말, 철학의 종말, 물론 이 책도 종말이다.

빅브라더

Big Brother

파시즘과 **사회주의**는 원래 상극이다. 이념적으로 파시즘은 극우에 속하고 사회주의는 내놓은 좌파다. 히틀러, 무솔리니 등 역사에 잘 알려진 유명 파시스트들은 사회주의라면 이를 갈았고—히틀러가 지휘한 나치당의 정식 명칭이 독일국가사회주의노동당인 것은 웃지 못할 코미디였다—스탈린의 소련은 에스파냐의 반파시즘 운동을 적극 지원했다. 파시스트까지는 못 되지만 이승만이나 박정희도 극단적인 반공주의자였다.

그런데 묘하게도 그처럼 상극인 파시즘과 사회주의가 현실적으로 일치하는 접점이 있다. 그것은 바로 전체주의적 속성을 지녔다는 점이다. 이탈리아의 파시스트였던 무솔리니는 파시즘이라는 말을 처음 사용했을 뿐 아니라 자신이 지배하는 이탈리아를 '토탈리타리오(totalitario)'라는 용어로 부르며—여기서 전체주의(totalitarianism)라는 말이 나왔다—파시즘과 전체주의를 대놓고 동일시했다. 또한 스탈린 통치 하의 소련은 전체주의 체제의 대표적인 사례로 꼽힌다.

전체주의는 국민 개개인들을 국가라는 대의명분 아래 결집시키려는 정부 형태를 가리킨다. 대동단결하자는 구호 자체가 나쁠 것은 없다. 다만 대중이 자발적으로 나서는 게 아니라 정부가 대동단결을 선동하는 게 문제다. 전체주의는 국민들의 개성을 무시하고 오로지 국가가 설정한 목표를 실현하기 위해 국민들을 총동원하는 체제다. 이런 체제의 위험성을 경고하는 개념이 빅브라더다.

빅브라더는 직역하면 '큰형'이란 뜻인데, 큰형이나 맏형이 주는 푸근한 이미지는 별로 없다. 우선 사전적인 의미도 '고아나 불량 소년 등을 선도하기 위해 형 노릇을 하는 사람'이라는 뜻이다. 그러나 빅브라더의 이미지를 결정적으로 실추시킨 사람은 영국의 과학소설가 조지 오웰이다. 오웰은 죽기 바로 전 해인 1949년에 마지막 작품으로 《1984년》을 발표했다. 그는 한 세대 뒤의 미래를 상상했으나 지금 우리에게는 한 세대 전의 과거가 되어 있다.

소설은 세계가 세 개의 전체주의적 경찰국가들로 나누어 통치되고 있는 가상의 미래 상황을 배경으로 하고 있는데, 그중 하나를 지배하는 사람이 곧 빅브라더다. 주인공 스미스는 빅브라더에 맞서 비밀리에 정치운동을 조직하다가 체포되어 정신적, 육체적 고문을 당한 끝에 결국 자신이 가장 증오하는 빅브라더에게 일체감을 느끼며 굴복하고 만다.

오웰이 이 소설을 썼을 때는 제2차 세계대전의 패배로 파시즘이 몰락한 직후였지만, 자유와 평화가 자리 잡으리라고 낙관한 대다수 사람들과 달리 그는 장차 전체주의가 세계적으로 득세하리라고 예견했다. 실제로 그 뒤에 닥친 냉전 시대는 양대 세계 체제만이 아니라 제3세계 신생국들까지 전체주의의 회오리 속으로 몰아넣었으니 오웰의 **디스토피아**는 제대로 들어맞은 셈이다.

지금은 현실 사회주의가 붕괴했고 제3세계 국가들에도 점점 전체주의 체제가 들어서기가 어려워졌으나, 빅브라더의 메시지는 여전히 유효하다. 역사적으로 보면 **자본주의**경제가 큰 폭으로 발

ㅂ

전 경로를 수정할 때마다 잠재되어 있는 전체주의의 위협이 표면으로 부상해왔다. 아직도 불안정한 자본주의는 앞으로도 여러 차례 상당한 정도의 궤도 수정이 불가피할 것이며, 그때마다 되살아나는 전체주의의 망령과 싸워야 할지도 모른다. 더구나 그 전체주의의 모습이 일찍이 인류가 호되게 경험한 적이 있는 호전적 군국주의로 나타난다면 어떠한 형태로든 세계적 규모의 전쟁이 재발할 가능성도 완전히 배제할 수는 없다.

소설의 영향으로 빅브라더는 전체주의, 국가통제주의를 나타내는 용어로 자리 잡게 되었다. 특히 대문자로 Big Brother라고 하면 독재자를 가리키는 대명사로 사용되며, 전체주의를 빅브라더주의(Big Brotherism)라고 부르기도 한다. 1999년에 네덜란드 TV 방송사에서는 남녀 출연자들을 외딴 집에서 100일 동안 살게 하고 그들의 일거수일투족을 카메라로 여과 없이 중계하는 프로그램을 제작해 큰 인기를 모았는데, 리얼 버라이어티의 효시에 해당하는 그 프로그램의 명칭이 바로 '빅브라더 쇼'였다.

빨치산

Partizan

역사는 승자의 기록이라는 말이 있다. 역사는 사건들의 객관적인 나열이 아니라 기록자의 **사관**(史觀)에 의해 해석되고 서술되기 때문에 승자의 관점이 더 반영되게 마련이다. 이를 두고 영국의 역사학자인 E. H. 카는 이렇게 말했다. "흔히 사실(史實)은 스스로 말한다고 하지만 그것은 잘못이다. 사실은 역사가가 사실에게 말을 걸 때에만 말을 하는 것이다. 어떠한 사실에 어떠한 순서, 어떠한 문맥으로 발언을 허용할 것인가를 결정하는 것은 역사가의 몫이다."(《역사란 무엇인가》)

이렇게 역사가의 역사 해석이 중요하다면 역사가가 보는 시각에 따라 역사적 사건의 비중이 달라지는 것은 당연하며, 심지어 역사가의 눈에 사소한 것으로 보이는 사건은 얼마든지 생략될 수도 있을 것이다. 한국전쟁 시기에 남한과 북한에서 모두 버림을 받은 남한 빨치산의 역사가 그런 경우다.

빨치산은 '당파'를 뜻하는 파르티(parti)라는 프랑스어에서 나온 말인데(그래서 올바른 표기는 '파르티잔'이다), 전쟁에서 비정규적으로 활동하는 '유격대'를 뜻한다(흔히 게릴라와 착각하지만 에스파냐어인 게릴라는 원래 소규모 전쟁이라는 뜻이므로 유격대가 아니라 '유격전'을 가리키는 용어다). 역사적으로 가장 크게 이름을 떨친 빨치산은 유고슬라비아 유격대였다. 제2차 세계대전 시기에 독일과 이탈리아가 발칸 일대를 점령하자 유고슬라비아의 공산당 지도자인 티토는 80만 명의 빨치산 병력을 이끌고 **파시즘**에 저항하는 유격전을 활발하게 펼쳤다. 비록 정규군이 아닌 탓에 정식 전쟁에 참여하지는 못했으나 빨치산 부대는 철도와 통신망을 파괴하고 비행장을 습격하는 등 적이 점령한 지구에서 교란작전을 벌였다. 이런 활동으로 전후 연합국은 유고슬라비아 빨치산의 업적을 인정하고 정부 수립을 지원했으며, 티토는 초대 대통령이 되어 무려 30년 가까이 재임했다.

전후에 권력을 장악한 유고슬라비아의 빨치산에 비해 우리나라의 빨치산은 불행했다. 일제강점기에 만주를 무대로 활발한 무장 투쟁을 벌인 성과로 핵심 세력은 해방 후 북한의 정권을 차지했으나 그 뒤에 생겨난 남한의 빨치산은 남한과 북한 정권에서 모두 냉대를 받았다.

해방 직후부터 극심했던 좌우 이념의 대립이 한국전쟁으로 이어지자 남한의 좌파는 지리산 일대에 모여 빨치산 투쟁을 전개했다. 이들이 한창 세력을 떨칠 무렵에는 "낮에는 국군, 밤에는 빨치산이 지배한다."라는 말이 공공연하게 나돌 정도였다. 그러나 전쟁이 소강상태로 접어든 1952년부터 휴전 이후를 도모하느라 제 코가 석 자인 북한은 남한의 빨치산에 아무런 지원도 하지 않았으며, 그 기회를 틈타 남한 정권은 대대적인 빨치산 토벌에 나섰다. 결국 1950년대 후반에 마지막 빨치산 부대마저 괴멸되었고, 살아남은 부대원들은 수십 년씩 감옥에 갇혀 살아가는 장기수가 되었다. 이들은 남과 북의 정권에서 외면을 당했을 뿐 아니라 역사 기록에도 누락되어 국민들의 기억에서도 사라졌다.

사관
史觀

미래는 불확실하지만 과거는 확실하다. 시간의 흐름은 일방향적이므로 미래는 아직 오지 않은 상태이고 과거는 이미 있었던 일이 된다. 미래와 과거를 바라보는 기본적인 상식에 따르면 그렇다. 하지만 미래는 그렇다 해도 과거도 그럴까? 흔히 미래는 알 수 없으나 과거는 다 안다고 생각한다. 그게 사실일까?

안다는 것을 어떻게 규정하느냐에 따라 그 답은 달라진다. 과거에 관한 인식이 누구나 똑같다면 과거는 다 안다고 할 수 있을 것이다. 하지만 그렇지 않기 때문에 과거는 미래에 못지않게 미지의 영역이다. 과거를 바라보는 눈, 역사를 보는 관점을 사관이라고 말한다.

1909년 10월 26일 만주의 하얼빈 역에서 조선의 안중근이라는 청년이 일본의 거물 정객인 이토 히로부미를 권총으로 사살했다.

일본 제국주의가 조선을 **식민지**로 병합하려는 시점에서 일어난 사건이기에 조선 민족은 그것을 의로운 쾌거로 해석했고, 오늘날까지 안중근을 의사(義士)로 부르면서 존경하고 있다. 그 반면에 메이지 유신의 핵심 인물이며 일본의 총리를 몇 차례나 지낸 이토 히로부미는 일본의 건국 영웅이나 다름없었으므로 일본 민족은 안중근을 테러범으로 규정했다.

여기서 어느 관점이 옳다고 말할 수는 없다. 조선과 일본의 관점은 물론이고 제3자의 관점이라 해도 반드시 옳은 것은 아니다. 다만 사관이 다르면 역사 해석이 달라진다고만 말할 수 있을 따름이다.

이런 사관의 차이는 같은 민족 내부에서도 얼마든지 있을 수 있다. 안중근의 저격 사건이 있은 지 꼭 70년 뒤인 1979년 10월 26일 대통령 박정희가 중앙정보부장 김재규에게 암살되었다. 박정희 지지자들은 그 사건을 공화국 시대에 어울리지 않게 부모나 임금을 죽일 때 사용하는 시해(弑害)라는 말로 표현했고, 김재규를 포함한 반대자들은 의거(義擧)라고 주장했다. 결국 박정희는 '시해'되었고 그 사건은 의거가 되지 못했으나 그렇다고 해서 박정희 지지자들의 논리가 반드시 옳은 것은 아니다.

이렇듯 역사는 지나간 과거에 속하지만 한 사람의 행위가 아니라 수많은 사람의 행위와 이해관계가 엇갈려 있기 때문에 객관적인 평가가 불가능하다. 게다가 사관은 시대에 따라 달라지기도 한다. 고대 이집트의 파라오는 피라미드를 건설하는 데 수십만 명의 인력을 동원했고 건설 과정에서 무수한 인명이 죽었으나 오늘날 그들의 후손들은 피라미드 덕분에 해마다 막대한 관광 수입을 올리고 있다. 7세기 중국 수제국의 양제는 강북과 강남을 잇는 대운하의 건설로 국력을 탕진하고 백성들을 도탄에 빠뜨려 고구려에게 패배하고 멸망의 비운을 겪었으나, 곡창지대인 강남의 곡식을 강북으로 실어 나른 그 대운하가 없었다면 후대에 중국의 번영은 없었을 것이다.

그래서 사관과 역사의 평가는 구분해야 한다. 언뜻 비슷하게 여겨지지만 사관은 역사를 바라보는 관점이므로 역사를 후대의 기준으로 평가하는 것과는 다르다. 또한 사관은 반드시 필요하고 또 제거할 수도 없지만 역사의 평가는 대체로 특정한 시대의 잣대가 적용되므로 오히려 역사를 왜곡할 가능성이 크다.

걸핏하면 되살아나 민족 감정을 건드리곤 하는 한일 고대사의 해묵은 문제도 마찬가지다. 고대에 한반도 남부 가야 지역에 한반도와 일본의 교역을 중재하던 무역 기지가 있었다는 역사적 사실을 현대적 관점에서 무리하게 평가하려 하면 현재의 국가 이데올로기가 끼어들게 마련이다. 그 결과 고대에는 한국이나 일본이라는 나라가 존재하지 않았음에도 불구하고 한국은 그 기지를 통해 한반도 문명이 일본으로 전래되었다고 주장하고, 일본은 그 기지를 통해 한반도 남부를 지배했다고 강변하는 우스꽝스러운 대립이 생겨난다. 두 나라가 현명하고 냉정한 태도를 취한다면 어리석은 다툼을 없앨 수 있다.

독도 소유권 문제는 대단히 중요하지만 그렇다고 해서 과거에 무인도였던 독도가 지금 누구 땅이냐는 사안에 역사를 끌어들이는 것도 역사에 대한 심각한 왜곡이자 불순한 자세다. 세계 각국이 무인도까지 영토화하게 된 것은 20세기 후반의 일이므로 근대적 개념의 영토 국가가 성립하기 전에 무인도였던 곳을 두고 '역사적' 소유권을 주장할 수는 없다. 어느 나라 고지도에 기재되어 있다고 해서 그것이 현대적 소유권을 결정한다는 근거가 되지는 않는다. 따라서 독도의 소유권은 역사적 문제가 아니라 관련 국가들의 현재적 입장에 의거해 해결해야 할 문제다.

사서
四書

사물놀이라고 해서 아무 악기나 넷이면 할 수 있는 게 아니듯이 사서도 그냥 네 권의 책이 아니라 《논어》, 《맹자》, 《중용》, 《대학》을 가리키는 용어다. 이 네 권은 유학의 기본 교재이자 중국과 한반도 왕조들의 관리 임용 고시인 과거를 치르기 위한 수험서이자 교과서였다.

예나 지금이나 시험의 본질은 변하지 않았다. 지금의 대학 입시가 책 읽기(수학능력시험)와 글쓰기(논술)로 구성되는 것처럼 옛날의 과거도 읽기(명경)와 쓰기(제술)를 기본으로 하는 것은 마찬가지였다. 지금의 논술 시험에서도 고전의 한 대목을 적절히 인용하면 점수를 많이 얻을 수 있는 것처럼 과거에서도 글을 쓸 때는 유학의 경전을 반드시 인용해야 했다. 사서는 읽기와 쓰기에 두루 필요한 문헌이었고 과거를 위한 기본이자 필수적인 교과서였다.

논술에 대비하려면 많은 책을 읽어야 하는데 사서는 단 네 권뿐이니까 쉬웠겠다고 생각한다면 큰 오산이다. 중국의 고전들이 대개 그렇듯이 사서는 어느 시대에 어느 누가 불쑥 나타나 지은 책이 아니라 시대의 변천에 따라 내용의 첨삭이 많았고 편찬자에 따라 이본(異本)도 많았다. 수많은 주해서까지 포함하면 사서는 그냥 네 권의 책이 아니라 그 자체가 방대한 도서관이나 다름없다.

사서가 중국 고전의 대표 주자가 된 것은 유학을 집대성한 중국 송제국의 주희 때부터다. 《논어》와 《맹자》는 원래부터 전해지던 유학의 경전이었지만, 여기에 주희는 《예기》 49편에서 발췌한 《대학》과 《중용》을 포함시켜 사서를 유학의 기본 교과서로 확립했다. 그전까지 중국의 역대 왕조들은 모두 유학을 국가의 통치 이념으로 채택했으나 주로 오경(五經)—《역경》, 《서경》, 《시경》, 《예기》, 《춘추》—을 중시한 데 반해 송제국 때부터는 사서가 중심으로 자리 잡았다.

사서의 원래 저자는 확실하지 않다. 우선 《대학》과 《중용》은 그 모태인 《예기》 자체가 누대에 걸친 기록이기 때문에, 편찬자(주희)는 분명하지만 특정한 지은이는 없다(《예기》는 공자의 제자들이 공자의 가르침과 중국 각지에서 예에 관한 기록을 수집하여 편찬한 책이다). 공자의 손자인 자사가 지었다는 설이 있었으나 청제국 시대에 발달한 고증학에서는 이를 부인했다. 반면 《논어》는 공자와 그의 제자들이 남긴 언행을 정리한 것이므로 지은이는 분명하지만 편찬자에 관해서는 설이 분분하다. 《맹자》의 경우만 지은이가 맹자임이 비교적 확실하게 전해질 뿐이다(사마천의 《사기》에 그렇게 기록되어 있는데, 실은 여기에도 이설이 있다).

지은이가 불분명하다고 해도 만약 사서에 저작권을 설정한다면 저작권자는 모두 공자라고 해야 할 것이다. 《논어》는 물론이고 《대학》과 《중용》도 공자의 제자들이 처음 만들었고 공자의 가르침을 충실히 따랐던 주희가 편찬했기 때문이다. 《맹자》 역시 각종 사상이 난무하던 제자백가의 시대에 공자의 사상을 부활시키기 위해 쓴 책이다.

사서는 제각기 강조점이 다르고 독특한 개성을 가지고 있다. 우선 《논어》는 사람됨의 도리에서부터 한 나라, 온 세상의 경영에 이르기까지 모든 과정을 일관된 관점으로 풀어낸다. 특히 《논어》의 탁월한 점은 무엇보다 옛 주나라 시대에 성립된 전통적인 예(禮)의 개념에 공자 시대에 생겨난 인(仁)의 개념을 결합한 데 있다. 공자는 인을 "공손함, 너그러움, 믿음, 민첩함과 은혜를 베푸는 것"으로 정의한다. "공손하면 모멸당하지 않고, 너그러우면 민심을 얻고, 믿음이 있으면 다른 사람들이 신뢰하고, 민첩하면 공을 이루고, 은혜를 베풀면 사람들이 저절로 돕는다."

지금 보면 마치 도덕 교과서처럼 진부해 보이지만 당시 인이란 새로운 개념이었다. 게다가 공자는 인을 개인 생활만이 아니라 국가 경영의 지침으로까지 격상시켜 유학의 정치 이데올로기화를 꾀했다. 이 예와 인의 사상에 의(義)의 개념이 더해져서 나온 것이 본격적 정치 이데올로기인 맹자의 왕도 사상이다. 인을 실천하는 것이 의이므로, 무릇 제왕이라면 당연히 인의를 국가 경영의 근본으로 삼아야 한다. 이렇듯 《맹자》는 사서 가운데 가장 정치적인 문헌이다.

《논어》가 도덕론이고 《맹자》가 정치사상이라면 《대학》과 《중용》은 철학서에 해당한다. 이 두 책은 합쳐봐도 《논어》의 3분의 1, 《맹자》의 7분의 1 정도밖에 안 되는 분량이다. 짧은 분량에다 출처가 《예기》로 같다는 점, 각각 주희가 쓴 서문이 붙어 있다는 점 때문에 《대학》과 《중용》은 마치 쌍을 이루는 것처럼 인식되기도 하지만, 주희는 두 책을 명확히 구분했다. 그에 따르면 《대학》은 유학의 입문서이고 《중용》은 가장 추상성이 높은 철학서다. 그래서 그는 사서를 《대학》→《논어》→《맹자》→《중용》의 순서로 읽어야 한다고 말했다.

《대학》은 사서 가운데 가장 짜임새 있는 구성이다. 우선 명명덕(明明德, 덕을 밝힘), 친민(親民, 백성을 새롭게 함), 지어지선(止於至善, 절대 진리에 이름)을 3대 강령으로 하고 이를 실천하는 과정으로 다음의 8조목을 내세운다. "사물을 자리매김한 뒤에 앎을 얻고, 앎을 얻은 뒤에 뜻을 세우며, 뜻을 세운 뒤에 마음을 바로잡고, 마음을 바로잡은 뒤에 몸을 닦고, 몸을 닦은 뒤에 집안을 정돈하고, 집안을 정돈한 뒤에 나라를 다스리고, 나라를 다스린 뒤에 천하를 태평케 한다." 《대학》의 전 내용은 모두 이 세 가지 강령과 여덟 가지 조목을 풀이하는 데 할애되어 있다. 《대학》을 왜 유학의 입문서라고 하는지 이해할 수 있다.

《대학》이 유학의 입문서라면 《중용》은 철학으로서의 유학, 즉 유학의 결론에 해당한다. 《중용》에서는 사람이 가야 할 길을 이렇게 제시한다. "하늘이 명한 것을 성(性, 성품)이라 하고, 성품에 따르는 것을 도(道)라 하고, 도를 닦는 것을 교(敎)라 한다." 이런 길은 어떻게 가야 하는가? 하늘의 뜻을 따라 하늘과 사람이 합일하는 방향으로 가야 한다. "성(誠, 정성)은 하늘의 도요, 성을 이루려는 것은 사람의 도다." 다시 말해 사람은 하늘의 원리인 성을 깨닫고 배우고 행하는 데서 인격이 완성되며, 이것이 하늘과 사람이 하나가 되는 길이라는 뜻이다.

네 권의 책이 한 세트로 묶였으니 그것들 사이에는 뭔가 공통점이 있어야 할 것이다. 사서의 공통점은 중화사상 특유의 수직적 질서를 강조한다는 데 있다. 수직적 질서라면 정점이 있을 텐데, 이것은 시간적인 것과 공간적인 것으로 나뉜다.

시간적인 정점은 '옛것 중의 옛것', 곧 중국 역사의 시작인 하, 은, 주의 삼대(三代)를 가리킨다. 그 가운데 공자는 특히 주나라의 예법을 중시했다. 전란으로 얼룩진 난세에 살았던 탓에 공자는 주나라 시대의 봉건 질서와 안정을 최고의 이상으로 삼았다. 공간적 질서의 정점은 임금, 특히 중국의 임금인 천자다. 천자는 북극성처럼 하늘의 중심에 붙박여 있고 주변에 천자를 보위하는 제후, 신하, 백성이 서열지어진다. "중(中, 천하의 큰 근본)과 화(和, 천하가 도달한 도)에 이르면 하늘과 땅이 제자리를 잡고 만물이 자란다." (《중용》)

공자가 유학을 창시한 이후로 유학의 역사상 최대의 변화는 바로 주희가 이룩한 혁신이었다. 두 사람의 시대는 1700여 년의 간격을 두고 있지만 마침 중국이 극심한 분열기였다는 공통점이 있다. 공자의 시대는 중화 세계가 탄생하기 위한 진통을 앓고 있었고, 주희의 시대는 강성해진 이민족의 침탈에 시달리는 상황이었다. 어느 때보다도 절실하게 중화적 질서를 옹호하고 변명하는 정치 이데올로기가 필요한 시점에 공자와 주희가 등장해 당대의 학문과 세계관을 집대성한 것이다. 유학이 철학이나 학문이라기보다 정치 이데올로기이며, 흔히 생각하는 것처럼 고리타분한 도덕이 아니라 늘 현실 정치와 밀접하게 연관되었다는 것은 바로 사서가 공자의 시대에 편찬되고 주희의 시대에 대폭 혁신된 사실로 알 수 있다.

사실주의

Realism

매스컴이 발달하지 않은 과거에 문학과 예술은 전통적으로 귀족이나 부자들의 취미였다. 그들은 시인과 작가들을 식객으로 거느리고 후원하면서 작품을 쓰게 했고, 기념할 만한 행사가 있으면 미술가에게는 그림이나 조각을, 음악가에게는 축하 음악을 의뢰했다. 미우나 고우나 귀족과 부자가 아니었다면 오늘날 전해지는 과거의 **예술**은 초라하고 빈약했을 것이다(→노블레스 오블리주).

이런 양상이 변하기 시작한 것은 19세기부터다. 서적 인쇄가 활성화되면서 문학은 일반 대중도 즐기는 예술이 되었다. 베스트셀러가 나오기 시작한 것도 이 시기다. 그와 동시에 미술에서도 예전처럼 귀족과 부자의 의뢰와 후원을 받지 않고 미술가들이 직접 전시회를 열어 작품을 판매하기 시작했으며, 대도시에 화랑들이 문을 열면서 미술품 시장이 형성되었다(음악은 좀 늦게 20세기에 영화와 방송, 녹음 기술이 발달하면서 대중 예술이 된다).

예술 수요자들의 저변이 확대되면 예술의 내용도 달라질 수밖에 없다. 그래서 생겨난 사조가 사실주의다. 19세기 중반에 생겨난 사실주의는 고전주의의 형식미와 낭만주의의 미학에 젖은 귀족들의 심미안을 충족시키는 것보다 평범한 서민들의 삶과 구체적인 사회 현실을 있는 그대로 묘사하는 문학과 미술을 지향했다.

그런데 회화 미술의 경우 사실주의는 처음부터 역설적인 요소가 있었다. 현실을 있는 그대로 묘사한다는 사실주의의 원칙을 지키려면 현실의 왜곡이 필연적이다. 이것은 회화의 평면성과 입체성의 관계에서 비롯되는 **역설**이다.

회화는 평평한 화폭에 입체적인 현실 세계를 담아내는 예술 양식이다. 이차원의 평면으로 삼차원의 공간을 담으려니 아무래도 문제가 없을 수 없다. 그래서 르네상스 시대 초기까지만 해도 회화 작품은 문자 그대로 '평면적'이었다. 그 문제점이 확연히 드러나지 않은 이유는 당시의 화가들이 인간, 그것도 **성서**에 나오는 인물들만 그렸기 때문이다. 풍경은 배경으로만 여기고 별로 중시하지 않았다(풍경화가 본격적인 회화의 장르로 자리 잡게 되는 건 17세기부터다).

그러다가 15세기 초 피렌체에서 획기적인 발명이 이루어졌다.

르네상스 시대 건축가인 브루넬레스키와 알베르티가 원근법을 발명한 것이다. 새 발명에 매료된 르네상스 화가들은 수학적인 비례로 원근법의 규칙을 엄밀히 계산해 그림을 그렸다. 원근법이란 멀리 있는 것을 작게, 가까이 있는 것을 크게 그리는 방식이다. 화가들은 원근법에 따라 먼 나무들은 작게, 가까운 나무들은 크게 그렸고, 같은 길이라 하더라도 먼 곳의 부분은 폭이 좁게, 가까운 곳의 길은 폭을 넓게 그렸다. 그 결과 훨씬 더 생생한, 즉 현실적인 그림을 그릴 수 있게 되었다.

그런데 이 원근법의 기본 논리에는 큰 문제가 숨어 있다. 원근법은 현실을 왜곡한다. 멀리 있는 나무라고 해서 가까이 있는 나무보다 '실제로' 작은 것은 아니며, 멀리 보이는 길이 바로 내 앞의 길보다 '실제로' 폭이 좁은 것은 아니다. 그런데도 먼 나무를 작게, 먼 길을 좁게 그리면 더 생생하고 현실적인 그림이 되는 게 사실이다. 현실을 현실대로 그리면 사실성이 떨어지고 현실을 왜곡해서 그리면 사실성을 얻는다. 원근법이 사용되면서 회화 미술에서는 사실성과 비사실성의 경계가 모호해졌다. 혹은 사실성의 **개념**이 달라졌다고 해야 할까?

회화에서 사실주의를 위협한 것은 19세기 초반 프랑스에서 발명된 사진술이었다. 사진이 등장하자 순식간에 대다수의 화가들은 일자리를 잃게 되었다. 그때까지 화가들은 대개 의뢰인의 부탁으로 그림을 그려주며 먹고 살았는데, 그 대부분이 초상화였던 것이다. 아무리 그림을 잘 그려도 사진만큼 사실적일 수 있겠는가? 더구나 화가에게 그림을 의뢰하는 것보다는 가족사진 한 방 박는 게 훨씬 값도 싸다. 사진의 발명은 회화 미술의 커다란 위기였다.

한동안 충격에서 벗어나지 못하던 화가들은 마침내 사진을 극복하는 방법을 찾아낸다. 사물, 풍경, 사람 등 현실의 모든 것은 누구의 눈에나 똑같이 보이는 게 아니라는 사실을 알게 된 것이다. 그래서 19세기 후반 프랑스의 일부 화가들은 사진으로 찍은 세상과는 다른, 자신의 눈에 비친 세상을 그렸다. 당시 그들은 어느 미술 평론가에 의해 '인상주의자'라는 모욕적인 낙인이 찍혔으나 그것은 얼마 안 가 한 시대의 중요한 예술 양식을 가리키는 이름으로 자리 잡았다.

비슷한 시기 독일의 철학자 후설은 유럽 학문의 위기를 초래한 실증주의를 비판하고 나섰다. 객관성을 무기로 내세운 실증주의가 '사진'이라면 후설은 철학상의 '인상주의자'다. 사진이 가져온 미술의 위기를 인상주의로 극복했다면, 실증주의가 가져온 철학의 위기는 후설의 현상학이 극복했다. 그에 따르면 눈에 보이는 것은 언제나 부분일 뿐이다. 전체는 그 자체로 파악되는 게 아니라 보는 이의 마음속에서 종합되어 생겨난 현상이다.

예를 들어 원뿔이 있다고 하자. 원뿔은 옆에서 보면 삼각형이고 위에서 보면 원이다. 따라서 원뿔을 원뿔로 인식하려면 어느 한 지점(시점)에서 관찰하는 것만으로는 불가능하다. 보이지 않는 뒷면까지 그린 투시도가 있어야 원뿔로서의 인식이 가능하다. 따라서 여기서도 역시 원근법이 필요해진다(영어 단어 perspective는 원근법과 투시법을 모두 뜻한다). 결국 우리가 원뿔의 모양을 원뿔로서 인식하는 것은 부분적 관찰에 의해서가 아니라 그 관찰을 종합한 직관에 의해서다. 후설은 이것을 현상학적 직관이라 불렀고, 현상학이라는 현대 철학의 중요한 사조를 열었다.

현상학을 알지는 못했겠지만 피카소는 마치 현상학 이론을 그림으로 표현한 것 같은 작품을 남겼다. 코는 옆을 향하고 눈은 정면을 향한 그의 그림 속의 인물들은, 사방의 여러 시점에서 본 인물의 모습을 (뒤통수까지도) 하나의 평면 속에 표현하려 한 결과다. 삼차원의 이차원화, 그래서 입체파가 생겨났다. 아마 피카소는 자신이 그린 그 기괴하고 비사실적인 인물들을 '가장 사실적인 인물상'이라고 생각했을 것이다.

처음에 사실주의는 있는 그대로 표현한다는 소박한 원칙을 강조했지만, 알고 보면 그것은 결코 소박하지 않았다. '있는 그대로'라는 문구 자체가 단순하지 않고 이미 복잡한 해석의 여지를 안고 있었던 것이다. 그래서 사실주의의 원칙을 통시대적으로 적용하려면 사실성의 개념이 시대와 사조에 따라 변화해야 했다. 사실주의는 그 명칭에 걸맞지 않게 사실성과 비사실성의 모호함을 안고 있는 셈이다.

사회계약

Social Contract

서양의 중세를 지탱한 것은 교회와 **국가**의 양대 축이었다. 양자는 종교와 정치, 신성과 세속의 영역을 분담해 중세 특유의 분권적 질서를 유지했다. 표면상으로 교회와 국가는 갈등을 빚기도 했으나 근본적으로는 파트너였기 때문에 한쪽이 쓰러지면 어차피 다른 쪽도 견딜 수 없는 관계였다. 그러므로 종교개혁으로 교회가 무너진 것은 머잖아 군주 체제도 종말을 고하리라는 것을 예고했다.

중세에 교회는 지상에서 신을 대리하는 역할이었고 국가는 교회의 정치적 표현(혹은 도구)으로 간주되었다. 신-교회-국가의 질서가 해체되자 국가의 개념을 새로이 해명하는 일이 시급해졌다. 실제로 종교개혁 이후에 성립한 근대국가는 중세 국가와 질적으로 다른 영토 국가였다. 중세 유럽의 국가는 영토와 국민을 확정한 선(線, 국경선) 개념의 국가가 아니라 도시와 성을 중심으로 한 점(點, 거점) 개념의 국가였다. 따라서 정치적 중심은 각 지역(도시)으로 다원화되어 있었고, 이것을 하나의 질서로 묶어준 게 바로 교회라는 종교적 중심이었다. 교회가 더 이상 그런 역할을 하지 못하게 되었으니 이제 질서의 축은 국가가 될 수밖에 없었다. 이 새로운 근대국가를 설명하기 위해 **계몽주의** 삼총사인 영국의 홉스와 로크, 프랑스의 루소는 사회계약의 개념을 발전시켰다.

홉스가 《구약성서》에 나오는 괴물인 '리바이어던'을 저서의 제목으로 채택한 이유는 막강한 힘을 지닌 그 괴물을 국가에 비유하기 위해서였다. 그는 국가를 "인간이 신의 창조를 모방해 만들어낸 인조인간"이라고 보았으니 괴물은 적절한 비유다. "국가란 하나의 인격으로서, 모든 개인은 그 안에서 상호 간의 계약을 통해 공동 행동을 하며, 자신들의 평화와 방위를 위해 모든 힘과 수단을 사용할 수 있다."(《리바이어던》) 요컨대 국가는 (1) 인간 개개인의 능력을 넘어서는 막강한 존재이며(리바이어던), (2) 하나의 독립된 인격체처럼 행동하고(인조인간), (3) 모든 개인이 계약을 통해 합의한 산물이다.

홉스의 시대에 국가는 곧 군주를 정점으로 하는 왕국과 동일시되었다. 《리바이어던》은 절대주의를 거부하고 최초로 국민 주권론을 옹호하면서 계약의 개념을 최초로 제기했으나, 홉스 자신도 왕당파와 의회파를 오락가락하는 정치적 입장을 취했을 정도로 아직까지는 왕국의 관념에서 벗어나지 못하고 있었다.

그러나 명예혁명으로 의회 민주주의의 기틀이 확립되는 로크의 시대에 이르면 역사의 방향은 한층 명확해진다. 이제 의회 민주주의를 기본으로 하는 국민국가의 성립은 역사적 추세이자 대세다. 그래서 로크는 군주의 편이 아닌 신흥 부르주아지의 편에서 국가를 규정한다. "정치권력이란 재산을 규제하고 보호하기 위해 사형을 비롯한 여러 가지 형벌을 가할 수 있는 법률을 만들 수 있는 권리이며, 그 법률을 시행하기 위해, 그리고 외부의 침략으로부터 방어하기 위해 공동체의 힘을 사용할 수 있는 권리이고, 이 모든 것은 공공복지만을 위해 행사하는 권리다."(《정부론》)

홉스가 제기한 계약의 개념에 로크는 시민의 재산과 권리를 덧붙였다. 이 결과를 종합한 계몽주의 삼총사의 막내인 루소는 본격적인 사회계약론을 정립한다. 그는 근대국가의 모든 기구와 제도가 바로 사회계약을 바탕으로 하고 있다는 것을 밝히면서 홉스와 로크보다 계약의 힘을 훨씬 강력한 것으로 간주한다. "국가와 개인의 계약은 사회계약을 기반으로 삼고 있으므로 합법적이고, 모든 사람에게 고루 통용되므로 공평하고, 오로지 일반의 복지만을 도모하므로 유익하고, 공공의 힘과 최고 권력의 보장을 받고 있으므로 확고하다."(《사회계약론》)

그러나 루소는 계약만으로 모든 것을 설명하지는 않는다. 계약은 근대국가의 성립을 설명해줄 뿐 국가의 구체적인 정치과정과는 관련이 없다. 홉스와 로크의 시대에는 주권의 주인이 누구냐를 밝히는 게 초점이었지만, 루소는 한층 업그레이드된 관점을 취해 '국민주권'이라는 생각을 당연한 것으로 전제하고 그것을 현실적으로 어떻게 운영할 것인가를 논한다. "정부를 수립하는 행위는 계약이 아니라 법이며, 행정권의 수탁자는 국민의 지배자가 아니라 관리이며, 국민은 관리를 원하는 대로 임명하거나 해임할 수 있으며, 관리는 계약을 맺는 것이 아니라 국민에게 복종함으로써 그 의무를 다하는 것이다."(같은 책)

루소에 이르러 정치는 누가 누구를 지배한다는 식의 근대적 성격에서 벗어나 행정이라는 현대적 의미를 지니기 시작한다. 관리(官吏)는 국민을 지배하는 게 아니라 다만 정부를 관리(管理)할 뿐이다. 이것이 바로 대의 민주주의의 기본 이념이다.

사회구성체

Social Formation

인간은 정신과 신체의 두 측면을 가지고 있다. 둘 중 어느 것이 더 중요한지는 사람에 따라 견해가 다르겠지만 어느 것이 더 근본적인지에 관해서는 누구나 견해가 일치할 것이다. 우선 신체의 생명 활동이 유지되어야만 정신 활동도 도모할 수 있다. 철학을 토론하고 예술을 음미하는 측면이 인간 본연의 모습에 더 가까울지 몰라도 그것이 가능하려면 의식주의 기본적인 욕구가 충족되어야 한다.

이 논리를 사회적 차원으로 확대하면 사회의 경제구조가 가장 기본적이라는 관점으로 이어진다. 사회는 여러 가지 층위의 다양한 부분으로 구성되지만 맨 밑바닥에는 경제의 층위가 있다. 물론 인간이 의식주만으로 살 수 없듯이 경제구조만 가지고 사회가 성립되지는 않는다. 그러나 경제구조가 있기 때문에 사회의 각 부문이 존립할 수 있을 뿐 아니라 경제는 그 부문들이 기능하는 방식에 결정적인 영향을 미친다. 경제가 무척 취약한 상황에서는 사회의 문화적 기능이 활성화되기 어렵다. 예를 들어 절대 빈곤에 시달리고 있는데 공공 재정으로 미술관을 짓는 것은 한가한 짓으로 손가락질을 받기 십상이다.

경제구조의 근본적인 중요성을 누구보다 강조한 사람은 마르크스다. 그의 역사적 유물론에 따르면 사회는 생산양식을 토대(하부구조)로 하고 그 위에 상부구조가 올라서는 구조를 취한다(→ 유물론). 생산양식은 생산력과 생산관계로 구성된다. 생산력이란 사회와 인간 생활을 유지하기 위해 필요한 물질적 재화를 생산하는 능력을 뜻하며, 생산관계란 생산과정에 투입된 인간들의 관계(구체적으로는 생산수단과 생산물을 누가 소유하는가)를 가리킨다. 상부구조는 사회에 존재하는 법, 정치, **이데올로기**, 문화, **예술** 등 경제구조를 제외한 모든 부문을 포함한다.

사회구성체는 토대와 상부구조가 결합된 것을 나타내는 개념이다. 언뜻 생각하면 그냥 사회라는 개념과 별로 차이가 없을 듯하지만, 사회구성체는 토대가 상부구조의 성격을 규정한다는 점을 강조한다. 그런 뚜렷한 기준이 있기 때문에 사회구성체의 개념을 사용하면 역사상 각 사회의 발전 단계를 비교할 수 있다.

마르크스는 토대의 성격, 즉 생산양식에 따라 역사적으로 존재했던 사회구성체를 네 단계로 구분했다. 첫째는 아시아적 단계인데, 이것은 지배계급이 원시적인 농업 **공동체**의 형태를 취하고 있는 피지배**계급**을 착취하는 사회구성체다(이 단계는 아시아에서만 발견되는 것도 아니고 아시아가 특정한 지역만을 뜻하는 말도 아니므로, 아시아 사회에 관한 마르크스의 편견을 보여준다). 둘째, 고대적 단계는 계급 구성이 확연해지고 노예제에 의해 사회적 생산력이 유지되는 사회구성체다. 셋째는 봉건적 단계이며, 마지막 넷째는 **자본주의**적 단계다. 여기에 마르크스의 시대에 현실로 드러나지 않았던 **사회주의**적 단계를 덧붙일 수도 있다.

사회구성체는 상당히 추상적이고 거시적인 개념이므로 구체적인 현실에 접목시켜 활용하기는 어렵다. 마르크스가 사회구성체의 개념을 정립한 이유도 생산양식의 변화에 따라 사회가 역사적으로 변화하는 과정을 비교함으로써 사회 발전 단계를 (다소 도식적인 위험을 감수하고) 일목요연하게 파악하기 위해서였다. 1980년대 중반에 우리 사회의 진보적 학술계와 사회운동권에서는 한국 사회라는 구체적 사회체에 사회구성체의 개념을 적용해 이른바 '사회구성체 논쟁'을 벌인 적이 있었는데, 진지한 논쟁이었으나 사회와 사회구성체를 근본적으로 혼동한 탓에 일어난 해프닝이었다.

사회주의 / 공산주의

Socialism/Communism

지난 20세기에 가장 중대한 역사적 사건이라면 두 차례의 세계대전과 더불어 사회주의의 등장과 붕괴를 꼽아야 할 것이다. 1917년 러시아 사회주의혁명으로 탄생한 사회주의국가는 **자본주의**만을 인류의 미래로 알고 있었던 전 세계에 새로운 대안을 제시했고, 특히 **제국주의** 열강에게 침탈당하던 수많은 **식민지**·종속국에게는 희망의 등불이 되었다. 제2차 세계대전이 끝난 뒤 중국을 비롯해 대다수 신생국들이 사회주의 체제를 택한 이유는 그 때문이다.

그러나 자본주의 진영에 맞서 제2세계를 이루며 한창 뻗어나가던 사회주의 진영은 냉전 시대를 거치며 세력이 위축되었고 결국 한 세기도 못 가 사실상 사회주의의 간판을 내리게 되었다. **착취**

와 불평등을 조장하고 비인간적인 이윤 추구를 바탕으로 하는 자본주의와 달리 적어도 **이데올로기**상으로는 인간 해방의 이념을 내세웠던 사회주의가 왜 체제 경쟁에서 실패하고 몰락했을까? 사회주의가 이상으로 추구하는 공산주의는 왜 끝내 현실화되지 못했을까?

자본주의에서는 시장에 참여하는 개인들이 각자 자기 이익을 추구하는 과정에서 사유재산과 소득분배가 결정되지만, 사회주의에서는 사회적 통제가 시장의 역할을 대신한다. 사회적 통제에 의해 사유재산과 소득분배가 결정된다는 것은 개인이 열심히 일해서 얻은 성과물을 사유화하는 데 제약이 따른다는 뜻이다. 언뜻 불합리해 보이는 그 원리는 사회주의 이념의 발생 자체가 자본주의 발전과 밀접한 관련이 있다는 사실을 알면 이해할 수 있다.

사회주의라는 말은 1830년경에 처음으로 사용되기 시작했는데, 이 시기는 산업혁명이 성숙기에 이르러 고전적 자본주의가 거의 완성될 무렵이었다. 자본주의는 인류 역사상 최대의 생산력, 각종 과학기술의 발전을 가져다주었지만 그만큼 인류를 행복하게 해준 것은 아니었다. 기계가 도입되어 노동자 1인당 생산량은 엄청나게 늘었어도 그로부터 얻어지는 이윤의 대부분은 노동자의 생활수준을 높이는 데 사용되지 않고 생산력을 더욱 늘리기 위해 투자되었다. 그 결과 자본주의가 가져온 비약적인 발전으로 빵의 크기를 키우는 데는 성공했으나, 자본가들은 빵을 함께 만든 사람들과 나누려 하지 않고 오히려 더 큰 빵을 만들기 위한 거름으로 쓰고자 했다. 여기에 자본주의사회의 근본적 **모순**이 있다.

자본주의적 생산은 사회적으로 이루어지지만 소유는 사적이다. 다시 말해 자본가와 더불어 수많은 노동자가 생산과정에 참여함에도 불구하고 그 결과물은 자본가들이 독점한다. 이 생산과 소유의 모순에서 사회주의의 이념이 나왔다.

초기 사회주의 이론가들은 무엇보다도 자본주의가 발전하면서 부수적으로 따르는 대다수 노동자들의 비참한 생활상에 주목했다. 당시에는 국가도 노골적으로 자본가의 편이었다. 예를 들면 지금과는 정반대로 노동시간을 줄이는 게 법으로 금지되었다. 프랑스의 푸리에, 생시몽, 영국의 오언이 주장한 사회주의사상은 사람들이 함께 생산적 **노동**을 하고 이익을 나누면서 즐거운 삶을 누린다는 소박한 취지를 가지고 있었다. 실제로 그들은 그 이념을 실현하기 위한 경제 **공동체**를 운영하기도 했다.

그러나 개인적 활동으로 구조적 모순을 해결하는 데는 한계가 있다. 초기 사회주의자들은 자본주의 제도가 노동자 개인의 생활상에 미치는 부정적 현상에만 주목한 나머지 자본주의의 문제점을 구조적으로 극복하려는 방법을 찾으려 하지 않았다. 그래서 후대의 사회주의에서는 이 초기 사회주의사상을 '공상적 사회주의'라고 부르며 이후의 '과학적 사회주의'와 구별한다.

1840년대까지 사회주의사상은 주로 프랑스와 영국에서 발전했다. 영국은 산업혁명을 이루고 자본주의가 고도로 발전한 나라였으므로 사회주의 실험의 경제적 무대로 적합했고, 프랑스는 프랑스혁명 이래로 혁명적 정치사상의 주요 무대였다. 그러나 두 나라는 사회주의 이념이 싹트기에는 좋았으나 기존의 권력이 강력한 탓에 사회주의가 만개하기에 알맞은 토양은 아니었다. 그런 탓에 이후 사회주의의 물결은 점차 독일로 넘어가게 되었다. 당시의 독일은 정치적으로도 분열되어 있었을 뿐만 아니라 경제적으로도 유럽의 후진국에 속했다. 게다가 독일은 철학의 태두였던 헤겔의 시대가 지난 뒤 극심한 사상적 혼란기에 있었으므로 새로운 사상이 둥지를 틀기에 좋은 조건이었다. 이런 배경에서 마르크스와 엥겔스의 과학적 사회주의 이론이 등장했다.

그들은 자본주의의 근본적 문제점이 생산수단의 사적 소유에 있다고 보았다. 생산수단을 자본가들이 소유하고 있는 한 노동자들은 아무리 생산력이 증대하더라도 그 수혜자가 될 수 없다. 또한 자본주의 제도에서는 자본가가 생산수단을 소유하고 마음대로 사용하기 때문에 필요한 만큼 상품을 생산하는 게 아니라 시장의 요구에 따라 생산하게 된다. 그러므로 자본주의적 생산은 무정부적일 수밖에 없으며, 따라서 주기적인 경제공황을 피할 수 없다. 그러나 생산수단이 국유화 또는 공유화되면 계획적으로 생산수단을 사용할 수 있으므로 필요한 만큼의 생산이 가능하고 쓸데없는 자원의 낭비도 줄일 수 있다. 그뿐만 아니라 대다수 노동자들이 빈곤해지고 소수의 자본가들만 부유해지는 경제적 불평등에서 벗어날 수 있다. "능력만큼 일하고 일한 만큼 소득을 얻는다." 이것이 사회주의의 모토였다.

그렇다면 자본주의는 인류 역사에서 애초에 없었어야 할 제도일까? 마르크스와 엥겔스는 그렇게 생각하지 않았다. 그들은 역사를 몇 가지 발전 단계로 나누어 사회주의를 자본주의 다음에 도래할 역사적인 단계로 보았다. 자본주의의 발전으로 사회의 총 생산력이 증대하면 사회주의로의 이행을 통해 자본주의의 문제점이 해결되고 이상적인 사회로 나아간다는 게 그들의 구상이었다. 그러나 공짜는 없다. 그 과정은 아무런 고통 없이 저절로 이루어지지는 않는다. 자본가들은 자기 손에 있는 생산수단을 그냥 양보하지 않을 것이다. 따라서 노동계급이 자본계급과 대결해 승리해야만 사회주의로 나아갈 수 있다. 그 과정이 바로 사회주의**혁명**이다.

노동계급은 인구의 대다수를 차지하고 자본주의는 내부 모순으로 언젠가는 성장을 멈출 것이므로 사회주의의 승리는 역사적 필연이다. 사회주의가 도래하면 생산수단이 노동자들에게 귀속될 것이며, 나아가 소수 지배계급을 위해 존재하던 국가가 사라지고 인류는 국가와 **계급**이 없는 평등한 사회에서 살 수 있게 될 것이다. 이것이 사회주의의 최종적 지향점인 공산주의 사회다. 공산주의의 모토는 사회주의의 모토에서 한 단계 업그레이드된다. "능력만큼 일하고 필요한 만큼 소득을 얻는다."

사회주의는 공산주의의 전 단계, 공산주의를 준비하는 예비 단계다. 사회주의에서는 생산수단이 공유화되므로 자본가에 의한 경제적 착취는 사라지지만 계급과 국가가 완전히 사라지지는 않는다. 공산주의에 이르러서야 계급과 국가가 사라진 무계급·무국가 사회가 탄생하게 된다. 그러나 공산주의로의 이행은 평화로이 이루어진다. 사회주의와 그 전 단계인 자본주의는 적대적 관계를 가지는 데 비해 사회주의와 다음 단계인 공산주의는 비적대적이며 연속적인 관계이기 때문이다.

마르크스와 엥겔스가 사뭇 낭만적으로 묘사한 공산주의 사회의 미래상은 이렇다. "공산주의 사회에서는 누구나 배타적인 활동 영역을 갖지 않으며, 사회가 생산 전반을 통제한다. 그래서 누구든 마음 내키는 대로 오늘은 이 일을, 내일은 저 일을 할 수 있다. 아침에는 사냥을 하고, 오후에는 낚시를 하고, 저녁에는 소를 몰고, 저녁식사를 한 뒤에는 문학 비평을 한다. 그러면서도 사냥꾼도, 어부도, 목동도, 비평가도 되지 않을 수 있다."(《독일 이데올로기》)

하지만 이런 서정적이고 이상적인 사회는 아직까지 실현되지 못했다. 소련을 중심으로 한 20세기 사회주의 세력은 현실 속에서 사회주의·공산주의 이념을 실현하지 못하고 자기 분열되고 말았다. 왜 그랬을까?

무릇 어떤 이념이 현실화되려면 그에 맞는 객관적 조건과 주체적 노력이 필요하다. 공산주의의 목표를 실현하려면 사회적 총 생산력이 상당한 정도에 도달해야만 한다. 각 개인이 능력만큼 일하고 필요한 만큼 소득을 얻는다는 것은 사회의 모든 구성원이 풍요와 복지를 누릴 수 있는 경제적 발전 수준에 올라야만 가능한 일이다. 현실 사회주의의 어떤 나라도 그런 조건을 갖추지는 못했다. 게다가 사회주의를 실현하려는 노력도 충분하지 못했다. 최초의 사회주의국가로 자처했던 소련은 대내적으로 무자비한 정치적 숙청을 단행했고 대외적으로는 위성국가들을 억압하고 간섭했다.

사회주의·공산주의 운동의 실패는 무엇보다 경제적으로 예고되어 있었다. 사회주의혁명 이후 소련은 자본주의적 성격이 농후한 신경제정책을 추진해 단기간에 외형적으로 성과를 거두었지만 처음부터 뒤져 있던 경제를 완전히 부흥시키지는 못했다. 유럽에서도 후진국이었던 러시아를 1950년대에 세계 최강국인 미국의 경쟁자라는 위치로 끌어올리는 데까지는 성공했으나, 이후에는 생산력이 갈수록 저하되고 국민들의 생활수준이 갈수록 낮아지는 추세를 면치 못했다.

현실 사회주의·공산주의 세력이 몰락했다고 해서 그 이념마저 무의미해진 것은 아니다. 그것은 역사상 처음으로 인간의 총체적 해방을 구호로 삼은 운동이었으므로 인간 해방이 이루어지기 전까지는 완전히 사라질 수 없다. 자본주의의 미덕인 **자유**와 사회주의의 미덕인 평등은 원래 서로 적대적인 가치가 아니다. 모든 사람이 평등하지 못하면 참된 자유가 없고 모든 사람이 자유롭지 못하면 참된 평등이 없다. 비록 현실의 사회주의·공산주의 실험은 실패로 돌아갔지만 자본주의가 평등의 가치에 소홀히 한다면 어떤 형태로든, 어떤 이름으로든 사회주의·공산주의 이념은 다시 역사의 무대에 재등장할 것이다.

삼위일체

Trinity

고대 이집트의 파라오는 신이라고 자칭했고 중국의 황제는 신의 아들을 자처했다. 이처럼 지배자가 자신을 신과 연계시킨 경우는 많았어도 종교의 창시자가 그런 경우는 없었다. 그런 점에서 예수 그리스도는 분명히 독특한 존재였다. 그래도 차라리 파라오처럼 신을 자칭했다면 괜찮았을 텐데, 그는 중국의 황제처럼 신의 아들로 자처했기 때문에 훗날 그 자신도 의도하지 않았던 중대한 문제를 초래했다.

그리스도교는 유대교를 모태로 했으므로 유일신은 이미 그전부터 존재하고 있었다. 그래서 그리스도는 자신이 신의 아들이라고 말할 수밖에 없었을 것이다. 신과 신의 아들, 신적 존재가 둘이 되었으나 당시에는 별 문제가 되지 않았다. 하지만 이스라엘 민족으로 교도를 제한한 유대교의 테두리를 벗어나 그리스도교의 교세가 성장하자 그 문제는 예상치 않게 중요해졌다. 교도들은 그리스도를 신처럼 섬기고자 했던 것이다.

신과 그리스도, 아무리 부자지간이라도 엄연히 다른 존재인 이상 자칫하면 유일 신앙이 무너질 판이었다. 신흥종교인 그리스도교가 세를 얻은 데는 유일 신앙의 요소가 적지 않은 비중을 차지했으므로 그럴 수는 없는 노릇이었다. 그리스도교권 내부에서는 물론이고 이교도들을 생각할 때 어떻게든 신과 그리스도의 관계를 납득할 수 있도록 해명해야 했다.

로마 황제 콘스탄티누스가 그리스도교를 공인한 4세기 초에 이 문제는 교회의 가장 시급한 쟁점으로 부각되었다. 그때부터 여러 차례 종교회의마다 이 주제가 다루어졌는데, 완전히 타결되기까지는 수 세기가 걸렸다. 거기서 나온 결론이 바로 삼위일체의 개념이다.

삼위일체란 신의 위격은 성부, 성자, 성령의 세 가지지만 본질은 하나라는 의미다. 여기서 성부란 원래의 신이고, 성자는 신의 아들인 그리스도이며, 이 양자를 잇는 역할을 하는 게 성령이다. 인간의 정신과 언어로는 세 가지로 여겨지지만 그 셋은 사실상 하나이며, 각각 신의 여러 발현태를 나타낸다.

하지만 셋이면서 하나라는 것은 아무래도 인간의 관점에서 보기에는 혼란스러울 수밖에 없다. 특히 이교도를 개종시키려 할 때는 설명하거나 설득하기가 복잡한 개념이었다. 그래서 삼위일체설은 종교회의에서 확정된 사항임에도 논란이 끊이지 않았다. 게다가 이단을 제거하기 위해 고안된 것이지만 오히려 삼위일체의 개념 때문에 생겨난 이단도 많았다.

삼위일체설이 처음 논의된 4세기부터 성직자들 내에서 이미 반발이 나왔다. 알렉산드리아의 사제인 아리우스는 그리스도의 신격(神格)을 인정할 수 없다면서 신은 언제나 하나뿐이라고 강력하게 주장했다. 신이라면 영원불변의 단일한 실체여야 하는데 그리스도에게는 그런 속성이 없다. 물론 그리스도가 신의 말씀을 전하러 왔고 인간이 지은 원죄를 대속(代贖)한 사실에 대해서는 부인할 수 없지만 그는 신의 사자요 심부름꾼에 불과하다는 게 아리우스의 논리였다.

삼위일체가 정설로 채택되면서 아리우스는 곧바로 이단으로 판정받고 파문을 당했으나, 그의 학설은 변방으로 널리 퍼져 로마제국 북부의 게르만족에게 전래되었다. 비록 이단의 교리를 주장했다 해도 게르만족이 그리스도교화된 데는 아리우스의 공헌이 컸던 셈이다. 더욱이 아리우스의 영향력은 수 세기 뒤에 아라비아에서 새로운 세계종교가 등장하는 데도 커다란 역할을 했다.

삼위일체설에 반대하는 논리는 로마제국이 멸망한 뒤 단성론(單性論)이라는 이름으로 불리면서 세력을 떨쳤다. 옛 로마제국의 중심부는 가톨릭교회의 관할이었고 동로마의 비잔티움 제국은 정교회가 장악하고 있었으므로 단성론은 그 동쪽의 중동과 아라비아, 이집트 등지에서 성행했다. 이런 종교적 환경에 힘입어 7세기 초에 아라비아의 마호메트는 신흥종교인 이슬람교를 창시했다.

교리가 서로 같지는 않지만 그리스도교처럼 이슬람교 역시 유일 신앙이고 강력한 포교 종교라는 속성도 마찬가지다. 그리스도교에서 마리아에게 예수의 잉태를 고지한 대천사 가브리엘은 이슬람교에서도 마호메트에게 계시를 내려 예루살렘으로 인도하는 역할을 한다(가브리엘의 아랍식 이름은 지브릴이다). 게다가 이슬람교에서는 예수 그리스도를 신으로 여기지는 않지만 마호메트처럼 예언자라고 간주한다.

정설이 생기면 이단도 생기게 마련이다. 역사적으로 볼 때 이슬람교는 그리스도교의 '이단'에서 출발했다고 볼 수 있다. 그리스도교에서 삼위일체설이 정설로 굳어짐에 따라 그것에 반대하고 예수의 신성을 부정한 입장이 결국 이슬람교의 탄생으로 이어졌다고 보면, 2001년 9·11 사태의 먼 뿌리도 거기에 있는지 모른다.

삶의 질
Quality of Life

한 어부가 고기잡이를 마친 뒤 배에서 늘어지게 낮잠을 자고 있는데, 마침 그곳을 지나던 사업가가 말을 건넸다.

"하루에 몇 번 고기잡이를 나가쇼?"

어부가 대답했다.

"한 번이오."

"여러 번 나가면 고기를 훨씬 더 많이 잡고 돈을 많이 벌 거 아니오?"

"많이 벌면?"

"돈이 많으면 훨씬 풍족하고 여유 있게 살 수 있지 않겠소? 일에 매달리지 않고 느긋하게 항구의 풍경을 즐기면서 말이오."

"내가 지금 그렇게 살고 있잖소!"

이 이야기에서 어부와 사업가는 삶의 질을 끌어올린다는 공통의 목표를 가지고 있다. 차이가 있다면 사업가는 돈이 삶의 질적 향상을 가져다줄 수 있다고 믿는 데 비해 어부는 이미 삶의 질을 충분히 누리고 있다는 점이다. 누가 정답에 더 가까운지는 자명하다. 어차피 돈을 벌어 삶의 질을 살 거라면 돈을 버는 힘든 과정을 생략한 어부가 지름길에 있는 거니까.

흔히 삶의 질은 빈곤이 해소된 뒤에야 고려되는 것으로 생각하지만 앞의 이야기를 보면 반드시 그렇지만도 않다. 이야기에 나오는 어부는 '하루 벌어 하루 산다는 의미에서' 외부인(사업가)의 시

ㅅ

선으로 보면 빈민에 속하지만 정작 당사자는 전혀 그렇게 생각하지 않는다. 빈곤 자체도 그럴진대 삶의 질을 객관적인 지표로만 판단할 수는 없다.

하지만 현대사회에서는 각종 지표를 동원해 삶의 질을 평가하는 게 보통이다. GDP, 사회 민주화, 경제적 불평등, 정치 참여도, 보건, 교육, 심지어 성적 평등의 정도도 지표가 된다. 그런 탓에 마치 삶의 질을 나타내는 척도가 여러 가지인 듯 여겨진다. 그러나 앞의 이야기에서 보듯이 삶의 질이 여러 가지라기보다는 삶의 질을 확보하는 방도가 여러 가지일 뿐이다.

물론 삶의 질은 주관적인 측면이 있으므로 각 사회가 추구하는 가치관에 따라, 또는 각 개인마다 다를 수 있다. 대체로 기본적인 의식주의 충족, 건강, 행복, 건전한 사회관계 등 몇 가지로 압축되지만, 그런 요소들을 지수화하는 것은 쾌락을 양화하려 한 벤담의 시도(→공리주의)처럼 결국 실패하게 마련이다.

삶의 질을 평가하는 비교적 객관적인 척도는 디그니티(dignity)다. 이 영어 단어는 보통 '존엄성'이라는 뜻으로 쓰이지만, '자존심'이나 '체면'을 뜻하기도 한다. 본래 좋은 의미로 사용되는 단어이므로 '쓸데없는 자존심'이나 '허식적인 체면'이 아니라 품위와 기품을 갖춘 자존심과 체면을 가리킨다. 디그니티가 보장되는 사회, 즉 많은 구성원들이 각자 자신의 품위를 지키며 살아갈 수 있는 사회라면 삶의 질이 높다.

개인적인 차원에서 디그니티는 진정한 자기애(自己愛)를 포함한다. 자신을 진정으로 사랑하는 사람이라면 당연히 자존심과 체면을 잃는 것을 두려워한다. 이것은 도덕과는 다르다. 예를 들어 자신의 디그니티를 중시하는 관리가 뇌물의 유혹을 받는다면, 도덕을 떠올리지 않더라도 "그 정도의 뇌물에 내 자존심과 체면을 팔기는 싫다."라는 결론을 내릴 수 있다.

국가도 일종의 법인(法人)이라고 보면 국가적 차원의 디그니티도 찾을 수 있다. 이른바 국격이라고 말하는 것이 국가의 디그니티다. 개인의 디그니티에 살아온 내력이 반영되어 있듯이 국격도 저절로 생겨난 게 아니라 역사의 산물이다. 흔히 자원이 풍부하고 인구가 많은 국가를 강국이라고 간주하지만 그에 못지않게 중요한 강국의 조건은 역사다. 개인적으로도 비천한 방법으로 부를 쌓은 졸부가 디그니티를 가질 수 없듯이 침략과 정복으로 국부를 늘린 국가는 국격을 가질 수 없다.

개인적으로나 국가적으로나 디그니티를 척도로 삶의 질을 평가하면, 지표상의 기준과 같은 객관적 측면과 더불어 각 개인이나 국가의 가치관과 같은 주관적 측면을 포함시킬 수 있다. 세계화와 **신자유주의**가 위험한 것은 각국의, 혹은 각자의 디그니티를 고려하지 않고 삶의 질을 평가하는 척도를 표준화시킨다는 데 있다. 세계가 단일한 시장으로 편성되면 모든 척도가 일원화되므로 앞의 이야기에 나오는 사업가는 유리해지지만 어부가 가진 삶의 질은 파괴된다. 삶을 다양하게 만드는 다원화와 **소수자**의 척도는 무시되고 일반화된 삶의 질이 모두에게 강요된다.

상대성

Relativity

북극성은 지구에서 약 800광년 떨어진 거리에 있다. 그러니까 지금 우리 눈에 와 닿는 별빛은 800년 전인 고려 시대에 북극성을 출발한 것이다. 만약 북극성이 고려가 망하고 조선이 건국된 14세기 무렵에 갑자기 폭발을 일으켜 백색왜성이 되어버렸다면 어떨까? 그렇다 해도 우리는 앞으로 200년이 지나기 전까지는 그 사실을 알 수 없다. 그렇다면 그 사건은 일어났다고 해야 할까, 안 일어났다고 해야 할까?

일상생활에서는 사건의 동시성이 당연시된다. 내가 건너려던 횡단보도에서 교통사고가 났다면 나는 거의 동시적으로 그 사건을 인지할 수 있다. 그러나 거리가 멀어지면 동시성의 개념이 흔들리기 시작한다. 번개와 천둥은 동시에 치지만 천둥소리는 번개보다 몇 초 늦게 전달된다. 그래도 음파의 속도는 빛의 속도에 비할 바가 아니고, 우리는 동시성을 주로 시각적으로 경험하기 때문에 그 정도의 차이는 무시할 수 있다. 하지만 우주적 관점에서 본다면 엄밀히 말해 사건의 동시성이란 없다.

뉴턴역학은 시간과 공간의 기준 좌표계를 바탕으로 한다. 관성의 법칙과 가속도의 법칙은 모두 물체가 어느 시간에 어느 공간만큼 이동하느냐를 기준으로 성립한다. 칸트가 시간과 공간을 감성의 형식으로 설정한 데도 뉴턴의 영향력이 컸다(→아프리오리/아포스테리오리). 이런 시간과 공간의 개념은 200년 동안 아무런 문제 없이 두루 통용되었다. 그러나 19세기 후반에 맥스웰의 전자기학은 전자를 가진 물체나 자석이 작용할 때 그 힘이 전자기파의 속도(=광속)로 전달된다는 사실을 밝혀냈다. 그전까지의 역학에서는 힘이 전달되는 시간을 무시했으나 이제는 아무리 짧더라도 시간이 걸린다는 사실을 감안하지 않을 수 없게 된 것이다. 고대에 아르키메데스는 지구만큼 긴 지레를 준다면 지구를 들 수 있다고 장담했으나 이제는 그런 지레가 있다 해도 불가능한 일로 판명되었다.

조금이라도 동시성이 무너지면 관점의 문제가 등장한다. 일상생활에서는 무시해도 좋을 차이지만 미세하게나마 관찰자가 사건의 앞쪽에 있느냐, 뒤쪽에 있느냐에 따라 사건이 전달되는 시간은 달라지게 된다. 절대적 관점이란 없다! 여기서 상대성의 개념이 나왔고, 이 개념을 바탕으로 아인슈타인은 상대성이론을 구성했다.

1905년에 발표한 특수상대성이론은 광속이 불변이라는 간단한 전제에서 출발한다. "진리는 단순한 것"이라고 믿고 수학을 싫어한 아인슈타인은 '사고의 실험'으로 상대성의 개념을 설명한다. 고속으로 달리는 열차가 있다고 하자. 이 열차의 객실 바닥에 전구를 놓고 그 바로 위 천장에는 거울을 붙여놓는다. 전구를 켜면 그 빛은 천장까지 수직으로 올라갔다가 거울에 반사되어 바닥으로 되돌아온다. 따라서 빛이 움직인 거리는 바닥에서 천장을 왕복한 거리다. 적어도 열차 안에서 보면 그렇다.

하지만 열차 밖에서 보면 다르다. 열차가 달리고 있기 때문에 전구의 빛은 수직이 아니라 살짝 삐딱하게 올라갔다가 삐딱하게 내려온다. 이 경우에는 빛이 이동한 거리가 열차 안에서 측정할 때보다 조금이라도 길어진다. 동일한 사건을 두고 빛이 이동한 거리가 서로 달라졌다는 것은 무슨 뜻일까?

속도는 특정한 시간 동안 물체가 이동한 거리로 계산되며, 빛의 속도는 불변이다. 또한 동일한 사건이므로 빛이 이동한 거리는 서로 같다. 그렇다면 그 사고의 실험이 말해주는 것은 한 가지뿐이다. 시간이 달라야 한다. 즉 열차 안에서 측정한 시간과 열차 밖에서 측정한 시간은 서로 다르다.

이렇게 해서 뉴턴역학과 칸트철학에서 고정된 두 개의 축으로 여겼던 시간과 공간은 하나로 뭉뚱그려진다. '시간+공간', 이 개념을 아인슈타인은 시공간이라고 부른다. 북극성까지의 거리가 800광년이라는 말에는 이미 시간과 공간이 합쳐져 있다(광속 자체가 시간과 동시에 공간을 나타내는 단위다).

특수상대성이론은 $E=mC^2$이라는 간단한 공식을 통해 질량은 곧 에너지라는 것을 밝혔고, 소량의 질량으로도 엄청난 에너지를 만들 수 있는 원리를 제시함으로써 핵에너지의 가능성을 열었다. 그러나 물리학 이외의 분야에서 특수상대성이론의 최대 성과는 바로 상대성의 개념을 확립한 데 있다.

아인슈타인이 1916년에 발표한 일반상대성이론은 상대성의 개념을 더욱 강화한다. 특수상대성이론이 관점의 상대성을 증명했다면 일반상대성이론은 중력과 가속도도 상대적이라는 것을 증명했다. 뉴턴역학에서는 가속도가 모든 물체에 동일하다고 가정되었다(그에 앞서 갈릴레이는 피사의 사탑에서 했던 유명한 낙하 실험을 통해 그 사실을 증명한 바 있다). 예를 들어 줄이 끊어진 엘리베이터 안에서는 모든 것이 같은 가속도로 움직이므로 상대적인 가속을 느끼지 못한다. 바닥에 떨어져도 중력이 작용한 것인지, 가속도가 작용한 것인지 알 수 없다. 쉽게 말해 엘리베이터가 떨어지는 것인지, 바닥이 솟아오르는 것인지 알 수 없다는 이야기다.

이 등가 원리와 더불어 일반상대성이론에서는 시공간이 굴절되어 있다는 가설을 제안했다. 우주 공간에서는 천체들이 가진 중력으로 인해 시공간이 휘어 있다. 이 가설은 1919년의 개기일식에서 증명되었다. 태양의 뒤편에 있어 보이지 않아야 할 별빛이 태양의 중력에 의해 휜 탓에 망원경으로 관측된 것이다.

시간과 공간의 통일, 에너지와 질량의 통일, 중력과 가속도의 통일 등 상대성이론은 그전까지 서로 별개의 것이라고 생각되던 물리학의 요소들을 하나로 묶음으로써 과학에서의 이원론을 극복했다. 자연에 존재하는 모든 힘을 하나로 통일하려는 통일장 이론은 일반상대성이론에 바탕을 두고 있다.

상대성의 개념은 전통적으로 과학 발전의 핵심적인 사고방식이었던 **주관**과 **객관**의 확실성을 **해체**했다. 하나의 사건이 복수의 시간 지평을 가진다는 사실은 전통적인 의미에서의 확실한 앎 또는 절대적 진리라는 것을 송두리째 뒤흔들었다. 같은 시대에 후설, 니체, 하이데거 같은 철학자들도 비슷한 점을 포착했다는 사실은 사유가 얼마나 동시대적인지 잘 보여준다.

상품

Commodity

경제적으로 보면 우리의 삶은 끊임없이 뭔가를 소비하는 과정이다. 의식주의 기본 생활, 나아가 각종 문화생활과 사회 활동도 소비를 떼어놓고는 진행될 수 없다. 소비되는 것을 흔히 상품이라고 부르는데, 더 정확히 말하면 상품이라기보다는 재화다. 용도는 같아도 재화는 소비를 목적으로 하고 상품은 시장에서의 판매를 목적으로 한다는 점에서 차이가 있다. 그래서 재화는 인류 역사상 언제나 있었지만 상품은 **자본주의** 시대에 출현했다. 마르크스가 《자본론》을 상품의 분석으로 시작하는 이유는 거기에 있다.

"자본주의에서는 장사꾼이 최고이고, **사회주의**에서는 공직자가 최고다."

지나간 냉전 시대에 이런 말이 있었다. 자본주의는 자유경쟁을 기본으로 하므로 물건을 싸게 사서 비싸게 파는 장사가 가장 돈을 많이 벌 수 있는 일이며, 사회주의는 **관료제**의 폐해로 국가기관이 부패했으므로 정부 고위 관리라든가 고급 당원들이 배불리 먹고 산다는 이야기다.

사회주의야 이제는 세계 무대에서 뒷전으로 물러난 상황이니까 그렇다 치더라도 자본주의에 관한 이야기는 정말 옳은 걸까? 자본주의에서는 정말 장사꾼이 최고일까? 자본주의의 역사를 보아도 그럴듯한 이야기인 것은 사실이다. 자본주의는 애초부터 상업의 발달과 밀접한 관계가 있었다. 중세의 상인들이 수공업자들을 조직하여, 이들에게 자본과 도구를 빌려주고 물건을 생산하게 한 뒤 그 물건을 시장에서 팔아 이윤을 얻은 데서 자본주의가 출발했다. 그러나 자본주의가 성숙하고 만개한 현대사회에서도 여전히 그럴까?

자본주의는 상품에 기초한 사회다. 상품은 그냥 물건과는 달리 누군가에게 소비된다는 일차적 기능 이외에 시장에서 화폐라는 다른 상품과 교환된다는 이차적 기능을 가지고 있다(→ 가치). 자본주의 이전의 사회에서도 재화는 있었지만 상품은 없었다. 상품은 그것이 판매될 수 있는 시장을 전제로 **생산**되는 것이기 때문에 시장이 형성되어 있지 않다면 상품도 있을 수 없다. 목수가 집안에서 쓰기 위해 의자를 만들었다면 그것은 재화가 되지만 시장에 내다 팔기 위해 만들었다면 그것은 상품이 된다(→ 노동).

이렇게 상품에는 생산과 유통이라는 두 가지 주요한 측면이 있다. 자본주의에서는 생산되는 것은 모두 시장에서 유통되며, 유통될 수 없는 것은 생산되지 않는다. 생산된 상품의 유통을 맡은 사람은 바로 장사꾼이다. 자본주의에서는 장사꾼이 최고라는 말은 만드는 이에 비해서 파는 이가 더 많은 이익을 남긴다는 뜻이다.

사실 자본주의가 어느 정도 성장하면 바로 그런 문제가 두드러지게 된다. 기술의 혁신이 이루어진 결과 상품을 생산하는 과정은 갈수록 단순해지고 같은 상품의 대량생산이 쉬워진다. 그 반면 상품의 유통이란 상품의 최종 소비자와 관계가 있으므로 아무리 기술혁신이 있다 해도 생산에 비해서는 우회로를 많이 거칠 수밖에 없다. 따라서 자본주의에서는 장사꾼이 최고라는 말은 불행하게도 옳은 이야기다. 자본주의가 성숙할수록 제조업의 이윤이 적어지고 유통 마진이 커지는 현상은 그 때문이다.

마르크스주의 경제학에서 상품의 유통은 비생산적 분야에 속한다. 물론 그렇다고 해서 유통 분야가 중요하지 않은 것은 아니지만 경제의 기초는 역시 생산에 있다. 상품이 유통되기 위해서는 먼저 상품이 생산되어야 한다. 상품을 만드는 공장이 없다면 상품을 파는 상점이 있을 수 없다.

그러나 현대사회에 들어 상품의 개념은 단순히 공장에서 생산되는 제품만을 가리키지 않게 되었다. 산업혁명 이래 지금까지의 산업이라는 개념에는 주로 제조업의 의미가 컸다. 즉 재화를 대량으로 만들어서 파는 것이 곧 산업이었다. 제조업을 뜻하는 영어 단어 manufacture도 '손'을 뜻하는 manu와 '만든다'는 뜻의 facture가 합쳐져 이루어진 말이다.

하지만 그런 고전적인 산업 개념은 현대에 들어 많이 바뀌었다. 이른바 '물류'라고 부르는 유통업 분야도 산업의 중요한 갈래이며, 서비스업도 중요한 산업이다. 또한 상품의 의미도 예전처럼 뭔가 물건의 형태를 띠는 것뿐만 아니라 무형의 것까지 사고팔 수 있는 것이면 무엇이든지 가리키는 것으로 바뀌었다. 예를 들어 은행에서 취급하는 '금융 상품'이나 여행사에서 취급하는 '관광 상품'은 고전적인 의미의 실물 상품과는 거리가 멀지만 어엿한 상품의 한 종류다. 상품의 가치는 여전히 **노동**이 만들어내지만 과거처럼 노동의 직접적인 산물은 아니다.

이렇듯 경제구조, 생산, 노동의 개념이 복잡해진 현대 세계에서

21세기를 지배할 산업과 상품은 무얼까? 경제학자, 사회학자, 미래학자마다 각기 달리 꼽을 수 있겠지만 공통분모를 추출해보면 정보통신 산업과 문화 산업이다.

정보통신 산업은 20세기 산업의 막내 격으로서 첨단 산업의 대명사가 되었다. 이동통신과 컴퓨터 통신은 인터넷과 SNS으로 진화하면서, 개인과 세계를 직접 연결하는 본격적인 개인 통신의 시대를 열었다. 전화가 발명된 지 100년 만에 정보통신 산업은 현대 생활에서 가장 비중 있는 산업 분야로 확고히 자리 잡았다. 사실 통신 산업이 그 자체로 만드는 '상품'은 없다. 그러나 현대 세계에서는 정보를 장악하는 것이 곧 세계를 지배하는 것이 될 만큼 정보가 여느 실물 상품보다 중요한 위치를 차지한다.

생활의 양식도 정보통신 산업의 발달로 크게 달라지고 있다. 홈쇼핑과 홈뱅킹은 물론 집에서 업무를 보고 회의를 할 수 있는 재택 근무와 화상회의 같은 시스템도 정보통신의 도움이 없으면 불가능하다. 이처럼 다른 산업 분야와 인간 생활에 지대한 영향을 미치는 만큼 정보통신 산업은 전통적인 상품을 생산하지 않으면서도 막대한 부가가치를 낳는 하이테크 산업으로서 인식되고 있다.

정보통신 산업과 더불어 첨단 산업으로 주목받고 있는 것은 문화 산업이다. 이것은 문화 상품이라는 구체적인 상품 형태를 가지기는 하지만 이 상품 역시 전통적인 상품과는 거리가 있다. 문화 상품도 기존의 상품처럼 사고팔 수 있으나, 물건을 주고받는 게 아니라 문화 상품의 소비, 즉 문화에 대한 향유와 수용을 담보로 돈을 지불하는 형식을 취한다.

아직도 지구상에는 먹고사는 문제가 절실한 절대 빈곤의 사회들이 남아 있지만, 예전에 비해서는 상당히 줄어들었다. 기본 생활 요건이 충족되면 인간은 문화적인 욕구를 상대적으로 더욱 키우게 마련이다. 문화 산업이 경제적으로 성공할 수 있는 토양은 바로 여기에 있다.

'물건'이라는 구체적인 매개체가 없는데도 고부가가치를 낳는 게 문화 산업의 특징이다. 영화나 소설 한 작품이 크게 히트하면 자동차 수백만 대를 판매한 것과 맞먹는 경제적 효과를 거두는 시대다. 비틀스로 유명한 영국의 팝 음악이 거두는 순익은 세계적 대기업의 순익을 능가한다. 더구나 문화 상품은 생산 라인을 갖춰야 하는 것도 아니고 대규모 공장 부지가 필요한 것도 아니다. 다른 상품에 비해 설비가 필요 없고 생산원가도 거의 들지 않기 때문에 특히 부가가치가 높다.

정보통신 산업과 문화 산업은 둘 다 기존의 상품 개념에서 크게 벗어난 상품을 생산한다는 점에서, 그리고 기존의 산업 분야보다 부가가치가 높다는 점에서 미래형 산업의 특징을 지닌다. 그러나 두 산업 모두 생산된 상품 자체는 단순해 보이지만 그 '제조 기술'은 결코 단순하지 않다. 이 분야의 상품을 만드는 데는 장기적인 투자와 노력 또는 혁신적인 아이디어가 필요하다. 반도체를 소형화하기 위해서는 수십 년간의 기술 축적이 필요하며, 불과 두 시간 동안 감상하는 영화 한 편, 단 5분 즐기는 노래 한 곡을 만들기 위해서는 개인의 창의성을 중시하는 오랜 사회·문화적 배경이 있어야 한다. 이런 축적과 배경을 '죽은 노동'(→ 노동)이라고 본다면, 정보와 문화의 상품도 생산에 투입된 노동량으로 가치를 측정하는 전통적 상품과 근본적으로 다르지는 않다.

상호주관성

Intersubjectivity

철학자란 원래 쉬운 말을 어렵게 하는 데 익숙하다고 한다. "나는 강아지를 보고 있다."라는 평범한 상황도 철학자는 "주체인 나는 대상인 강아지를 주변 세계와 함께 총체적으로 인식하고 있다."라고 말해야 직성이 풀리는 사람이다. 별것 아닌 일도 철학자에게 가면 마치 대단히 중대한 문제인 양 포장되고 과장된다.

수 세기 동안 **인식론**의 테마가 되어왔던 주체와 대상, **주관**과 **객관**의 문제도 그렇다. 철학자들은 주관/객관의 분리가 엄청나게 심각한 위기라도 초래하는 것처럼 호들갑을 떨었다. 물론 주관/객관의 확연한 분리를 노골적으로 내세우는 **실증주의** 인식론에는 허점이 많다. 실증주의는 사물만이 아니라 인간마저도 조잡한 방식으로 대상화시킴으로써 살아 있는 인간을 그대로 이해하지 못하고 이리저리 분석하고 해부해 죽은 인간으로 만들었다.

하지만 실증주의의 문제를 해결하기 위해 주체의 차원을 아예 팽개쳐버린 **구조주의** 인식론은 더 큰 잘못이다. 존재하는 게 자명한 주체를 굳이 포기하는 이유가 무얼까? 주체의 포기가 가능하

ㅅ

기는 할까? 주체가 주체의 문을 닫아거는 구조주의는 주체가 주체를 객체화하는 실증주의와 마찬가지로 논리적 **모순**이 아닐까?

그보다는 현상학적 해법이 훨씬 더 유용할 수 있다. 후설은 인간이 세계를 인식하는 것을 '자연적 태도'라고 부르며 주관/객관의 분리 이전에 인간은 세계를 총체적으로 인식할 줄 안다고 말했다. "내가 세계를 인식한다는 것은 곧 내가 세계를 직접적이고 직관적으로 발견하며 경험한다는 뜻이다. 나는 특별한 관심을 기울이지 않아도 내게 그냥 주어져 있는 시각, 촉각, 청각 등의 신체적 감각을 통해 세계를 경험하는 것이다."(《순수 현상학과 현상학적 철학의 이념》)

이런 관점에서 후설은 생활세계(Lebenswelt)의 개념을 발전시켰다. 생활세계 속에서 인간은 인식 과정을 상세히 분석하기 전에 자연스러운 태도로 세계를 인식하며 경험한다. 즉 인간은 주관/객관의 분리를 따지기 전에 이미 세계에 참여하고 있는 것이다. 여기서 하버마스는 상호주관성의 개념을 도출한다.

후설의 제자인 하이데거는 **현존재**라는 개념을 만들어 인간이 세계 속에 존재하면서 동시에 세계를 대상화하는 이중적 존재 방식을 취한다는 결론을 내렸다. 그러나 하버마스는 그런 식으로 생각하면 주체의 문제를 궁극적으로 해결할 수 없다고 본다. 아무리 하이데거 자신은 부정한다 하더라도 그의 방법은 주체의 위치를 세계 외적 위치(반성적 주체, 초월적 자아)와 세계 내적 위치(전반성적 주체, 경험적 자아)로 분열시키게 될 수밖에 없기 때문이다. 그 분열된 두 주체를 억지로 매개하려 한다면 그토록 거부하던 실증주의의 함정에 빠지게 될 뿐이다.

하버마스는 주체의 분열을 애초에 문제 삼을 필요가 없다고 말한다. 상식적으로 보면 주체는 분열되어 있지 않다. 생활세계 속에서 사람들이 의견을 나누고 의사소통을 한다는 사실은 곧 주체와 대상이 자연스럽게 통합되어 있음을 나타낸다. 거꾸로 말하면 주체와 대상이 통합되어 있기 때문에 의사소통이 가능한 것이다. 이것이 바로 상호주관성이다. 주체는 이미 언어를 통해 상호작용에 참여하고 있다. 주관과 객관을 논하기 전에 이미 상호주관적이다. 과거의 주관/객관 개념은 잘 돌아가고 있는 생활세계를 쓸데없이 분리하려는 것에 불과하다.

물론 생활세계에 상호주관성이 작용한다고 해서 개인들 간의 의사소통이 언제나 만족스럽게 이루어지는 것은 아니다. 하지만 하버마스는 구조주의자들처럼 언어를 통한 의사소통이 애초에 불가능하다고 믿는 것은 잘못이라고 본다. 사회가 존속한다는 사실은 적어도 의사소통이 부분적으로는 기능한다는 것을 증명한다. 문제는 이 의사소통의 통로를 최대한 넓혀 상호주관성이 완벽하게 작용하도록 하는 데 있다.

하버마스는 현대사회의 의사소통이 체계적으로 왜곡되어 있다고 말한다. "사적 영역은 경제 제도에 의해 침해당하고 공적 영역은 행정 제도에 의해 침해당한다."(《의사소통행위이론》) 사적 의사소통은 자본 축적의 논리에 의해, 공적 의사소통은 관료제에 의해 왜곡되어 있다. 그 결과 생활세계가 식민지화된다. 그러므로 하버마스의 해법은 생활세계를 자본과 관료제의 억압으로부터 해방시켜 상호주관성에 의한 투명한 의사소통 구조를 확립하는 것이다. 이 의사소통은 **이성**을 기반으로 한다.

하버마스는 이성 자체를 폐기되어야 할 것으로 보지 않고 이성의 기획이 아직 끝나지 않았다고 본다는 점에서, 포스트모더니즘 계열과 달리 **계몽주의**의 정신을 포기하지 않는다. 계몽을 끝까지 밀어붙여 보지도 않고 계몽의 기획을 포기하는 것은 잘못이라는 건전한 태도다. 그러나 만약 이성이 회생 불가능한 병에 걸려 있다면 그의 계몽주의는 뇌사 상태로마나 이성을 살려놓겠다는 안타까운 '모성'이 아닐까? 투명한 의사소통으로 상호주관성을 확보할 수 있다는 그의 믿음이 안쓰러워 보이는 이유는 그 때문이다.

생산

Production

생산과 창조는 둘 다 뭔가를 만든다는 뜻이지만 내용은 상당히 다르다. "무에서 유를 창조한다."라는 말이 있듯이 창조는 아무것도 없는 상태에서 뭔가를 만드는 것을 가리키는 데 반해, 생산은 기존의 재료를 가공해 뭔가를 만든다는 의미다. 그러므로 생산은 일종의 변형 과정이라고 할 수 있다.

경제적 생산은 전형적인 변형을 의미한다. 경제활동으로서의 생산은 자연에서 얻은 재료에 **노동** 같은 작용을 가해 재화로 변형시키는 행위를 의미한다. 그 결과 생산은 **가치**를 낳게 된다. 그냥 돌멩이라면 가치가 없지만 돌멩이를 가지고 석공이 끌로 작용을 가하면 조각상이라는 가치를 지닌 재화가 생산된다. 즉 경제적 생산은 노동자가 노동대상에 노동수단과 노동력을 가해 **상품**을 만드는 과정이다.

그러나 생산이라는 **개념**은 경제적 내용만 가지지 않는다. 현대 사회에서 경제적 생산에 못지않게 중요한 것은 지식의 생산이다. 지식은 담론들이 결합된 결과로 형성된다. 지식을 낳는 담론들은 과거 지식을 구성하는 담론들과 연속적인(때로는 불연속적인) 연관을 지닌다. 그렇기 때문에 지식은 창조되는 게 아니라 생산되는 것이다. **구조주의 인식론**으로 지식을 바라본 푸코는 담론들을 결합시키는 인식론적 체계로 에피스테메(epistēmē)라는 개념을 도입한다.

고대 그리스철학자들은 에피스테메를 '참된 지식'이라는 뜻으로 사용했으나 푸코는 지식을 포함해 인식, 실천, 행위를 규제하는 숨겨진 구조적 질서를 에피스테메라고 부른다. 쉽게 말하면 인식을 가능케 하는 인식의 틀이라고 할 수 있다(에피스테메는 인식론을 뜻하는 epistemology와 같은 어원이다).

인간 이성이 깨어난 르네상스 시대 이후 에피스테메는 역사적으로 몇 가지 양태로 변천되어왔다. 각 에피스테메의 범위 안에서는 지식을 구성하는 담론들이 연속성을 취하지만 해당 에피스테메를 넘어설 때는 불연속적이 된다. 쿤이 말하는 과학혁명의 구조와 비슷하다(→패러다임).

ㅅ

르네상스 시대에는 유사성의 에피스테메가 지배적이었다. 풍차를 거인으로 착각하고 무모한 도전장을 던진 돈키호테는 바로 그 에피스테메를 대변한다. 그렇다고 해서 그 시대에만 유사성의 에피스테메를 볼 수 있는 것은 아니다. 우유를 마시면 얼굴이 하얘진다든가 호두를 먹으면 머리가 좋아진다는 현대의 속설은 '우유=흰색, 호두=뇌 모양'의 유사성에서 비롯된 사고다.

17~18세기 고전주의 시대의 에피스테메는 표상을 특성으로 한다. 이 시대에는 사물과 인식이 1대 1로 대응한다고 믿었고, 표상이 사물을 있는 그대로 반영한다고 보았다. 다소 조잡하고 원시적인 사고인데, 이 에피스테메의 구체적 표현은 구분과 분류다. 그에 따르면 르네상스 시대에 영웅적으로 보였던 돈키호테의 행위는 미친 짓으로 분류된다.

19세기부터 싹튼 근대의 에피스테메에서는 이성이 모든 것의 중심이 되고 인식의 주체로 등장한다. 인간 주체에게는 과거와 같은 표상으로 설명할 수 없는 측면이 존재한다. 인간은 사물처럼 표상되는 존재가 아니라 사물을 표상하는 특권적 지위를 가진 존재다. 인간의 존엄성, 정치적 자유, 노동, 해방 등의 이념들이 이 시대의 산물이다.

이 구분을 현대에 적용하면, 현대는 인간이 중심에서 탈락하고 구조가 중심에 놓이는 에피스테메의 시대에 해당한다.

푸코의 에피스테메는 지식의 산물이 아니라 그 반대로 지식을 생산하는 기능을 한다. 지식은 설명하는 대상을 필요로 하지만 에피스테메는 지식 자체를 가능케 하는 틀이므로 특정한 지식과는 무관하다. 게다가 에피스테메는 의식적으로 만든 게 아니라 무의식적으로 작용하는 인식 틀이다(그렇기 때문에 개별 지식으로 에피스테메를 관통할 수는 없다. 모든 사고는 '그 시대의 사고'라는 말과 같은 의미다). 마치 현대 **자본주의**에서 상품이 거의 무의식적인 과정을 통해 생산되듯이.

푸코가 말하는 지식의 생산과 비슷한 맥락에서, 프랑스의 구조주의 철학자 알튀세르는 **이데올로기**의 생산이라고 부른다. 그가 말하는 이데올로기는 기원도 역사도 없고, 누구나 당연시하고 넘어가는 일종의 **무의식**이다.

개인적 차원에서 이데올로기는 벗을 수 없는 색안경과 같다. 모든 개인은 이데올로기를 가지고 있으며, 그것에서 벗어날 수 없다. 예를 들어 나는 자유로운 인간존재인 것 같지만 실은 내 부모님의 둘째 딸이고 어떤 이름으로 불리고 어떤 학교를 다니는 학생이다. 나의 여러 가지 사회적 관계 가운데 내가 선택한 것은 거의 없다. 친구를 선택하는 정도가 나의 선택이라고 할 수 있지만 그것도 순전한 자유의지는 아니다(나의 성장 환경이나 가치관이 작용했을 테니까). 심지어 내가 자유로운 인간이라고 생각하는 것조차 내가 선택했다기보다는 무의식적으로 작용하는 이데올로기다. 이처럼 이데올로기는 현실을 보는 창문과 같은 역할로서, 사고와 행위를 제약하면서 동시에 사고와 행위를 가능케 한다.

알튀세르는 개인적 이데올로기보다 사회적 이데올로기가 생산되고 재생산되는 과정에 주목한다. 자본주의적 사회질서가 유지되기 위해서는 노동력이 지속적으로 공급되어야 하는데, 그러려면 계급 관계가 끊임없이 재생산되어야 한다. 쉽게 말해 노동자가 자신을 노동자로서 의식하고 그에 따르는 질서를 지켜야 하는 것이다. 이를 위해 국가는 국민들에게 일종의 '의식화 교육'을 시켜야 한다. 여기에 필요한 수단이 바로 **미디어**와 학교다('의식화'는 과거 학생운동이나 사회운동 세력만 시도한 게 아니다).

경제, 지식, 이데올로기는 모두 생산의 개념을 핵심으로 한다. 창조가 아닌 생산이라면 새로 만들어낸다는 의미보다는 '유지와 보존'의 의미가 강하다. 그러므로 경제, 지식, 이데올로기의 생산이란 사실상 '재생산'의 개념이며, 현재의 상태를 유지하려는 무의식적 메커니즘이다. 어느 사회에서나 변화와 혁신보다는 보존과 보수가 수적으로 우세한 이유다. 하지만 보존과 보수의 세력은 언제나 생산만 할 뿐 창조는 하지 못한다.

생체권력

Biopower

인간을 정신과 신체로 나누는 것이 반드시 올바른 구분이라고는 볼 수 없지만, 일단 그렇게 나눌 수 있다고 가정해보자. 둘 중 인간의 진정한 면모는 어느 것일까? 정신과 신체 가운데 '참된 나'라고 볼 수 있는 것은 무얼까? 교과서적 해답은 정신이다. 인간은 **이성**을 지닌 존재이기 때문에 이성을 관장하는 정신이 진정한 나의 모습이다. 그러나 교과서가 대개 그렇듯이 그런 견해는 별로 현실성이 없다(하긴, 교과서에는 건강한 신체에 건전한 정신이 깃든다는 말도 있다).

신체는 일종의 **무의식**이다. 의식이 무의식의 존재를 인정하지 않듯이 정신은 신체를 경멸하고 억압한다. 그러나 의식이 무의식에 포위되어 있듯이(의식을 제외한 모든 정신 영역이 무의식이라는 점에서), 정신은 신체가 없으면 존재할 수 없다. 그래서 심정적으로는 누구나 생명 활동을 수행하는 신체를 참된 나라고 인정하고 싶지 않겠지만, 유감스럽게도 현실에서는 신체가 정신을 압도한다. 시험장에서 시험관이 '나'라는 수험생으로 규정하는 인간은 나의 정신적 측면이 아니라 신체다. 설사 SF 영화에서처럼 번개를 맞아 나의 신체에 다른 영혼이 들어왔다 하더라도 나의 부모는 나의 정신을 가진 인물 대신 나의 신체를 가진 인물을 자식으로 여길 것이다.

신체와 자아가 동일시되는 현상은 현대사회에서 더욱 강화되고 있다. 범죄를 저질렀다는 기억이 내게 없다 하더라도 내 신체의 흔적인 지문이 범죄 현장에 남아 있다면 나는 꼼짝없이 범인이 될 수밖에 없다. 최근에는 지문이 아니라 눈동자의 홍채를 이용한 신분 확인 방식도 도입되고 있다. 유전자번호가 주민등록번호를 대신할 날도 멀지 않았다.

이처럼 신체가 인간 주체와 등치되는 경향에 힘입어 현대사회에서는 신체에 작용하는 권력이 갈수록 중요해지고 있다. 미셸 푸코는 그것을 생체권력이라고 부르고, 범죄자의 처벌 방식이 변천되어온 역사적 과정을 생체권력의 관점에서 분석했다.

군주제의 시대에 범죄자를 처벌하는 방식은 끔찍한 처형이었다. 이는 범죄에 대한 보복적인 의미와 더불어 백성들에게 공포를 불러일으키려는 의도를 담고 있었다. 그런데 18세기부터 처벌 방식은 훈육으로 바뀐다. 근대 이성이 문명의 기준으로 확고히 자리 잡은 시기였으므로 이 시기에는 휴머니즘의 이념이 생겨나면서 범죄자도 인간이라는 사고방식이 형성된다.

처형 대신 감시의 수단이 발달하는 것은 이 무렵이다. 이 시기에 공리주의를 주창한 바 있는 벤담은 사방의 감시가 가능한 판옵티콘(Pan-opticon)이라는 원형 감옥을 제안해 감옥 개선의 선구자로 꼽혔다. 판옵티콘은 완벽한 감시 사회를 나타낸다. 한가운데에는 높은 탑이 있고 주변에 원형으로 감옥 건물이 있다. 각각의 감방에는 탑 쪽을 향한 창문이 나 있어 탑에서 항상 모든 감방을 감시할 수 있는 구조다. 이는 비인격적인 감시를 뜻한다. 인간이 아니라 감시 체제 자체가 감시를 담당하기 때문에 죄수들은 언제 자신이 감시를 받고 있는지 알지 못한다. 이런 감시 하에 죄수들은 규칙적인 생활을 하면서 교화라는 이름 아래 각종 시험과 훈련을 받아야 한다.

이런 방식이 범죄자만이 아니라 사회 일반에 퍼지면서 인간은 조련되고 개조될 수 있다는 모델화된 인간 개념이 생겨난다. 이는 개인을 규범적 판단으로 통제하고, 개인의 삶을 이성이 정한 정상성의 규준에 부합시키는 것이다. 푸코는 이것을 규율권력이라고 말한다. 근대 이전의 군주 권력은 만인이 한 사람의 권력자를 우러러보던 시선을 특징으로 하는 데 반해(스펙터클의 사회), 근대의 규율권력은 한 사람의 권력자가 만인을 감시하는 시선을 특징으로 한다(감시 사회). 감시의 목적은 단순히 개인을 규제하는 것만이 아니라 이성의 규범에 동질화시켜 권력에 순응하는 종속적 인간으로 만드는 데 있다.

현대사회에서 생체권력의 메커니즘이 작동하는 방식은 과거처럼 물리력에 의한 강제나 강요가 아니다. "권력의 강제는 물리적일 수도 있지만 반드시 그런 것만은 아니다. 생체권력은 계산되고 조직화되어 기술적으로 행사되며, 물리력을 사용하지 않고 공포를 주지도 않는 교묘한 방식으로 신체를 통제한다."(푸코, 《감시와 처벌》) 지상에 있는 자동차 번호판까지 식별할 수 있는 인공위성들이 지구 전체를 둘러싸고 있는 오늘날에는 전 세계가 하나의 원형 감옥일지도 모른다. 이런 끔찍한 상상에 비하면 오웰의 **빅브라더**는 순진한 편이다.

성서

Bible

성서라면 어의상으로는 '성스러운 책'이니까 종교 문헌을 전반적으로 가리키는 뜻이어야 하지만, 보통은 **그리스도교**에서 경전으로 여기는 책을 말한다. 세계에서 가장 영향력이 큰 종교의 경전인 만큼 성서는 함부로 의미를 왜곡할 수도 없고 심지어 일부분을 다른 책에 인용할 경우에도 문구 하나 바꾸지 않는 게 관례화되어 있다. 하지만 신의 말씀을 기록했다는 성서는 과연 그렇듯 엄밀하게 구성된 문헌일까?

고대의 문헌들이 그렇듯이 성서 역시 한 사람의 작품은 아니다. 《구약성서》는 특별한 저자가 없이 전승된 문헌이지만 오랜 기간에 걸쳐 기록되고 보태진 게 확실하고, 《신약성서》는 4대 복음서 저자들이 쓴 복음서와 사도 바울의 편지 등으로 구성되어 있다. 《구약성서》는 이스라엘 민족의 역사와 유대교의 교리를 담고 있으며(그 가운데 맨 앞의 다섯 개 율법서는 흔히 모세 5경 또는 토라Tora라고 부른다), 《신약성서》는 그리스도가 활동한 이후의 문헌들이다. 유대교에서는 《구약성서》만을 인정하고, 개신교에서는 《구약》과 《신약》을 모두 성서로 인정하며, 가톨릭에서는 여기에 기원전 2세기에서 기원후 1세기에 주로 작성된 외경(外經)들도 포함시킨다.

기록된 과정과 구성에서 보듯이 성서는 처음부터 그리스도교의 경전이 될 것을 겨냥하고 목적의식적으로 만든 문헌도 아니었고, 조금도 내용을 바꿔서는 안 된다는 교조적인 자세로 작성한 문헌도 아니었다. 그저 당대에 포교상의 편의를 위해 만들어진 문헌일 뿐이다. 이런 '예상외의' 허술함은 번역 과정에서 더 잘 드러난다.

성서는 교회에서 말하는 것처럼 '신의 말씀'이 아니다. 내용은 신의 말씀일지 몰라도 문헌으로 보급된 이상 성서는 (녹음테이프가 아니라는 의미에서) 신의 말씀 자체가 아니라 '신의 말씀을 기록한 책'이다. 그렇다면 성서가 기록된 과정만이 아니라 번역된 과정도 중요하다.

《구약성서》는 유대인의 역사인 만큼 당연히 히브리어로 기록되었다. 그러나 기원전 4세기 알렉산드로스의 동방 원정 이후 헬레니즘 시대를 맞아 그리스와 오리엔트에서는 그리스어가 공용어로 사용되기 시작했으므로 《구약성서》를 그리스어로 번역할 필요성이 생겼다. 그래서 기원전 3세기부터 이집트의 알렉산드리아에서 번역 작업이 시작되었다. 이 그리스어 번역본을 70인역 성서라고 부른다. 이스라엘 12지파의 각 지파에서 여섯 명씩 발탁되어 72명이 번역했다는 데서 유래했으나 모두 번역되기까지는 무려 한 세기가 걸렸다고 한다. 더욱이 각자가 독방에 들어가 번역한 결과 내용이 모두 같았다는 기적 같은 전설이 전해지지만, 이것은 이 성서의 권위를 높이기 위해 날조된 이야기일 것이다.

로마 시대에 접어들면 《신약성서》가 등장한 데다 공용어도 그리스어에서 라틴어로 바뀌므로 또다시 성서의 번역 작업이 필요했다. 4세기에 다마스쿠스 교황에게서 성서 번역을 위임받은 당대 최고의 성서학자 히에로니무스는 70인역 성서에 불만을 느끼고 히브리어 원본을 바탕으로 《구약성서》를 새로 번역했다. 곧이어 그는 《신약성서》도 그리스어에서 라틴어로 번역했으나 번역 과정에서 내용을 상당히 고친 것으로 추측된다.

그러나 히에로니무스의 번역본도 후대에 여러 차례 수정을 거치면서 불가타(vulgata, 공동 번역이라는 뜻의 라틴어) 성서라는 이름으로 불리게 되었다. 중세 내내 불가타 성서는 70인역 성서와 더불어 권위를 인정받았으며, 오늘날에 사용되는 성서는 불가타 성서를 원본으로 삼고 있다. 이후 성서는 14세기에 위클리프가 영어로 번역했고 16세기에는 종교개혁의 방아쇠 역할을 했던 루터가 독일어로 처음 번역했다(우리나라의 경우에는 그리스도교가 도입된 초기에 4대 복음서만 번역되었다가 20세기에 성서 전체가 완역되었다).

번역이 원래 그렇지만 히브리어→그리스어→라틴어→각국어로 번역되는 과정에서 성서의 원문이 원래의 뜻을 온전히 유지하기란 어렵다(그리스도가 실제로 썼던 언어는 아람어로 추정되므로 히브리어도 '원본'은 아닌 셈이다). 더구나 히브리어는 모음이 없기 때문에 인명이나 지명은 번역자가 알아서 적당히 읽어주어야 했다. 이래저래 오류의 가능성은 충분하다. 심지어 서기들이 문장을 필사하다가 순전히 실수로 내용이 달라진 경우가 있는가 하면, 난해한 용어에 임의로 주석을 단 것이 실수로 성서의 본문으로 들어간 경우도 있었다.

오늘날처럼 학자들의 소통이 자유롭지 못했으니 각종 오류를 정밀하게 찾아내기도 어려웠을 테고, 인쇄술이 없었으니 사본이 원본과 정확히 일치한다는 보장도 하기 어려웠을 것이다. 그런 오류는 충분히 있을 수 있고, 또 그렇지 않은 옛 문헌도 없다. 다만 문제는 오류 자체가 아니라 그렇게 '인간적인' 과정을 통해 작성된 문헌이 마치 신의 말씀을 토씨 하나 안 틀리게 전달하기라도 하는 것처럼 절대적인 권위를 가지게 되었다는 사실이다.

무엇이든 절대화되는 순간 부패하기 시작한다. 신은 정의상 절대적 존재이므로 절대화되어도 상관없지만, 인간이 만든 성서가 절대화되는 것은 심각한 문제가 아닐 수 없다. 설사 그리스도교의 신이 실제로 존재한다 해도 아마 성서에 기록된 내용이 자신의 가르침과 낱말 하나하나까지 정확히 일치한다고 말하지는 않을 성싶다.

세금

Tax

지금은 많이 줄었으나 한 세대 전만 해도 전기료, 수도료 같은 '이용료'를 전기세, 수도세라고 부르는 사람들이 많았다. 남이 가진 자원을 이용한 대가로 지불하는 돈이 이용료라면 전기와 수도를 이용한 대가는 당연히 요금, 즉 이용료가 옳다. 그런데 왜 예전에는 그것을 '세금'의 하나인 것처럼 여겼을까?

공화국이 성립한 지 60년이 넘었지만 아직 우리 의식에는 왕조시대의 흔적이 남아 있다. 왕국에서는 기본적으로 왕, 즉 국가가 모든 것의 오너이며, 국민은 관이 다스리는 피지배 신분이다. 그러므로 세금의 의미도 공화국의 국민과는 다르다. 왕국의 백성이 국가에 내는 세금은 당연한 의무다. 쉽게 말해 농민이 경작하는 토지는 원칙적으로 왕의 소유였으므로 세금은 절대적인 의무였을 뿐(지주에게 토지 사용료를 지불하는 의무와 같다) 납세에 대한 대가를 요구할 수는 없었다. 그러나 공화국의 개념이 일찍부터 발달한 서양의 경우에는 역사적으로 납세가 중요한 의무이자 권리였다.

"대표 없이 과세 없다." 18세기 미국독립혁명의 이념이 집약된 슬로건이다. 영국이 아메리카 **식민지**에 정치적 권리는 주지 않으면서도 세금은 온갖 항목을 붙여 가혹하게 징수하던 폐해를 비난하는 뜻을 담고 있다. 직접세보다 간접세의 비중이 높아진 오늘날에는 실감하기 어렵지만, 민주주의의 초기 정신을 압축적으로 표현하는 문구다.

세금을 부과하려면 먼저 정치적 대표를 인정해야 한다. 바로 여기서 납세는 의무만이 아니라 권리이기도 하다는 관념이 나온다. 공화국의 국민은 세금을 국가에 내야 하지만 그에 따르는 혜택을 누릴 권리도 가진다. 독립하기 이전의 미국은 식민지 상태였으므로 무엇보다 본국인 영국으로부터 식민지 대표를 인정받는 게 시급했다. 현대 국가에서는 세금이 보장하는 국민의 권리가 훨씬 다양하다. 군대나 경찰력, 행정력의 유지, 사회 간접 시설의 확충, 빈민이나 장애인 등에 대한 복지 등이 모두 납세에 상응하는 혜택이다.

하지만 자체적으로 공화정의 역사를 가지지 못한 동양 사회의 일반 국민들은 납세를 권리로 여기는 사고방식이 부재했다. 그 역사적 부재가 지금의 일상생활에까지 영향을 주는 측면은 전기세와 수도세라는 잘못된 용어에서만이 아니다. 예를 들어 지구대나 주민 센터는 국민의 세금으로 유지되는 공공건물이므로 그 안의 화장실은 누구나 자유롭게 이용할 수 있지만 막상 볼일이 급할 때 그곳으로 선뜻 들어가는 사람은 많지 않다. 관공서는 아무래도 일반인이 범접하기 어려운 곳이라는 인식이 은연중에 널리 퍼져 있기 때문이다. 이렇듯 관치(官治)의 관념은 우리의 무의식에 닿아 있다.

동양 사회에 익숙한 사고방식에 따르면, 관공서에서 하는 공무는 국민에게 편의를 제공하는 일이라기보다 국민을 '관리'하는 일이다. 관리(官吏)가 국민을 관리(管理)한다. 이런 견해는 일반 국민만이 아니라 공무원에게도 퍼져 있다. 경제행위에 관한 각종 법령이나 조치의 본래 취지는 국민들의 경제활동을 원활히 하기 위한 데 있지만, 공무원들은 그것을 국민들을 관리하기 위한 도구로 이해한다. 법령과 규제를 악용한 공무원의 부패 행위가 자주 생겨나는 이유는 그 때문이다.

바로 이런 것이 국가 전체가 왕의 소유였던 왕조시대의 유제를 떨쳐내지 못했다는 증거다. 동양식 왕조는 나라 안의 모든 땅이 군주의 소유라는 관념을 바탕으로 한다. 이것을 왕토 사상(王土思想)이라고 말하는데, "천하에 왕의 땅이 아닌 곳이 없고 왕의 신하가 아닌 사람이 없다."라는 《시경》의 구절에서 비롯된 사상이다. 《시경》은 춘추시대에 공자가 옛 시가들을 모아 엮은 책이니까 왕토 사상의 뿌리는 중국의 역사시대 초기까지 거슬러 올라가는 셈이다.

왕토 사상에 따르면, 토지만이 아니라 백성들과 그들이 가진 모든 재산도 명분상으로는 왕의 것이다. 천자는 천하를 소유하고 왕은 왕국의 단독 오너다. 물론 여기에는 약간의 유보가 있다. 현실적으로 왕이 나라 안의 모든 자기 재산을 직접 관리할 수는 없다.

모든 농토의 공식적(아울러 상징적) 임자는 왕이지만 사실상의 임자는 그 땅을 경작하는 농민이다. 여기서 토지 소유의 이중성이 생겨난다. 소유자와 경작자의 이중적 토지 소유는 왕조시대의 모든 토지 제도를 왜곡시켰다.

고려의 전시과와 조선의 과전법은 바로 왕토 사상을 바탕으로 했기 때문에 성립할 수 있는 제도였고, 또 그 때문에 실패할 수밖에 없는 제도였다. 전시과와 과전법은 일단 관리의 급료 제도였으나 토지 제도와 세금 제도에도 큰 영향을 미쳤다. 화폐경제가 부재했던 시대에 관리의 급료는 당연히 돈이 아니라 토지로 지급했다. 그런데 토지 소유자는 왕이므로 관리들에게 토지 자체를 내줄 수는 없다(그러면 왕조 체제의 근간이 무너진다). 그래서 정부는 임용한 관리에게 녹봉으로 토지의 소유권 자체를 내주는 게 아니라 조세를 수취할 권리(수조권)만 내주었다.

하지만 이런 방식으로는 근대적 토지 제도가 성립할 수 없다(우리 역사에서 양전 사업은 있었지만 근대적 토지조사는 1910년대에 일제에 의해 이루어졌다). 게다가 법과 제도의 측면과 관행적 측면이 공존하므로 이 틈에서 부패와 비리가 싹튼다. 예를 들어 왕토 사상에 따르면 토지의 매매가 불가능하지만 현실적으로는 매매가 이루어진다. 관리들은 이런 모호함을 악용해 사안에 따라 토지의 매매를 허용하거나 불허하는 농간을 부려 농민을 갈취할 수 있게 된다. 고려와 조선 중기부터 진행되는 토지 겸병은 그런 배경에서 가능했다. 토지를 잃은 농민은 유랑민이 되어 결국 국가 세수가 줄어든다. 나아가 한반도와 중국의 역대 왕조들이 예외 없이 건국후 50년이 지나면 경제구조가 붕괴하면서 쇠퇴일로를 걷는 것은 그런 경제 제도상의 결함 때문이다.

중국에서는 명대 후기에 자영농과 신흥 지주들이 성장하면서 근대적 의미의 토지 소유관계가 성립하기 시작했는데(화폐경제가 출범한 것도 이 무렵이다), 왕토 사상의 근본은 여전히 변하지 않았다. 이 점은 당시에 시행된 일전양주제(一田兩主制)라는 명칭에서 드러난다. 일전양주라면 하나의 토지에 주인이 둘이라는 뜻이다. 한 명은 경작자이고 다른 한 명은 소유자를 가리킨다(소유자는 천자의 소유권을 위임받은 것으로 간주된다). 토지의 소유권을 그대로 두면서 경작권을 제도화한 것이다. 일전양주제에 따라 경작자는 토지 소유자의 동의를 구하지 않고 자신의 경작권을 매매할 수 있었고 저당도 잡힐 수 있었다. 경작권도 소유권에 못지않은 권리라고 규정하게 된 것은 분명한 진일보지만 왕토 사상 자체를 부정하지는 못했기에 근본적인 한계가 있었다. 왕토 사상이 근절되려면 지주가(왕의 소유권을 위임받은 게 아니라) 말 그대로 토지의 완전하고 유일한 소유자라는 관념이 성립해야 한다. 게다가 일전양주제에서는 소유권을 '땅 밑의 권리〔田底權〕', 경작권을 '땅 위의 권리〔地面權〕'라고 불렀으므로 여전히 소유권에 더 큰 비중을 두었다.

왕토 사상이라는 근원적인 제약이 있었기 때문에 동양 사회에서 세금은 언제나 의무일 뿐 권리가 되지 못했다. 위정자는 말할 것도 없고 세금을 납부하는 백성들 스스로도 그렇게 여겼다. '나라님'의 땅을 갈아먹는 백성이라면 '당연히' 조세를 내야 하는 것이지 거기에 감히 권리 따위를 내세울 마음은 먹지 못했다. 간혹

흉년을 맞아 조세의 징수가 연기되거나 액수가 적어지면 나라님이 백성들을 어여삐 여겨 베푸는 시혜라고 고마워할 따름이었다.

지금은 누구나 알듯이 왕국이 아니라 공화국이므로 국가의 주권은 왕이 아니라 국민에게 있다. 하지만 오랜 왕조시대의 역사를 지녀온 탓에 우리의 잠재의식에는 막연하게 관치의 이념이 사라지지 않고 있다. 공화국의 공무원, 경찰, 군인은 엄연히 국민의 일상생활을 원활히 하는 것을 업무로 삼고 있음에도 이른바 공권력을 무기로 삼아 수시로 국민 생활에 간섭하고 계도라는 명목으로 권위를 행사하려 한다. 또한 국민들도 자신이 공화국의 납세자라는 신분을 엄연히 알고 있음에도 권리를 쉽게 포기하고 자신이 선거로 뽑은 국가권력의 전횡을 상당 부분 용인한다. 우리 현대사가 독재로 얼룩진 데는 독재자만이 아니라 국민의 의식도 기여했다. 실제로 공화국 초기인 1950년대의 대통령 선거에서는 왕조시대의 세계관에서 벗어나지 못한 일부 국민들(그것도 선량한 국민들)이 "어떻게 나라님을 백성이 뽑느냐?"라고 항의하기도 했다.

세금이 권리가 아닌 의무일 뿐이라면 가급적 피하는 게 좋다. 세금은 곧 '버리는 돈'이라는 관념이 지배적이라면 누구나 세금을 피하고 싶은 마음이 들게 마련이다. 기업이 절세를 넘어 탈세를 꾀하고, 재벌이 상속세를 피하기 위해 자식들에게 편법으로 재산을 증여하는 것 역시 세금을 의무로만 간주하는 의식에서 비롯된다. 세금이 의무인 동시에 권리라는 관념이 확실히 자리 잡아야만, 다시 말해 공화국의 정신이 국가와 시민사회에 충분히 퍼져야만 대한민국은 진정한 공화국이 된다.

소수자

Minority

현대 민주주의는 다수결의 원칙에 기반을 두고 있다. 19세기의 **공리주의**에서 비롯된 이 원칙은 언뜻 아무런 문제도 없는 것처럼 보인다. 모든 사람은 평등하므로 질적인 차별을 두어서는 안 된다. 따라서 가급적 많은 사람의 뜻대로 모든 의사 결정이 이루어지는 방식이 가장 합리적일 것이다. 벤담이 말한 최대 다수의 최대 행복은 바로 그런 뜻이다.

하지만 질적인 측면을 도외시하고 '다수'라는 양적인 기준만 앞세우는 게 최선은 아니다. 그래서 벤담의 공리주의를 계승한 밀은 행복의 질적인 의미를 강조함으로써 다수결의 원칙을 수정하고자 했다. 비록 현재까지도 여전히 다수결의 원칙이 민주주의의 골간을 이루고 있지만, 현대사회에서는 그 한계를 극복하기 위한 다양한 시도가 이루어지고 있다. 그중 하나가 소수자에 대한 배려다.

사회적 소수자는 세 그룹으로 분류할 수 있다. 첫째는 신체적 소수자다. 장애인이 대표적이지만 그 밖에도 왼손잡이나 RH 음성형 혈액을 가진 사람 등 사회 구성원의 다수와 신체적으로 다른 사람들이 여기에 속한다. 신체적인 차이가 실제로 불리하게 작용하는 경우는 흔하기 때문에, 이들에 대해서는 사회적 보호가 필요하다는 사실이 공인되어 있다. 그래서 대개의 사회에는 신체적 소수자들을 위한 제도적 장치와 편의 시설을 갖추고 있다. 하지만 공식적으로는 보호의 대상이면서도 그들은 흔히 비공식적인 차별을 겪는다. 법적으로 장애인의 취업이 가능한 기업에서 장애인을 고용하지 않으려는 관행이 그런 사례다.

소수자의 둘째 그룹은 동성애자나 성 전환자 같은 성적 소수자다(→ 젠더). 신체적 소수자와 달리 이들은 법적으로 소수자의 권리를 보장받지 못하며, 사회적 보호는커녕 공식적으로도 차별을 받는다. 동성애자와 성 전환자의 결혼이나 자녀 입양을 법적으로 허용하는 나라는 아직 많지 않다(사실 '좋은 부모'의 자격에 부모의 성이 서로 달라야 한다는 요건이 포함되는 건 아니다). 특히 병역을 의무화하는 나라의 경우 성 전환자의 처지는 거의 묵살된다.

셋째 그룹은 문화적 소수자인데, 소수민족이나 외국인, 우리 사회에 특유한 탈북자, 범죄 전력을 가진 사람(전과자), 실정법에 위배되는 교리를 가진 특정한 종교의 교도 등이 여기에 포함된다. 또한 신분상으로는 구분되지 않고 항구적인 소수자는 아니지만 소수자의 취향을 가진 사람도 이 그룹으로 분류할 수 있다. 지금은 생산되지 않는 낡은 모델의 전자 제품이나 자동차를 고집스럽게 사용하는 사람들, 1960~1970년대의 영국 록 음악만 좋아하는 사람들이 그런 예다.

소수자는 다수자와 동등한 권리를 가졌음에도 불구하고 사회적으로 소수에 속한다는 이유로 여러 가지 차별과 불이익을 당한다. 대부분의 사회에서 장애인은 눈에 보이지 않는 족쇄에 묶여 있고, 동성애자는 법적 차별과 더불어 주변의 경멸 어린 시선을 받으며, 외국인은 원주민의 텃세에 시달리고, 특이한 문화적 취향을 가진 사람은 바보나 괴짜로 취급된다.

더 큰 문제는 다수와 소수를 구분하는 근거가 전혀 필연적인 게 아니라 우연적이고 자의적이라는 점이다. 다수는 정상이고 소수는 비정상이다. 이것이 소수자를 배제하는 다수결의 원칙이다. 그러나 미셸 푸코가 광기의 예를 들어 말했듯이(→ 권력) 정상과 비정상을 가르는 절대적인 기준은 없다. 정상과 비정상은 그 자체로 정의되는 게 아니라 늘 시대의 담론에 따라 달리 규정될 뿐이다. 그렇다면 결국 다수는 다수이기 때문에 정상이고 소수는 소수이기 때문에 비정상이라는 동어반복의 논리밖에 남지 않게 된다.

공기의 밀도가 어디서나 고르다면 바람이 불지 않는다. 마찬가지로, 사회 구성원들이 다수에 속하는 표준형 인간들뿐이라면 변화를 기대하기란 어렵다. 바람이 불지 않고 변화가 일지 않는 사회는 지배계급만 바람직스럽게 여기는 사회다. 프랑스의 현대 철학자 질 들뢰즈는 무의식적 욕망의 흐름을 자연스럽게 표출할 줄 아는 사회의 아웃사이더나 일탈자들에게서 새로운 사회**혁명**의 동력을 찾았다.

현대사회에서 소수자의 권리는 꾸준히 신장되고 있으나 아직 법과 제도를 통한 보장은 보기 드물다. 선진사회를 규정하는 참된 기준은 경제 규모나 사회 간접 시설 따위가 아니라 섬세하고 정교한 것을 지향하는 사회의 가치관이다. 그런 점에서 사회적 소수자에 대한 제도적 배려는 선진사회의 중요한 시금석이 된다.

소외

Alienation

현대적 관점에서 보면 과거의 봉건적 신분 질서는 인간을 억압하고 자유를 빼앗는 부도덕한 체제다. 하지만 당시 사람들도 그렇게 생각했을까? 조선시대 양반집의 머슴이나 관청의 관노는 과연 자신의 처지를 불우하게 여기고 신분 질서로부터의 해방을 꿈꾸었을까? 고려 말 노비의 난을 주도한 만적은 "왕후장상의 씨가 어찌 따로 있느냐?"라고 말했지만, 그것은 과연 근대적 해방 이념에서 나온 주장일까? 무신 정권이 지배하는 하극상의 시대였기에 가능한 일은 아니었을까?

누구나 나면서부터 **신분**과 사회적 역할이 정해진 과거 사회에는 오히려 소외가 없었다. 소외는 근대의 산물이다. "모든 사람이 저마다 질서 정연하고 명백한 사회체제 안에서 정해진 위치를 가졌던 중세의 봉건 체제와는 대조적으로, 자본주의는 개인을 전적으로 자기의 발로 서도록 했다. 이러한 원리는 개인과 개인 사이의 모든 유대를 단절시키는 역할을 했으며, 따라서 한 개인을 다른 개인들로부터 고립시키고 분리시켰다."(프롬, 《자유로부터의 도피》)

소외란 사회적 역할로부터 실제로 분리되거나 분리되었다고 느낄 때 생겨난다. 실제로 분리되었을 때는 주로 경제적 소외가 되며, 분리되었다고 느낄 때는 심리적 소외가 된다.

경제적 소외는 **노동** 과정에서 비롯된다. 과거 사회에서는 사회적 역할이 고정되어 있었기 때문에 노동을 명령하는 사람이나 노동을 강요당하는 사람이나 그 수직적 메커니즘을 당연시했다. 이런 사회적 환경에서는 아무리 가혹한 노동이라 해도 불만과 반란은 일어날지언정 소외는 발생하지 않는다. 그러나 신분제가 공식적으로 폐지되고 사회적 역할이 가변적으로 바뀐 **자본주의** 시대에 접어들자 일방적인 노동 과정은 더 이상 불가능해졌다.

자본주의사회는 자본가가 계약을 통해 노동자의 노동력을 구매하고 노동자는 자신의 노동력을 판매함으로써 생활을 유지하는 체제다. 노동자는 현실적으로 자신의 노동력을 팔아야 살아갈 수 있지만 노동력을 팔 것이냐 말 것이냐는 전적으로 그 자신의 **자유**이며 선택이다. 따라서 노동력을 주인에게 제공하는 것을 당연시했던 과거의 노예나 농노와는 달리 자본주의사회의 노동자는 자신의 의사에 따라 고용 계약을 맺는다. 여기에 노동 소외의 뿌리가 있다.

노동은 언어와 더불어 인간의 주요한 특성이다(→노동). 인간은 노동을 통해 생물학적 생명을 이어갈 수 있을 뿐 아니라 자아실현이라는 삶의 가치도 노동에서 얻는다. 그래서 노동은 본래 자발적이고 창의적이다. 하지만 자본주의 시대에 노동자는 법적이 아니라 경제적으로 강요된 노동을 할 수밖에 없다. 어느 시대에나 먹고살기 위한 노동은 강제적이었으나 자본주의 시대에는 이념적으로는 자발적이고 창의적인 노동이 가능함에도 현실적으로 노동자에게는 그런 노동이 불가능하다. 이런 이념과 현실의 괴리가 소외로 나타난다.

노동 소외의 또 다른 측면은 자본주의적 **생산**과정에 내재해 있다. 노동자는 자신의 노동 과정을 전혀 통제할 권리를 갖지 못하며, 노동의 생산물도 자본가에게 내주어야 한다. 법적으로 노동자는 자유로운 신분이지만 생산과정에서는 사실상 노예나 농노와 크게 다를 바 없는 처지다. 자신의 노동력을 상품화하고, 강요된 노동을 해야 하고, 노동의 생산물을 소유할 수 없다는 것이 자본주의사회의 노동자가 겪는 경제적 소외다.

하지만 현대사회에서는 노동자만 소외를 느끼는 것이 아니다. 경제적 소외는 노동자가 가장 크게 느끼지만 심리적 소외는 현대사회를 살아가는 모든 사람이 경험한다. 현대사회는 전통적인 가치관이 해체되고 **공동체** 의식이 사라진 반면에 새롭고 긍정적인 가치관은 아직 확고히 뿌리를 내리지 못한 상태다. 향촌 사회는 변질되었고 도시는 개인주의가 지배하면서도 개성을 잃은 익명의 대중으로 가득하다(→고독한 군중).

이런 상황에서 현대인은 가치관의 혼란과 규범의 상실을 겪게 되는데, 이것이 심리적 소외로 나타난다. 사회 조직이 합리화라는 미명 아래 형식주의로 흐르고 비인간적인 관료제가 사회 전반에 관철되는 현상은 심리적 소외를 더욱 부추긴다. 경제적 소외는 말할 것도 없지만 심리적 소외도 단순히 정서적인 측면에서만 작용하는 것은 아니다. 따라서 그 소외를 극복하는 방법도 심리 치료만으로는 불가능하다. 현대사회의 소외는 사회의 메커니즘과 조직 원리 자체에 내재해 있으므로 구조적인 원인이 해결되지 않는 한 근절되지 않는다.

식민사관

植民史觀

한 나라를 정복하려면 총칼의 힘으로도 충분하다. 그러나 그렇게 해서 정복한 나라를 계속 지배하기 위해서는 무력만으로는 부족하다. 그렇기 때문에 역사상 존재했던 모든 **식민지** 지배는 언제나 물리력만이 아닌 정신적인 측면의 공작이 병행되었다(→문화제국주의).

고려 말 120년간의 몽골 지배 시기보다도 훨씬 짧은 기간이지만 훨씬 더 혹독한 식민지 지배였던 일제강점기에도 마찬가지였다. 일본은 한반도를 완전히 복속시키려면 무력에만 의존해서는 안 된다는 사실을 잘 알고 있었다. 무력에만 의존하는 통치는 장기화될 수도 없고 정당화될 수도 없다. 그래서 일제는 우리 민족의 정신적인 측면을 지배하고자 했는데, 그 일환으로 실행된 계획이 바로 식민사관의 날조였다.

민족의 정신을 짓밟고 정기를 빼놓으려면 그 민족의 역사를 조작하고 그릇된 역사관을 심어주는 방법이 가장 효과적이다. 과거의 역사가 초라했다면 지금 남의 식민지가 된 것은 당연하다는 논리를 강조하는 것이다. 식민지의 저항 의지를 꺾기 위해서는 그런 문화적 전략이 가장 중요했다.

식민사관은 한민족의 특성을 일제의 뜻에 맞도록 재규정하는 것부터 시작한다. 식민사관에 따르면 한민족은 세 가지 민족성을 지니고 있다. 첫째는 타율성이다. 이른바 반도(半島) 사관이라는 것인데, 우리나라는 지리적으로 반도이므로 중국 같은 대륙과도 다르고 일본 같은 섬과도 다른 어중간한 성격을 가졌다는 주장이다. 따라서 한민족은 주체적이고 능동적으로 행동할 수 없으며, 중국이나 일본 같은 외재적 요인에 의해 민족의 운명이 결정될 수밖에 없다는 것이다. 하지만 지정학적 요인은 한 사회와 민족의 성격을 진단할 수는 있어도 운명까지 설명할 수는 없다. 한반도처럼 반도 국가인 고대 로마가 지중해의 패자가 된 이유는 어떻게 설명해야 할까?

식민사관의 둘째는 정체성(停滯性)이다. 이는 경제적 측면을 지적한 것으로, 조선 사회는 봉건시대를 거치지 않았으므로 독자적인 자본주의 발전이 원천적으로 불가능했다는 주장이다. 이것을 근거로 삼아 일본은 한반도에 전기와 철도를 부설하고 자본주의적 경제 제도를 이식한 것을 '식민지적 근대화'와 '발전'으로 규정하고 있다. 현상만을 놓고 보면 근대화이자 발전일 수도 있다. 하지만 일본의 본래 의도는 한반도를 발전시키는 데 있지 않고 대륙 침략과 이른바 '대동아 경영'을 위한 수단을 마련하는 데 있었다. 남의 집에 온갖 설비를 갖추어주고 그 집 식구들에게 안방 대신 작은 건넌방 하나만 내준다면, 그것을 시혜로 여길 사람은 없을 것이다. '근대화'와 '발전'은 그것을 강요한 측이 아니라 수용한 측만이 평가할 자격이 있다.

식민사관의 셋째는 가장 악명 높은 일체성이다. 한민족과 일본인은 뿌리가 같다는 주장이다. 언뜻 생각하면 식민지를 우호적으로 바라보는 관점 같지만 그것은 한반도의 완전한 병합을 위해 고안된 **이데올로기**였다. 일본 학자들이 최근까지도 열심히 주장하다가 사실무근임이 밝혀진 '임나일본부설'이 그 대표적인 예다. 과거에 한반도 남부 지역을 일본이 지배했다는 주장이 바로 그것인데, 이것은 광개토왕 비문에 대한 의도적인 왜곡과 오해로 비롯되었다. 지금은 일본 역사학계에서도 학설로 인정하지 않고 있으며, 오히려 백제를 비롯한 한반도 고대 삼국이 일본에 정치적으로나 문화적으로 커다란 영향을 미쳤다는 사실이 증명되었는데도 여전히 일본 내 일부 극우파는 이 주장을 신봉하고 있다.

식민지
Colony

혹독한 일제강점기를 겪은 탓에 식민지라고 하면 우리는 보통 눈살을 찌푸리게 마련이다. 하지만 냉정히 따져보면 식민(植民)이라는 말 자체는 나쁜 뜻이 없다. 그저 사람들〔民〕이 이주한다〔植〕는 의미일 따름이다. 식민지를 뜻하는 영어의 colony도 그냥 거주 혹은 서식한다는 의미다. 예를 들어 작은 생물들이 군집 생활을 하는 것을 가리켜 colony(군체)라고 부르기도 한다. colony가 나쁜 의미를 가졌다면 지금 독일의 한 대도시는 명칭을 바꿔야 할 것이다. 독일 중부의 쾰른은 바로 로마 시대에 식민지라는 뜻인 콜로니아가 후대에 독일식으로 바뀐 이름이니까.

고대에 식민지는 실제로 정치적 의미가 없이 사람들이 이주한 장소라는 뜻이었다. 지금의 시리아와 레바논 일대를 근거지로 무역 활동을 하던 페니키아인들은 점차 권역을 넓혀 지중해 각지에 식민지를 건설했는데, 식민지를 정치적으로 지배한 것은 아니었다(심지어 페니키아인들은 자체 왕국을 건설한 적도 없었다). 그 시기에 가장 유명한 페니키아 식민지는 기원전 9세기에 지금의 튀니지에 건설된 카르타고다. '신도시'라는 뜻의 카르타고는 이후 지중해 중부의 무역을 장악하고 서부의 에스파냐를 식민지로 삼았다가 기원전 3~2세기에 포에니 전쟁에서 로마에 멸망당했다.

페니키아에 이어 지중해 무역을 장악한 고대 그리스도 해외 식민지를 많이 건설했다. 동쪽으로는 터키 서부의 이오니아에 밀레토스나 에페소스 같은 식민시가 그리스인의 해외 이주로 생겨났고, 서쪽으로는 이탈리아 남부와 시칠리아가 그리스의 식민지로 편입되었다(이탈리아 남부는 그리스 본토보다도 컸으므로 마그나그라이키아, 즉 '큰 그리스'라고 불렸다). 카르타고처럼 '신도시'라는 뜻인 네아폴리스라는 명칭이 훗날 나폴리로 바뀌었고, 프랑스 남부에 그리스인들이 세운 도시 마실리아는 현재 마르세유가 되었다. 로마제국 시대와 중세에는 지중해 일대가 하나의 문명권으로 묶여 신도시의 관념이 사라졌으므로 식민지와 식민시가 많이 건설되지 않았다.

원래 '평온한' 용어였던 식민지가 정치적 지배의 의미를 가지게 된 것은 중세가 끝나고 유럽 국가들이 해외로 진출하기 시작한 15세기부터다. 에스파냐와 포르투갈이 맨 먼저 향료 산지로 가는 항로를 개발하면서 중간 기착지에 거점들을 마련했는데, 이것이 점차 식민지로 확대되었다. 두 나라는 또한 아메리카 대륙의 토착 문명을 붕괴시키고 방대한 식민지로 만들어 경영했다. 17세기에는 네덜란드와 영국이 그 뒤를 계승했으며, 본격적인 **제국주의** 시대로 접어든 18세기부터는 대서양에 면한 유럽의 거의 모든 국가가 식민지 쟁탈전에 나서서 아프리카와 남아시아를 분할해 차지했다.

하지만 유럽 국가들은 주로 경제적 측면에서 식민지를 경영하고자 했을 뿐 정치적 지배의 고삐를 강력하게 죄려 하지는 않았다. 대표적인 예가 영국의 인도 지배다. 영국의 식민지가 되기 전까지 인도는 하나의 나라가 아니라 북인도의 무굴제국을 위시해 수많은 왕국으로 나뉜 아(亞)대륙이었다. 그런 탓에 영국도 18세기 중반부터 인도 전역을 식민지로 거느렸지만, 면적에서나 인구에서나 본토의 수십 배에 달하는 인도를 정치적으로 완전히 복속시킬 수는 없었고 또 굳이 그러려고 하지도 않았다(오히려 인도의 왕족들이 앞다투어 영국 측에 붙으려 했다). 영국은 원료 산지이자 제품 시장으로 인도를 수탈했으나 병합 정책을 추구하지는 않았다.

그에 비해 뒤늦게 제국주의로 발돋움한 일본은 한반도를 식민지화하고 경제적으로 수탈했을 뿐 아니라 처음부터 정치적 지배를 목적으로 삼았다. 식민지를 '정복'한다는 관념이 노골적으로 표출된 사례다. 게다가 일본 제국주의는 이른바 내선일체의 전략으로 본토와의 완전한 통합을 시도하면서도 식민지를 정치·경제·사회적으로 차별하는 모순적인 식민지 경영 방식을 추구했다.

인도가 200년이나 영국의 식민지였으면서도 독립 직후 영국연방에 가입하고 오늘날까지도 영국과 돈독한 관계를 유지하고 있는 것과 달리 한국이 36년간의 강점으로도 일본과 불편한 관계를 해소하지 못하는 이유는 제국주의 국가의 속성과 식민지 경험의 질적 차이에 있다.

신

God

특정한 종교가 지배적이지 않은 우리 사회에서는 종교가 생활에 특별한 영향을 준다는 느낌이 없다. 그러나 종교의 의미를 넓혀 생활양식이나 세계관으로 이해하면 어느 사회든 종교적 심성이 없는 곳은 없다. 추석과 설에 차례를 지내는 우리 사회의 풍습도 조상을 숭배하는 종교로 볼 수 있다.

종교를 좁은 의미로 해석하면 아직도 세계의 주요 분쟁 지역으로 남아 있는 중동이나 발칸의 쟁점을 올바로 이해하지 못한다. 특히 20세기에 유럽의 화약고로 불렸던 발칸의 경우 역사적으로 형성된 세 가지 종교—그리스정교회, 이슬람교, 로마가톨릭교—가 혼재되어 있고 민족 갈등에도 종교적 요소가 깊이 작용하고 있다. 지금이 어느 시대인데 종교를 가지고 싸우느냐고 조롱한다면, 외세가 우리나라를 정복하고 추석이나 설을 쇠지 말라고 강요하는 상황을 상상해보라. 돼지고기를 금기시하는 이슬람교 구역의 옥외 식당에서 그리스도교도들이 돼지고기를 우적우적 씹고 있다면 이슬람교도들의 기분이 어떨까? 혹은 신 이외의 우상숭배를 금지하는 그리스도교 구역에서 이슬람교의 무아딘이 하루에 다섯 차례씩 미나레트에 올라가 큰 소리로 기도 시간을 알린다면 그리스도교도들의 마음이 편할까?

세계 대부분의 지역에서 종교는 단지 사제들과 교도들이 모여 기도하는 정도의 의미가 아니라 일상생활을 규제하는 하나의 생활양식이며 세상을 바라보는 특정한 세계관이다. 그러나 동양의 경우에는 종교적 심성을 가지고 있으면서도 넓은 의미의 종교에 쉽게 공감하지 못한다. 그 이유는 신의 개념이 없기 때문이다.

동아시아의 종교에는 그리스도교나 이슬람교처럼 강력한 신이 존재하지 않았다. 신이 없으면 계율도 없고 계율이 없으면 종교가 생활에 밀착되지 못한다. 불교의 경우 현재는 부처가 일종의 신처럼 섬겨지지만 원래 부처는 불교의 창시자일 뿐 신이 아니었다. 유대교와 그리스도교의 메시아는 구세주라는 뜻이니까 '신의 자격'이 충분하지만 부처는 '깨달은 자'라는 뜻이므로 스승은 될지언정 신은 아니었다. 그런 탓에 초기 불교에서는 불상을 만들어 신처럼 섬기는 게 금지되었다. 그림에서 굳이 부처의 모습을 표현해야 할 때는 빈 의자나 발 모양을 그려 부처의 상징으로 나타내곤 했다. 불상이 본격적으로 제작되기 시작한 것은 헬레니즘 시대에 그리스의 영향을 받아 형성된 간다라 미술에서다.

체계화된 종교는 아니지만 동아시아의 역사와 사회에 지대한 영향력을 행사한 유교사상에는 아예 신과 비슷한 존재조차 없었다. 유교적 세계관의 수직적 질서에서 맨 꼭대기에 있는 것은 천자라고 불리던 중국의 황제였다. 기원전 1세기의 역사가인 사마천은 하늘에 고정된 북극성을 천자에 비유하고 그 주변을 매일 한 바퀴씩 도는 스물여덟 개의 별자리를 제후들(한반도의 왕은 제후로 취급되었다)에 비유하는 유교적 국제 질서를 제시했다.

천자는 하늘의 이치와 명령, 즉 천리와 천명을 지상에서 실현하는 지고의 존재였다. 이런 정교일치 체제는 진시황이 중국 대륙을 통일한 기원전 3세기부터 신해혁명으로 청제국이 무너지는 20세기 초까지 수천 년 동안 지속되었다. 고대에는 이 체제가 강력한 중앙집권을 이룰 수 있었으므로 사회를 통합적으로 발전시키는 데 큰 도움이 되었다. 그러나 사회가 복잡해지고 다원화될수록 그와 같은 경직된 체제는 시대적 요구를 충족시키지 못했고, 오히려 통치 기구가 **관료제**화되어 지배 집단의 무능과 부패를 낳았다. 15세기까지 경제적으로나 문화적으로 서양에 앞섰던 중국이 그 뒤부터 힘을 잃고 서양 세력의 침탈을 당하게 된 것은 그 때문이다.

동양과 달리 유럽의 종교에는 처음부터 신의 개념이 확고했다. 신은 세계와 인간을 창조했고 인간의 사후에 심판을 내리는 절대자였다. 신이 존재했기에 지상에는 절대군주가 존재할 수 없었다. 그래서 유럽의 중세에는 각국 군주들이 세속의 영역을 통치하면서도 교회의 제어를 받는 독특한 분권적 질서가 유지되었다. 로마의 교황이 신성로마제국의 황제를 임명하는 관습이 그 질서의 성격을 집약적으로 보여준다.

그러나 중세를 지배한 교회가 종교개혁으로 무너지자 군주들은 즉각 자기 왕국의 절대자로 군림하게 되었다. 이렇게 시작된 절대주의 시대에는 군주들이 교회의 눈치를 볼 필요가 없었으므로 서로 부국강병을 도모하면서 다투었고, 이 진통이 새로운 통합적 질서를 낳기까지는 수백 년이 걸렸다(→그리스도교).

신의 존재와 관련된 동서양의 종교적 차이는 큰 역사만이 아니라 작은 역사에서도 찾아볼 수 있다. 신이 없다는 것은 곧 내세관이 없다는 뜻이다. 동아시아 사회에서는 사후의 또 다른 세계를 인정하지 않았으므로 일찍부터 현실적인 사고가 지배했다. 초기 그리스철학이 자연철학으로 발전할 때 중국의 제자백가들은 인간과 **국가**를 어떻게 경영할 것인가를 물었던 것도 거기에 기인한다(→차축 시대).

그러나 서양의 종교에 따르면 궁극적으로 모든 인간은 죽은 뒤에 신의 심판을 받게 되어 있으므로 현세에서의 삶은 비교적 중시하지 않았다. 현세는 오히려 내세의 영원한 삶을 위한 시험장과 같은 역할을 했다. 근대에 접어들면서 종교적 가치관이 크게 약화되는 가운데서도 현실에 대한 교회의 영향력이 사라졌을 뿐 신의 개념은 변하지 않았다. 동양의 종교에서는 볼 수 없는 **종말론**이 서양의 종교에 있는 이유도 신의 위상이 여전히 튼튼하기 때문이다. 지금까지도 신은 인간이 만든 최대의 지적 발명품으로 남아 있다(인간은 인간을 만들었다는 신을 만들었다!).

신분

Status

기원전 1세기에 고대 로마의 검투사였던 스파르타쿠스는 동료들과 함께 반란을 일으켰고, 16세기에 조선의 임꺽정은 산적 두목이 되어 지주와 부호들의 재산을 빼앗고 의적 활동을 벌였다. 당대에 그들은 능지처참할 반역자였으나 후대에는 신분 해방을 꿈꾼 선각자로 찬양을 받았다. 실제로 그들이 모든 인간은 평등하다는 믿음에서 봉기한 것인지, 아니면 무질서가 판치는 당시의 시대적 분위기를 틈타 들고 일어난 것인지는 알 수 없다. 그러나 그보다 더 중요한 문제는 따로 있다. 과거의 신분제도는 과연 지금 우리가 생각하는 것처럼 억압적이었을까? 신분에 대한 거부감과 저항은 인류 문명사에서 늘 보편적인 것이었을까?

당연시된 것은 익숙하다. 진짜 편안한 옷은 마치 입지 않은 것처럼 느껴지는 옷이다. 신분제는 아마 그 시대의 사람들에게 굴레와 속박이라기보다는 당연시된 삶의 조건으로 여겨졌을 것이다. 지금 우리는 이따금 역사 드라마에서 신분의 차이로 이루지 못한 사랑 때문에 괴로워하는 옛날의 연인들을 보고 공감하지만, 정작 옛날 사람들은 그런 사랑을 안타까워하기보다는 백안시했을 가능성이 크다. 양반인 주인집의 딸을 사모하는 머슴을 거세게 비난한 것은 양반층보다 오히려 동료 머슴, 상민이나 천민이었을지도 모른다.

시민사회가 등장하고 근대적 자유의 이념이 출현하기 전까지,

동서양을 막론하고 신분은 사회질서를 이루는 중심축이었다. 그러나 신분이 형성되고 기능하는 방식에서 동양과 서양은 중대한 차이를 보인다. 일찍부터 **국가** 체제를 이룬 동양의 경우 신분은 정치적 지배/피지배 관계를 반영했다. 예를 들어 사대부는 중국 고대의 관료 집단에서 생겨나 근대에 이르기까지 중국과 한반도 사회에서 지배층으로 군림했으며, 특히 조선 사회에서는 양반층의 핵심 세력이 되었다.

이에 비해 서양의 역사에서는 정치적 의미보다 사회적 역할에 따라 신분이 탄생했다. 일찍이 플라톤은 국가를 이루는 세 신분을 지배자, 전사, 생산자로 구분했는데(→ 국가), 이는 고대부터 사회적 역할이 신분을 규정했다는 사실을 말해준다. 또한 고대사회의 노예주와 노예, 중세의 영주와 농노는 정치적 지배 관계보다 경제적 예속 관계의 의미가 강했다. 한 예로, 노예의 주인은 노예를 부리는 권리와 동시에 노예를 먹여 살릴 의무가 있었다. 흉년이 들면 노예는 자연히 신분이 해방되어 형편이 좋은 다른 마을로 옮겨 노예로 살아가는 경우도 흔했다.

플라톤이 말한 세 신분은 중세에 그리스도교가 도입되면서 생겨난 성직자와 더불어 서양 사회의 기본 신분이 되었다. 그래서 중세 서양 사회의 신분 질서는 지배층의 세 신분, 즉 기도하는 자(성직자), 지배하는 자(영주), 싸우는 자(기사)와 피지배층인 일하는 자(농노)로 이루어졌다. 그러나 중세 후기에 접어들면서 시민의 신분이 지배층에 새로이 편입되기 시작했다(지배층과 피지배층의 구분이 모호해지기 시작했다고 말할 수도 있다). 초기의 의회인 영

ㅅ

국의 모범의회와 프랑스의 삼부회는 성직자, 귀족, 시민 대표로 구성되었다.

당시까지는 의회가 형식적인 역할밖에 하지 못했으나(초기에 의회는 왕권을 견제하는 게 아니라 강화하는 데 기여했다) 17~18세기에 시민혁명이 일어나면서 의회는 실권을 장악하게 되었다. 공화정 시대의 고대 로마에 이어 수천 년 만에 평민이 다시 정치에 참여할 수 있는 통로가 열린 것이다. 더구나 과거와는 달리 이제는 정치적으로 의회 민주주의, 경제적으로 **자본주의**가 자리를 잡은 시대였다. 국가의 경제력을 담당한 시민층은 국민국가가 성장하면서 더욱 정치적 발언권이 커졌으며, 19세기에 이르러서는 선거를 통해 지배층을 선택할 수 있는 권리마저 확보했다.

물론 현대에도 신분이 지구상에서 완전히 사라진 것은 아니다. 그러나 세계적으로 신분제가 남아 있는 사회는 갈수록 줄어들고 있다.

스파르타쿠스와 임꺽정은 과연 지금과 같은 시대를 꿈꾸었을까? 설령 그들이 인간 해방을 겨냥했다고 가정해도 현대사회와 같은 모습을 상상하지는 않았을 것이다. 과거에는 신분제를 통해 억압과 **착취**가 가시적으로 이루어졌으나, 현대에는 비록 정치적으로나 법적으로는 신분이 사라졌어도 더 교묘하고 섬세한 '신분제'가 작동하고 있기 때문이다.

현대사회에서 **권력**은 세습되지 않지만 재력은 상속이라는 제도를 통해 합법적으로 세습된다. 또한 사실상 사회를 지배하는 경제 엘리트들은 눈에 보이지 않는 권력인 교육과 문화를 통해 자신들의 신분을 강화하고 재생산한다(→아비튀스). 이른바 일류 대학교에 들어가는 학생들 가운데 경제 엘리트의 자녀들이 차지하는 비율이 갈수록 높아지는 현상이나, 사회적 상류층이 자기들끼리의 통혼으로 튼튼한 혼맥을 구축하는 현상은 그 사실을 잘 보여준다(→정략결혼). 이렇게 구조적인 불평등이 근절되지 않는 한 스파르타쿠스와 임꺽정의 꿈은 아직 요원하다.

신자유주의
Neoliberalism

자본주의 초기인 18세기에 애덤 스미스가 영원할 것이라고 생각한 **보이지 않는 손**의 위력은 예상보다 약했으나 그 수명은 예상보다 길었다. 그가 예찬한 자유주의 시장경제는 한 세기도 지나지 않아 자본주의가 독점화되고 **제국주의**로 변모하면서 막을 내리는 듯했다. 하지만 그로부터 다시 한 세기가 지난 20세기 말에 보이지 않는 손은 신자유주의라는 이름으로 화려하게 부활했다.

전형적인 제국주의 전쟁이었던 제1차 세계대전이 끝난 뒤 세계경제는 곧바로 급전직하했다. 1929년 미국에서 터진 대공황은 인류 역사상 최대 규모의 참극을 겪고도 자본주의의 **모순**이 완전히 해소되지 않았다는 사실을 분명히 보여주었다.

가장 큰 문제는 전 세계가 자본주의 시장으로 편제되었음에도 불구하고 여전히 수요가 부족하다는 점이었다. 산업혁명에 이어 과학기술과 공학의 비약적인 발달로 생산력은 크게 늘었으나 상품이 소비되지 않으면 자본주의적 이윤은 실현될 수 없었다. 대공황으로 금융과 주식시장이 붕괴되면서, 그동안 후퇴를 모르고 달려왔던 자본주의는 처음으로 강력한 제동이 걸렸다.

그런 사태가 되풀이되지 않으려면 더 이상 보이지 않는 손에 의존할 수는 없었다. 고전 경제학은 수요가 시장에서 저절로 이루어진다고 가정하고 오로지 **생산**을 중심으로 경제 이론과 정책을 구성했다. 그러나 수요가 막힐 수 있다는 현실을 생생하게 경험한 상황에서는 경제 이론과 정책이 전면적으로 바뀌어야 했다. 이런 추세에 따라 영국의 경제학자인 케인스는 수요를 중심으로 경제를 재편하고 자유방임 경제 대신 **국가**가 경제에 개입하는 방식을 제안했다. 그의 이론을 가장 환영한 나라는 대공황의 현장인 미국이었다.

수요를 중시하고 국가가 경제주체의 역할을 해야 한다는 케인스의 이론에 따라 미국에서는 정부가 산업, **노동**, 재정 등 경제 각 분야에 적극적으로 개입하면서 대공황으로 늘어난 실업 인력을 소화하고 경제구조를 재편했다. 이 뉴딜 정책으로 미국은 짧은 기간에 대공황의 상처를 상당히 치유할 수 있었다. 더구나 때마침 터진 제2차 세계대전은 지난번 세계대전보다 더 극심한 참극이었지만 경제적으로 보면 아직도 부족한 수요를 군사 부문에서 보충해준 보약이었다.

전쟁이 끝난 뒤 1960년대까지 세계 정치는 냉전 시대의 팽팽한 긴장을 겪었으나 세계 경제는 유례없는 호황을 누렸다. 이제 국가가 기업보다 주도적인 경제주체라는 점에는 누구도 이의를 달지 않았다. 그러나 그 호황기에 자본주의의 성격은 서서히 변하고 있었고 새로운 위기를 준비하고 있었다. 경제적인 위기도 있었고 경제 외적인 위기도 있었다. 우선 1970년대 초반에 중동에서 터진 석유 파동은 세계적인 에너지 위기를 초래했다. 그보다 더 장기적이고 중요한 것은 호황 속의 불황, 즉 스태그플레이션이 만연되고 자본주의 각국의 재정 위기가 심화되는 현상이었다.

결국 1980년대에 들어 세계경제는 또다시 침체기를 맞았다. 이때 화려하게 부활한 해법이 바로 보이지 않는 손이다. 그러나 시절이 다른 만큼 명칭도 달라져야 한다. 스미스의 보이지 않는 손과는 200년의 시간 차가 있었기 때문에 그냥 자유주의가 아니라 신자유주의라고 불린다.

둘 다 자본주의를 살리려는 목적을 가졌다는 점에서는 마찬가지다. 그러나 신자유주의가 물리치고자 하는 적은 과거처럼 자본주의를 가로막는 절대왕정이 아니라 1950~1960년대에 발달한 복지국가다. 냉전 시대에 경제를 주도한 국가는 막대한 군사비와 더불어 국민을 위한 복지에 엄청난 재정을 쏟아부었다. 사회복지에 국가재정을 투입하는 것은 이윤 추구를 제일의 목적으로 하는 자본주의의 기본 원리에 어긋난다. 국가재정의 위기를 심화시킨 최대의 주범은 바로 복지국가의 이념이라는 게 신자유주의의 논리다.

신자유주의와 자유주의의 또 다른 차이는 경제주체다. 자유주

ㅅ

의의 경제주체는 개인이었으나 신자유주의의 경우에는 국가로 바뀌었다. 자유주의는 자유방임(→ 레세페르)을 통해 자본주의를 안착시키려 했지만, 위기를 넘기고 국가 개입의 경험을 거친 뒤에 생겨난 신자유주의는 오히려 강한 국가를 통해 시장의 경쟁 질서를 정치권력의 힘으로 조정하고자 한다. 정치의 논리가 경제에 깊숙이 침투한다. 그 결과 현대사회는 이미 경제와 정치가 분리될 수 없는 상태가 되었다.

신자유주의 노선은 복지국가를 파괴하고, 국가가 경제와 정치를 조정하며, 아울러 고전적 자유주의의 시장경제 질서를 밀고 나가는 것이다. 그에 따라 복지가 실종되고, 정경유착이 심해지고, 시장의 힘이 커지는데, 말할 것도 없이 전부 지배 엘리트에게 유리한 결과다. 신자유주의가 모든 부문에서의 불평등을 조장하는 것은 태생적인 한계다.

국제적으로도 신자유주의는 선진 자본주의국가들이 세계 무대에서 활동하는 다국적기업과 찰떡궁합을 이루면서 국제 시장을 자유경쟁 체제로 재편하는 정책으로 나타난다. 자본주의 초창기에 노동자 개인들을 상대로 했던 **착취**가 이제는 국제적 차원에서 경제 후진국들에 대한 착취로 변모되는 것이다.

사회주의권이 무너진 1990년대부터 신자유주의는 이른바 '세계화'의 이념을 내걸고 세계 자본주의의 통합을 시도했다. 당연히 국제적 지배 엘리트인 선진 자본주의국가들이 주도한다. 이미 세계 자본주의 진영에 편입된 국가들은 자유경쟁의 시장 논리로 철저히 묶어두고, 아직 경제를 개방하지 않은 국가들은 강제로 개방시켜 자본주의 질서에 종속시킨다. 그 일환으로 선진 자본주의국가들은 경제 후진국들의 금융 체제를 정비하도록 강요하는데, 그 도구이자 수단이 IMF를 비롯한 국제 금융기관이다.

전 세계를 하나의 자본주의 시장으로 묶어 경제 통합을 시도하는 신자유주의 정책은 여러 가지 저항에 부딪히고 있다. 선진 자본주의국가들의 전략과 그들에 예속되지 않으려는 저항의 양태에 따라 세계 자본주의는 새로운 모습을 갖추어나갈 것이다. 그러나 '자유주의→국가 개입→신자유주의'의 전개 양상이 보여주듯이, 설사 신자유주의의 목적이 모두 실현된다 하더라도 자본주의의 모순이 완전히 제거되리라는 보장은 없다. 무엇보다 역사에서는 **삶의 질**을 근본적으로 거스르는 질서가 마냥 지속된 적이 없었다. 그 종말은 결국 혁명이었다. 그렇게 보면 혁명의 시대는 아직 끝나지 않았다.

신화

Myth

고대 그리스 세계에서 철학적 사유가 발생하기 전까지 인간은 미토스(mythos, 여기서 신화myth라는 말이 나왔다)의 세계에 살고 있었다. 모든 것의 원인과 결과, 시작과 끝은 신이었으므로 인간은 신을 믿고 숭배하면 될 뿐 자연과 자신의 존재에 관해 일체의 의문을 품을 필요가 없었다. 그러나 초기 철학자들은 미토스를 부정하고 로고스(logos)를 앞세웠다.

정신사적 발전 과정을 보면, 이치와 이성을 뜻하는 로고스는 마법과 주술을 강조하는 미토스와의 대결에서 승리를 거두었다. 인간의 지적 세계가 로고스를 중심으로 형성되면서 미토스는 점점 영향력을 잃었고 문명적 사유의 대열에서 물러났다. 하지만 미토스, 즉 신화는 완전히 무의미해진 걸까?

그러나 신화와는 전혀 무관할 것 같은 현대사회에도 신화가 있다. 가장 대표적인 것이 종교다. 신을 섬기는 현대의 모든 종교는 고대의 미토스적 사유와 크게 달라진 바 없다. 종교에서는 여전히 모든 것의 원인과 목적을 신에게로 돌리며, 삶의 과정과 목표도 신에게 두고 있다. 심지어 로고스가 지배하는 현실마저 신의 뜻으로, 즉 미토스의 관점으로 해석하는 경우가 대부분이다.

그뿐 아니라 현대사회에는 신이 없는 신화도 있다. 이른바 테크놀로지 신화나 미디어 신화가 그런 예다. 테크놀로지 신화는 외계인이나 사차원, 텔레파시 등 첨단 과학에서 소재를 따온 황당무계한 내용으로 이루어진다. 그래도 그 신화가 사라지지 않는 이유는 그것을 믿거나 상상하고자 하는 사람들이 있기 때문이다. 심지어 UFO는 말뜻 그대로 '확인되지 않은 비행 물체'를 가리키는데도 사람들은 외계인이 탄 비행체와 거의 동일시한다. 이런 신화는 과학을 표방하지만 과학적으로 검증되지도 않고 오히려 검증보다 대중의 관심을 끄는 것을 목적으로 할 뿐이다. 그런 목적을 가진다는 점에서는 미디어 신화도 마찬가지다. 미디어는 유명 운동선수나 영화배우, 연예인을 신비화하고 영웅시함으로써 신화에 필요한 신적 존재의 대체물로 만든다(그 인물이 인기를 준 대중에게 '보답'하는 것은 문화권력의 행사일 뿐이다). 때로는 실존하지 않는 영화나 소설 속의 캐릭터를 우상화하는 경우도 있다.

프랑스의 기호학자인 롤랑 바르트에 따르면 그런 현대의 신화는 계급적 이해관계를 고착화하는 역할을 한다. 그가 말하는 신화는 '누구나 당연시하고 넘어가는 것'을 뜻한다. 매우 자연스럽고 자명한 것이라서 아무도 의문부호를 달지 않는 것, 이것이 바로 현대의 신화다(고대의 신화도 신의 존재를 의문시하지 않았고 신이 인간 세계에 개입하는 것을 당연시했다는 점에서 마찬가지다).

당연시된다는 것은 곧 **무의식**적으로 작용한다는 의미다. 하지만 바르트는 현대의 신화가 단순한 무의식만이 아니라 고대의 신화와 달리 배후에 뭔가를 숨기려는 목적을 지니고 있다고 본다. 고대의 신화가 자연적으로 생겨나 사회의 맥락 속에서 자연스럽게 기능한 반면에 현대의 신화는 똑같이 무의식적이면서도 신화를 만든 주체와 의도가 숨어 있다. 그래서 바르트는 현대의 신화를 계급적 지배 **이데올로기**의 한 형태라고 간주한다.

현대사회는 부르주아 사회이므로 신화의 이데올로기는 당연히 부르주아지의 지배를 정당화하려는 목적을 지닌다. 과거의 신분사회에서는 지배계급이 신분에서부터 달랐기 때문에 계급 지배가 공공연했고, 또 그래도 괜찮았다. 그런데 자본주의 시대로 접어들면서 적어도 공식적인 차원에서는 **신분**이 사라졌기 때문에 과거와 같은 노골적인 지배 방식은 더 이상 유효하지 않게 되었다. 이런 이유에서 '은밀한 지배'를 위해 신화의 개발이 필요해진 것이다.

바르트에 따르면, 부르주아지는 '이름을 원치 않는 **계급**'이다. 부자들이 자신의 이름을 드러내기 꺼리는 것처럼 부르주아지는 사실상 사회를 전일적으로 지배하면서도 전면에 나서지 않고 중간계급들을 포함시켜 자신을 무형화한다(여론조사에서 자신이 중산층이라고 여기는 사람들이 가장 많다는 것은 부르주아지의 책략이 성공적임을 증명한다). "언론, 영화, 문학, 의례, 사법, 외교, 대화, 감동적인 결혼 등등 일상생활에서의 모든 것은 부르주아지가 소유하고 있으며, 이들의 관점은 인간과 세계의 관계에 대한 표상으로 작용한다. 그러면서도 그 기원을 쉽게 숨길 수 있다는 점 때문에 부르주아지의 지배는 불필요한 주의를 끌지 않는다. 그래서 부르주아지의 규범은 마치 자연적인 질서의 법칙인 것처럼 간주된다." (바르트, 《신화학》)

이렇게 부르주아지는 이름을 거부함으로써 자신의 기원을 잃어버리고 신화가 되는 것이다. 신화가 당연시되고 무의식적으로 작용하듯이 신화로 위장된 부르주아지의 계급적 지배는 자연스러운 것으로 정당화되고 앞으로도 영원히 지속되리라는 착각을 빚어낸다.

바르트는 이 신화의 가면을 벗겨내기 위해 소쉬르가 말한 기표와 기의의 개념(→ 차이)을 도입한다. 그의 신화학에서 기표는 신화의 형태이고, 기의는 신화의 내용이며, 기표와 기의가 합쳐져 구성되는 기호는 신화의 기능을 나타낸다.

그는 프랑스 군복을 입고 국기에 경례하는 한 흑인의 사진을 예로 든다. '군복 차림으로 경례하는 흑인의 사진'이라는 기호는 신화 체계 안으로 들어오면서 하나의 기표가 되고 제국주의라는 기의와 만나 새로운 기호를 형성한다. 그 의미는 바로 프랑스 **제국주의**의 깃발을 보고 무조건적인 충성을 맹세하는 제국주의 옹호의 상징이다(병사가 흑인이라는 점은 제국주의 이데올로기가 인종이나 계급과 무관하게 언제나 통하는 진리인 것처럼 보이게 하는 데 기여한다).

과거의 신화학자는 신화의 연구를 통해 과거 사회의 조직 원리와 삶의 방식을 파악하고자 했다. 그러나 현대의 신화학자는 신화에서 현대사회에 관한 지식과 정보를 알아내는 것을 목표로 하지 않는다. 그보다는 이데올로기로 작용하는 현대의 신화를 당연시하지 않고 그 안에 담긴 의미와 형태를 파악해 그 허구성을 폭로하는 것이 신화학자의 임무다.

실존

Existence

"인간이란 무엇인가?"

언뜻 심오한 철학적 질문처럼 보이는 이 물음은 실상 심오하지도 않고 철학적이지도 않다. 인간이라는 존재를 마치 책상 위의 볼펜이나 정원의 나무처럼 여기고 있기 때문이다. 볼펜과 나무는 철학이 아니라 과학의 대상이며, 과학적으로 간단히 정의 내릴 수 있다. 이런 식으로 인간이 무엇인지 묻는다면 인간은 96퍼센트가 탄소, 질소, 수소, 산소로 된 존재라는 답도 틀린 게 아니다. 하지만 적어도 실존철학자들은 강력히 반대할 것이다. 그들에 따르면, 인간은 정의를 내리는 존재이지 정의되는 존재가 아니다.

17세기부터 종교의 굴레에서 벗어난 인간 **이성**은 이후 200여 년 동안 눈부신 활약을 보이면서 세상의 모든 것을 밝히고 규정했다. 이성으로 알아내지 못할 것은 없었다. 철학적 이성은 인식의 과정을 해명했고, 정치적 이성은 근대 민주주의를 확립했으며, 경제적 이성은 자본주의를 발전시켰고, 과학적 이성은 만물의 이치를 규명했다. 자신의 능력에 압도된 나머지 이성은 급기야 이성의 주체인 인간조차 대상화해 사물을 묻는 것과 똑같은 방식으로 탐구하기에 이르렀다. 이런 배경에서 앞의 대담한 질문이 나왔다.

'~란 무엇인가?'라는 물음은 전형적인 실증주의적 탐구 방식이다. 실증주의는 이성을 확고한 주체로 삼고 그 밖의 모든 것을 대상으로 확연히 분리한다. 그 성과는 대단했다. 파스퇴르는 "질병이란 무엇인가?"라는 물음을 바탕으로 질병의 원인인 병원균을 발견했고, 오토는 "동력이란 무엇인가?"라는 물음을 통해 가솔린 엔진을 발명했다. 그러나 아무리 빛나는 성과를 거두었다 해도 자기 자신을 대상화할 수 있을까? 인간의 입장에서 "인간이란 무엇인가?"라는 질문이 가능할까?

실존의 관점에서 보면 그런 질문은 불가능하다. 실존이라는 개념은 키르케고르가 헤겔의 철학을 비판하면서 처음으로 제기했다. 철학을 완성했다고 자처할 만큼 헤겔은 방대하고 정교한 철학 체계를 구축했으나 키르케고르는 그것으로도 인간의 실존을 설명할 수는 없다고 보았다. 왜 그럴까? 설사 헤겔이 자부한 대로 그의 철학 체계가 완벽하다 하더라도 실존을 사유하고 설명할 수 없는 이유는 실존 자체가 불완전하기 때문이다. 완전으로 불완전을 설명할 수는 없다.

실존의 개념에 따르면 모든 인간은 항상 구체적인 상황 속에 처한 존재다. 인간은 세계와 분리되지 않고 분리될 수도 없다. 사물은 자체의 존재 근거를 내재하고 있지만 인간은 자체의 근거가 없다. 그래서 늘 바깥을 향하며 상황에 따라 끊임없이 달라질 수밖에 없는, 상황에 '물들' 수밖에 없는 운명을 지니고 있다. 따라서 인간은 합리적 이성의 탐구 대상이 될 수 없다. 인간은 본질이 없기 때문에 정의되지 않는다. 인간 일반이란 있을 수 없으므로 "인간이란 무엇인가?"라는 일반적 질문은 성립하지 않는다.

물론 실존철학자들도 인간을 보는 관점은 조금씩 다르다. 키르케고르는 인간의 실존이 주관적이고 주체적일 수밖에 없다고 보았고, 니체는 "~란 무엇인가?"라는 질문 자체에 모종의 **권력**이 작용한다고 말했으며, 하이데거는 세계 속에 존재하면서 세계를 묻는 독특한 인간의 이중적 존재 방식을 포함하는 의미로 **현존재**라는 새로운 용어를 만들어 썼고, 사르트르는 인간이 무(無)와 같은 존재라고 보았다. 이들의 공통점은 인간을 이성으로 정의되지 않는 비합리적이고 부조리와 우연성에 가득한 존재로 본다는 점이다.

이런 인간의 이미지는 어딘가 어둡고 비극적인 냄새를 풍긴다. 실제로 키르케고르는 인간을 "신 앞에 선 단독자"(《죽음에 이르는 병》)라고 말했고, 하이데거는 실존의 근원에 이유 없는 불안이 있다고 보았다. 심지어 사르트르는 자유를 긍정적인 가치로 보지 않고 마치 형벌처럼 주어진 것이라면서 "자유는 선고된 것"(《실존주의는 휴머니즘이다》)이라는 유명한 말을 남겼다.

하지만 실존적 인간의 개념이 암울하기만 한 것은 아니다. 인간은 내적 근거도 없이 실 끊어진 연처럼 고독하게 세계를 마주하고 있으면서도 세계를 만들어가는 창조적인 존재다. 인간은 늘 새로운 것을 추구하는 참된 용기를 가지고 있으며, 숙명적인 비합리와 부조리에 맞서 자신의 의지를 관철하려 한다. 도로 굴러 내릴 것을 알면서도 무거운 바위를 언덕 위로 끌어올리는 시시포스처럼 인간은 불굴의 인내로 자신의 운명을 거스르고자 한다. 그래서 실존이 명하는 삶의 윤리는 일반 도덕에서 가르치는 삶의 윤리보다 강력하고 근원적이다.

실증주의
Positivism

"마음으로 봐야만 잘 보이는 거야. 정말 중요한 것은 눈에 보이지 않아."

자기 별에 놔두고 온 장미를 걱정하는 어린 왕자에게 여우가 한 말인데, 19세기 실증주의자들이 들었다면 코웃음을 쳤을 것이다.

그들에게는 '정말 중요한 것'만이 아니라 '아주 사소한 것'이라 해도 눈에 보이지 않는다면 무의미하기 때문이다.

데카르트가 **코기토**의 개념을 정립한 이래 서양 근대 철학은 확실한 앎을 지향했다. 데카르트를 계승하면서도 일면 부정한 영국의 경험론은 언뜻 보면 회의론으로 치달은 듯하지만, 크게 보면 확실한 앎이 가능하다는 전제를 부정하지는 않았다(그런 탓에 칸트는 회의론의 자극으로 "독단의 잠에서 깨어날 수 있었다."고 말한 것이다. →아프리오리/아포스테리오리).

그런 철학적 운동의 최종적인 결과가 바로 실증주의다. 실증주의는 '눈에 보이는 것'을 통해서만 확실한 앎을 얻을 수 있다고 본다. 주체와 객체가 확고히 분리된 상태에서 주체는 객체를 '관찰'함으로써 확실한 앎을 얻는다. 철학적으로 보면 (아마 데카르트도 선뜻 받아들이지 않았을) 무척 단순하고 조악한 인식론이지만, 당대에 이런 사조는 철학에 앞서 과학의 측면에서 힘을 발휘했다.

산업혁명과 과학혁명의 시대를 맞아 인간은 사회와 자연의 모든 것에 관한 객관적인 지식을 얻을 수 있다고 믿었다. 하비는 인간의 심장을 관찰해 혈액순환의 원리를 알아냈고, 뉴턴은 물체에 작용하는 힘을 관찰해 중력의 법칙을 발견했으며, 와트는 증기의 힘을 관찰해 증기기관을 발명했고, 파스퇴르는 현미경으로 세균을 관찰해 병균이 질병을 일으킨다는 사실을 규명했으며, 멘델레예프는 원소를 관찰해 그 성질을 밝혀내고 주기율표를 만들었다. 이 모든 성과는 눈에 보이는 것(객체)을 대상화해(즉 주체와 완전히 분리시켜) 객체에 관한 앎을 얻어내는 '객관적 관찰'의 위력을 보여주었다.

그런 흐름이 최고조에 달한 19세기 후반은 이성 만능주의가 지배한 시기였다. 이제 인간 이성은 관찰을 무기로 삼아 모든 것에 관한 확실한 앎에 도달할 수 있다. 설령 지금은 알지 못하는 것이라 해도 장차 과학이 발달하면 다 알 수 있으리라. 예전 같으면 꿈도 꾸지 못하던 발상, 예컨대 해저에도 갈 수 있고 달에도 갈 수 있다는 생각이 이 시기에 등장한 것은 우연이 아니다(19세기에 쥘 베른이 소설적 상상력으로 제기했고 20세기에 실현되었다).

철학적으로 실증주의의 성과는 **형이상학**을 붕괴시켰다는 데 있다. 플라톤과 아리스토텔레스 이래 수천 년간 서양철학을 지배해 온 추상적인 형이상학의 체계는 실증주의의 예리한 면도날에 갈기갈기 찢겼다. 형이상학을 완성하고 철학의 종말을 선언한 헤겔은 그의 사후에 등장한 새로운 실증주의 철학의 주요한 타도 대상이 되었다.

그러나 눈에 보이는 것의 힘을 강조한 실증주의는 공교롭게도 인간 이성의 능력에 대한 믿음이 정점에 이른 20세기 중반부터 무너지는 조짐을 보이기 시작했다. 실증주의에 대한 공격은 세 방면에서 이루어졌다.

첫째는 역사적인 측면이다. 인간 이성이 지배한 수백 년간의 역사 과정은 알고 보면 그다지 바람직하지 않았다. 산업혁명과 과학혁명은 서구의 패권주의 전략에 기여했을 뿐 세계 보편적인 발전이나 생활수준의 향상을 가져오지는 않았다. 더욱이 서구에서 이루어진 성과도 20세기 들어 역사상 유례가 없는 대규모의 세계대전을 낳았으므로 어떤 의미에서 보면 발전이라고 할 만한 게 못 되었다.

둘째, 과학의 기본 틀이 달라지면서 실증주의의 근간을 이루는 **주관/객관**의 분리가 과연 가능한 것이냐는 반론이 제기되었다. 근대 과학에서 전가의 보도였던 '객관적 관찰'은 소립자의 영역에서는 무의미하다는 사실이 밝혀졌다(→가치). 특히 **상대성**이론과 양자역학은 관찰이라는 전통적인 과학적 방식이 아예 통하지 않는 경우도 있다는 것을 말해주었다.

셋째, 철학적으로도 실증주의에서 강조하는 단순한 주관/객관의 분리는 맹공을 받았다. 후설은 인식 과정에서 주체와 객체가 '이미' 합치되어 있다는 현상학적 인식론을 정립했고, 이 입장을 계승한 하이데거와 사르트르는 인간 존재란 사물 존재와 달리 세계를 향해 열려 있는 대자적 존재 방식을 취한다는 주장으로 실증주의를 공격했다(→실존, →현존재). 게다가 프로이트가 말한 **무의식**은 인간에게 투명한 이성의 측면만이 아니라 불가해한 측면도 있다는 사실을 보여주었다.

물론 실증주의도 가만히 당하고만 있지는 않았다. 초기의 단순하고 조잡한 단계를 벗어나 한결 정교하게 업그레이드된 논리실증주의(분석철학 혹은 언어철학이라고도 부른다)는 일체의 형이상학적 요소를 철학에서 탈락시키고 언어 분석과 검증 가능성을 철학의 주제로 삼았다.

과거의 투박한 실증주의와 달리 논리실증주의에서는 정말 중요한 것은 눈에 보이지 않는다는 여우의 말도 수용이 가능하다. 여우가 말하는 것은 사랑, 행복, 도덕 같은 인간의 삶에서 중요한 요소들이다. 철학적으로 보면 그것들은 증명이 불가능한 형이상학적 명제에 불과하지만, 논리실증주의는 그것들을 무시하는 게 아니라 단지 철학의 무대에서 끌어내릴 뿐이다. 그것들을 철학의 주제가 되지 못할 뿐 결코 사소한 게 아니다. 그래서 비트겐슈타인은 논리실증주의의 경전과도 같은 책에서 이렇게 말했다. "이 책에서 정작으로 중요한 부분은 생략되어 있다." 여우는 충분한 위안을 얻었다.

심포지엄

Symposium

고대 그리스 사회가 학문과 예술, 민주주의의 요람이 된 데는 노예들이 생산력을 도맡아준 덕택이 컸다. 오늘날의 관점에서 보면 학문의 근본인 철학, 자유와 평등을 강조하는 민주주의가 노예들의 피와 땀을 먹고 자랐다는 것은 아이러니지만, 당시는 노예제가 당연시되던 시대였으므로 아무런 문제도 되지 않았다. 만약 노예제가 아니었다면 그리스 문화는 없었을 것이다.

그런 그리스 문화의 한 단면을 말해주는 개념이 심포지엄이다. 오늘날 심포지엄이라면 정해진 주제를 놓고 서로 견해나 분야가 다른 전문가들이 나와 전문 지식과 연구 분석을 바탕으로 토론하는 것을 말하는데, 이 개념은 원래 고대 그리스의 지식인들이 잔치를 즐기며 대화와 토론을 나눈 데서 생겨났다. 노예들이 음식과 시중을 담당했을 테니 지금의 학술회의와는 사뭇 다른 흥청망청하는 분위기였을 것이다.

심포지엄은 'sym(함께)'과 'posis(마신다)'의 합성어니까 원래는 '함께 술을 마시며 벌이는 토론회'라는 뜻이다. 이 용어가 오늘날 학술회의를 가리키는 개념으로 사용되는 이유는 플라톤이 심포지엄이라는 제목으로 책을 남겼기 때문이다.

플라톤의 다른 저서들처럼 《심포지엄》도 대화체로 되어 있다. 현대의 심포지엄과 다른 점은 등장인물들이 함께 토론과 대화를 나누는 게 아니라 한 사람씩 차례로 나서서 연설 식으로 자기 견해를 밝힌다는 점이다.

기원전 5세기 초반 어느 날 저녁 아테네의 시인 아가톤의 집에서 인류 역사상 최초로 열린 '심포지엄'에는 모두 여덟 명이 참가했다(물론 실제 심포지엄은 아니고 플라톤이 가상으로 꾸민 토론회다). 이날의 주제는 사랑의 신 에로스였다. 참가자들 중에는 실존 인물과 가상 인물이 뒤섞여 있었으며, 핵심 인물은 모두의 선배이자 스승 격인 소크라테스였다. 인물들은 차례로 나서서 에로스 신과 사랑의 개념에 관해 자신의 견해를 피력한다.

이들이 말하는 사랑은 오늘날의 사랑과 다르다. 고대 그리스에서는 남녀 간의 사랑보다 중요한 것이 동성애였다. 여성은 아이를 낳기 위한 도구였을 뿐 사랑의 목적이나 대상은 되지 못했다. 당시의 귀족과 지식인들에게는 미소년을 애인으로 거느리는 관습이 널리 퍼져 있었으므로 심포지엄에서 말하는 사랑도 역시 동성애였다. 그러나 그것은 육체적인 사랑이라기보다는 정신적인 사랑에 가까웠다. 말하자면 후대에 널리 사용되는 **플라토닉 러브**인 셈이다.

동성애와 플라토닉 러브, 이 둘은 어떤 관계가 있을까? "좋지 못한 사람이란 영혼보다도 오히려 육체를 사랑하는 저속한 사람을 말합니다. 게다가 그가 사랑하는 대상은 영원한 것이 아니어서 그 자신 또한 영원한 존재가 되지 못합니다."(《심포지엄》) 등장인물의 한 사람인 파우사니아스의 이야기에서 보듯이 당시 그들이 중시했던 사랑은 동성애나 이성애가 아니라 영원한 것에 대한 추구였다. 이런 입장은 본론이자 결론의 역할을 하는 소크라테스의 말에서 더욱 분명하게 드러난다. "지혜는 가장 아름다운 것이며, 에로스는 아름다운 것에 대한 사랑입니다. 따라서 에로스는 바로 지혜를 사랑하는 신입니다."(같은 책)

그리스어로 '사랑한다'는 말은 philein이고, '지혜'는 sophia다. 이 말들이 합쳐져 지혜를 사랑하는 것, 즉 철학(philosophy)이라는 말이 생겨났다. 그럼 철학의 고향은 심포지엄이었을까? 그건 몰라도 한 가지 확실한 것은 역사상 첫 심포지엄의 주제는 사랑이었다는 사실이다.

ㅇ

아니마 / 아니무스

Anima/Animus

남성과 여성은 신체적 차이 이외에 다른 점이 없을까? **페미니즘** 이론가들은 성의 차이란 단지 사회적 역할에 따른 것에 불과하다고 주장한다. 기업의 CEO들 중 여성이 남성보다 적은 이유는 애초에 여성에게 리더십이 부족한 탓이 아니라 기회가 고르게 주어지지 않기 때문이라는 것이다. 아마 그 주장이 옳을 것이다. 하지만 그것을 입증하려면 그 사회적 역할의 차이가 왜 생겨났는지도 설명해야 한다. 그 기원이 반드시 생물학적 차이에서만 비롯된 것은 아니겠지만 성적 차이가 신체적 차이와 큰 관련이 있는 것만은 분명하다. 물론 성적 차이가 성적 차별로 이어진다면 그것은 또 다른 잘못이다.

남성과 여성의 신체적 차이는 외양 이외에 염색체와 호르몬의 종류에서도 나타난다. 남성을 결정하는 염색체는 XY이고 여성을 결정하는 염색체는 XX다. 또 남성을 남성답게 만들어주는 것은 테스토스테론이라는 호르몬이고 여성을 여성답게 만들어주는 것은 에스트로겐이라는 호르몬이다. 그런데 흥미로운 것은 그 구분이 절대적이지는 않다는 점이다.

인간의 염색체 23쌍 가운데 남성과 여성은 22쌍이 같고 나머지 하나 성염색체만 다를 뿐이다. 그리고 테스토스테론은 여성에게도 미량이 생성되며, 남성도 에스트로겐을 약간 분비한다. 신체만이 아니라 심리와 성격에서도 비슷한 양상이 나타나는데, 그 점을 설명해주는 개념이 아니마와 아니무스다.

심리학자인 카를 융은 남성의 심리에 있는 여성적 요소를 아니마, 여성의 심리에 있는 남성적 요소를 아니무스라고 불렀다. 이 용어는 원래 '영혼', '삶의 호흡', '움직이는 것'이라는 뜻의 라틴어다. 오해하지 말아야 할 것은 아니마와 아니무스가 의식이 아니라 **무의식**에 속한다는 점이다. 그래서 아니마/아니무스는 주로 꿈속에서 반대 성의 인물이나 이미지로 인격화되어 나타난다.

아니마/아니무스는 성장 과정에서 자연스럽게 생겨난다. 처음으로 접하는 이성인 어머니/아버지가 근원이 되지만 여기에는 유전적인 메커니즘도 작용한다. 여성(남성)에 대한 종족적인 관념, 여성(남성)에 대해 남성(여성)이 과거에 겪었던 경험이 인격의 일부가 되는 것이다. 이렇게 아니마/아니무스는 깊은 뿌리를 가지고 있기 때문에 어린 시절에 지나치게 조장되면 성적 정체성이 흔들릴 수 있으며, 반대로 지나치게 억압되면 성적 일탈로 나아가거나 정서적으로 미성숙해질 수 있다.

융은 성에 관해 언뜻 상식에 위배되는 점을 제기한다. 자신의 내부에 여성성을 가지지 못한 남성과 남성성을 가지지 못한 여성은 결코 전적으로 남성적이거나 여성적일 수 없다는 것이다. "모든 남성은 자신의 내부에 여성의 영원한 이미지를 지니고 있다. …… 그것은 여성에 관한 모든 조상의 경험이 각인된 '원형'이며, 여성이 항상 만들어내는 그 모든 인상의 축적물, 요컨대 물려받은 심리적 적응 체계다." 진정한 마초가 되려면 여성성을 가져야 한다는 건데, 어찌 보면 마초를 자처하는 남성에게도, 페미니스트에게도 불쾌한 주장이다.

남녀 간의 사랑을 촉발하는 것도 아니마/아니무스다. 사랑이 시작되는 계기는 남성(여성)의 아니마(아니무스)가 상대방 여성(남성)에게 투사되는 것이다. 하지만 그 투사의 정도가 지나칠 때는 문제가 된다. 그 경우에는 아니마/아니무스가 아니모시티(animosity, 증오)로 바뀌면서 서로 상대방 이성에게서 무의식 특유의 불쾌감을 느낀다. 그래서 일반적으로 남성은 아니무스가 덜 드러나는 여성에게, 또 여성은 아니마가 덜 발달한 남성에게 매력을 느낀다. 그 반대의 취향이면 동성애로 발전할 소지가 크다.

그렇게 보면 카리스마가 넘치는 터프가이가 슬픈 멜로드라마를 보며 눈물을 흘린다든가, 애교 만점의 사랑스러운 여성이 위기의 순간을 맞았을 때 강인한 결단력을 보이는 것은 결코 표리부동한 현상이 아니다. 오히려 그것은 아니마/아니무스가 무의식적으로 작용하고 있다는 증거다. 누구나 자신의 내면에 이성의 요소를 가지고 있기 때문에 오히려 성적 정체성이 더욱 분명해지는 것이다.

거꾸로, 자신의 성적 정체성을 분명히 드러내려면 이성의 요소를 활용할 줄 알아야 한다는 이야기다.

아비튀스

Habitus

세계적으로 교육열이 높은 우리나라에서만 볼 수 있는 현상이 한 가지 있다. 우리 사회에서 장학금은 주로 가난한 학생들에게 배당된다. 특히 학교 외부에서 제공되는 장학금, 이를테면 이따금 신문에 미담으로 보도되는 것처럼 한 할머니가 냉면집을 운영해 평생 모은 10억 원을 대학교에 기탁했을 때 그 돈이 누구에게 돌아갈지는 뻔하다. 실제로 그 할머니도 가난한 학생들에게 장학금을 주라고 부탁하는 경우가 대부분이다.

뭐가 이상하냐고? 초등학교라면 이상할 게 없다. 그러나 대학교 같은 고등교육기관이라면 집안 형편보다 공부를 잘하는 학생을 지원하는 게 옳다. 굳이 형편을 따진다면 공부에 뜻을 둔 학생들 중에서 가난한 학생을 장학생으로 선발하는 게 원칙이 되어야 한다. 초등학교는 학생이 장차 사회생활을 할 수 있도록 키우는 데 교육의 목표를 두지만, 대학교는 학문의 발전에 이바지할 인재를 길러내는 교육기관이기 때문이다.

냉정하게 말하면, 형편이 어려운 대학생에게 주는 장학금은 학문의 발전에 기여하기보다 학생 개인에게 학업을 계속해 출세하라는 격려금이나 마찬가지다. 장학금이 사회적인 의의를 가지는 게 아니라 학생의 개인적인 목적에 이용되는 것이다. 고등교육까지 그런 용도를 가지는 데 불과하다면, 버락 오바마 미국 대통령이 감탄할 만큼 교육열이 높아도 교육의 참 의미가 구현되는 사회는 아니라고 할 수 있다. 다른 측면에서 보면, 교육을 통하지 않고는 사회적 신분 상승을 이루지 못할 만큼 사회적 이동성의 폭이 좁다는 이야기다.

우리 사회가 좀 유별나지만, 권력이나 재력을 물려받지 못한 사람이 성공하기 위한 수단으로 학력을 이용하는 것은 현대사회의 특징이다. 그래서 프랑스의 사회학자인 피에르 부르디외는 학력을 하나의 '자본'으로 본다. 사회의 하층**계급**에서 상층계급으로 올라가기 위해 자본이 필요하다면, 학력도 일종의 자본과 같은 역할을 하는 셈이다.

고전적인 계급의 개념은 주로 경제적인 것으로, 생산수단이나 자본의 소유 여부에 따라 계급이 구분되었다. 그러나 부르디외는 아비튀스라는 독특한 개념으로 계급을 설명한다. 아비튀스란 인간 행위를 **생산**하는 **무의식**적 성향을 뜻한다.

법대 교수인 정씨는 카잘스가 연주한 바흐의 무반주 첼로 모음곡을 즐겨 듣고, 전철역 앞에서 노점상을 하는 박씨는 온종일 트로트만 듣는다. 일반적으로 바흐의 음악은 트로트보다 고급하다고 말할 수 있다. 하지만 알고 보니 정 교수가 저명한 연극 연출가인 아버지와 음악대학의 기악과 교수인 어머니 밑에서 자라났다

ㅇ

면 고급하다는 말은 의미가 없어진다. 그런 집안에서 그런 문화적 여건을 가지고 그런 교육을 받았다면 정 교수의 그 음악적 취향은 고급, 저급을 논하기 이전에 '당연한 것'이기 때문이다. 그렇기 때문에 아비튀스란 의식적인 취향의 선택이 아니라 무의식적이다. 정 교수는 자신의 취향을 자신이 택한 것이라고 착각할지 모르지만, 실은 취미도 무의식적인 성질을 가지고 있다.

아비튀스에서 가장 중요한 요소는 교육이다. 아비튀스는 복잡한 교육 체계를 통해 이루어지는 무의식적 사회화의 산물이다. 정 교수는 어렸을 때부터 부모의 영향으로 고전음악에 묻혀 살았을 테고, 무의식적으로 그 취향에 대한 아비튀스를 키워왔을 터이다. 반면 박씨는 가난한 농촌에서 태어나 자칭 '공돌이', 타칭 산업 역군으로 젊은 시절 공장에서 일하던 짬짬이 라디오에서 나오는 흘러간 가요를 들으며 무의식적으로 나름의 아비튀스를 키워왔을 것이다. 이처럼 아비튀스는 교육을 통해 '상속'된다.

부르디외는 교육을 문화적 자본이라고 부른다. 자본가는 노동자를 지배하지만 예전처럼 경제적 자본만으로 지배하는 게 아니다. 현대사회에서는 오히려 경제적 자본의 지배보다 문화적 자본의 지배가 강화된다. 때로는 그 두 자본이 서로 결합해 지배하기도 한다. 경제적 자본을 가진 자본가(기업가)는 문화적 자본을 추구하며, 문화적 자본을 가진 '자본가'(교수, 판사 등)는 경제적 자본을 추구한다. 자본주의사회에서 흔히 볼 수 있는 상류층의 혼맥은 여기서 비롯된다.

경제적 자본은 당연히 상속되지만 문화적 자본도 상속된다. 물론 아비튀스는 무의식에 속하므로 의식적으로 한두 세대에 속성 배양할 수 있는 것은 아니다. 서재에는 한 번도 떠들어보지 않은 책들이 가득하고 고전음악은 꼭 전집으로만 사들이는 졸부들의 취향이 조잡함을 면치 못하는 것은 그 때문이다. 그러나 아비튀스는 마치 생물학적 유전자처럼 다음 세대에 자연스럽게 유전되기 때문에(→ 이기적 유전자) 졸부들도 대를 이어 열심히 노력하면 한두 세대쯤 지나 진정으로 고급한 아비튀스를 가진 후손을 둘 수도 있다. 그러기 위해서는 자식에게 재산보다 아비튀스를 물려주고자 노력해야겠지만.

아폴론형 / 디오니소스형

Apollinisch/Dionysisch

미술과 음악은 인류 역사 전체를 통틀어 **예술**의 가장 주요한 두 가지 장르였고 앞으로도 그럴 것이다. 다른 모든 예술 분야, 이를테면 문학, 연극, 영화 등은 메시지나 스토리에 의존하는 정도가 크기 때문에 문자로부터 마냥 멀어질 수 없지만, 미술과 음악은 인간의 가장 기본적인 감각인 시각과 청각에 의존하는 만큼 가장 원초적인 예술의 범주에 속한다.

문자를 바탕으로 하는 지식과 정보는 **인터넷**으로 검색이 가능해도 미술과 음악은 불가능하다. 머릿속에서 낯익은 풍경이나 귀에 익은 멜로디가 불현듯 떠오른다 해도, 작품의 제목이나 작가의 이름(문자 정보)을 알지 못하면 어느 작품인지 정확한 검색이 어렵다. 검색이 어렵다는 것은 그만큼 문자와 멀다는 것이고 문자와 멀다는 것은 객관성이 약하다는 증거다. 아닌 게 아니라 미술과 음악은 고도의 주관성을 특성으로 한다.

하지만 미술과 음악은 서로 다르다. 미술이 시간과 무관한 통시성(diachrony)의 예술이라면 음악은 시간과 밀접한 공시성(synchrony)의 예술이다. 다시 말해 미술은 지속적이고 정태적인데 반해 음악은 순간적이고 역동적이다. 미술이 이성적이고 관조적이라면 음악은 충동적이고 격정적이다. 니체가 《비극의 탄생》에서 분류한 아폴론형과 디오니소스형은 미술과 음악의 그런 대비를 더욱 강조한다.

그리스신화에서 아폴론은 태양의 신으로 법과 질서를 상징하는 **이성**적인 존재다. 디오니소스는 술과 시를 관장하는 신으로 대지의 풍요를 상징한다. 둘 다 제우스의 아들이지만 아폴론은 여신을 어머니로 둔 '엄친아'인 데 비해 디오니소스는 어머니가 인간이므로 어딘가 어두운 사생아의 냄새를 풍긴다. 아폴론이 냉철한 균형과 조화를 보여준 데 비해 디오니소스가 격정과 황홀경에 탐닉한 데는 그런 배경이 작용했을 것이다.

니체는 그리스 비극을 고찰하면서 그 두 신의 이미지에 따라 예술을 두 가지로 분류했다. 아폴론형 예술은 단정하고 엄격하고 차분한 형식미를 강조하는 반면 디오니소스형 예술은 도취적이고 열정적이고 역동적인 창조성을 가진다. 니체는 특히 그리스 조각상의 균형미를 아폴론형 예술의 대표적인 예로 꼽았고 힘이 넘치고 충동적인 음악과 무용을 디오니소스형 예술로 간주했다. 니체의 시대에 널리 알려졌던 예술 사조로 말하면 아폴론형은 고전주의에 해당하고 디오니소스형은 낭만주의에 해당한다.

철학적으로 니체는 플라톤과 **그리스도교**를 혐오했고 무의식적으로 작용하는 권력의지를 강조했다. 플라톤의 사상과 그리스도교는 질서, 균형, 안정을 중시하며, 권력의지는 수천 년 동안 플라톤의 형이상학을 지탱해온 **이성**의 힘을 부정하는 개념이다. 그렇다면 그가 아폴론형과 디오니소스형 가운데 어느 것을 선호했을지는 뻔하다.

니체는 아폴론적 균형이 지나치면 지나치게 지적인 삶을 동경하게 되고 디오니소스적 도취가 마냥 허용되면 타락으로 빠져들게 된다면서 양자의 조화를 추구하는 것이 올바른 삶이라고 말했다. 그러나 기본적으로 그는 디오니소스에 가까운 성향이었다. 예술을 진정으로 사랑하려면 냉철한 지성보다는 뜨거운 감성이 필요한 게 아닐까? 실제로 니체는 시의 양식을 빌려 철학을 서술했고, 아폴론적인 미술보다 디오니소스적인 음악에 심취했으며, 특히 바그너의 음악에 열광했다.

아프리오리/아포스테리오리

a priori/a posteriori

"5+7=12"라는 것을 아는 것과 물이 높은 곳에서 낮은 곳으로 흐른다는 것을 아는 것은 서로 다르다. 둘 다 지식이라는 점에서는 같지만 앞의 수학적 지식은 원리를 통해 알 수 있고, 뒤의 과학적 지식은 **경험**과 관찰을 통해 알 수 있다. 철학적 용어로 앞의 것은 아프리오리한 지식이며, 뒤의 것은 아포스테리오리한 지식이다. 어떤 면에서는 연역법과 귀납법의 관계와 비슷하지만, 그것들은 논증을 위한 논리학적 추론 방법이고 아프리오리/아포스테리오리는 **인식론**의 개념이라는 차이가 있다.

문구 자체의 의미를 보면, 아프리오리는 '앞선 것으로부터'라는 뜻이고 아포스테리오리는 '뒤의 것으로부터'라는 뜻이다. 보통 아프리오리는 '선천적', 아포스테리오리는 '후천적'이라는 말로 번역되지만 선천/후천은 딱딱한 개념어인 데 비해 아프리오리/아포스테리오리는 원래 라틴어의 일상적 문구라는 점에서 어감은 사뭇 다르다.

이 평범한 라틴어 문구들이 철학의 개념으로 등재된 데는 칸트의 노력이 크다. 그가 등장하기까지 유럽의 철학적 전통은 합리론과 경험론으로 양분되어 있었다. 양자의 차이는 주로 인식론에서 두드러졌다. 근대 철학의 선구자로서 합리론에 속하는 데카르트는 인간이 원래 본유관념을 가지고 있어 인식 활동이 가능하다고 보았으며(→ 데우스 엑스 마키나), 경험론의 극한까지 밀고 나간 흄은 단순한 경험의 반복 이외에 체계적인 인식이란 없다고 보았다.

특히 칸트는 흄 덕분에 "독단의 잠에서 깨어날 수 있었다."라며 흄의 영향력을 인정했다. 칸트와 같은 시대에 살았던 흄은 주체와 대상의 연관성과 인과율을 모두 거부하고 철학을 막다른 골목으로 몰았다. 지금까지 관찰한 까마귀들이 모두 까맣다고 해서 "모든 까마귀는 까맣다."고 단언할 수는 없다. 장차 까맣지 않은 까마귀가 나오지 않으리라고 누가 장담할 수 있겠는가? 이런 흄의 회의론은 날카롭지만 인식 자체의 불가능성을 주장함으로써 철학이 더 이상 나아갈 길을 막아버렸다.

그러나 칸트는 인식 주체 안에 인식을 가능케 하는 기본 형식이 내재되어 있다고 보았다(→ 코페르니쿠스적 전환). 즉 인식은 대상에 대한 경험에서 비롯되는 게 아니라 주체가 주체적으로 구성하는 것이다. 이것을 칸트는 아프리오리한 인식이라고 말했다.

수학적 지식은 당연히 아프리오리하다. 그러나 과학적 지식이라고 해서 순전히 아포스테리오리한 것만은 아니다. 칸트의 시대에 대표적인 과학은 칸트 자신에게도 큰 영향을 미친 뉴턴역학이었다. 칸트는 경험과 관찰로만 전개되는 것처럼 보이는 뉴턴역학에도 아프리오리한 측면이 있다고 보았다.

모든 사건에는 '언제'와 '어디', 즉 시간과 공간이 있어야 하는데, 이 요소들은 경험 이전의 선험적인 것이다. 뉴턴역학은 운동과 힘을 주로 다루지만 그러기 위해서는 그 이전에 시간과 공간을 기본 형식으로서 전제해야 한다. 이 점에 착안한 칸트는 시간과 공간을 존재와 인식의 공통적인 형식으로 간주했다. 모든 존재(인식 대상)는 마치 수학의 x축과 y축처럼 시간과 공간의 좌표 위에 놓이며, 인간의 인식 메커니즘 역시 시간과 공간을 기본 형식으로 내장하고 있다. 이렇게 인식주체의 아프리오리와 인식 대상의 아포스테리오리가 일치하기 때문에 인간은 정신 외부에 존재하는 대상을 인식할 수 있는 것이다.

앙시앵레짐

Ancien Régime

'낡은 체제'라는 뜻의 평범한 두 단어로 된 프랑스어 문구가 구체제를 가리키는 일반명사로 널리 사용된 계기는 프랑스혁명이라는 역사적 대사건이었다. 지금은 낡고 보수적인 체제를 가리키는 의미로 사용되지만, 역사적 고유명사로서의 앙시앵레짐은 1789년에 발발한 프랑스혁명까지의 약 200년간 지속된 절대주의 시대를 가리킨다.

이렇게 구체제라는 간단한 개념으로 두 세기를 뭉뚱그리는 데는 근거가 있다. 이 시기의 전반기, 즉 17세기 내내 프랑스는 겉으로 보기에 사회의 전 부문이 통합적이었고 갈등의 요소가 거의 없었다. 태양왕이라는 별명을 가진 루이 14세는 프랑스를 강력한 중앙집권형 왕국으로 만들었으며, 대외적으로도 유럽 최강국으로 끌어올렸다. 이는 끊임없는 긴장 상태에 시달렸고 부분적인 권력

변동도 몇 차례 있었던 같은 시기 영국의 혼란스런 상황과 좋은 대조를 이룬다. 그렇다면 앙시앵레짐이란 태평성대를 뜻해야 할 텐데 실은 그렇지 않았다.

프랑스는 평온한 겉모습의 뒤에서 속으로 곪아가고 있었다. 제1신분인 성직자와 제2신분인 귀족은 부와 명예를 누리는 **특권계급**이었고, 새로이 상승하는 제3신분인 부르주아지와 농민은 인구의 대다수를 차지하고 **국가**재정의 대부분을 부담하면서도 그에 합당한 지위를 보장받지 못했다.

이런 **모순**이 심화되면서 17세기까지 정치 · 경제 · 군사 · 문화의 모든 면에서 유럽 세계의 중심이었던 프랑스는 태양왕의 시대가 가고 다음 세기에 접어들자 곧바로 추락하기 시작했다. 그 반면에 영국은 거의 한 세기 동안의 진통기를 겪은 끝에 1688년에 명예혁명으로 정치와 종교의 안정을 이루고 활발한 대외 진출을 도모했다.

그로부터 한 세기 내내 영국은 세계 각지에서 벌어진 **식민지** 쟁탈전에서 거의 전승을 거두었다. 전통의 라이벌인 프랑스는 북아메리카와 인도에서 영국과 맞붙어 족족 참패를 면치 못했다. 이런 대외적 몰락은 프랑스혁명의 시계추를 더욱 앞당겼다. 18세기에 영국이 경험한 유일한 패배는 미국을 독립시킨 것이었으나 미국 건국 세력의 주체는 영국의 청교도 이주민들이었으므로 어떤 의미에서는 '내전'에서 진 것이라고 볼 수 있다.

18세기는 영국에 번영기였으나 프랑스에는 앙시앵레짐이 절정으로 치달은 시기였다. 두 나라의 대조적인 사정은 옷을 갈아입는 타이밍에서 갈렸다. **자본주의**와 그 정치적 표현인 의회 민주주의가 새 옷이라면, 중상주의와 그 정치적 표현인 절대주의는 낡은 옷이었다. 같은 낡은 옷을 두고도 영국은 더러워졌다고 보았고 프랑스는 익숙하다고 여겼다. 그 결과 영국은 자본주의로 연착륙할 수 있었고 프랑스는 무리한 불시착을 감행해야 했다.

오랜 사회적 모순이 폭발하면서 터져 나온 프랑스혁명은 문자 그대로 모든 것을 바꾸어놓았다. 단순히 왕조나 정권이 교체되는 정도에 그친 게 아니라 정치·경제·사회·문화·사상·예술까지 사회 전반을 변혁시켰다. 게다가 혁명 이념은 유럽 전역으로 퍼져 나가며 아직 중세적 질서에 젖어 있는 유럽 세계의 구석구석까지 중세의 종막과 근대의 서막을 알리는 신호탄이 되었다. 그렇기 때문에 혁명 이후는 그 이전의 사회체제와는 근본적으로 다를 수밖에 없었고, 이전의 모든 것은 앙시앵레짐이라는 한마디로 요약될 수 있었다.

오늘날 앙시앵레짐은 그 개념을 낳은 역사적 맥락과는 다소 무관하게 사용되기도 한다. 프랑스혁명처럼 큰 규모가 아니더라도 혁명으로 탄생한 새로운 체제와 대비되는 이전의 낡은 체제를 말할 때 흔히 앙시앵레짐이라고 한다. 때로는 시대에 뒤진 제도나 풍습을 가리키는 일반적인 의미로도 사용된다. 분명한 것은 역사적인 연속성보다 과거와의 단절을 강조하는 의미가 강하다는 점이다. 그래서 앙시앵레짐은 혁명과 쌍둥이 같은 관계다.

약한 고리
Weak Link

사슬은 많은 고리로 이루어져 있다. 똑같은 모양의 고리들이 이어져 사슬을 이루지만 고리가 하나라도 끊어지면 사슬 전체가 무력해진다. 자전거를 묶어놓은 사슬의 열쇠를 잃어버렸을 경우 단 하나의 고리만 풀면 자전거를 사용할 수 있다. 어떤 고리를 풀어야 할까? 당연히 많은 고리 중에서 가장 약한 고리를 찾아 풀어야 한다. 녹이 슬었다거나, 이음새가 다른 고리보다 더 벌어져 있다거나, 주물이 잘못되어 있다거나…….

흔히 볼 수 있는 물건인 사슬과 고리를 이론적 비유로 삼아 약한 고리라는 말을 개념의 수준으로 끌어올린 사람은 러시아혁명의 지도자인 블라디미르 레닌이다. 그 단순한 용어에는 탁월한 전략가인 레닌의 심모원려(深謀遠慮)가 숨어 있다.

마르크스의 사상을 통해 **자본주의**가 필연적으로 붕괴하고 **사회주의**가 궁극적으로 승리하리라는 확신을 얻은 레닌은 조국인 러시아의 사정을 보고 다시 고민하지 않을 수 없었다. 마르크스는 자본주의가 충분히 성숙하면 내부 **모순**으로 인해 필연적으로 사회주의**혁명**이 일어난다고 주장했다. 그런데 20세기 초까지도 여전히 봉건적이고 전근대적인 차르 체제에 신음하고 있는 러시아는 자본주의가 발달하기는커녕 유럽에서 가장 뒤처진 나라였다.

혁명적 분위기는 충만하지만 경제적 여건은 갖추어지지 않았다. 이런 상태에서 과연 '사회주의'혁명이 가능할까? "혁명적인 이론이 없이는 혁명적인 실천도 없다."(《무엇을 할 것인가?》)는 신념을 가지고 있었기에 레닌은 고민하지 않을 수 없었다. 마침내 그는 실천을 위한 이론적 해결책을 만들어냈다. 지금은 마르크스의 시대와 다르다. 이것이 화두였다.

마르크스의 시대에 자본주의는 자유경쟁을 배경으로 했는데, 이는 시장이 무한대로 존재해야만 가능했다. 그러나 자본주의적 대량생산이 본격화되고 얼마 안 가 자본주의 각국의 국내 시장은 포화되고 말았다. 이때부터 자본주의는 **제국주의**로 변모되어 시장의 확대를 위해 해외 **식민지** 개척에 나섰다. 하지만 식민지 확장도 한계가 있었다. 급기야 식민지마저 고갈된 19세기 말부터 자본주의는 또 다른 해결책으로 독점자본주의로 변신했다(국내외 시장이 양적으로 포화되면 결국 기업이 살아남기 위해서는 기존의 시장을 '독점'해야 한다). 이 새로운 시대에 접어들어 자본주의는 나라마다 불균등한 발전 양태를 보였으며, 자본주의의 모순도 나라마다 다른 양상으로 심화되었다. 레닌이 약한 고리의 개념을 떠올린 것은 바로 이 대목에서다.

러시아는 선진 자본주의국가가 아니면서 제국주의 진영에 속한다. 후진 자본주의국가의 모순은 제국주의라는 사슬의 가장 약한 고리가 될 수 있다. 사회주의혁명을 위한 주체적 역량이 어느 정도 성숙해 있다면 그 약한 고리에서 먼저 혁명이 일어날 수 있다. 러시아의 사회주의혁명은 충분히 가능하다!

더구나 이 혁명이 성공하면 선진 자본주의국가에서도 혁명을 유발하는 방아쇠 역할을 할 것이다. 혁명의 객관적 조건을 강조한 마르크스와 달리 혁명의 주체적 요인을 강조한 레닌의 이론은 결국 러시아라는 후진 자본주의국가에서 사회주의혁명을 일으키는 데 성공했다. 러시아에는 자본주의의 성숙도가 미약하지만 그 대신 차르 체제의 가혹한 억압이 있었다. 또한 혁명을 수행할 프롤레타리아계급과 정당이 있었다. 그래서 레닌은 러시아가 제국주의의 사슬을 끊는 약한 고리가 될 수 있다고 본 것이다.

하지만 자본주의가 성숙하지 않은 상태에서 사회주의로의 이행이 이루어졌다는 사실은 끝내 사회주의 신생국의 질곡이 되었다. 혁명에 성공한 소비에트 정권은 생산력을 높이기 위해 처음부터 자본주의적 요소를 도입해야 했고, 정치권력의 안정을 위해 대대적인 숙청을 단행해야 했다(그 작업은 레닌의 사후 스탈린이 집행했다). 역사상 최초의 사회주의 실험이 불과 한 세기도 못 버티고 실패로 끝난 이유는 애초에 기형적인 혁명으로 시작된 탓이 크다.

엄숙주의

Rigorism

원칙은 두 개의 얼굴을 가지고 있다. 한편으로 원칙은 사고와 행동의 객관적인 기준으로 기능한다. 원칙을 지키는 사람은 사회의 표준형 인간으로 간주되며, 다른 사람들의 모범으로 존경을 받는다. 그러나 원칙에는 부작용도 있다. 원칙을 지나치게 고수하는 사람은 사고와 행동이 경직되기 쉬우며, 다양한 상황에 유연하게 대처하지 못하는 경우가 많다. 또한 원칙에서 벗어난 사람을 좀처럼 용납하지 못하고, **차이**에 대해 **관용**을 보이려 하지 않는다. 이렇게 엄격하고 완고하게 원칙에 집착하는 태도를 가리켜 엄숙주의라고 말한다.

엄숙주의는 원래 도덕적 법칙에서 비롯된 개념이다. 근엄하고 진지한 명칭에서 짐작할 수 있듯이 엄숙주의는 18세기에 교회의 법과 도덕을 문자 그대로 엄격하게 해석하려 했던 신학 윤리에 뿌리를 두고 있다. 당시 엄숙주의자들을 더욱 엄숙하게 만든 것은 교회의 권위에 도전하는 개연론(probabilism)이었다.

16세기에 예수회가 주장한 개연론은 교회의 법과 도덕을 좀 더 유연하게 적용해야 한다는 입장이었다. 그 기본적 내용은 오늘날 법에서 말하는 무죄 추정의 원칙과 비슷하다. 어떤 행동이 죄가 되는지 안 되는지를 확실히 알 수 없을 때는 개연적인 견해에 따라 허용 여부를 결정한다는 것이다. 어떤 것이 개연적인 견해인지는 적절한 논거를 제시하거나, 공인된 권위자가 그 견해에 지지를 표명하는 것으로 결정한다.

이에 대해 가톨릭교회는 발끈했다. 교회가 보기에 개연론은 너그럽고 유연한 입장이 아니라 교회법을 파괴하려는 불순한 의도를 지닌 것이었다. 개연론이 통용된다면 그나마 종교개혁으로 현실적 권력과 권위를 잃은 교회의 위상은 더욱 추락할 게 뻔했다. 그래서 교회 측은 비슷한 시기에 중국에서 생겨난 고증학처럼 훈고학적인 원칙론을 대항 논리로 내세웠는데 이것이 바로 엄숙주의였다.

고루하고 보수적인 가톨릭교회의 엄숙주의와는 별개로 칸트의 도덕철학도 또 다른 엄숙주의로 분류된다. 칸트는 그전까지 도덕을 의지와 연관시키던 도덕론을 거부하고 도덕을 의무로 여겨야 한다고 주장했다. 진짜 도덕은 의무에서 나오는 것이다. 예를 들어 수재민을 돕자는 TV 캠페인을 보고 도와주고 싶은 마음에서 ARS 전화를 걸었다면, 그것은 칭찬받을 행위이기는 해도 칸트적 의미에서 도덕적인 행위는 아니다. 똑같은 자선 행위라 해도 따뜻한 마음보다는 의무감에서 우러나와야만 도덕적인 행위라고 불릴 수 있다. 즉 '도와주고 싶다'가 아니라 '도와줘야 한다'는 것이 진정한 도덕적 태도다.

도덕은 의지가 아니라 인간의 의무이며 누구나 따라야 할 법칙이다. 그래서 칸트는 도덕을 정언명령이라고 말했다. 이렇게 도덕을 단순한 선택 사항이 아니라 법칙과 명령으로 보았기 때문에 칸트의 도덕철학은 엄숙주의라고 불린다. 스스로의 결심과 원칙에 따라 쾌락을 멀리하고 고행을 선택하는 금욕주의도 엄숙주의의 한 변형이다.

순수한 엄숙주의자인 칸트나 금욕주의자에게는 안타깝게도 현대의 엄숙주의는 지나친 근엄함으로 인해 종종 조롱을 받는다. 법과 정치, 문화와 예술에서 경직된 권위는 저항을 낳게 마련이다. 권위의 껍데기가 남아 있는 탓에 엄숙주의적 권위에 대한 저항은 직접적인 도전보다 풍자의 형태를 취하는 경우가 많다. 그러나 엄숙주의가 가장 두려워하는 것은 희화화되는 것이므로 풍자는 엄숙주의의 가장 효과적인 공략법이다.

goat는 원래 염소를 뜻하지만 scapegoat는 희생양으로 번역한다. 염소가 졸지에 양으로 둔갑한 이유는 염소를 한자어로 산양이라 불렀기 때문이다. 《구약성서》에 따르면 유대인들은 자신들의 죄를 용서받기 위해 염소를 불에 태워 번제(燔祭, 짐승을 불에 태우는 제사 의식)를 지냈다고 한다. 염소는 인간의 삶을 위한 제물이었던 셈이다. 나중에는 염소만이 아니라 소나 새 같은 다른 동물, 심지어 사람까지 제물이 되기도 했으며, 이렇게 해서 다른 사람들의 죄를 대신 지고 희생되는 것들을 총칭하여 희생양이라 부르게 되었다. 그리스도가 다른 사람들의 희생양이 되어 십자가에 매달린 사실은 당시의 사상과 풍습으로 보면 전혀 문제될 게 없는 일이었다.

고대의 종교에서 비롯된 이 희생양을 통한 정죄 방식은 지금도 남아 있다. 종교의 탈은 벗었으나 오히려 더욱 기만적인 자기 합리화 방식으로 사용된다. 표면상으로는 희생양의 도덕성을 인정하지 않지만 은근히 자기 합리화를 위한 수단으로 희생양을 내세우는 경우다. 딱히 누구의 잘못이라고 꼬집을 수는 없어도 누군가가 책임져야 할 사태가 벌어졌을 때 희생양이 필요해진다. 비합리적인 행위로 합리화를 시도하는 셈이다.

20세기 초에 제1차 세계대전이 끝났을 때도 이 끔찍한 사태의 책임을 물을 희생양이 필요했다. 물론 독일, 오스트리아, 터키 등

패전국들은 직접적인 책임을 져야 했지만 전 세계가 전쟁의 상흔으로 얼룩진 만큼 모두의 분노를 표출할 '공공의 적'이 따로 있어야 했다. 하지만 정신분석학의 창시자로 당시 세계적인 명성을 날리고 있던 프로이트가 생각한 희생양은 엉뚱하게도 인간이 아닌 신이었다.

전쟁을 겪기 전에 프로이트는 삶의 본능을 에로스에 비유했다. 에로스는 사랑의 신이고 지금도 사랑을 상징하지만, 프로이트에게 사랑이란 자기 보존의 성적 충동, 생명을 향한 무의식적 의지일 따름이었다(그는 아마 제대로 된 사랑을 해본 적이 없었을 것이다!). 그런데 엄청난 전쟁의 참화를 겪게 되자 프로이트는 삶의 본능이 있다면 **죽음**의 본능도 있을 것이라는 데 생각이 미쳤다. 그는 그것을 죽음의 신 타나토스에 비유했다. 그리스신화에서 타나토스는 모이라이(운명), 히프노스(잠), 네메시스(복수), 에리스(다툼)의 형제로 등장한다.

원래 프로이트는 에로스와 함께 타나토스의 개념을 제시한 바 있었으나 전쟁 전까지는 두 개념을 병치시키지 않고 타나토스를 에로스의 부수적인 의미로만 여겼다. 즉 에로스가 본래의 기능을 충분히 발휘하지 못해 삶의 본능이 좌절될 때에만 타나토스가 나타난다고 보았다. 삶의 본능은 있어도 죽음의 본능이란 없다는 생각이었다. 죽음은 삶의 길이 막힌 상태일 뿐이므로 삶과 별개로 규정될 수 없었다.

그러나 인류 역사상 최대의 참극을 겪은 뒤에 프로이트의 생각은 달라졌다. 알고 보니 타나토스는 에로스에 종속된 의미가 아니라 에로스와 동등한 위상을 지닌 본능이었다. 인간에게는 삶과 생성의 본능만이 아니라 죽음과 파괴의 본능이 있었다. 타나토스는 에로스와 무관하게 실재하는 본능이므로 단순히 에로스가 위축될 때만 나타나는 게 아니었다. 삶의 길이 막히지 않아도 죽음은 생각할 수 있는 것이었다.

따라서 인류 사회가 진보의 길로 나아가도록 하려면 에로스만 조장해서는 안 되고 타나토스를 통제하고 조절해야 한다. 오히려 사회를 존속시키기 위해서는 에로스보다 타나토스에 더 신경을 써야 한다. 에로스가 좌절될 경우에는 번영이 지체되는 정도의 피해만 있을 뿐이지만, 타나토스가 활개를 친다면 사회 전체에 죽음의 어두운 그림자가 드리워질 것이다.

타나토스도 에로스처럼 무의식적인 본능이자 충동이므로 그 방향은 예측할 수 없다. 외부를 향한 공격성으로 표출될 수도 있는가 하면, 스스로를 파멸시키는 자기 파괴로 나아갈 수도 있다. 세계대전의 전범국들은 전쟁에서의 승산을 따지기도 전에 이미 타나토스에 사로잡혔기 때문에 상호 공멸의 전쟁으로 치달을 수밖에 없었다.

어떤 의미에서 삶은 긴장의 연속이다. 그러므로 타나토스에 시달리는 정신 질환자는 삶이 주는 부담으로부터 벗어나기 위해 태어나기 전의 상태, 즉 비유기체의 상태로 돌아가려 한다. 무생물로 환원되고자 하는 이 본능이 억제되지 못하면 환자는 죽음을 택하게 된다.

하지만 개인의 **무의식**에 적용되는 에로스/타나토스의 개념을 곧바로 사회적 차원에 접목하는 것은 논리적 비약이다. 프로이트가 주장하듯이 인간 개인에게 타나토스의 본능이 있다 해도 그것이 집단적 충동으로 전화되려면 단순히 본능의 메커니즘만으로는 불가능하다. 프로이트의 설명은 그의 본의와는 다르게 전쟁의 비극을 소수 정신병자의 소행으로 몰아붙여 결과적으로 더 근본적인 원인을 은폐하게 된다. 제1차 세계대전이 선발 **제국주의** 진영과 후발 제국주의 진영이 식민지의 지배권을 놓고 다툰 전형적인 제국주의 전쟁이라는 점을 감안하면, 타나토스보다는 오히려 에로스, 그것도 탐욕에 찬 에로스가 작용한 결과라고 보아야 하지 않을까?

에로티시즘

Eroticism

사랑에는 여러 종류가 있다. 부모와 자식 간의 사랑도 있고, 친구에 대한 사랑도 있으며, 강아지나 조국을 사랑하는 경우도 있다. 그 사랑들은 대부분 **감정**과 관련된다. 그와 달리 성적인 사랑(이성애와 동성애)은 감정과 **감각**이 함께 관련되는 현상이다. 감정과 감각, 정신과 신체의 두 측면이 모두 작용하는 성적인 사랑을 에로티시즘이라고 부른다.

에로티시즘은 사랑의 신 에로스에게서 비롯된 개념이다. 그리스

신화에는 에로스가 아프로디테의 아들이라고 되어 있으나 이들은 후대에 모자로 맺어졌을 뿐이고 원래 에로스는 혼돈의 공허를 뜻하는 카오스의 아들이었다. 이렇게 사랑의 신이 상당히 초기의 신에 속한다는 것은 고대인들에게도 사랑의 관념이 중시되었음을 말해준다. 에로스는 유명한 큐피드(에로스의 로마식 이름)의 화살로 모든 신의 어버이인 우라노스(하늘)와 가이아(대지)를 짝지어준 것을 비롯해 신과 인간을 가리지 않고 닥치는 대로 짝을 맺어주었다. 기원전 6세기만 해도 준수한 청년의 모습이었던 에로스는 헬레니즘 시대의 **예술**과 문학에서 지금 우리에게 익숙한 날개를 단 개구쟁이 소년의 이미지로 바뀌었는데, 당시 사람들은 청년보다 소년이 에로티시즘을 주관하기에 더 어울린다고 여겼던 모양이다.

그리스도교가 생활윤리로 자리 잡은 중세에는 적어도 외면적으로는 금욕주의가 강조되었으므로 에로티시즘이 용인되지 않았다. 하지만 억압된 에로티시즘은 은폐되고 왜곡되어 악마나 마녀를 숭배하는 이단적 비교(秘敎)의 형태를 취했다. 교회의 권위가 몰락하고 인간 **이성**이 해방된 르네상스 시대에 이르자 예술과 문학에서 에로티시즘이 부활했다.

근대에 에로티시즘의 역사는 중대한 전환점을 맞았다. 전설적인 플레이보이로 통하는 카사노바와 돈 후안 같은 인물들은 성적 금기를 깨는 데 앞장섰으며, 정치적 자유주의와 예술적 낭만주의의 시대를 맞아 에로티시즘은 일상생활에까지 침투했다. 특히 프랑스의 귀족 사드와 오스트리아의 작가 마조흐는 오늘날 성 도착증의 하나인 사디즘(가학성 음란증)과 마조히즘(피학성 음란증)의 어원이 되었다.

에로티시즘이 처음으로 긍정적인 의미를 부여받은 것은 20세기의 일이다. 현대사회에서 에로티시즘은 그 어느 때보다도 깊어지고 넓어졌다. 프로이트는 **리비도**의 개념을 도입해 에로티시즘에 학문적 깊이를 부여했으며, 영화와 패션 등 새로운 **미디어**와 산업은 에로티시즘을 폭넓게 대중화했다.

현대의 독특한 에로티시즘 이론은 프랑스의 작가 조르주 바타유에게서 찾아볼 수 있다. 성욕과 살인의 욕구를 결합시키는가 하면 포르노에 가까우면서도 대단히 난해한 소설을 남겨 '저주받은 작가'라는 별명을 얻은 바타유는 마르크스 경제학에 나오는 '과잉(잉여)'의 개념을 도입해 에로티시즘을 설명한다. 그는 무절제한 성욕이야말로 개인의 주체성을 표출하는 주요한 방식이라고 예찬한다. 마르크스처럼 **생산**의 관점을 취하면 과잉은 부정적인 것이 되지만, 바타유는 소비의 관점에서 에로티시즘이 욕구의 과잉을 해소하기 위한 비생산적 소비의 효과를 가진다고 말한다. 번식과 무관하고 오로지 쾌락만을 목표로 하는 현대적 에로티시즘의 성행위는 그런 점에서 긍정적인 의미를 가진다.

엔트로피

Entropy

시간을 거슬러가는 장치, 즉 타임머신을 만들 수 있을까? SF 영화에서 보듯이 상상에서는 물론 가능하지만 과학적으로는 어떨까? 아직 최종적인 해답을 말할 수는 없으나 현재로서는 불가능하다는 결론이다. 그것도 기술적으로가 아니라 원리적으로 불가능하다.

상대성이론이 지배하던 시대, 그러니까 20세기 중반까지만 해도 타임머신은 가능하다는 입장이었다. 그 논리는 얼추 이렇다. 모든 것의 한계 속도는 빛의 속도, 즉 광속이다. 광속과 같거나 그에 준하는 속도(준광속)를 낼 수만 있다면 시간이 정지된 상황, 나아가 시간을 거슬러 올라가는 것도 가능하다. 다만 어떤 엔진으로 그런 속도를 낼 수 있는가, 또 그런 초고속에도 견딜 만한 합금을 만들어낼 수 있는가가 문제다. 따라서 타임머신은 현재의 기술로는 어렵지만 이론적으로는 충분히 성립한다.

하지만 지금은 이론적으로도 가능하지 않다는 결론으로 바뀌었다. 바로 엔트로피의 개념 때문이다. 엔트로피는 19세기 중반에 독일의 물리학자인 클라우시우스가 처음 제안했으나 과학적 개념으로 확립시킨 사람은 벨기에의 물리학자인 프리고진이다.

엔트로피는 무질서의 정도라는 뜻으로, 원래는 열역학과 관련된 개념으로 탄생했다. 열역학 제1법칙은 잘 알려진 에너지 보존의 법칙이고, 열역학 제2법칙은 열과 관련된 모든 반응에서는 반드시 엔트로피가 증가한다는 법칙이다. 엔트로피의 의미를 더 쉽게 이해하려면 열역학을 배제하고 그냥 무질서의 상태를 생각해도 된다.

비행기가 벼락을 맞아(즉 '열에너지'를 받아) 산산조각이 났다고 하자. 비행기가 추락한 곳에는 고철 조각, 깨진 유리, 볼트와 나사, 전선 등이 어지러이 널려 있을 것이다. 그런데 그 장소에 또 한 번 벼락이 쳤다고 하자. 그렇다고 해서 그 부품들이 다시 모여 비행기를 이룰 수 있을까? 벼락이 수천수만 번 친다고 해도, 다시 말해 처음에 비행기를 부순 것과 같은 열 반응이 아무리 더 가해진다 해도 한 번 부서진 비행기는 결코 복원되지 않는다. 오히려 벼락이 칠수록 부품들은 더욱더 조그만 조각들로 부서질 뿐이다. 이것은 모든 부품이 각기 '질서'를 갖추어 비행기라는 물체를 이루고 있던 상황이 한 번 깨어지고 나면 계속 '무질서도'가 증대하는 방향으로 나아간다는 것을 뜻한다. 이것이 곧 엔트로피의 증대이며, 열역학 제2법칙이다.

그렇게 당연하고 상식적인 이야기가 무슨 과학의 '법칙'이 되겠느냐고? 천만의 말씀이다. 엔트로피의 개념이 등장하기 전까지 과학은 뉴턴역학의 토대 위에서 눈부신 발전을 거듭해왔다. 이제 과학은 모든 자연현상은 물론이고 신의 영역까지도 설명할 수 있을 듯 보였다. 심지어 라플라스 같은 과학자는 충분한 시간만 주어진다면 미래에 일어날 일도 과학적으로 계산할 수 있을 것이며, 과거로 거슬러 올라가는 것도 가능하리라고 주장했다. 그렇다면 타임머신도 과학적으로 불가능할 이유가 없다!

그러나 자연은 인간의 그런 오만을 용납하지 않았다. 힘과 운동을 중심으로 하는 뉴턴역학에서는 모든 반응이 가역적으로 보였다. 즉 모든 반응은 정방향과 동시에 역방향으로도 가능한 것으로 여겨졌다. 하지만 열역학 제2법칙에서 나온 엔트로피의 개념은 비가역적인 반응이 있다는 것을 보여줄 뿐 아니라 자연계에는 가역적 반응보다 비가역적 반응이 훨씬 많다는 사실을 말해준다. 대칭과 평형만이 전부인 줄 알았던 인간의 자연관은 여지없이 깨어졌다. 알고 보니 아름다운 조화는 일순간만 유지될 뿐이고 자연의 기본은 무질서와 우연이었다.

프리고진은 이렇게 단언한다. "시간은 과거로부터 미래로 단 한 쪽 방향으로만 흐른다. 우리는 시간을 조종할 수 없으며 과거로 되돌아갈 수 없다."(《혼돈으로부터의 질서》) 결국 타임머신은 다시 불가능해졌다.

여왕

Queen

"프랑스 왕은 대머리다."

20세기 초에 논리실증주의 철학자들이 즐겨 들던 예문이다. 특히 버트런드 러셀이 배중률을 설명하기 위해 이 예문을 사용했다.

문장 자체로만 보면 진위를 알기 어렵다. 프랑스 왕이라는 구체적인 인물이 대머리인지 아닌지는 그를 직접 만나거나 사진으로라도 봐야만 알 수 있기 때문이다. 하지만 이 명제는 처음부터 거짓이다. 프랑스는 공화국이므로 왕이 아예 없다! 따라서 프랑스 왕이면서 동시에 대머리인 사람은 있을 수 없다. 이것이 러셀이 설명하는 배중률이다. 그런데 그가 하필 프랑스 왕을 운위한 이유는 무얼까?

로마제국이 무너지고 중세 1천 년간, 여기에 근대 300년을 더해 19세기까지도 유럽의 중심은 영국이 아니라 프랑스와 독일이었다. 19세기에 영국은 경제력으로나 해외 **식민지**로나 세계 최강국의 지위에 올랐음에도 역사적 전통과 영향력에서는 여전히 프랑스와 독일을 따르지 못했다. 단적인 예로, 영국에서 17세기 초의 청교도혁명으로 국왕 찰스 1세가 처형되었어도 그다지 큰 국제적 파급효과를 초래하지 않았지만, 그로부터 150년 뒤 프랑스 혁명으로 프랑스 왕 루이 16세가 처형된 사건은 유럽 전역에 일파만파를 일으켰고 나폴레옹 전쟁을 유발했다.

프랑스혁명으로 프랑스는 왕이 없는 공화국이 되었다. 물론 그 뒤에도 몇 차례 왕정복고가 있었으나 일시적이었을 뿐 프랑스는 18세기 이후 유럽 최초로, 그리고 19세기까지는 유럽에서 유일하게 근대적 공화정을 이루었다(지금도 서유럽 국가들 중에는 공화국보다 왕이 존재하는 입헌군주국이 더 많다). 오랜 왕국의 역사를 가진 유럽의 중심 프랑스에 왕이 없다는 것은 어딘가 허전하다. 그런 탓에 '프랑스 왕'이라는 문구는 철학 명제에도 등장할 만큼 큰 화제가 되었다.

아마 프랑스가 아닌 다른 나라가 18세기에 공화정으로 바뀌었다면 그렇게까지 이슈가 되지는 않았을 것이다. 독일은 19세기 후반에야 국민국가를 이룬 탓에 프랑스와 같은 과정을 거치지는 않았지만 독일도 만약 18세기에 혁명으로 공화국이 되었다면 전 유럽에 큰 충격을 주었을 것이다.

왕과 관련해 프랑스와 독일이 유럽 세계의 역사적 중심이었다는 점을 말해주는 또 한 가지 예가 있다. 그것은 바로 여왕이 없었다는 사실이다.

영국의 엘리자베스를 비롯해 러시아의 예카테리나, 에스파냐의 이사벨, 스웨덴의 크리스티나 등 중세와 근대 유럽 왕국들에는 여왕이 재위했던 경우가 꽤 있고, 상당한 치적을 쌓은 여왕도 있다. 그러나 프랑스혁명 이전까지 프랑스는 1천 년이 넘도록 왕국이었음에도 여왕이 다스린 적은 없었고, 독일도 마찬가지였다. 독일과 거의 통합적인 역사를 지닌 오스트리아의 경우 18세기에 마리아 테레지아가 여제로 즉위했으나 그것은 합스부르크 왕통이 끊어진 탓이었고 결국 그 때문에 유럽 각국의 간섭을 받아 대규모 국제전이 벌어졌다.

프랑스와 독일에 여왕이 없었던 이유는 게르만 전통에 따른 살리카 법전 때문이다. 5세기에 프랑크족이 만든 이 법전에는 딸에게 토지를 물려주어서는 안 된다는 규정이 있는데, 훗날 이것이 왕위 계승까지 확대 적용되었다. 중세 유럽은 단일한 그리스도교 문명권이었으나 여기에도 중심과 변방의 차이는 있었다. 중심인 프랑스와 독일에서는 살리카 법전이 철두철미 적용된 데 비해 영국이나 에스파냐, 러시아 같은 왕국들은 변방이었기 때문에 왕통이 끊어질 경우 자연스럽게—즉 심한 국제적 간섭이 없이—여왕이 즉위할 수 있었던 것이다.

지금이야 여성 대통령이 취임해도 하등 이상할 일이 아니지만, 과거 왕조시대에는 보편적으로 남성 중심주의가 지배했으므로 국정의 최고 책임자인 군주가 여성이라는 것은 아무래도 정상적인 정치 행정이 아니었다. 이 점은 우리 역사상 유일하게 여왕을 세 명이나 배출한 신라의 경우도 마찬가지다.

6세기 신라에서 선덕여왕이 즉위한 것은 공식적으로는 아버지 진평왕에게 아들이 없고 성골의 맥이 끊겼기 때문이라고 하지만 내막은 그렇지 않다. 출가한 처녀 공주(당시 신라 귀족 가문들은 자식들 중 하나를 출가시키는 경우가 많았다)까지 불러들여 왕위를 잇게 할 정도라면 복잡한 속사정이 있었을 게 뻔하다. 사료가 없으므로 추측밖에 할 수 없지만, 진평왕의 둘째 사위와 셋째 사위 간의 권력 다툼을 충분히 예상할 수 있다. 그도 그럴 것이, 둘째 사위는 당시 실력자였던 김용춘(김춘추의 아버지)이었고 셋째 사위는 나중에 백제 무왕이 되는 서동왕자라고 전해진다.

신라의 역사에는 전통적으로 왕실 내 혼인이 많았고 사위의 왕위 계승도 드물지 않았다. 게다가 진평왕은 남동생도 둘이나 있었고 동생이나 조카가 왕위를 계승한 경우도 없지 않았다. 이런 상황에서 굳이 전혀 전례가 없는 여왕을 옹립하게 된 사연은 아마 강력한 두 사위 간의 다툼이 극도로 치열해져 나라의 존립이 위험해질 정도였기 때문일 것이다. 두 세력의 대타협이 선덕여왕을 배출하지 않았을까?

당시 고구려와 백제의 압박을 받고 있었던 신라의 처지를 고려할 때 그 대타협은 상당히 필요했고 어느 정도 지속적이었을 것이다. 처녀의 몸인 선덕여왕에게는 당연히 후사가 없었다. 그가 죽자 다시금 왕위 계승 문제가 대두되었는데, 아직 타협의 효력이 유지되고 있었으므로 그 여동생인 진덕여왕이 즉위한다. 선덕과 진덕의 치세를 합쳐 32년이 지나자 이제 정상적인 왕위 계승의 맥이 끊겼고 새삼 골품을 따질 필요도 없어졌다. 드디어 실력으로 왕위에 오르는 인물이 등장하는데, 그가 바로 태종무열왕 김춘추다.

그로부터 200여 년 뒤 통일신라시대에 다시 한 번 여왕이 등장한다. 정강왕이 아들을 두지 못하고 죽자 딸이 진성여왕으로 즉위한 것이다. 정강왕은 선덕과 진덕의 예를 좇아 딸에게 왕위를 계승시키라는 유언을 남겼다고 전하지만, 일찍이 그의 외할아버지인 헌안왕도 딸만 두었으나 그 반대로 선덕과 진덕의 전례에 따르지 말고 사위에게 왕위를 넘기라고 유언한 바 있다. 그렇다면 진성여왕이 즉위한 데도 필경 9세기 후반 신라 왕실의 복잡한 정치적 상황이 관련되었을 것이다. 그래서인지 사관들은 진성여왕이 궁중에 미모의 소년들을 두고 음행을 일삼았다며 악평으로 일관했다.

결론적으로 말하면, 유럽이나 신라나 왕조시대에 여왕의 즉위는 거의 다 비정상적인 상황 논리에 따른 것이었다. 우리 현대사에서는 여성이 국정의 최고 책임자가 된 사례가 아직 없지만, 앞으로 누구든 그런 여성 지도자가 등장한다면 왕조시대의 여왕과 같은 역할은 아니어야 할 것이다. 역사 속의 여왕들은 거의 다 무늬만 여왕일 뿐 사실상 측근 남성 정치의 희생자였다.

역설
Paradox

둥근 사각형, 하얀 까마귀, 고독한 군중, 소리 없는 아우성……. 이런 문구들은 다 역설적인 표현이다. 쓰는 사람도 보는 사람도 말의 효과를 노리는 것일 뿐 말 그대로를 의미하지는 않는다. 말 자체는 **모순**이기 때문이다. 이처럼 역설이란 그 자체로 모순을 빚을 수밖에 없는 진술을 가리킨다.

논리적으로 말하면 역설은 고전논리학의 세 원리 가운데 배중률에 위배되는 명제다(나머지 두 원리는 모순율과 동일률이다). 배중률이란 어떤 명제가 성립하든가 하지 않든가 둘 중 하나일 뿐 그 중간은 없다는 원리인데, 이를테면 둥글거나 사각형이거나 둘 중 하나만 성립할 뿐 둘 다 성립할 수는 없다는 것이다. 명백히 모순적인 명제를 폐기 처분하지 않고 역설이라는 개념으로 부르는 데는 이유가 있다.

역설은 우선 듣는 사람의 주의를 환기시켜 신선하고 상상력에 찬 사고를 촉발시키는 효과가 있다. 조지 오웰의 정치 풍자소설 《동물농장》에서는 동물들이 불평등한 집단농장을 혁명으로 뒤집었으나 결국 전체주의 체제를 낳고 말았다는 점을 선명하게 보여주기 위한 이런 역설이 등장한다. "모든 동물은 평등하다. 그러나 어떤 동물은 다른 동물보다 더 평등하다."

문학이나 예술에서의 역설과 달리 철학에서는 역설이 철학적 사유를 진행하는 수단으로 사용된다. 대표적인 예는 고대 그리스 철학자 제논의 두 역설이다. 하나는 화살의 역설이다. 과녁을 향해 화살을 쏘면 시위를 떠난 화살은 우선 과녁과의 거리에서 절반에 해당하는 지점을 통과할 것이다. 그다음에는 나머지 거리의 절반에 이를 것이다. 또 그다음에는 남은 거리의 절반까지 갈 것이다. 이런 식으로 추론하면 화살은 계속 나아가지만 결국 과녁에는 닿을 수 없다는 결론이 나온다. 어떤 지점이든 남은 거리의 절반을 끊임없이 지나쳐야 하기 때문이다(수학에서 분수함수 그래프의 점근선과 같다).

다른 역설은 아킬레우스와 거북의 경주인데, 이것도 내용은 비슷하다. 고대의 만능 스포츠맨인 아킬레우스보다 느림보의 대명사인 거북이 조금만 먼저 출발해도 아킬레우스는 영원히 거북을 따라잡지 못한다. 아킬레우스가 거북이 있던 곳까지 달려가면 거북은 거기서 몇 걸음이라도 더 가 있다. 다시 아킬레우스가 접근하면 거북은 걸음을 아예 멈추지 않는 한 아주 조금이라도 앞서간다. 이런 식의 운동이 아무리 되풀이되어도 아킬레우스는 결국 거북에 뒤처질 수밖에 없는 것이다.

제논이 이런 역설을 전개한 데는 이유가 있다. 그의 의도는 만물이 변화한다고 본 헤라클레이토스의 사상을 반박하고 운동이란 논리적으로 불가능하다고 본 파르메니데스의 사상을 옹호하기 위한 것이었다. 제논의 역설은 그 뒤 수많은 증명과 반증을 낳았으며, 오늘날의 고등수학에서도 무한의 개념을 설명할 때 좋은 예로 사용된다(제논의 역설은 무한급수의 계산법으로 해결된다. 화살이 간 거리를 무한급수로 더하면 화살은 결국 과녁에 가 닿게 된다).

현대의 논리학을 확립한 러셀은 수학의 집합 개념을 이용한 역설의 예를 보여준다. 자신 이외에 모든 것을 포함하는 집합 A가 있다고 가정하자. 이 집합에는 자신이 포함될까, 되지 않을까? 만약 A에 자신이 포함된다면 가정에 위배되고, 만약 A에 자신이 포함되지 않는다면 가정에 의해 A의 요소가 되어야 할 것이다. 그러므로 A는 역설적 집합이 된다.

논리적 역설은 성서에서도 발견된다. 《신약성서》의 〈디도서〉에는 "그레데인(크레타인) 중에 어떤 선지자가 말하되 그레데인들은 항상 거짓말쟁이"라는 구절이 있다. 그런데 이 경우 그 선지자 본인이 크레타인이므로 그의 말을 긍정한다면 그의 말은 거짓이 된다. 이것은 원래 고대 크레타의 에피메니데스라는 사람이 제기한 역설이었다. "내가 하는 말은 모두 거짓"이라는 명제가 참일 경우 내 말은 참일까, 거짓일까?

논리적 훈련이나 문학적 수사의 목적이 아니라면 역설은 무의미하다. 그 이외의 경우에 역설을 사용한다면 그것은 모종의 **권력**을 통해 상대방을 제압하려는 불순한 의도라고 해석해도 좋다.

연금술
Alchemy

알코올, 알칼리, 알고리즘, 대수(algebra), 이 용어들의 공통점은 아라비아에서 유래했다는 사실이다. 앞에 붙은 '알(al)'은 아랍어에서 영어의 정관사와 같은 역할이다. 연금술 역시 같은 유래를 가진 개념이므로 아라비아에서 특히 성행했으리라는 것을 알 수 있다. 아라비아에서 연금술은 알키미아(alkimia)라고 불렸는데, 정관사를 제외한 키미아는 '검은 땅의 나라', 즉 이집트를 가리키는 말이었다.

연금술은 일반 금속을 금이나 은 같은 귀금속으로 변환하고자 했던 기술로, 아주 오랜 역사를 가지고 있다. 비록 한 번도 성공하지는 못했으나 그 과정에서 과학(특히 화학)이 발달했으니 부산물의 성과는 적지 않았다.

서양 문명의 요람인 고대 그리스에서는 눈에 보이는 수많은 세상 만물의 배후에 보이지 않는 궁극적인 실체, 즉 아르케(원질, 근본, 시원)가 있다고 믿었다. 최초의 철학자로 꼽히는 탈레스는 그것을 물이라고 말했고, 아낙시만드로스는 공기, 헤라클레이토스는 불이라고 보았다. 그 뒤로도 여러 사람이 여러 가지 답을 말했으나 답보다 더 중요한 것은 질문 자체다(→인식론/존재론).

비록 당시 사람들은 그 넷 중에 어느 것이 물질의 근본인지가 더 궁금했겠지만, 철학사적으로는 보이지 않는 근본 요소에 관심을 가졌다는 사실이 더 중요하다. 이것이 곧 최초의 철학적 질문을 이루었기 때문이다. 그 질문은 자연철학의 단초를 열었고, 나중에는 신이라는 궁극적인 존재에 대한 물음으로 이어져 **그리스도교**를 낳았다.

초기 철학자들이 세상 만물의 근본 요소로 가정한 것은 물, 불, 흙, 공기의 네 가지였다. 질문 자체를 중시하는 지적 경향은 철학을 탄생시켰고, 그 반면에 답을 찾으려는 노력은 과학적 탐구로 이어져 연금술로 발전했다. 연금술은 모든 물질이 그 4대 원소의 조합으로 이루어진다는 믿음에서 나왔다.

고대 그리스의 문명은 당시 오리엔트 선진 문명권을 이루었던 아라비아로부터 큰 영향을 받았다. 4대 원소에 관한 관념도 오리엔트에서 먼저 생겨났지만, 이 지역에는 일찍부터 강력한 권위를 가지는 종교와 중앙집권적 정치제도가 발달했기 때문에 철학적 인식이 뿌리를 내리기 어려웠다. 그 때문에 그리스와 달리 여기서는 궁극적인 요소에 대한 관심이 철학적 질문으로 발전하는 대신 과학적 탐구를 낳았다.

유럽의 중세에는 아라비아의 과학이 수입되면서 연금술이 크게 성행했다. 그러나 그리스도교의 시대인 만큼 연금술은 정식 학문으로 인정받지 못하고 배척되었으며, 그에 따라 점차 신비주의적 성향을 띤 비학(秘學)으로 전승되었다.

근대로 접어들어 연금술은 본격적으로 화학과 결합한다. 16세기에 연금술의 최고 권위자였던 파라켈수스는 금속의 변환이 불가능하다고 규정하고 화학과 의학의 연구로 노선을 전환했다. 이로써 연금술은 사실상 막을 내렸으나 근대의 과학적 사고에 끼친 영향은 적지 않았다. 산소가 발견되기 전까지 물질의 연소 현상을 설명하는 데 중요한 역할을 했던 플로지스톤의 개념(물질이 연소될 때는 가상 물질인 플로지스톤이 방출된다고 믿었다)도 연금술에 뿌리를 두고 있었으며, 뉴턴도 연금술에 관심을 가지고 집중적으로 연구한 적이 있었다.

물질의 기본 요소인 원소의 변환이 원리적으로 불가능하지는 않다. 한 원소의 원자핵에 있는 양성자의 수가 달라지면 그 원소는 다른 원소로 바뀌게 된다(예를 들어 수소의 원자핵에 양성자 하나를 추가하면 헬륨이라는 다른 원소가 된다). 바꿔 말하면 원자핵에 양성자를 더하거나 뺄 수 있으면 다른 원소로의 변환이 가능하므로 금도 만들어낼 수 있다. 아직 기술적으로 구현할 수는 없으나 장차 인공적인 원소 변환이 가능해진다면 연금술의 오랜 꿈은 실현될 수 있을 것이다. 물론 그때가 되면 금이 비쌀 이유가 없어지겠지만.

그보다 당장 더 중요한 것은 분자 변환이다. 식물의 세포 조직을 변환시켜 육류의 품질을 얻을 수 있다면 가축을 끔찍하게 도살하지 않고도 육식을 제공할 수 있지 않을까? 원소 변환은 아직 기술적으로 불가능하지만 분자 변환은 현재의 기술로도 가능하다. 이 생물 조직의 '연금술'은 왜 실용화되지 않는 걸까?

예술

Art

문자는 항상 인간을 짓누른다. 어떤 메시지든 문자로 포착되면 즉각 고형화되고, 고체 특유의 경직성과 '권위'를 가지게 된다. 그에 비해 예술은 부드러운 액체처럼 매끄럽고 특정한 형태를 가지지 않는다. 그래서 문자의 교훈적 특성과 계몽성에 질린 인간은 예술에서 일체의 권위로부터 해방된 느낌을 만끽하게 된다(교과서를 만화로 만들지 않는 이유는 문자의 권위를 학생들에게 강요하려 하기 때문이 아닐까?). 문자가 발명된 이후 현대에 이르기까지 예술은 늘 문자와 대립하는 동시에, 문자의 손이 닿지 않는 영역을 긁어주면서 문자의 여집합과 같은 노릇을 했다.

때로 예술은 문자의 경직성이 고조되어 스스로의 굴레에 갇혀버렸을 경우 선도적으로 치고 나감으로써 문자의 질곡을 풀어주는 역할도 했다. 15세기에 인문주의의 물꼬를 튼 르네상스 예술이 그랬고, 20세기 초에 과도한 **이성** 중심주의에 허덕이던 철학을 해방시킨 **모더니즘** 예술이 그랬다. 예술은 **자유**를 바탕으로 하고 자유는 상상을 낳는다. 상상력이 필요한 역사적 시기에는 늘 예술이 앞장을 섰다.

그러나 예술의 속성은 언제나 변함없이 자유와 상상력이지만 정작 '예술품'이 탄생한 계기는 대단히 현실적이다. 흔히 예술을 순수예술과 상업예술로 구분하지만 역사적으로 보면 순수예술이란 없다. **자본주의** 이전에 예술품은 의뢰인의 주문을 받아 생산되었고, 자본주의사회에서는 시장을 위해 예술품이 생산된다. 판매를 염두에 두지 않은 예술은 없었다는 이야기다. 더구나 현재와 같은 순수예술과 상업예술의 구분은 세월이 흐르면 무의미해질게 분명하다. 200년 뒤의 음악 학도는 음악사 과목에서 바흐와 모차르트만이 아니라 비틀스와 핑크 플로이드도 공부할 것이다. 이 점은 바흐와 모차르트가 살았던 2~3세기 전의 상황을 보아도 충분히 알 수 있다.

근대 음악을 낳은 17~18세기의 오스트리아와 독일은 합스부르크 제국을 섬기는 수많은 영방국가로 나뉘어 있었다. 하지만 허울만 '제국'일 뿐 합스부르크의 **권력**은 오스트리아의 일부 직할령에만 국한되었고 영방국가들은 사실상 독립국이나 다름없었다. 이런 역사적, 정치적 지형은 근대 음악을 태동시킨 중요한 배경이 된다.

예나 지금이나 음악가들은 자신의 음악을 들어주고 사주는 팬들이 없으면 창작 활동은커녕 생계조차 유지할 수 없다. 지금과 같은 방송 매체나 오디오 장비가 없었던 시절의 음악 팬은 다름 아닌 왕과 귀족들이었다. 따라서 음악가들에게는 당시 유럽 문화의 중심지였던 프랑스처럼 중앙집권적인 절대주의 왕국보다는 고만고만한 왕들과 귀족들이 많이 있는 독일 지역이 유리할 수밖에 없었다. 왕이 전쟁에서 승리했을 때, 새 궁정이나 교회를 세웠을 때, 자식을 얻었을 때, 생일을 맞았을 때 등등 기념할 만한 사건을 맞아 축하 음악을 만들고 연주한 것이 수많은 작곡가와 연주가들을 먹여 살리는 중요한 역할을 했고 결과적으로—그들은 의도하지 않았어도—예술이 발전하는 데 큰 공헌을 했던 것이다(→ 노블레스 오블리주).

이와 같은 예술의 생래적인 '상업성'은 미술의 경우에도 마찬가지였다. 지금처럼 일반인들을 위한 미술품 시장이 없었던 시절인 르네상스 시대의 화가와 조각가들은 의뢰인의 주문을 받아 작품을 제작했다. 미켈란젤로나 라파엘로처럼 가장 큰 의뢰인, 즉 당시 유럽 최대의 부호였던 로마 교황의 주문을 받으면 평생을 먹고 살 수 있었고, 벨라스케스처럼 에스파냐 왕실의 궁정화가로 취직해도 생계에는 걱정이 없었다. 심지어 조수들을 고용해 화실을 공장처럼 운영한 화가들도 많았다(예컨대 얀 페르메이르는 '화실 공장'에서 작품을 대량으로 제작한 탓에 후대의 미술사가들에게 어느 것이 진짜 페르메이르의 작품인지 구별하는 숙제를 남겼다). 교회가 새로 건립되면 제단화와 장식 조각상을 많이 의뢰받을 수 있었고, 공주가 생일을 맞아 왕실에서 기념으로 '가족사진'을 찍고 싶다면 궁정화가는 그 초상화를 그렸다.

바로 그런 계기에서 제작된 음악과 미술 작품이 오늘날 고전으로 전해졌으니, 알고 보면 고전 예술은 처음부터 상업적이었던 셈이다. 음악과 미술이 비교적 순수한 예술성을 띠기 시작한 것은 19세기 후반부터인데, 실은 그것도 자체의 시장이 그 무렵부터 생겼기에 가능했다. 그 시기에 화랑이 생겨 미술 시장이 열렸고, 20세기 중반에는 음반과 방송이 발달하면서 음악 시장이 열렸다.

과거의 예술 소비자가 사회적 상류층에 국한되었던 것과 달리 오늘날에는 매체의 발달로 일반 대중에게까지 널리 확산될 수 있는 분위기가 조성되었다. 그렇게 보면 오늘날의 예술이 갈수록 대중화되는 현상은 결코 부정적인 게 아니라 과거보다 더욱 예술의 본래적인 속성(대중성)에 충실해지게 된 결과다. '클래식'이란 처음부터 클래식이라고 선언된 작품이 아니라 사후적으로 예술성이 인정되어 역사에 남는 예술품을 가리키는 용어일 뿐이다.

오리엔탈리즘

Orientalism

서양의 유명 음악가나 연예인이 올 때면 TV에서 인터뷰를 한다. 그때 거의 빠지지 않는 질문이 있다. "한국의 첫인상이 어떻습니까?" 그럼 대개의 경우 비행기 안에서 즉석으로 배운 "안녕하세요?"라는 인사말과 더불어 날씨가 뷰티풀하고 사람들이 원더풀하다는 틀에 박힌 찬사를 늘어놓게 마련이다. 하지만 서양인들은 습관적으로 과장된 표현을 남발하는 경향이 있으므로 그들이 말하는 원더풀이나 뷰티풀을 소박하게 믿었다간 그대로 '풀(fool)'이 되기 십상이다.

외국인이 본 한국의 첫인상은 물론 중요하지만 굳이 칭찬을 유도해서 만족하려는 심리는 대체 뭘까? 미국 대학생들이 'Zen' 또는 '禪'이라고 인쇄된 티셔츠를 입고 다닌다든가, 비틀스의 한 멤버가 인도의 사상에 심취했다든가, 프랑스의 유명한 도예가가 고려청자에 감탄사를 연발했다든가 하는 말을 듣는다고 해서 얻는 게 무얼까? 서양인들도 동양의 깊은 정신과 **예술** 세계를 아는구나 하는 만족감일까?

그러나 그것도 우리를 '풀'로 만드는 사기다. 미국의 대학생들, 비틀스의 멤버, 프랑스 도예가는 실상 동양을 잘 모른다. 동양에 사는 우리도 동양을 잘 아는 건 아니다. 예전에 〈달마가 동쪽으로 간 까닭은?〉이라는 한국 영화가 국제 영화제에서 대상을 받았을 때 어느 영화 평론가는 "정작 동양의 우리도 불교적 구도의 세계를 잘 모르는데 그들이 알겠는가? 아마 그래서 상을 받은 듯하다."고 말한 적이 있다. 모르기 때문에 상을 주었다? 아마 그 말이 정답일 것이다.

물론 서양인들 중에 동양에 관심을 가진 사람들은 많다. 하지만 그들의 관심은 주로 지적인 것일 뿐 애정이 뒷받침된 것은 아니다. 즉 그들은 동양을 머리로 알려고 노력은 해도 가슴으로 느끼려 하지는 않는다. 그들에게는 그럴 필요가 없기 때문이다. 이미 서양 문명이 세계를 정복한 이상 그들에게 동양 문명은 그저 하나의 연구 대상일 뿐이며, 더 나쁘게 말하면 호기심거리일 뿐이다.

그 점을 잘 보여주는 **개념**이 팔레스타인 출신의 현대 사상가인 사이드의 책 제목이기도 한 오리엔탈리즘이다. 오리엔탈리즘이라는 용어는 말 그대로라면 '동양주의'라고 번역될 수 있겠다(하지만 그가 사용한 오리엔트라는 말은 우리가 속한 동아시아와 무관한 중동을 가리키는 역사적 용어라는 점에 유의할 필요가 있다). 그런 탓에 그 책도 제목만 보고 마치 동양에 대한 서양인들의 큰 관심을 다룬 책인 것처럼 여기는 사람이 가끔 있다. 실제로 국내 TV 방송에 나온 어느 교수는 이 책을 언급하면서 "장차 동양 문명이 세계 문명으로 부활하게 될 조짐을 서양의 시각에서 고백하고 있다."라고 말하는 무지의 해프닝도 있었다.

그러나 동양에 대한 지적 관심, 즉 오리엔탈리즘은 결코 순수한 학문적 목적을 지닌 것도, 단순한 유행도 아니다. 사이드는 오리엔탈리즘을 이렇게 정의한다. "오리엔탈리즘이란 동양을 소재로 하는 유럽의 공상 만화가 아니라 이론과 실천을 위한 하나의 체계로 창조된 것이다. 그 창조를 위하여 서양은 수세대 동안 엄청난 물질적 투자를 했다. 이러한 투자 덕분에 오리엔탈리즘은 동양에 관한 지식 체계로 자리 잡았으며, 서양인의 의식 속에 동양을 여과하여 주입하기 위한 필터가 되었다. 그 결과 오리엔탈리즘을 바탕으로 한 사상과 문화의 전반적인 서술들은 크게 증대했다. 그 투자는 대단히 생산성이 높은 투자였다." 오리엔탈리즘은 학문적 관심도, 지적 호기심도 아닌 '투자'였다는 이야기다.

유럽 문명이 처음으로 세계 정복에 나선 대항해시대 이후 동양에 대한 관심은 단편적이지만 지속적으로 유지되어왔다. 그러던 것이 목적의식적인 오리엔탈리즘으로 바뀐 시기는 18세기 후반이며, 본격적인 체계화를 이룬 시기, 즉 학문을 넘어 성공적인 투자가 되기 시작한 시기는 19세기 후반이다. 알다시피 18세기 후반부터 19세기까지는 **제국주의** 시대와 정확히 일치한다. 이 시기에 서양은 동양을 정치적으로나 경제적으로 정복했을 뿐 아니라 정신적으로도 정복하려 했다. 그런 점에서 오리엔탈리즘은 '정복의 완성'을 위한 계획이다.

서구의 오리엔탈리즘을 형성하는 데 직접적으로 기여한 것은 경제적, 군사적 침략보다도 문화적 침략이었다(→ 문화제국주의). 동양에 관한 자료들을 풍부하게 수집함으로써 서양은 개별적이고 파편적인 동양에 대한 이해를 넘어 총체적이고 체계적인 동양관을 정립하게 된 것이다. 그 결과 바로 사이드가 말하는 것처럼, 서양의 어느 작가가 '동양' 혹은 '동양적'이라는 표현을 쓰면 서양의 독자들은 즉각 그 의미를 알아듣게 되는 커뮤니케이션의 패턴이 생겨나게 되었다(물론 그건 그들이 '구성'한 동양이며 실제의 동양과는 무관하다).

설령 서양의 오리엔탈리즘을 침략과 무관한 '선의'로 이해한다 해도 그것은 동양의 진면모가 아니라 서양의 지적 호기심으로 '박제화된' 동양이다. 뉴욕 카네기 홀의 사물놀이 공연에서 객석에 드문드문 박힌 서양인 관객의 대부분은 사물놀이에 대한 애정 어린 관심보다는 새로운 것에 대한 호기심 어린 시선을 던졌을 뿐이다. 그것은 기본적으로 19세기 유럽인들이 아프리카에 던진 시선과 다를 바 없다.

19세기 유럽의 귀족들은 아프리카와 아시아의 토착 예술품 수집을 최고의 취미로 여겼다. 아프리카에서 유럽인들이 대대적으로 고고학적 발굴 사업을 벌였던 것도 그 시기이며, 중동과 극동의 수많은 문화재가 런던과 파리의 박물관에 소장된 것도 그 시기다(그 무렵 고고학과 인류학이 탄생한 것도 그 점과 연관이 있다). 그렇지 않았다면 오늘날 대영박물관이나 루브르박물관에서는 별로 볼 만한 게 없을지도 모른다.

사이드의 말처럼 오리엔탈리즘은 과연 성공적인 투자였다. 오늘날에는 동양인들마저 동양을 제대로 연구하기 위해서는 서양으로 유학을 가야 한다니까 오리엔탈리즘은 본전을 건지고도 남은 셈이다. 유학 이야기가 나왔으니 말인데, 앞으로는 서양에 유학을 가더라도 더 '보편적인 주제'에 도전하는 사람들이 많아져야 할 것이다. 이를테면 정치학을 전공하는 학생이 굳이 미국에까지 유학을 가서 '조선시대 당쟁이 한국의 유교 정치에 미친 영향에 관한 고찰' 따위의 제목으로 논문을 쓰고 학위를 받는 일이 없었으면 좋겠다는 이야기다. 그건 좋게 보면 〈달마가 동쪽으로 간 까닭은?〉이 국제 영화상을 받은 맥락과 같고, 나쁘게 보면 그 논문이 서양의 도서관에 추가됨으로써 오리엔탈리즘에 하나의 목록을 더 얹어주는 격이다.

오컴의 면도날

Ockham's Razor

면도를 하는 데 쓰는 면도날이 아니다. 오컴은 면도기 회사가 아니라 14세기 중세철학자의 성(姓)이다(정확히는 지명인데, 서양의 옛 성들은 땅 이름에서 나온 게 많다). 그래도 면도날이라면 무언가를 베거나 자를 수 있어야 할 것이다. 그것도 그냥 칼날이 아니라 면도날이니까 아주 예리하게 베어낼 수 있어야 한다.

"Entia non multiplicanda sunt praeter necessitatem." 읽기도 어려운 이 라틴어 문구는 윌리엄 오컴이 면도날을 정의하는 대목이다. "필요 이상으로 많은 실체가 존재해서는 안 된다."라는 뜻이다. 뭔가 심오한 의미 같지만 내용은 간단하다. 어떤 것들을 설명하기 위해 많은 전제나 가정을 끌어들여서는 안 되며, 꼭 필요한 것만으로 제한해야 한다는 뜻이다. 라틴어구가 쓰였을 뿐 상식에 불과하다.

오컴은 이 상식적인 원리를 왜 들이댔을까? 중세철학의 최대 쟁점은 실재론과 유명론의 대립이었다. 실재론은 사물의 보편적 실체(보편자)가 별도로 존재한다고 보는 입장이다. 이를테면 사과, 배, 밤 같은 개별 과일들 이외에 보편적인 과일이 실재한다는 것이다. 이에 반해 유명론은 그런 보편자 따위는 이름만 존재할 뿐 실체는 없다고 보는 입장을 취했다. 이 대립에서 오컴은 유명론의 기수를 담당했다.

오컴의 면도날은 바로 유명무실한 보편자를 베어내기 위한 개념이다. 하지만 교회는 대체로 실재론을 지지했다. 유명론의 입장에 서면 신이나 영혼 같은 개념들도 그저 인간이 붙인 이름일 뿐이라고 볼 위험이 있었기 때문이다. 오컴은 교회의 미움을 산 탓에 교황과 대립하고 있던 독일 영주의 성에 숨어 살아야 했다.

오늘날에도 오컴의 면도날은 "가설은 가장 단순한 것을 선택해야 한다." 혹은 "가장 단순한 것이 되도록 가설을 구성해야 한다."라는 원칙으로 적용된다. 말하자면 전제나 가정을 필수적인 것에만 국한하고 최대한 아껴 쓰자는 '경제의 원리'요 '절약의 원리'다. 쉽게 말하면 "간단한 게 좋은 것이다."란 뜻이다. 진리는 단순하다고 믿었고 실제로 $E=mC^2$이라는 간결한 공식으로 세계를 놀라게 한 아인슈타인의 신념과 같다.

간결하다는 것이 깔끔하고 명쾌하기는 하지만 반드시 진리에 가까운 것인지는 알 수 없다. 더욱이 설명하려는 대상이 복잡할 경우에는 이론도 복잡해야 하는 게 원칙이다. 예컨대 복잡한 현대 사회를 설명하는 사회학 이론은 충분히 복잡해야 오히려 이해하기 쉽다. 간결한 이론이라는 기준은 미학적인 가치는 있을지언정 진리를 위한 기준은 아닐 수도 있다. 면도날이 너무 날카로우면 오히려 얼굴을 베기도 쉽다.

와스프

WASP

미국은 흔히 '인종의 도가니(melting pot)'라는 별명으로 불린다. 그만큼 여러 인종이 섞여 산다는 이야기다. 현재 미국의 인구 구성을 보면 백인이 3분의 2가량을 차지하고 있는데 왜 그런 별명이 붙었을까? 그 이유는 백인의 구성이 다양하기 때문이다. 백인이라고 해서 다 같은 것은 아니다. 미국 사회를 지배하는 백인들은 특별히 와스프라는 명칭으로 분류된다. 와스프는(White-

Anglo-Saxon-Protestant)의 머리글자를 따서 만든 단어로, '앵글로색슨계의 신교도 백인종'이라는 의미다.

1620년에 영국의 청교도 102명이 메이플라워호를 타고 북아메리카로 이주한 이래 1860년대까지 200여 년 동안 미국의 인종 구성은 단순했다. 청교도 이주민인 와스프와 약 2만~3만 년 전에 베링 해가 육지였을 때 이곳을 통해 아메리카로 건너온 아시아 몽골인들의 후예인 북아메리카 원주민이 대부분이었다. 초기 이주민들에 이어 19세기까지 유럽에서 미국으로 간간이 건너온 이주민들도 소수 아일랜드계를 제외하면 대부분이 영국이나 독일에서 온 신교도들이었다.

그런데 19세기부터는 사정이 달라졌다. 이른바 서부 개척 시대를 맞아 일확천금을 꿈꾸며 서부의 금광을 찾아 유럽 각국에서 이주민들이 들이닥쳤고, 1845년 아일랜드 감자 대기근처럼 재앙과 빈곤을 피해 미국으로 온 사람들도 많았다. 특히 남북전쟁 이후부터는 대량 이주가 잦았다. 폴란드, 러시아, 이탈리아 등 중부 유럽과 동남부 유럽에서 온 이주민들이 갑자기 많아졌다.

이 이주민들은 영어를 쓰지도 않았고 신교도도 아니었다. 상황이 이렇게 되자 영국 문화의 모방으로 신대륙 문화의 중심을 이루었다고 자부하던 초기 이주민의 자손들은 후발 주자들과 아예 이름부터 선을 분명히 그을 필요가 있었다. 이때부터 그들은 자신들을 와스프라는 명칭으로 부르며 정통 미국인임을 자부했다. 실제로 그들은 명칭만이 아니라 기업, 은행, 법률, 문화 등의 중심 집단으로 자신들의 위치를 확고히 굳힘으로써 여타 계층과의 구별을 확실히 하고자 했다.

와스프는 주로 미국 북동부에 거주하면서 그 지역을 유럽풍으로 꾸미는 데 열심이었다. 그 덕분에 오늘날 이 지역의 일부 도시들은 유럽보다 더 유럽적인 풍모를 간직하고 있다. 1929년 대공황이 발발하기 전까지 미국의 거의 모든 대기업은 와스프가 소유했고, 공화당과 민주당을 망라한 정계의 요직도 그들이 대부분 독점했다. 그 뒤부터는 유대인 같은 신흥 세력이 미국의 경제계를 장악했고 가톨릭 신앙을 가진 아일랜드계 인물이 대통령에까지 오르기도 했지만 그래도 와스프의 권위는 사라지지 않았다.

처음부터 차별적 이미지를 물씬 풍기며 탄생한 와스프라는 개념은 자신들 외의 모든 인종 집단에 대해 지배적인 지위를 유지하겠다는 뜻을 담고 있다. 오히려 그들은 아프리카계나 아시아계 등 다른 인종의 이주민보다 와스프 이외의 백인들에게 더 강렬한 배타성을 보이기도 한다. 인종 자체가 다르면 노골적인 차별이 가능하지만, 에스파냐나 이탈리아 출신의 라틴계는 겉으로 볼 때 구별하기 어려운 같은 백인이기 때문에 때로는 더욱 적대적인 감정이 발동되는 것이다. 그런 탓에 와스프라는 말은 창조성이 없고 배타적인 사람을 뜻하는 경멸적인 의미로 사용되기도 한다. 우연의 일치겠지만 일반 단어로 쓰이는 wasp는 성미가 까다로운 사람을 뜻한다.

욕망

Desire

이성적 사유를 중심으로 했던 고대 철학에서도, 신학이 철학과 거의 동일시되었던 중세에도, 합리론과 경험론으로 나뉘어 인식론 논쟁이 활발했던 근대에도, 욕망은 항상 철학의 초점이 되지 못했다. 심지어 쾌락주의로 유명한 에피쿠로스가 말하는 쾌락도 욕망과는 거리가 먼 정신적 행복(아타락시아)이며 고통을 피하는 것을 목적으로 하는 소극적인 쾌락이었다.

홉스 같은 유물론자는 인간의 행동이 욕망에 바탕을 두고 있다고 말했지만, 욕망을 그렇게 솔직하게 바라보는 사람은 예외적이었고 대개는 욕망은커녕 **감정**도 철학의 범주에 포함시키지 않는 게 보통이었다. 특히 합리론자들은 욕망을 부정적으로 여겼으며, **이성**의 통제를 받아야 마땅한 인간의 속성으로 보았다. 인간의 **자유**를 크게 신장시킨 **사회계약**론에서도 사회가 존속하고 발전하기 위해서는 개인들의 욕망이 합리적으로 제어되어야 한다고 여겼다. 합리론을 완성한 칸트 역시 욕망에서 나온 행동은 자유로울 수 없고 이성에서 비롯된 행동만이 자유를 가져다준다고 말했다.

이렇게 전통적으로 푸대접을 받아온 욕망이 철학의 주요한 테마로 떠오른 것은 현대에 와서의 일이다. 욕망이 이성과 대립각을 빚었다면 이성의 시대가 지나야 욕망을 바라보는 시각이 새로워질 것은 당연하다. 그래서 이성 중심주의에서 벗어나기 시작한 20세기에 욕망은 철학의 범주로 수용된다. 욕망을 다루는 현대 철학은 **실존**철학과 **구조주의**의 두 갈래로 나뉜다.

실존철학은 욕망을 후설이 제시한 지향성의 개념과 관련시킨다. 후설은 인간의 의식을 독립적인 실체로 간주하지 않고 늘 의식 외부의 대상을 지향하는 속성을 가진다고 보았다. 이 관점을 이어받아 하이데거는 욕망을 '관심'으로 규정한다. 인간은 의식하기 이전에 행위하고 성찰하기 이전에 실천한다. 내가 먼저 존재하고 무엇을 의식하는 게 아니라(그렇다면 데카르트의 코기토다) 나는 '무엇을 의식하는 것으로서' 존재한다. 인간은 세계와 지적인 관계를 맺기 이전에 평가적 관계를 맺고 있다. 달리 말하면 인간이 세계를 대하는 방식은 이성에 앞서 욕망이며, 그렇기 때문에 욕망은 관심이다. 인간이 접하는 세계는 순수하게 객관적인 사물이 아니라 인간의 관심에 의해 물들어 있는 영역이다.

사르트르는 인간의 의식이 자체 근거를 갖지 않았다는 점에 주목하고 이를 설명하기 위해 욕망의 개념을 도입한다. 의식은 안이 텅 빈 무(無)의 상태, 즉 결핍으로 존재하므로 항상 무언가를 채워 넣고자 한다(욕망을 결핍으로 보는 것은 플라톤 이래 전통 철학의 맥락과 통한다). 인간의 의식은 늘 욕망으로서 존재한다. 목이 마를 때는 갈증으로서, 연인이 그리울 때는 그리움으로서 존재한다. 그러나 어느 것으로도 자신의 존재 근거를 대신하지는 못하기 때문에 의식의 기획은 결국 실패한다. 실패할 수밖에 없으면서도 끊임없이 욕망해야 하는 것이 인간존재의 숙명이다.

반이성주의를 기치로 내건 구조주의에서는 욕망을 의식의 속성이 아닌 **무의식**으로 간주한다. 욕망은 갈증이나 배고픔 같은 '욕구'와 다르며, 욕망의 의식적 표현인 '요구'와도 다르다. 프랑스의 구조주의 정신분석학자인 라캉은 욕망을 결핍으로 보는 전통을 수용하지만 그냥 결핍이 아니라 근원적이고 본래적인 존재의 결핍으로 본다. 이 결핍을 메우기 위해 욕망은 기표들의 세계를 돌아다니며(→ 기호), 적절한 대상을 찾지만 늘 일시적인 충족만 얻을 뿐 근본적인 결핍을 해소하지는 못한다. 그 과정은 끊임없는 치환의 연속이기에 욕망은 결국 '환유'일 수밖에 없다. 그 공허한 방랑이 계속되면 "욕망은 궁극적으로 그 자체의 대상이 되어버린다. 즉 욕망은 욕망을 욕망하게 된다. 욕망은 곧 타자의 욕망이다."

그러나 포스트구조주의 철학자인 들뢰즈와 가타리는 욕망을 결핍으로 보지 않고 생산적인 개념으로 보는 획기적인 관점을 제시한다. 욕망은 부족한 것을 메우려는 게 아니라 새로운 것을 **생산**하고 창조하려는 무의식적 의지다. 일찍이 스피노자는 '생산하는 자연'과 '생산되는 자연'으로 구분하고 자연이 수동적이 아니라 생산적임을 강조했는데, 들뢰즈와 가타리는 이 구분을 욕망에 적용해 생산하는 욕망의 개념을 정립한다.

그들이 말하는 생산이란 무의식적인 의미지만 그냥 비유적인 표현이 아니다. 욕망하는 생산은 관념적인 생산이 아니라 사회적 생산과 관련되기 때문이다. 사회적 장(場)은 역사적으로 규정된 욕망의 생산물이다. 욕망은 특정한 개인의 속성이나 의지도 아니고 심리에만 속하는 것도 아니다. 욕망은 사회적 관계 전체에 투영되어 기존의 정치경제적 과정을 대체한다. 이런 맥락에서 들뢰즈와 가타리는 욕망을 통제하는 메커니즘에 따라 역사적 사회 단계들을 구분한다(→인터넷).

욕망을 결핍으로 보든 무의식적인 생산하는 힘으로 보든, 20세기의 철학에서는 더 이상 욕망을 방치하거나 백안시하지 않는다. 욕망은 부도덕한 것도 아니고 의지로 통제할 수 있는 것도 아니다. 욕망은 그저 물처럼 흐를 뿐이다. 물길을 막으면 홍수가 나듯이 욕망의 흐름을 인위적으로 차단하려 하면 갇힌 욕망은 한꺼번에 터져버린다. 그래서 들뢰즈와 가타리는 욕망의 흐름을 여러 가지 방식으로 포획하려는 **자본주의**적 장치로부터의 탈주를 참된 의미의 **혁명**이라고 본다.

원형

Archetype

우연의 일치라고 하기에는 너무도 비슷하다. 《구약성서》에는 노아가 겪은 홍수가 나오고, 수메르 신화에는 홍수에서 살아남은 우트나피시팀이 등장하며, 중국의 신화에도 대홍수가 지난 뒤에 여와라는 여신이 인간을 창조했다는 이야기가 전한다. 고구려를 건국한 주몽과 신라를 건국한 박혁거세가 알에서 태어났다는 이야기는 동북아시아 여러 곳에서 찾아볼 수 있는 보편적인 신화라지만, 그리스신화에도 아이테르와 카오스가 알을 낳았고 거기서 광명의 신 파네스가 나왔다는 이야기가 있는 것은 무슨 뜻일까? 오이디푸스 신화로 대표되는 근친상간의 신화가 그리스만이 아니라 고대 이집트, 유럽의 게르만족에게 두루 발견되는 이유는 무얼까?

신화나 전설의 내용이 사실인지의 여부는 논외로 치더라도, 공간적으로나 시간적으로나 큰 차이가 있음에도 불구하고 동일한 이미지가 반복된다는 것은 그 배후에 뭔가가 있다는 추측을 가능케 한다. 많은 사본이 존재한다는 것은 바꾸어 말하면 모종의 원본이 있다는 뜻이 아닐까? 스위스의 심리학자인 융은 그런 원본을 원형이라고 부른다.

원형은 인간의 심리에 내재하는 역사적이고 집합적인 기억의 본질을 가리킨다. 개인의 기억과는 무관하기 때문에 일종의 초인격적 심리 구조라고 할 수 있다. 인간 개인은 이 원형을 거부할 수도 없고 변화시킬 수도 없다. 기억이 무의식적이라면 일종의 형용모순 같지만, 원형은 무의식적 기억이다.

융에 따르면 인간의 원형은 다른 동물의 본능에 해당한다. 태어나자마자 걷는 사슴이나 알에서 나오자마자 바다를 찾아가는 바다거북에 비해 갓 태어난 인간은 무능하기 짝이 없다. 아기는 제 몸조차 추스르지 못하며, 온전한 생물학적 개체가 되기까지는 10년이 지나야 하고, 인간 사회에서 생존하는 법을 배우기까지는 무려 20년 가까이 교육을 받아야 한다. 그렇게 무기력한 인간이 본능에 따라 신속하게 성장하는 동물을 능가하는 존재가 된 것은 원형을 가지고 있기 때문이다.

원형은 **무의식**이지만 개인의 정신 속에 있는 개별 무의식과는 다르다. 그런 무의식을 지칭하기 위해 융은 집단 무의식이라는 개념을 도입한다. 이것은 원형이라는 기억을 '소자'로 삼아 만들어지는 무의식이다. 옛날에 살았던 조상들이 경험한 집단적인 기억이 원형으로 보존되어 집단 무의식을 형성한다. 융은 이 과정을 건축에 비유한다. "집단 무의식의 구조 안에는 인간 심리의 원형적 건축자재들이 저장되어 있으며, 인류 전체에 관한 집합적 기억이 축적되어 있다. 각기 다른 문화와 시대에 있었던 상징, 이미지, 신화 등이 놀랍도록 비슷하다는 사실이 그 점을 증명한다." 홍수와 난생 신화가 세계 보편적인 이유는 원형이 있기 때문이다.

생물학자들은 인간이 다른 동물에 비해 큰 머리를 가지고 태어난다는 사실에 주목한다(그렇기 때문에 출산의 진통을 겪는 동물은 인간의 여성이 유일하다). 그렇다면 아기의 머릿속에는 융이 말하는 원형이 어떤 형태로든—예를 들어 유전자의 형태로—기억되어 있다고 볼 수 있다. 복잡한 손놀림, 두 발로 서는 행위, 추상적 의미를 담은 언어 등은 인간이라면 누구나 가진 능력이지만 한 세대에 완전히 익힐 수 있는 것은 아니다. 혹시 그것은 집단 무의식이 인간 개개인에게 전달된 덕분이 아닐까? **진화론**은 집단 무의식이 변화되는 과정을 설명하는 게 아닐까?

유물론

Materialism

기원전 6~4세기에 세계에서 가장 문명의 빛이 밝았던 유럽의 그리스와 아시아의 중국은 상당히 닮은꼴이었다. 도시국가들이 쟁패한 역사도 닮았지만 그보다 이후 수천 년 동안 동서양철학의 기본 틀이 성립했다는 점이 더 닮았다(→차축 시대). 하지만 동서양의 초기 철학자들이 제기한 철학적 물음은 크게 달랐다. 중국철학자들은 사람이 어떻게 살아야 하늘의 이치에 맞는가를 근본 물음으로 삼았고, 그리스철학자들은 세상 만물의 근원이 무엇인가를 물었다. 그래서 중국철학은 사람과 국가의 경영을 지향하는 정치철학으로 발달했고, 서양철학은 자연철학으로 출발해 신의 존재를 묻는 방향으로 나아갔다. 동양철학에는 없는 유물론이 서양철학의 중요한 조류로 자리 잡은 데는 그런 자연철학적 탐구 자세가 바탕이 되었다.

관념이나 영혼 같은 정신적인 것보다 물질이 근원적이라고 보는 유물론을 가장 선명하게 주장한 고대 그리스철학자는 데모크리토스다. 그는 물질을 쪼개고 또 쪼개면 궁극적으로 더 이상 분할할 수 없는 물질의 최소 단위가 된다고 보고 그것을 원자라고 이름 지었다. 이후 아테네 시대에 접어들어 그리스철학은 자연철학에서 벗어나지만 유물론의 전통은 끊어지지 않았다. 특히 헬레니즘 시대의 에피쿠로스는 데모크리토스의 원자론을 이어받아 세계는 원자와 빈 공간의 조합으로 구성되었다고 보았다.

물질을 근본으로 여기는 유물론이 신의 개념과 상충할 것은 당연하다. 물질은 영혼과 달리 신을 섬기지 못하니까. 신학이 지배한 유럽의 중세에 유물론은 힘을 잃었다. 그러나 중세의 가장 중요한 철학적 쟁점인 실재론과 유명론의 대립(→ 물자체)에서 유물론은 실재론으로 변형되어 명맥을 유지하게 된다. 사물의 보편자가 실재한다는 실재론은 유물론의 **존재론**적 표현이다(존재론적으로 유물론의 대립은 유심론이고 **인식론**적으로는 실재론과 관념론이 짝을 이루지만, 보통은 유물론과 관념론을 대비시키는 게 일반적이다).

이후 유물론은 베이컨과 홉스 같은 경험론자들의 사상에 일부 포함되어 전승되다가 19세기의 마르크스에 의해 확실하게 부활한다. 그는 헤겔의 변증법에 유물론을 결합시켜 변증법적 유물론을 구성했다(→ 관념론). 여기서 변증법은 철학적 '방법'이고 유물론은 철학적 '이론'이다.

자연을 탐구하고 세상 만물의 근원을 물질로 본 고대 그리스의 소박한 유물론과 달리 변증법적 유물론은 인간의 인식과 사회를 대상으로 한다. 그전까지의 유물론에서 다룬 '물질'이 물리적인 물질이라면 변증법적 유물론에서 말하는 물질은 사회적인 물질, 구체적으로는 경제적인 물질이다. 마르크스는 경제적 측면이 인간 생활의 가장 근원적인 부분이라고 본다.

"인간 생활의 사회적 **생산**에서 인간은 자신의 의지와 독립적인 불가피한 관계, 물질적 생산력의 특정한 발전 단계에 조응하는 생산관계 속으로 들어간다. 이러한 생산관계의 총체가 사회의 경제적 구조, 즉 진정한 토대를 구성하며, 이것 위에 법적, 정치적 상부구조가 올라서고, 여기에 특정한 사회적 의식의 형태들이 조응한다. 물질적 생활의 생산양식은 사회적 · 정치적 · 정신적 생활 과정 전반을 제약한다. 인간의 의식이 인간의 사회적 존재를 결정하는 게 아니라 그 반대로 인간의 사회적 존재가 인간의 의식을 결정하는 것이다."(마르크스, 《정치경제학 비판 요강》)

여기서 변증법적 유물론의 두 가지 원칙이 나온다. 첫째는 경제적 구조가 토대, 즉 하부구조를 이룬다는 것이고, 둘째는 사회적 존재가 의식을 결정한다는 것이다.

물론 경제가 모든 상부구조를 결정하고 사회적 존재가 말 그대로 한 개인의 의식 전반을 지배한다면, 그것은 사주팔자가 운명을 결정한다는 것만큼이나 터무니없는 논리일 것이다. 한날한시에 태어났다고 해서 모두가 같은 삶을 살아가는 것은 아니듯이 경제적 수준이 같은 사회라고 해서 문화의 색깔이 전부 같은 것은 아니며, 사회적 지위가 같다고 해서 누구나 같은 사고방식을 가지게 되는 것도 아니다.

변증법적 유물론은 당대에도, 또 후대에도 그런 천박한 해석에 따른 부당한 오해를 많이 받았는데, 그런 기계적 결정론이라면 유물론이라는 말 앞에 '변증법적'이라는 수식어를 붙일 이유가 없다. 마르크스가 예상되는 오해를 감수하면서까지 굳이 유물론을 내세운 이유는 한편으로 경제구조가 지닌 막강한 힘을 현실적으로 인정하려는 것이며, 다른 한편으로는 그 경제구조의 개혁이 바로 사회혁명의 내용이 되기 때문이다. 이를 위해 마르크스는 변증법적 유물론을 사회 발전 단계에 적용해 역사적 유물론으로 발전시켰다(→혁명).

유물론은 흔히 인간의 본질적인 측면을 물질로 환원시키는 부도덕한 사상이라는 비난을 받는다. 그러나 유물론을 주장한다고 해서 정신적 측면을 도외시하는 것은 아니다. 마르크스가 조잡한 비난을 충분히 예견했으면서도 유물론을 앞세운 의도는 사회의 발전 단계에도 자연과학적 법칙성이 관철된다는 점을 강조하려는 데 있었다. 사회에는 경제만이 아니라 정신적, 문화적 측면이 분명히 존재하지만, 사회가 변화하고 발전하는 법칙성을 읽어내기 위해서는 사회의 물질적 성격에 주목해야 했다. 이론가이자 실천가였던 그에게는 철학을 위한 철학을 탐구하기보다 철학에서 혁명적 실천을 위한 이론을 얻으려는 동기가 더 컸을 것이다(→마르크스주의).

유토피아 / 디스토피아

Utopia/Dystopia

"원하는 것은 무엇이든 얻을 수 있고, 뜻하는 것은 무엇이든 될 수가 있어."

1980년대에 크게 유행했던 〈아! 대한민국〉이라는 노래에 나오는 한 구절이다. 경쾌한 멜로디와 아기자기한 노랫말 때문에 많은 사람이 따라 불렀고, 국가 대항 운동경기에서는 응원가로도 자주 쓰였다. 그러나 당시는 서슬 퍼런 군사독재의 시절, 그 노래가 그렇게 큰 인기를 끈 이유는 역설적으로 그 노랫말에 나오는 대한민국이 현실의 대한민국과 너무도 동떨어진 것이기 때문이기도 했다. 그 시대의 대한민국에서 실제로 원하는 것을 모두 얻은 사람은 아주 드물었으니까. 현실이 어려울수록 꿈은 더욱 아름다워지게 마련이다. 토머스 모어가 유토피아라는 말을 처음 사용한 16세기의 영국도 바로 그랬다.

유토피아(Utopia)는 원래 ou('없다'는 뜻의 그리스어), topos('장소'), ia('나라')를 합쳐서 만든 말로서, '지상에 존재하지 않는 곳'이라는 뜻이다. 하지만 같은 발음으로 '멋진(eu) 곳(topos)'이라고 해석하기도 한다. 무릉도원이나 재너두(Xanadu)가 그렇듯이, 정말 멋진 곳은 지상에 존재하지 않는다.

모어의 시대에 영국은 수많은 농민이 절대주의 정치와 중상주의 경제에 시달리는 상황이었다. 영주들은 모직 산업의 원료인 양털을 얻기 위해 농토를 목장으로 형질 변경하고 농민들을 쫓아냈다. 모어는 《유토피아》에 등장하는 인물인 히틀로다에우스의 입을 빌려 이렇게 풍자한다. "보통 양들은 온순하고 또 값싸게 기를 수 있는 가축인데, 요즘은 양들이 아주 사나워져서 사람들까지 먹어치운다는군요."

현실이 암울할수록 모어가 꿈꾸는 유토피아는 더욱 달콤하다. 우선 유토피아에는 지주가 없다. 모든 땅에는 경작자만 있을 뿐 임자가 없으므로 농민들은 마음 놓고 땅을 경작한다. 모든 국민은 신분, 성별, 빈부의 차이가 없고 누구나 농업에 종사한다. 일하지 않으면서 놀고먹는 사람은 하나도 없다. 그러나 누구나 부지런히 일하지만, 그렇다고 해서 짐승처럼 일밖에 모르지는 않는다. 남보다 특별히 열심히 일해야 할 유인이 없기 때문이다. 돈이나 땅 같은 재산은 모을 수도 없고 모을 필요도 없다. 그래서 유토피아의 국민들은 오전과 오후에 세 시간씩 하루 여섯 시간만 열심히 일하고 나머지 시간에는 지적 추구에 열중하거나 자신의 취미를 즐기는 활동을 한다. 물론 적당한 오락 시간도 거의 의무처럼 주어진다.

모어는 500년 전에 그렇게 말했지만 지금 우리에게도 어딘가 낯익은 상상이다. 바로 공산주의 사회의 이념이 그렇지 않은가? 적어도 이념으로 보는 **공산주의** 사회는 인류 사회의 가장 높은 단계로서, 모든 사람이 평등하고 전인적인 생활을 즐긴다(→ 사회주의/공산주의). **자본주의**사회는 능력만큼 일하고 일한 만큼 소득을 얻는, 좋게 말하면 자유경쟁이고, 나쁘게 말하면 비인간적인 사회이지만, 공산주의 사회에서는 모든 사람이 능력만큼 일하고 필요한 만큼 소득을 얻는다.

그러나 구호와 이념은 훌륭했음에도 20세기의 공산주의는 유토피아가 되지 못했다. 경제적 생산력을 높이지 못하고 정치가 **관료제**화함으로써 결국 실패로 끝났다. 히틀로다에우스는 유토피아를 이루기 위해서는 모두가 일해야 한다고 말한다. "여섯 시간의 노동이면 필수품과 안락한 생활에 필요한 모든 것을 생산하는 데 충분하고도 남습니다. 다른 많은 나라에서 얼마나 많은 사람이 일하지 않고 살아가는가를 생각해보면 이해할 수 있을 겁니다. …… 다른 나라들에서는 성직자들이 너무 많고 또 대개 게으름뱅이들이죠. 게다가 부자들, 귀족이라 부르는 지주들, 여기에 빈둥거리며 아무 짝에도 쓸모없는 시종들, 마지막으로 온갖 핑계를 대며 놀고먹는 거지들이 있죠. 이런 걸 생각하면 사람이 살아가는 데 필요한 것을 생산해내는 사람들의 수가 상상 외로 적다는 데 놀랄 겁니다."

모어의 해법은 바로 평등에 있었다. 사회 내에 아무도 놀고먹는 사람이 없이 누구나 똑같이 일한다면 이상적인 사회를 이루는 데 필요한 경제적 생산력에 충분히 도달할 수 있으리라는 게 그의 생각이었다. 만약 20세기의 공산주의 국가들이 모어가 말하는 것과 같은 '완전한 평등 사회'를 실현했다면 그들의 실험은 성공했을지도 모른다.

자본주의와 공산주의는 유토피아를 실현하지 못했고, 오히려 현실과 유토피아의 거리감만 더욱 벌려놓았다. 유토피아는 이제 상상 속에서조차 버려야 하는 걸까? 그래서 20세기의 과학소설가들은 유토피아와 정반대의 의미를 가지는 디스토피아라는 개념을 만들었다.

20세기 초는 세계적으로 러시아혁명, 경제공황, **파시즘**, 두 차례의 세계대전 등 극심한 혼란으로 얼룩진 시기였다. 이런 배경에서 디스토피아는 이 참담한 현실이 암울한 미래로 이어지는 과정을 묘사하는 개념으로 탄생했다. 하지만 그 직접적인 동기가 된 것은 현대사회의 자랑거리인 과학 문명이었다. 19세기까지 인간은 과학 문명이 인간의 궁극적인 해방을 가져다주리라는 낙관적인 분위기에 젖어 있었으나 이제는 첨단 기술이 인간을 자유롭게

하기는커녕 오히려 노예화할지 모른다는 위기감이 싹튼 것이다.

현대사회의 토양에서 생겨나 과학소설의 거름으로 자랐기 때문에 디스토피아의 개념은 20세기에 들어 영향력 있는 매체로 떠오른 영화의 소재로 자주 이용된다. 미래를 다룬 SF 영화들은 대부분 디스토피아적 분위기에서 미래 사회를 암울하게 묘사하고 있다. 미래를 지나치게 낙관할 이유는 없지만, 이성 만능주의가 판치던 19세기에도 작가들이 미래를 바라보는 관점은 늘 비관적이었다.

이기적 유전자

Selfish Gene

하나의 생명체라고 말할 수 있는 범위는 어디까지일까? 인간 개인은 한 개체를 이루지만 엄밀히 말해서 하나의 생명체라고 단정할 수는 없다. 우리의 피부에는 눈에 보이지 않는 작은 벌레들이 상존하고, 우리의 몸속에는 무수한 세균이 서식하며, 때로는 각종 바이러스와 기생충도 산다. 개중에는 해로운 것도 있으나 무해하거나 유익한 것도 있다. 어떤 의미에서 우리의 신체는 개체라기보다는 하나의 생태계와 같은 환경이다.

거꾸로 군집 자체가 하나의 개체처럼 행동하는 경우도 있다. 개미집 하나에는 여왕개미 한 마리에 수백만 마리의 일개미가 살지만, 개미 한 마리가 개체라기보다는 개미집 전체가 하나의 개체라고 볼 수도 있다. 분업의 원칙으로 움직이는 개미집에서는 적들이 침략할 경우 어떤 개미는 자신의 머리로 입구를 틀어막아 장렬하게 희생한다. 개체 의식이 강하다면 그런 행동은 불가능할 것이다. 가위가 달려들어도 우리의 머리털이 두려워하지 않는 것처럼, 개별 개미들이 전체의 한 부분으로 기능하기 때문에 죽음의 공포를 느끼지 않는 것이다.

범위가 달라지면 개념의 정의가 달라진다. 자신을 희생하는 개미의 행동은 그 개미 자체로 보면 이타적이지만 개미집 전체의 관점에서는 이기적이다. 개미가 그런 행동을 하도록 만든 것은 그렇게 해서 집단을 살리고 종족을 번식시키려는 본능이다. 이런 본능이 없었다면 개미는 오늘날까지 진화하지 못하고 이미 오래전에 자연선택에 의해 멸종하고 말았을 것이다. 그 본능은 바로 유전자에 각인되어 전승되고 진화된 것이다. 이런 점에 착안해 영국의 생물학자인 리처드 도킨스는 이기적 유전자라는 개념을 제시했다. 심지어 그는 "인간은 유전자의 꼭두각시에 불과하다."라고 말한다.

생물 개체의 행동을 지배하는 것은 유전자의 자기 복제를 위한 이기적 본능이다. 개미처럼 비교적 단순한 생물만이 아니라 인간도 마찬가지다. 집에 불이 나면 자신을 희생해서라도 자식을 구하려는 부모의 본능도 유전자에 따른 행동이다. 여기에는 동물적인 본능의 측면도 있지만, 자식을 교육시키기 위해 허리가 휘도록 일하는 부모를 보면 단순히 동물적인 본능보다는 일종의 '문화적 본능'을 연상케 한다. 그래서 도킨스는 인간에게 생물학적 유전자 이외에 문화의 전달을 매개하는 일종의 문화적 유전자가 있다면서 그것을 밈(meme)이라고 부른다.

밈은 실존하는 유전자가 아니라 유전자처럼 모방과 자기 복제를 통해 문화를 한 세대에서 다음 세대로 전달하는 메커니즘을 가리키는 개념이다. 도킨스는 모방이라는 뜻의 그리스어 mimeme를 gene(유전자)과 비슷한 형태로 변형시켜 밈이라는 단어를 만들었다. 언어, 사고방식, 복식은 물론 각종 의식, 습속, 예술, 건축 등 거의 모든 문화적 요소가 밈에 해당한다.

유전자가 부모에게서 자식에게 전달되듯이 밈도 모방을 통해 한 사람의 뇌에서 다른 사람의 뇌로 전달된다. 도킨스는 이렇게 뇌가 밈이 전파되는 매체의 역할을 하기 때문에 인간의 뇌가 신체에 비해 커졌다고 주장한다. 인간이 다른 동물에 비해 큰 머리를 가지고 태어나며, 그렇기 때문에 인간의 여성이 유독 출산의 고통을 심하게 겪는다는 사실은 이미 다른 생물학자들이 지적한 바 있다. 그 이유가 인간에게는 언어 학습 능력과 같이 태어나기 전에 부모에게 물려받아야 하는 유전적 정보량이 많기 때문이라고 보면 도킨스의 주장에는 근거가 없지 않다. 이렇게 문화도 생물처럼 진화의 단계를 거친다고 보는 입장이 문화적 진화론이다.

하지만 문화의 전승을 유전자의 자기 복제 과정으로 파악하는 것을 유전자 결정론이라고 비판하는 입장도 있다. 하나의 생물을 단순히 유전자들의 조합으로 규정하는 것은 환경의 요인을 무시한 결과이며, 특히 인간처럼 복합적인 감정을 느끼고 창조성을 지닌 고도의 지적 생명체를 유전자로만 환원할 수는 없다는 논리다. 사실 부모에게서 똑같은 유전자를 물려받은 자식들이 다 똑같지 않은 것을 보면 모든 개체를 유전자로만 설명하는 것은 무리다.

지놈(genome: 유전자gene와 염색체chromosome를 합쳐 만든 단어) 프로젝트에 따라 인간의 유전자 구성이 밝혀진 덕분에 적어도 인간의 신체는 유전자의 지배를 받는다고 말할 수 있게 되었다. 대부분의 질병은 유전자와 직간접적인 연관이 있다. 그러나 유전자가 인간의 운명을 완전히 결정한다고 믿는 것은 사주팔자를 철석같이 믿는 것과 마찬가지다. 진화에서 중요한 것은 환경에 대한 반응 양식이다. 유전자에 기록된 정보의 내용도 환경에 따라 변화되고 진화한다. 도킨스의 밈이 유전자와 비슷한 기능을 한다면 그 문화적 유전자 역시 내재적인 결정 요인으로만 존재하는 게 아니라 외부 환경과의 연관 속에서 진화할 것이다.

이데올로기

Ideology

"나라라는 게 없다고 상상해보세요. 어려운 일도 아니죠. 누굴 죽일 필요도 없고 무엇을 위해 죽을 필요도 없어요."

비틀스 출신의 존 레넌이 부른 〈이매진〉이라는 노래의 한 구절이다. 제목처럼 노랫말 전체도 '상상'이다. 그러니까 현실은 그 반대다. 현실에서는 나라가 존재하며, 개인이 서로를 죽이고 스스로 목숨을 바칠 만한 일이 있다. 인간은 생존만을 위해서가 아니라 신념을 위해서도 서로 싸운다. 그런 신념이 체계화된 것을 이데올로기라고 부른다.

이데올로기는 '아이디어(idea)'와 같은 어원이므로 말뜻 자체로는 생각이나 관념이라는 의미다. 그러나 단순한 아이디어와 달리 이데올로기는 여러 가지 생각과 관념이 뭉친 덩어리를 가리킨다. 생각이나 관념은 그 자체의 뜻보다 어떤 생각과 어떤 관념인지가 더 중요하다. 그래서 이데올로기는 정의하는 사람마다 달라지며, 매우 폭넓은 의미의 그물을 가진다.

우선 이데올로기를 이론 체계로 보는 입장이 있다. 가장 가까운 우리말로는 '사상'이라고 할 수 있는데, 특정한 개별 이론보다는 철학자나 정치가, 경제학자 개인의 포괄적 이론 체계를 가리켜 이데올로기라고 말한다. 이를테면 애덤 스미스의 분업 이론은 이데올로기가 아니지만 자유경쟁 자본주의에 관한 그의 경제사상 전반은 이데올로기에 해당한다.

가치중립적인 이론 체계에 비해 **가치**가 개입된 의미의 이데올로기는 흔히 '이념'이라고 번역된다. 대표적인 예는 정치 이데올로기다. 이것도 이론 체계처럼 복합적인 이념의 덩어리를 가리키며, 대중을 정치적 행동으로 이끌고자 할 때 주요한 수단으로 사용된다. 해방 직후 우리 사회를 얼룩지게 했던 좌파 세력과 우파 세력의 이데올로기 투쟁이 그런 경우다.

그보다 부정적인 의미의 이데올로기는 '허위의식'이다. **마르크**

스주의와 지식사회학에서는 특정한 **계급**과 계층이 자신들의 진정한 이해관계를 배후에 숨기고 마치 보편적인 것처럼 내세우는 이념이나 관념을 이데올로기라고 부른다. 예를 들면 **자본주의**사회를 사실상 지배하는 부르주아지가 자신들의 이익을 위한 경제성장 정책을 마치 사회의 각계각층에 골고루 이익이 돌아가는 것처럼 선전할 때 그 이데올로기는 진실을 은폐하는 허위의식으로 기능한다. 이런 의미의 이데올로기를 비판하고자 하는 마르크스주의도 역시 또 다른 이데올로기로 규정된다는 아이러니는 이데올로기가 포괄하는 뜻이 얼마나 넓은지 말해준다.

더 포괄적인 용도로, 이데올로기를 추상적인 **담론** 체계의 의미로 사용하기도 한다. 프랑스의 현대 철학자 리오타르는 전통적 **형이상학**에 바탕을 둔 거대 담론을 비판하는데, 이데올로기라는 개념을 사용하지는 않지만 그것은 사실상 이데올로기를 의미한다 (→포스트모더니즘). 그의 주장에 따르면, 현대는 과거와 같은 통합적인 사회 체계가 아니다. 과거에는 사회의 각 부분이 단일한 목적 아래 결집될 수 있었으나 지금은 그런 게 전혀 불가능하다. 부분은 이제 전체를 위해 존재하지 않고 독자적인 존재와 운동의 방식을 가진다. 그래서 리오타르는 거대 담론으로 세계의 기원과 모든 현상을 설명하려는 이데올로기적 기획은 파산했다고 본다(그런 점에서 리오타르의 거대 담론은 카를 포퍼가 말하는 플라톤 이래 마르크스까지 '닫힌 사회'의 철학과 통한다).

심지어 인간 해방을 지향하는 혁명적 이념—예컨대 마르크스주의—조차 거대 담론의 일반적인 결함에서 자유롭지 못하다. 전체적이고 총체적인 것은 모두 무의미하다. 전체를 대상으로 하는 시도는 어떤 것이든 역사적으로 실패했으며, 탈현대에는 더욱더 그럴 수밖에 없다. 거대 담론은 항상 '통합'이라는 목적을 전제로 하기 때문에 결국 그릇된 **목적론**으로 귀결되게 마련이다. 그래서 리오타르는 마르크스주의란 낡은 **계몽주의**의 기치를 현대에 되살리려는 환상이라고 단정한다. 계몽, **자유**, 해방 같은 근대의 거창한 이념들은 중세의 신을 대체한 데 불과하다는 것이다.

그 반면에 알튀세르처럼 이데올로기를 특수한 의미로 사용하는 경우도 있다. 그는 이데올로기가 '허위의식'이 아니며 심지어 '의식'도 아니라고 말한다. 이데올로기는 **무의식**이다. 노란 색안경을 쓰면 세상이 노랗게 보이듯이 이데올로기는 모든 개인이 자신의 의지와 무관하게 늘 쓰고 있어야 하고 쓸 수밖에 없는 색안경과 같다. 주체가 이데올로기를 가지는 게 아니라 그 반대로 이데올로기가 주체를 주체이도록 만들어준다고 보는 입장이다(→ 생산).

이렇게 이데올로기는 사상과 이념, 허위의식, 심지어 무의식까지 극히 다양한 스펙트럼을 가지는 개념이다. 현대를 이데올로기의 시대라고 말하는 것은 곧 현대가 그만큼 무정형하다는 의미일 것이다. 하지만 어느 시대나 다 당대에는 수많은 이데올로기가 등장하고 경합을 벌였으며, 항상 무정형의 시대였다. 역사는 늘 결과로 말한다.

이드
Id

자아란 자신의 정신적 측면을 가리키는 **개념**으로 누구에게나 익숙한 말이다. 나는 주체지만 때로는 나 자신을 대상화하는 경우도 있는데, 이럴 때 자아라는 말을 쓴다. 그러나 자아를 자기 자신이라는 뜻으로 사용하려면 자신의 정신이 언제나 단일하고 동일하다는 것을 전제로 해야만 한다. 그런데 만약 정신이 그렇지 않다면 어떨까? 정신이 하나가 아니라 여럿이라면 어느 것이 진짜 자아라고 해야 할까?

정신분석학을 창시한 프로이트는 정신의 영역을 자아, 초자아, 이드의 셋으로 구분한다. 흔히 정신 전체와 동일시하는 자아는 그 중 한 부분에 불과하다. 정신 가운데 의식에 속하는 자아와 달리 **무의식**에 속하는 부분을 이드라고 부른다.

이드는 라틴어지만 프로이트는 독일어를 썼기 때문에 원래 에스(Es)라고 불렀다. 이드와 에스는 모두 영어의 it, 즉 '그것'이라는 뜻이다. 이렇게 이름 지은 것에서도 보듯이 이드는 우리가 생각하는 인격을 갖춘 인간의 측면이라기보다는 동물의 속성에 가깝다.

이드는 **리비도**를 관장하는 본능적 에너지로서 정신의 가장 원시적인 부분이다. 19세기의 도덕주의자들이 신체에 부여했던 인간의 추하고 어두운 측면, 즉 충동적이고 쾌락을 추구하는 성향은 모두 이드의 속성에 해당한다. 당연히 이드의 행동에는 도덕도 없고 합리성도 적용되지 않으며, 시간의 관념도 없고 외부 세계에 대한 반응도 없다. 그저 쾌락과 고통의 원칙에 따를 뿐이다. 한 마리 동물과 같다고 할까? 아니면 자신의 욕망에 충실하다고 할까? 의식이 발달하기 전 유아의 정신은 거의 이드의 지배를 받는다.

그러나 이드가 어린 시절에만 존재했다가 사라지는 것은 아니다. 어른이 되어 의식이 발달하면 이드는 무의식 속으로 들어간다. 무의식처럼 이드도 꿈이나 농담, 실언 등을 통해 우연적으로 모습을 드러내며, 엉뚱한 상상이나 의도하지 않은 예술적 표현을 유발하기도 한다. 누구에게나 내재해 있는 충동적이고 비합리적인 측면은 바로 정신 속에 이드가 존재하기 때문이다.

사회 구성원이 이드의 지배만 받는다면 파괴적이고 반사회적인 행동을 일삼을 것이므로 정신 질환자나 범죄자가 되기 십상이다. 그래서 이드를 적절히 통제해야 할 필요가 생기는데, 그것은 자아(Ego)의 역할이다. 자아는 의식에 속하므로 자아가 이드를 통제하는 메커니즘은 의식이 무의식을 통제하는 경우와 같다. 하지만 자아가 이드를 통제하고 억압한다고 해서 양자가 대립 관계에 있는 것은 아니다. 이드는 자아를 파괴하는 게 아니라 오히려 자아가 제대로 발달하는 데 필요한 에너지를 제공하며, 자아가 충분히 성장한 뒤에는 자아의 손길이 닿지 않는 어두운 부분을 관장한다. 말하자면 주인의 온갖 구박을 받으면서도 묵묵히 궂은일을 도맡는 머슴과 같은 존재다.

정신의 나머지 한 측면인 초자아(Superego)는 가장 높은 차원의 인격을 담당한다. 초자아는 양심과 도덕을 관장하며 선악과 가치의 판단에 작용한다. 주목할 것은 초자아에는 의식적인 부분과 무의식적인 부분이 있다는 점이다. 일단 초자아는 도덕과 관련되는 만큼 의식적인 측면이 있지만 생후 5년 동안에 생겨나므로 부모의 가치관과 세계관으로부터 큰 영향을 받는데, 이것은 초자아의 무의식적 측면을 이룬다. 그렇다면 초자아의 도덕은 당사자가 성찰을 통해 깨우친 것이라기보다는 어린 시절의 훈육이 내면화된 무의식인 셈이다. 도덕을 의지가 아니라 의무이자 법칙으로 간주한 칸트의 도덕철학을 프로이트식으로 해석한 결과라고 할까?

이성

Reason

인간의 가장 인간다운 특징은 무얼까? 언어도 있고 **노동**도 있지만 인간을 인간이도록 해주는 것은 역시 이성이다. 인간은 이성을 가지고 있기 때문에 자연을 지배하고 문명을 일굴 수 있었다. 언어와 노동도 이성이 뒷받침되지 않으면 성립할 수 없는 요소다.

그러므로 이성의 역사는 인류 문명의 역사와 같다. 흔히 고대 그리스에서 철학이 탄생했을 때 인간의 이성이 개화된 것으로 말하지만 그것은 철학적 이성과 과학적 이성에 한해서만 통용되는 주장이다. 그 이전에 종교와 주술이 지배하던 시대에도 이성은 존재했고 활동했다. 종교와 주술 자체가 이성의 산물이기 때문이다.

마찬가지 이유로, 신학의 시대인 중세를 이성의 암흑기라고 말하는 것도 잘못이다. 중세에는 모든 사고의 중심이 신에게 있었고 신을 세상 만물의 궁극적인 원인으로 보았으나 신의 관념 역시 이성의 산물이므로 중세는 신학적 이성이 지배하는 시대로 보아야 한다.

그렇지만 이성의 특성이 만개한 명실상부한 이성의 시대는 역시 근대 이후다. 데카르트의 명제(→ 코기토)로 출발한 근대의 철학적 · 과학적 이성은 학문적으로 **인식론**을 완성하고 과학기술의 혁명을 이루었으며, 사회적으로 현대 민주주의와 산업혁명, **자본주의**를 낳았다. 미래학자인 앨빈 토플러는 '속도'를 기준으로 현대 문명의 가속화 과정을 예시한다.

"기원전 6000년에 인간이 이용할 수 있는 가장 빠른 교통수단은 시속 8마일인 낙타였다. 이륜마차가 발명되어 시속 20마일의 속도를 내게 된 것은 기원전 1600년경이었다. 증기기관차의 도움으로 시속 100마일의 속도에 도달한 것은 1880년대의 일이었다. 인간이 이 기록을 달성하는 데는 수백만 년이 걸렸다. 그러나 50여 년 뒤인 1938년에는 비행기를 이용하여 시속 400마일대를 돌파했으며, 다시 20여 년 뒤인 1960년대에는 로켓 비행기가 시속 4천 마일에 도달했고, 유인 우주선이 지구를 시속 1만 8천 마일의 속도로 돌게 되었다."(《미래의 충격》)

하지만 잘나가는 집안의 사생아처럼 이성의 빛나는 업적의 배후에는 어두운 면이 숨겨져 있었다. 이성은 통제되지 않으면 고삐 풀린 망아지처럼 날뛰는 예상외의 기질이 있었다. 신학적 이성의 시대에는 신과 교회의 권위가 이성의 무분별한 표출을 억제하면서 질서를 유지했으나 그 권위가 사라지자 이성은 본색을 드러냈다. 17세기부터 유럽의 역사에 대규모 국제전이 빈번해지는 현상은 총체적 권위의 부재와 이성의 심각한 문제점을 반영한다.

17세기의 30년 전쟁을 필두로 18세기의 에스파냐와 오스트리아 왕위 계승 전쟁, 미국 독립전쟁, 19세기의 나폴레옹 전쟁, 크림 전쟁, 프랑스-프로이센 전쟁을 거치며 20세기의 양차 세계대전으로 끝나는 유럽 근현대의 전쟁사는 이성의 양면성을 여실히 보여주는 사례다(그 시기가 지성사적으로 볼 때 **계몽주의** 시대였다는 사실은 결코 우연이 아니다). 그렇다면 문명과 야만의 두 얼굴을 지닌 이성을 현대사회에서는 어떻게 보아야 할까? 이 문제에 관해서는 이성의 시대가 끝났다는 입장과 아직 이성의 효용을 믿어야 한다는 입장으로 나뉜다.

구조주의와 포스트구조주의로 대표되는 반이성주의의 진영에서는 전통적인 개념의 이성을 폐기 처분해야 한다고 말한다. 이성은 이미 그 자신이 초래한 수많은 학문적, 현실적 문제를 해결할 수 없는 것은 물론이고 설명할 수조차 없다. 이성을 기반으로 하는 전통적 **형이상학**은 이미 그 체계 내에서 답할 수 없는 문제들을 제기하기에 이르렀다.

이성은 형이상학에서 믿어온 것처럼 인간의 정신을 대표하는 속성이 아니고 동질적인 것도 아니다. 인간에게는 이성 이외에 **감정**과 **욕망**의 측면이 있으며, 그동안 정신에 비해 상대적으로 무시되어왔던 신체도 인간의 중요한 요소다. 반이성주의는 이성으로 욕망과 신체를 통제할 수 있다는 믿음이 잘못이라고 말한다. 욕망과 신체는 인간의 **무의식**적인 요소이므로 원래 이성의 영역에 포함되지 않는다. 따라서 그것들을 인정하고 이성과 조화로운 관계를 맺도록 유도해야 하는데, 이성 만능주의의 시대에 이성을 바탕으로 하는 **권력**에 의해 욕망과 신체가 지나치게 억압된 탓에 심각한 불균형이 초래되었다. 그 억압적 권력으로부터 욕망과 신체를 해방시키려면 이성에 대한 과도한 의존을 버려야 한다.

반면에 이성주의를 여전히 신봉하는 진영에서는 학문과 현실에서 드러난 이성의 부정적인 측면은 이성의 전부가 아니라 일부에 의한 부작용일 뿐이라고 말한다. 이성은 인지적-도구적 이성, 규범적-도덕적 이성, 표현적-미학적 이성으로 나뉘는데, 그동안 여러 가지 문제를 일으킨 것은 첫째인 도구적 이성일 뿐이고 나머지 이성들은 언제나 제대로 기능해왔다.

도구적 이성은 인간이 이성의 힘으로 자연을 지배하는 과정에서 다른 이성보다 특별히 비대하게 발달했다. 비판철학자인 아도르노는 이성이 "다른 모든 도구를 제작하는 데 필요한 보편적인 도구가 되었다."(《계몽의 변증법》)고 말한다. 이렇게 도구화된 이성은 자연을 인간이 지배하기 쉽도록 하기 위해 양화시켜 계산과 측정이 가능한 대상으로 만들며, 이를 통해 모든 것을 동질화·획일화하고, 결국에는 이성 자체까지 파괴하는 자기 분열적 양상을 띠게 된다(그 역사적 사례가 바로 **파시즘**이다).

하지만 뿌린 자가 거두는 게 순리이듯이 이성이 저지른 폐해는 이성으로 극복할 수 있다. 그래서 이성주의는 도구적 이성을 통제하고 도덕적 이성과 미학적 이성을 부활시켜 이성 본래의 치유력을 이용하는 해법을 제안한다.

이성은 수명을 다한 걸까? 아니면 아직 이성의 기획이 완성되지 않은 걸까? 이성을 반대하는 입장이나 찬양하는 입장이나 공통적인 관심사가 억압적 권력으로부터의 해방이라는 것은 의심할 수 없을 것이다. 그러나 한 측에서는 억압을 초래하는 것을 이성이라고 보는 반면에 다른 측에서는 해방을 가져오는 것을 이성이라고 보기 때문에 양측의 거리는 제법 멀다.

이원론
Dualism

모든 것을 구분하는 데 가장 편리한 방법은 둘로 가르는 것이다. 예를 들면 이 세상 만물은 '나'와 '내가 아닌 것'으로 나눌 수 있다. 실제로 18세기 독일의 철학자인 피히테는 칸트철학의 한계(→물자체)를 극복하기 위해 절대적 자아의 개념을 도입하면서 이 세계를 자아와 비아(非我)로 구분했으며, 일제강점기 초기의 민족사학자인 신채호도 그 구도를 도입해 역사를 아와 비아의 투쟁으로 보았다. "역사란 무엇인가? 인류 사회의 아와 비아의 투쟁이 시간으로 발전하고 공간으로 확대되는 심적 활동 상태의 기록이니, 세계사라 하면 세계 인류가 그렇게 되어온 상태의 기록이요,

조선사라 하면 조선 민족이 이렇게 되어온 상태의 기록이다. 무엇을 아라 하며 무엇을 비아라 하는가? 무릇 주관적 위치에 서 있는 자를 아라 하고, 그 밖의 것은 비아라 한다."(《조선상고사》)

이렇게 특정한 기준에 의해 대상을 둘로 구분하는 것을 이분법(dichotomy)이라고 말하는데, 이것이 이원론의 기본이다. 이원론이 성립하려면 구분된 양자 사이에 교집합이 없어야 한다. 수학으로 말하면 대상을 A와 B의 두 부분으로 나누었을 때 A이면서 B인 원소가 없어야 이원론이라고 할 수 있다. 나뉜 두 부분은 서로 갈등하거나 보완하는 역할을 할 수는 있어도 궁극적으로 합치되지는 않는다.

인류의 사상사 전체를 통해 이원론은 이론 체계를 갖추는 데 중요한 방법으로 사용되었다. 종교에서의 신과 세계, 과학에서의 운동과 위상, 윤리학에서의 선과 악 등이 이원론의 예인데, 뭐니 뭐니 해도 이원론이 가장 많이 등장하는 분야는 철학이다. 물질과 관념, 신체와 정신, **주관**과 **객관**, 본질과 현상, 일반성과 특수성, 존재와 인식 등 철학에서는 여러 가지 이원론이 존재한다. 그뿐 아니라 일상생활에서 사용되는 이론과 실제, 내용과 형식, 진짜와 가짜, 신속과 정확, 성실과 유능 같은 쌍범주들도 이원론적 구조를 가지고 있다. 이원론과 달리 한 가지 원리만 인정하는 입장은 일원론(monism)이라 부르며, 여러 가지 원리를 주장하는 입장은 다원론(pluralism)이라고 부른다.

철학사에서 이원론의 원조는 단연 플라톤이다. 그는 눈에 보이는 사물들의 배후에 그것들의 본질에 해당하는 이데아가 있다고 보았다. 꽃의 종류와 형태는 무수히 많지만 다 꽃이라고 인식되는 이유는 바로 꽃의 이데아가 있기 때문이라는 논리다. 플라톤은 사물만이 아니라 아름다움, 뜨거움, 붉은색 같은 추상적인 개념들의 경우에도 각기 이데아가 있다고 믿었다.

이데아의 세계를 상정하면 세계는 불가피하게 둘로 나뉜다. 즉 현실의 세계와 이데아의 세계다. 상식적으로는 전자가 참이고 후자가 가상이지만, 플라톤은 반대로 전자를 가상으로 보고 후자를 참으로 여겼다. 이데아가 원본이라면 현실에 존재하는 것들은 모두 이데아의 사본, 그것도 조잡한 복사판이라는 것이다. 그런데 이렇게 두 세계의 등급을 매기면 이원론의 두 항이 동등하지 않으므로 진정한 이원론이 되지는 못한다. 그래서 플라톤의 이데아론은 일원론의 성격을 가지는 이원론이다.

중세 유럽의 철학에서 중요한 쟁점이 되었던 보편자와 개별자의 관계는 다른 측면에서 보면 이원론과 일원론의 갈등에 해당한다. 보편자의 실재성을 주장하는 실재론이나, 보편자는 이름만 있을 뿐 실재하지 않는다고 본 유명론은 둘 다 플라톤처럼 일원론적 이원론을 지향했다. 원칙적으로 이원론은 구분된 두 개의 항이 서로 동등한 위상을 지녀야 하지만, 실제로는 둘 중 하나를 더 근본적인 원리로 간주하는 경향이 있다. 이렇게 이원론은 대체로 일원론화하려는 경향성을 보인다.

그런 속성은 서양철학에만 고유한 게 아니다. 성리학의 대표적인 쟁점이었던 이기론(理氣論)도 전형적인 이원론의 구조를 보인다. 이기론의 이(理, 이치)는 만물의 존재 원리이고 기(氣, 기운)는 만물의 구성 요소인데, 서양의 중세철학과 비교하면 이는 보편자, 기는 개별자에 해당한다. 즉 이는 사물의 보편성과 공통점을 이루며, 기는 사물의 특수성과 차이를 이룬다. 하지만 이기론은 이를 기보다 근본적인 요소로 간주함으로써 역시 일원론적 이원론의 양태를 취한다. "성(性, 인간)은 곧 이(理)다. 성은 하늘에서 나오고 재질은 기(氣)에서 나온다."(주희, 《근사록》)

서양 근대 철학의 시조인 데카르트는 정신과 신체, 관념과 물질을 양립시키는 충실한 이원론을 주장했다. 그는 정신과 신체가 두뇌의 송과선(간뇌의 윗부분에 있는 호르몬 기관)을 통해 연결되어 있다고 생각했는데, 그것은 생물학적으로는 틀린 생각이지만 나름대로 균형 잡힌 이원론을 전개하려 했다는 것을 말해준다.

데카르트가 근대 이성을 철학의 출발점으로 삼은 이래 서양철학은 이원론에서 벗어나지 못했다. 생각하는 자아가 확립되면서 (→ 코기토) 인식주체와 인식 대상이 완전히 분리되어 근대 철학은 주관과 객관의 이원론을 기반으로 발전했다. 이런 경향은 칸트와 헤겔을 정점으로 **형이상학**의 완성이자 종말로 이어졌고, 그 뒤에 등장한 현대 철학은 이원론을 극복하기 위해 여러 가지 시도를 하게 된다.

익명성

Anonymity

자유란 항상 좋은 게 아니다. 실이 끊어진 연은 자유를 얻지만 동시에 불안정한 상태에 놓인다. 오늘 점심으로 무얼 먹을까를 선택하는 것은 언제나 내 마음이지만 때로는 차라리 내 의지와 상관없이 메뉴가 늘 고정되었으면 하는 생각도 있다. 자유는 선택인데 선택은 늘 부담스럽다. 학교를 졸업하고 부모님의 그늘을 떠나 사회에 진출하게 되면 해방감과 동시에 이제부터 모든 일을 홀로 해결해야 한다는 부담감을 느끼는 것과 마찬가지다.

자본주의 초창기에 이중의 자유—토지로부터의 자유와 **신분**상의 자유—를 얻은 농민들의 심정도 그랬을 것이다. 그들은 법적인 자유를 얻고 농노의 신분에서 풀려났으나 그 대신 생계의 터전이 된 토지를 빼앗겼다. 그들의 무거운 발걸음이 향하는 도시에는 임금노동자로서의 삶이 기다리고 있었다. 어떤 자본가도 그들에게 노동력을 팔라고 강요하지는 못하지만 그들은 어떤 자본가에게든 노동력을 팔아야만 살아갈 수 있었다.

농촌 **공동체**와 달리 도시는 익명성의 세계다. "도시의 공기는 자유를 만든다." 중세 후기에 북이탈리아와 플랑드르의 자치도시에서 유행한 이 말은 도시의 자유로운 분위기를 나타내는 동시에, 도시에는 농촌처럼 지연이나 혈연 같은 '비빌 언덕'이 없다는 뜻이기도 했다. 도시에서는 과거에 내가 어느 집 농노였는지 머슴이었는지 아무도 모른다. 그러니까 자유롭지만 반대로 생각하면 이제부터는 전적으로 나 혼자의 힘으로 살아가야 한다. 이렇게 익명성은 근대 도시의 출범과 더불어 시작되었다.

신분의 관념이 완전히 사라진 현대사회에서는 익명성이 더욱 광범해지고 대중화된다. 분업이 세분화된 탓에 개인은 사회 내 각종 조직의 톱니바퀴와 같은 역할이 되고, **미디어**가 발달한 덕분에 모든 사회 구성원은 같은 정보를 공유할 수 있게 된다. 이로 인해 개인들 간에 외견상의 차이가 없어지므로 익명성이 더욱 강화된다.

익명성이 결정적으로 부각된 것은 **인터넷** 시대다. 인터넷은 흔히 도로에 비유되듯이 그 자체로는 아무런 실체도 가지지 않고 오로지 정보를 소통시키는 기능만 가진 순수한 매체다. 주인도 없고, 신분도 없고, 지배나 종속 관계도 없다. 이렇게 절대적인 자유의 공간이므로 인터넷에서는 누구나 완벽한 익명성을 누릴 수 있다.

익명성의 관점에서 보면 인터넷의 중요성은 지식과 정보를 얻는 데 있지 않다. 그보다는 자신의 일상적이거나 사적인 문제를 남에게 드러낼 때, 여론의 반응을 미리 타진하려 할 때, 심지어 울적한 감정을 내키는 대로 발산하고자 할 때도 인터넷의 익명성은 큰 장점으로 작용한다. 물이 너무 맑으면 고기가 놀지 않듯이 누구나 자신이 은폐되어 있다는 사실을 알 때 더욱 솔직한 의견을 개진하게 마련이다. 특히 다른 사람의 글에 익명으로 댓글을 달아 자신의 견해를 표명할 수 있다는 것은 인터넷 특유의 여론 형성 방식을 보여준다.

그러나 자유가 해방감만을 주는 것은 아니듯이 익명성도 장점만 가지는 것은 아니다. 익명의 자유는 책임과 의무를 잊게 만든다. 남의 글에 어떤 내용의 댓글을 쓴다 해도 익명이기 때문에 자신의 글에 책임을 지지 않아도 된다. 인터넷은 주인이 없고 실시간으로 정보를 전달하므로 어떤 통제력도 작용하지 않는다. 《대학》에는 혼자 있을 때도 행동거지를 조심하라는 신독(愼獨)이라는 도덕이 나오지만, 사실 익명성의 보호를 받을 때는 신독을 생각하기는커녕 대부분 평소보다 과감해지게 마련이다. 게다가 악의를 가진 사람이 익명성을 의도적으로 악용할 가능성도 높다. 익명성과 알코올은 적당히 누릴 줄 알아야 자신에게 화가 되지 않고 모두에게 유용하다.

익명성의 더 큰 문제는 획일화를 초래하기 쉽다는 점이다. 일단 익명성의 외피를 두르면 모두가 자유로워지기 때문에 다양한 견해가 나올 수 있다. 누구나 평등한 관계이고 불특정 다수의 일원이므로 자기 마음대로 의견을 제시할 수 있다. 그러나 그 다양한 견해들 중에서 특정한 견해가 압도적으로 우세할 경우 익명의 개인들은 대세에 동참하고 싶은 심리를 느끼게 된다. 그 순간 다양성의 원칙은 무너지고 오히려 익명성이라는 장치가 없을 때보다도 더욱 가속적으로 획일화가 일어난다.

과거에 세계대전을 유발한 **파시즘**은 오늘날 국지적으로만 남아 있지만 미시적 파시즘은 눈에 보이지 않게 자라나고 있다. 마침 익명성은 미시적 파시즘이라는 세균이 자라나기에 아주 좋은 토양이다. 익명성을 배경으로 파시즘의 세균은 일상생활 속에 섬세하게 침투해 개인들을 사로잡는다. 파시즘에 감염된 자유로운 개인들은 스스로 자유롭다는 것을 알면서도 그 자유를 이용해 획일화를 강화한다. 마치 자유의 부담에 짓눌리면 스스로 또 다른 구속—이를테면 종교나 마약—을 만들어내는 심리와 같다. 그런 사람들은 익명성으로 자유를 누린다고 착각하지만 실은 스스로를 노예화하는 것이다.

인식론/존재론

Epistemology/Ontology

철학이라면 일단 복잡하고 난해하다는 생각이 앞서지만 간단하게 이해하고자 하면 얼마든지 가능하다. 수천 년에 이르는 서양철학의 역사에는 수많은 철학자가 등장한다. 이들이 주장하는 철학 사상은 저마다 독특하고 심오한 듯 보인다. 그러나 모든 사상은 그 시대의 사상일 뿐이므로 시대를 알면 어렵지 않게 이해할 수 있다.

철학 사상에는 현실적 맥락과 지적 맥락이 있다. 현실적 맥락은 그 사상이 생겨난 시대의 현실을 가리키며, 지적 맥락은 그 사상에 영향을 준 사상적 흐름을 가리킨다. 사상과 이론은 그 시대의 현실과 대응성(correspondence)의 관계를 가지고, 그 시대의 지적 흐름과 일관성(coherence)의 관계를 가진다. 즉 모든 사상은 그 시대의 현실과 대응하며 전 시대의 사상을 이어받아 형성된다. 아무리 독특하고 창의적인 사상과 이론이라 해도 그 두 가지 맥락으로부터 유리될 수는 없다.

거시적으로 보면 서양철학은 인식론과 존재론으로 나뉜다. 이 두 가지 철학의 부문은 어느 시대에나 공존했으나 시대에 따른 편차는 있다. 대체로 고대와 중세까지는 존재론이 우세했고, 근대로 접어들어 인식론의 시대가 열렸으며, 현대에는 존재론과 인식론이 함께 얽힌 양상을 보이고 있다.

서양철학이 초기에 자연철학의 형태를 취한 것은 존재론으로 출발했음을 말해준다. 이오니아와 그리스의 초기 철학자들은 "세상 만물을 이루는 궁극적인 요소는 무엇인가?"라고 물었다. 그들이 생각한 답의 후보들은 물, 불, 흙, 공기의 4대 원소였다. 그중에서 더 궁극적인 요소를 탈레스는 물이라고 보았고, 아낙시만드로스는 눈에 보이지 않는 무한자(아페이론)라고 보았다. 그리고 아낙시메네스는 공기, 헤라클레이토스는 불이라고 보았다.

중요한 것은 답의 내용보다 '~란 무엇인가?'라는 물음의 형식이다. 궁극적인 요소를 자연에서 찾으려는 초기 철학자들의 노력은 존재론적 관심이다. 이렇게 서양철학은 존재를 묻는 것으로 출발했다. 이 물음에 대한 답은 각 시대의 현실과 지적 배경 속에서 다양하게 제기되었으나 존재론적 물음의 성격은 달라지지 않았다.

중세로 접어들면서 신학이 철학을 대체하게 되자 서서히 인식론적 관심이 높아지기 시작했다. 중세철학의 두 가지 주요 쟁점은 신의 논증과 보편자의 존재였다. 이때도 여전히 철학적 질문은 존재론적 성격이 우세했지만 조금씩 인식론적 성격이 가미되었다. 신의 존재를 인간이 어떻게 증명할 수 있을까? 사물의 보편자가

ㅇ

실재하거나(실재론) 실재하지 않는다면(유명론) 그것을 어떻게 판단할 수 있을까? 이렇게 존재를 어떻게 아느냐는 물음의 형식에는 이미 인식론이 개재되어 있다.

중세가 끝나고 근대의 문턱에서 데카르트는 처음으로 순수하게 인식론적인 명제를 제기한다. "나는 생각한다, 그러므로 나는 존재한다."는 명제(→ 코기토)는 겉으로 보기에는 존재론인 것 같지만 데카르트는 인식의 출발점을 확립하기 위해 주체의 존재를 논증한 것이다. 따라서 그의 명제는 존재론에 관한 공허한 논쟁을 끝내고 이제부터는 인식론에 주력하자는 제안이라고 볼 수 있다.

합리론과 경험론으로 나뉜 근대 철학의 흐름은 구체적인 인식 과정을 해명하기 위한 목적으로 일관된다. (데카르트가 확립한) 인식주체가 인식 대상을 어떻게 인식하느냐가 이 시기의 주요 테마다. 결국 칸트가 나서서 인식주체와 인식 대상을 완벽하게 결합시킴으로써 인식론의 시대는 종결된다(→ 코페르니쿠스적 전환).

19세기까지 서양철학사를 총정리하면 '주체(인간)-인식(언어)-세계(대상)'의 구도인데, 이것은 인간의 의식이 성장하는 과정에 비유할 수 있다. 인간은 어릴 때 주변 세계에 관심을 가지고, 사춘기에는 자기 자신이 누구인지 궁금해하며, 어른이 되어서는 세계에 관한 자신의 앎이 과연 올바른지 고민한다. 서양철학사에서도 고대에는 세계를 먼저 물었고, 중세에는 신학을 이용해 자신이 누구인지 탐구했으며, 근대에 들어서는 인식 과정을 문제 삼았다. 데카르트가 인식주체를 확립한 이래 현대 철학은 주체를 중심으로 전개되었고(주체가 없다는 구조주의적 관점도 주체를 테마로 한다는 점에서는 다르지 않다), 여기에 존재론적 관심이 더해지게 되었다.

과거의 존재론은 주체의 존재 방식이 아니라 대상의 존재 방식을 물었던 데 비해, 인식론의 시대를 거친 뒤 현대의 존재론은 인식주체의 존재 방식에 관한 관심을 표명한다. 인간존재의 이중적 존재 방식을 규명하고자 한 하이데거의 현상학적 존재론이 그 대표적인 예다.

현대의 인식론은 근대 철학처럼 경험이나 이성을 통한 인식 과정을 탐구하지 않는다. 근대의 인식론은 주체의 존재를 자명한 것으로 전제하고 진행되었으나 이제는 주체의 존재가 불확실한 상태이므로 인식 과정 자체를 독립시켜 탐구해야 한다. 그래서 현대 철학에서는 인식을 매개하는(혹은 가능케 하는) 수단으로 언어가 설정되었다.

인식론과 존재론은 향후에도 철학의 두 가지 주요한 부문을 이룰 것이다. 지금까지 그래왔듯이 인식론의 문제가 해결되면 존재론으로 넘어갈 것이며, 존재론의 문제가 해결되면 한 단계 높여 인식론적 쟁점이 다시 부각될 것이다. 그렇게 보면 철학은 인식론과 존재론의 끊임없는 교대일지도 모른다. 사실 철학은 끊임없는 질문의 연쇄이며, 그 답은 고정되어 있지 않고 시대에 따라 재규정될 뿐이다.

인터넷

Internet

프랑스의 현대 철학자인 들뢰즈와 가타리는 **욕망**을 통제하는 메커니즘에 따라 사회체제를 셋으로 구분한다. 첫째, 원시사회는 다양한 욕망이 다양한 코드로 통제되는 사회다. 사회를 성립할 수 있게 해주는 최소한의 통제 메커니즘 이외에는 욕망의 흐름이 차단되지 않는다. 이 시기에는 모든 욕망이 대지에 고착되어 있다. 둘째, 고대사회는 모든 욕망이 전제군주(혹은 국가)에 의해 통제되고 통합된다. 그 통제력은 대단히 강하지만 본래 흐르도록 되어 있는 욕망을 그것으로 완전히 막을 수는 없다. 결국 욕망이 대지에서 벗어나는 탈영토화가 서서히 일어난다.

셋째 단계인 **자본주의**사회가 욕망을 통제하는 방식은 이중적이다. 여기서는 고대사회의 전제군주가 하던 역할을 화폐자본이 담당한다. 우선 자본주의가 성립하기 위해서는 탈영토화가 반드시 필요하다. 대지에 고착된 잠재적 노동력을 해방시켜야 하기 때문이다(이것이 노동자에게는 숙명적 **자유**로 주어졌다). 하지만 그렇다고 해서 탈영토화가 무제한적으로 방치되면 노동력을 결집하고 조직화하는 게 불가능해진다. 그래서 자본주의는 한편으로 탈영토화를 조장하면서 다른 한편으로 재영토화를 추진해야 한다. 노동자가 토지로부터 풀려나 도시에서 법적, 정치적 자유를 얻는 동시에 새로이 자본에 경제적으로 예속되는 과정은 탈영토화와 재영토화의 구체적인 표현이다.

들뢰즈와 가타리는 그 세 단계의 역사적 사회체제에 각각 정신적 장애를 대입한다. 원시사회에서는 욕망과 대상이 일체화되는 도착증이 생겨나고, 고대사회에서는 욕망이 하나의 대상으로 집중되는 편집증이 일어난다. 그리고 탈영토화와 재영토화가 병행되는 자본주의사회에서는 분열증이 지배적이다. 이렇게 보면 자본주의는 분열증이 비정상적이기는커녕 오히려 정상적인 사회다. 이런 자본주의의 이중적이고 분열증적인 속성을 잘 보여주는 것이 바로 인터넷이다.

오늘날 현대 문명에 지대한 영향을 미치는 인터넷은 원래 군사적인 목적에서 개발되었다. 전자적 정보를 패킷 단위로 분할해 송신하는 아이디어는 1960년대에 구상되었으나, 미국 국방부가 관심을 보이지 않았다면 사장되고 말았을지도 모른다. 미국의 대학들이 소규모 통신망 구축에 성공한 사례에 주목한 국방부는 아르파넷이라는 방대한 군사용 통신망을 만들었는데, 이것이 인터넷의 시초다.

길이 생겨 사람들이 다니는 게 아니라 사람들이 다니면 길이 되는 법이다. 1970년대에 들어 통신 프로토콜이 TCP/IP로 통일되면서 정보 교환이 더욱 용이해지자 예상치 않게 아르파넷의 이용자가 급속히 증가했다. 결국 미국 국방부는 군사용 통신망을 따로 분리하고 아르파넷을 민간에게 내주었다.

미국 내의 수만 명 정도에 불과하던 인터넷 이용자가 순식간에 전 세계의 수억 명으로 늘어나게 된 계기는 1980년대 말에 개발된 월드와이드웹(WWW)이었다. 이 기술은 문서를 하이퍼텍스트

형식으로 구성해 정보의 검색을 쉽게 해주었고, 정보 저장소를 분산시켜 많은 이용자의 동시 접속을 가능케 해주었으며, 무엇보다 문자만이 아니라 화상과 동영상으로 된 멀티미디어 정보까지 인터넷으로 주고받을 수 있게 해주었다.

오늘날 인터넷은 사람들이 대화하고, 거래하고, 다양한 정보와 서로의 생각을 공유하는 중요한 도구로 이용되고 있다. 인터넷은 본질적으로는 자체의 내용을 가지지 않은 매체에 불과하지만—비유하자면 인터넷은 자동차가 아니라 자동차를 달리게 하는 도로일 뿐이다—광범위한 정보를 매개하고 전 세계의 수많은 사람이 이용하므로 현대사회에서 필수 불가결한 요소가 되었다. 바로 그 때문에 인터넷은 들뢰즈와 가타리가 말하는 자본주의적 분열증과 닮은꼴을 보인다.

인터넷은 방대한 정보와 수많은 사람의 견해를 집중시키는 동시에 분산시킨다. 또한 정보와 견해는 곧 **권력**을 낳으므로 인터넷은 권력도 집중시키는 동시에 분산시킨다. 이런 이중성은 우선 정치적 측면에서 확인할 수 있다. 인터넷에는 국경이 없기 때문에 인터넷의 영향력은 각국 중앙 정부의 힘을 무력화하고 국가들 간의 거리를 좁힌다. 그러나 인터넷은 문화와 언어가 다른 이용자들이 실시간으로 접속하기 때문에 때로 국가의 장벽을 더욱 높이기도 한다.

또한 한 나라 내에서도 인터넷은 다양한 정치적 견해가 표출되는 수단이 될 수도 있지만, 동시에 특정한 정치적 사안의 경우 견해를 획일화하고 결집시키는 매체로 기능하기도 한다. 경제적 측면에서도 마찬가지 현상이 나타난다. 한편으로 인터넷은 기업과 소비자가 1 대 1로 만날 수 있는 공간을 제공함으로써 국제적, 일국적 대기업의 힘을 약화시키는가 하면, 다른 한편으로는 세계적인 차원에서 수많은 지역 경제를 글로벌 경제로 통합하는 역할을 한다.

들뢰즈와 가타리 식으로 말한다면, 인터넷은 정보와 권력을 한편으로 탈영토화하면서 다른 한편으로 재영토화하는 이중성을 가지고 있다. 자본주의가 유지되기 위해서는 그 양면성이 필요하듯이 인터넷이 기능하기 위해서도 집중의 측면과 분산의 측면이 모두 필요하다. 게다가 욕망을 통제하는 자본주의적 메커니즘이 무의식적으로 작동하듯이 인터넷 역시 특정한 개인이나 집단이 통제할 수 없으므로 무의식적으로 작동한다고 볼 수 있다. 여러모로 인터넷과 자본주의는 찰떡궁합이다.

그 논리를 연장하면, 자본주의도 인터넷처럼 일종의 매체로 해석할 수 있지 않을까? 인터넷이 독립적인 실체가 아니라 실체를 담기 위한 공간이듯이 자본주의도 구체적인 경제 제도라기보다는 다른 실체적 경제 제도를 구현하기 위한 공간일지도 모른다. 그렇다면 자본주의는 인터넷처럼 내용이 없는 제도가 된다. 그런데도 자본주의가 마치 고정불변의 제도인 것처럼 보이는 이유는 인터넷이 매체의 범위를 넘어 허구적인 권력을 실체화하는 것과 마찬가지 원리가 아닐까?

ㅈ

자본주의

Capitalism

자연적인 것과 인위적인 것은 언제나 명확히 구분할 수 있을까? 본능은 자연적인 것이지만 제도는 인위적인 것이다. 이를테면 배고플 때 느끼는 식욕은 자연스러운 본능이지만 그렇다고 음악회에서 마음대로 음식을 먹는 것은 제도로 금지되어 있다. 문제는 본능과 제도의 구분이 모호한 경우도 많다는 점이다. 예를 들어 도덕은 본능일까, 제도일까? 사회를 존속시키기 위해 도덕이 필요하다고 보면 본능에 가깝지만, 도덕이 체계화되어 일상적 행위를 통제하는 예절로 바뀐 것은 제도라고 보아야 한다.

그렇다면 자본주의는 본능일까, 제도일까? 흔히 말하는 자본주의의 특성은 사유재산과 이윤 추구가 인정되고 시장의 메커니즘에 의해 생산과 분배가 이루어진다는 것이다. 이런 특성은 인간의 본능에 속할까, 아니면 자본주의에만 고유한 측면일까?

무엇이든 익숙해지면 자연스럽다. 자본주의에 익숙해져 있는 사람이라면 자본주의를 거의 본능처럼 여긴다. 사유재산? 부모 형제 사이에도 내 것 네 것이 있으므로 자연스럽다. 이윤 추구? 누구나 자신의 이익을 도모하는 것은 당연한 일 아닌가? 시장 기능? 모든 물건을 직접 만들 수는 없으니까 시장에서 필요한 물건을 사고파는 것은 지극히 정상적인 현상이다. 이렇게 보면 자본주의는 마치 몸에 꼭 맞는 옷처럼 자연스럽다. 이런 관점을 역사에 대입하면 자본주의의 도래는 필연적이었다는 게 된다.

하지만 같은 현상을 두고 정반대로 생각할 수도 있다. 인간이 살아가는 데 필요한 모든 자원이 사유화된다면 사회는 성립할 수 없다. 모든 사회 구성원이 자신의 이익만을 탐한다면 인간 사회가 아니라 야생의 정글이나 다름없다. 모든 물건이 시장에서만 거래된다면 누구나 힘을 앞세워 시장을 장악하려 할 것이다. 이렇게 보면 자본주의는 역사 발전의 자연스러운 결과가 아니라 인위적인 제도가 된다.

자본주의는 보편성과 특수성의 양면을 가진다. 사유재산의 관념은 보편성이 가장 강하고, 시장 메커니즘은 자본주의의 고유한 측면이며, 이윤 추구는 그 중간에 해당한다. 다시 말해 사유재산은 인류 역사의 어느 시대에나 있었지만 이윤 추구와 시장은 자본주의의 특수성에 속한다.

이윤을 단순한 이득의 개념으로 보면 자본주의 이전 시대에도 존재했다고 볼 수 있다. 그러나 자본주의 시대의 이윤은 이득이나 이익과 다른 의미를 가진다. 싸게 물건을 사서 비싸게 파는 것, 싼

값으로 물건을 만들어 비싸게 파는 것은 각각 상업자본주의와 산업자본주의라 불리지만 자본주의만의 특성이라 할 수 없다. 자본주의적 이윤은 **상품**을 제조한 뒤 원가에 추가하는 것이 아니라(만약 그렇다면 이득과 다를 바 없다) 애초에 **생산**과정에서부터 생겨난다는 데 특징이 있다.

상품은 생산수단(노동 도구와 재료)과 노동력의 결합으로 만들어지는데, 그중에서 **가치**를 생산하는 것은 노동력이다(→ 노동). 생산수단을 소유한 자본가는 노동자와 고용 계약을 맺고 정해진 시간 동안 노동자의 노동력을 이용해 상품을 제조한다. 이때 노동자가 창출해내는 가치에는 자기 노동력의 가치와 잉여가치가 포함된다. 노동력의 가치는 상품의 가치이며, 잉여가치는 시장에서 상품이 판매되면 이윤으로 전화된다. 즉 노동자는 이미 생산과정에서 장차 자본가의 몫으로 돌아갈 이윤을 생산하는 것이다(→ 착취). 이렇게 이윤이 생산과정에서 상품과 함께 생산되는 것은 인류 역사에서 자본주의만의 특성이다.

또한 상품을 생산할 때부터 시장을 염두에 둔다는 것도 자본주의의 고유한 특징이다. 그 이전의 생산양식에서는 시장이 있었어도 상품이 생산된 이후에 시장에 내놓는다는 관념만 있을 뿐 처음부터 시장을 겨냥하고 상품생산이 이루어지지는 않았다. 시장은 생산된 상품을 소비자에게 전달하는 매개의 기능만 담당할 뿐이었다. 그러나 자본주의사회에서는 시장이 상품을 일차적으로 구매해주는 적극적인 역할을 맡으며, 생산자도 시장 메커니즘을 이해하고 의식하면서 상품의 생산과정에 임하게 된다. 이렇게 수요를 예측하지 못하는 상태에서 상품 공급이 이루어지기 때문에 자본주의적 생산은 근본적으로 무정부적인 성격을 지닌다(이것은 자본주의의 주기적인 경제공황으로 외화된다). 이런 시장의 무정부성은 자본주의의 성격마저 바꾸어버린다.

초기자본주의는 시장의 규모를 무한대로 가정했다. 생산자들은 자유경쟁을 통해 상품을 생산했고, 상품의 수요와 공급은 애덤 스미스가 말한 **보이지 않는 손**에 의해 자동으로 가격이 조절되었다. 생산된 모든 상품은 시장에서 소화가 가능했다. 그러나 자본주의가 발달하고 대량생산이 이루어지면서 결국 시장은 포화 상태에 이르렀다. 이 문제를 해결하는 방법은 두 가지였다. 우선 상품의 생산자들은 자유경쟁을 포기하고 독점을 통해 기존의 이윤을 확보하고자 했다. 동시에 자본주의**국가**들은 시장을 확장하기 위해 해외 **식민지** 개척에 나서 **제국주의**의 시대를 열었다.

하지만 지구상의 전 지역이 알려진 이상 해외 식민지도 무한정으로 존재할 수는 없다. 따라서 식민지 경쟁은 식민지 전쟁으로 바뀔 수밖에 없다. 결국 전 세계가 제국주의 국가와 식민지·종속국으로 분할된 뒤 제국주의 국가들은 전쟁을 불사하는 치열한 제로섬 게임을 벌였고, 그 결과는 20세기의 두 차례 세계대전이었다 (→제국주의).

자본에는 국경이 없지만 경제에는 국경이 있다. 현대 자본주의에서는 국가가 경제주체로 나서고 전통적인 상품 교역 이외에 금융 부문의 진출이 강조된다. 주기적인 경제공황을 겪으면서 자본주의는 훨씬 더 유연해졌고 위기에 대처하는 능력이 배양되었다.

그에 따라 고전 자본주의에서 부정되었던 국가의 경제 개입이 허용되었다. 이 힘을 바탕으로 현대 자본주의는 **신자유주의**의 이념에 따른 세계화 전략에 돌입했다.

제국주의 시대에는 식민지의 직접 지배를 통해 시장의 문제를 해결하려 했지만 지금은 세계화 전략을 통해 세계를 단일한 시장으로 구성하려 한다(시장 확대의 기본 구도가 변하지 않았다는 점에서 지금은 포스트 제국주의 시대라고 할 수 있다). 그러나 자본주의의 자구책은 어디까지나 한시적일 뿐이다. 결국 시장의 포화는 또다시 자본주의를 괴롭힐 것이다. 아직 자본주의화되지 않은 지역까지 포섭해 전 세계를 하나의 자본주의 시장으로 묶는 데 성공한다 해도 자본주의의 **모순**이 또 다른 형태로 표출되지 않는다는 보장은 없다.

자유

Freedom

일상생활에서 자유의 반대는 구속이다. 범죄를 저질러 구속되든 사랑의 포로가 되어 구속되든 구속은 자유와 대립된다. 그러나 철학에서 자유의 반대는 필연이다. 자유를 뜻하는 영어(free), 프랑스어(libre), 독일어(frei)의 형용사들은 모두 '~이 없다'는 의미도 있다. 이것은 근거가 없음, 즉 우연을 뜻한다. 자신을 얽매는 것이 없으니까 자유롭다. 한자어 자유(自由)도 '스스로 말미암는다'는 뜻이니까 자신이 자신의 근거가 된다는 의미다.

고대 그리스에서 자유는 항상 '~이 없어야만 도달하는 상태', 즉 '~으로부터의 자유'였다. 플라톤은 편견과 억측이 없어야 자유롭다고 보았으며, 스토아학파는 욕망과 집착으로부터 벗어나야 자유를 누릴 수 있다고 믿었다. 전반적으로 고대의 사유에서는 인간의 원래 상태를 자유로 가정하고 자유를 가로막는 장애 요소를 극복해야만 자유를 얻을 수 있다고 여겼다.

중세에 들어 자유의 개념은 달라진다. 신은 정의상으로 모든 것의 창조자이며 기획자다. 인간을 포함한 세상 만물은 신의 피조물이므로 신의 의지를 구현하고 있다. 그러므로 신의 뜻을 따르는 것 이외에 자유를 생각하기란 불가능하다. 그런데 이것은 전통적인 자유의 개념과 어긋난다. 어떻게 할까?

여기서 중세의 신학자들은 교묘한 수단을 생각해냈다. 신의 차원에서 보면 모든 것이 예정되어 있지만—따라서 결정론을 벗어날 수 없지만—동시에 신은 인간에게 자유를 허락했다고 해석하는 것이다. 인간은 신에게서 받은 자유를 이용해 신의 뜻을 따라야 한다. 자칫 **모순**을 빚기 쉬운 신앙과 자유의지는 이런 식으로 양립한다. 자유와 필연은 대립하지만 필연 속에서도 자유는 존재한다.

이렇게 결정론의 제약 속에서 자유를 찾아내는 발상은 신앙의 힘이 약화된 근대에도 이어졌다. 다만 이제는 신의 예정이 아니라 **이성**의 법칙성이 필연으로 기능한다. 자연계에는 이성으로 파악할 수 있는 필연적인 인과율이 작용한다. 중세의 신앙이 그랬듯이 근대의 이성도 자칫 자유를 제약하는 요소로 보일 수 있다. 하지만 자유는 인과율을 거스르는 게 아니라 그 법칙을 이해하고 필연성에 따를 때 얻어진다. 즉 인간은 이성적인 앎을 통해 자유로워지는 것이다.

근대 이성이 19세기까지 순조로이 발달하는 동안 인간이 누리는 자유의 폭은 점점 더 커졌다. 이 시기에 민주주의가 탄생하고 정치적 자유가 보편화된 것은 그런 지적 배경과 맥을 같이한다. 자연계에 인과율의 필연성이 관철된다 해도, 또 인간 역시 자연의 일부라 해도 결정론과 숙명론이 인간의 자유를 침해할 수는 없다.

이런 자유의 개념은 칸트와 헤겔을 통해 마르크스에게 전해졌다. 마르크스는 자유를 역사적 범주로 파악한 헤겔의 사상을 이어받아 '자유=진보'의 관념을 더욱 발전시켰다. 봉건사회에서 **자본주의**로, 또 자본주의에서 **사회주의**로의 발전은 자연법칙과 거의 같은 정도의 역사적 필연성을 가지지만, 그것은 인간의 자유를 제약하는 게 아니라 반대로 확장한다. 사회의 물질적 생산력이 증대하는 것은 자연에 대한 인간의 지배력을 넓혀주는 것이기 때문이다.

그러나 20세기에 들어 이성의 힘에 대한 맹신에 제동이 걸리면서 자유의 색깔은 크게 달라졌다. 낙관주의의 시대는 끝났고 더 이상 장밋빛 미래는 없다. 그전까지 자유는 필연의 제약 속에서도 충분히 만개할 수 있는 화려한 꽃이었으나 이제는 필연과 결정론의 덫에 완전히 갇혀버렸다.

자유의 가능성을 닫아버린 필연은 두 가지다. 우선 자유는 긍정적인 가치가 아니라 인간에게 숙명처럼 지워진 부담이 되었다. 사르트르는 후설의 현상학과 하이데거의 존재론에서 모티프를 얻어 인간에게 자유는 마치 형벌처럼 선고된 것이라고 말했다. 이성의 시대에 인간의 의식은 인식의 확고한 출발점이었고 단단한 실체처럼 여겨졌으나 실은 텅 빈 그릇처럼 껍데기일 따름이었다. 자체의 존재 근거를 가지지 못한 의식은 빈 그릇에 뭔가를 채워 넣기 위해 끊임없이 바깥을 지향하면서 외부에서 근거를 선택해야 하는 운명이다(무엇을 선택할지는 자유지만 뭔가를 선택해야 한다는 것은 부담이다). 즉 인간은 무(無)와 같이 공허한 존재 방식 때문에 자유로울 수밖에 없는 처지였다. 인간이 선택한 게 아니라 어쩔 수 없이 인간에게 주어진 자유이기에 자유는 곧 비극이었다.

인간의 자유에 커다란 제약을 가한 또 한 가지 요소는 **무의식**이다. 이성의 시대에 인간은 무엇보다 자유의지를 가진 존재로 간주되었다. 모든 개인은 자신의 일을 스스로 판단할 수 있는 주체성과 자유에 대한 책임을 질 줄 아는 도덕적 능력을 갖춘 것으로 여겨졌다. 그러나 이성의 그림자와 같은 어두운 무의식이 발견되면서 인간은 겉으로 드러난 자기 자신의 모습 이외에 다른 측면, 그것도 칙칙하고 추한 측면이 있다는 사실을 알게 되었다. 더구나 각자의 내면에 존재하는 개별 무의식 이외에 언어 구조와 사회구조도 일종의 무의식처럼 기능하면서 자유의 폭을 크게 제한했다. 개인의 실천이 언어와 사회를 변화시킬 수 없듯이 인간은 구조 앞에서 한없이 무기력하고 자신도 의식하지 못하는 사이에 구조의 영향을 받는 처지로 전락했다.

현대사회에서 법적, 정치적 자유는 적어도 제도상으로나마 완벽하게 보장되지만 철학적 자유는 누구도 보장받지 못한다. 자유는 해방을 주는 대신 부담을 안겨줄 뿐이며, 시인의 상상 속에서만 볼 수 있는 환상이 되어버렸다. 법적, 정치적 자유에서는 남부러울 게 없는 권력자나 재력가라고 해도 철학적 자유는 별로 누릴 게 없다는 점이 한 가지 위안이랄까?

장기 지속

Longue Durée

지구상의 전 지역이 알려졌고 자연이 거의 정복된 현대에는 문명이 지리의 영향을 별로 받지 않는다고 믿기 쉽다. 실제로 오늘날에는 극지에도 도로를 낼 수 있고, 사막에도 도시를 건설할 수 있으며, 심지어 달에도 기지를 세울 수 있다. 그러나 지리적 요인이 문명의 성격에 지대한 영향을 미치는 것은 과거나 지금이나 마찬가지다. 다만 그 속도가 너무 느린 탓에 인간이 제대로 감지하지 못할 뿐이다. 지리가 역사에 장기적이고 지속적인 영향을 미치는 과정을 가리켜 **구조주의** 역사가인 페르낭 브로델은 장기 지속이라는 개념으로 표현한다.

역사라고 하면 흔히 역사적 '사건'들을 연상한다. 예를 들면 기원전 3세기에 진시황이 최초로 중국 대륙을 통일했고, 중세 말기에 서유럽의 십자군이 이슬람 문명권을 침략했으며, 18세기 영국에서는 산업혁명이 일어났다는 식이다. 이런 사실들을 알면 역사를 이해한다고 생각하는 게 보통이다. 역사 퀴즈 프로그램 같은 데서는 그걸로 족할지 모르지만 브로델의 견해는 다르다.

브로델은 복잡다단해 보이는 사건사의 아래에는 국면사가 있고, 또 그 아래에는 구조사가 있다고 말한다. 이 역사의 '3층 건물'은 층마다 시간의 단위가 다르다. 시계와 달력으로 측정되는 시간은 절대적이지만 역사의 시간은 상대적이다. 맨 위층 사건사의 흐름은 단기 지속으로 무척 빠르다. 그 아래 중기 지속에 속하는 국면사의 층에서는 그보다 장기적이고 불변적인 요소, 개별 사건들이 아니라 경제, 국가, 사회, 문명, 인구 변동, 산업 발전 등의 원대한 주제들이 흐른다. 여기까지가 일반적인 의미에서의 역사다.

맨 아래 심층에는 장기 지속의 구조사가 자리 잡고 있다. 브로델의 말에 따르면, 구조사는 '거의 움직이지 않는 역사', '대단히 완만한 리듬을 가진 역사', '움직이는 것과 움직이지 않는 것의 경계에 있는 역사'다. 사건사와 국면사가 인간 행위를 다루는 역사라면 구조사는 인간을 둘러싼 주변 환경과 연관된 역사다. 따라서 여기에는 인간의 시간 바깥에 있는 사물들, 즉 산과 들, 강과 바다의 역사도 포함된다.

전통적인 학문 분류에 따르면 구조사의 주제들은 역사학보다 지리학에 속한다. 하지만 브로델은 그것들을 다루지 않으면 역사를 올바로 서술할 수 없다고 본다. 역사에서 중요한 것은 시간이다. 지리는 언뜻 생각하면 늘 불변인 것처럼 여겨지지만 그 '사물들'도 실은 서서히 변한다. 변하는 속도가 무척 느림에도 그것들이 중요한 이유는 인간을 포함한 지구상 생물들의 삶에 막대한 영향을 미치기 때문이다.

장기 지속의 구조는 역사를 가능케 하는 무대이자 역사를 제약하는 요인이기도 하다. 선사시대는 물론 역사시대 내내 지리적 환경은 문명의 기본 성격을 결정했다. 지중해가 없었다면 그리스와 동부 지중해 일대에서는 화려한 해상 문명이 꽃피우지 못했을 테고 지중해를 마레 노스트룸(mare nostrum, 우리 바다)이라고 부른 로마제국도 존재하지 않았을 것이다. 북중국 한복판에 중원이라는 지리적 중심지가 없었다면 중원에서부터 동심원적으로 퍼져나가는 대륙 문명이 성립되지 않았을 테고 몽골 제국은 일찌감치 중화 문명권에 편입되었을 것이다. 과거만이 아니라 현대사회에서도 특정한 에너지원이 매장된 곳(이를테면 중동), 특정한 질병이 지배하는 곳(이를테면 아프리카) 등 지리적 요인은 여전히 문명의 성격을 좌우한다.

대다수 역사가들은 사건사부터 서술하지만 브로델은 가장 근원적인 구조사부터 역사 서술을 시작한다. 가장 중요한 역사의 층위에서부터 가장 피상적인 층위로, 가장 긴 호흡의 장기 지속에서 가장 빠른 단기 지속으로 향하는 게 올바른 방향이고 상식이다. 그러나 역사가들은 그 상식을 무시했으며, 심지어 역사학의 대상으로 삼지도 않았다. "역사적 설명에서 마지막 승리를 거두는 것은 언제나 장기적인 시간, 즉 구조다. 그것은 많은 사건, 즉 자신의 흐름 속에 끌어넣을 수 없는 모든 것을 살육하고 무자비하게 제거함으로써 인간의 자유와 우연의 역할을 제약한다."

의식적 인간 활동을 위주로 하는 기존의 관점에서 바라보는 역사와, **무의식**적 구조를 행위 주체로 내세우는 장기 지속의 관점에서 바라보는 역사는 크게 다르다. 역사를 뜻하는 단어들, 즉 영어의 history, 프랑스어의 histoire, 독일어의 Geschichte는 모두 '이야기'라는 뜻을 담고 있다. 무엇이든 지나고 나면 역사가 되듯이 역사는 여타의 학문들과 달리 특정한 시대의 모든 것을 말해주는 이야기다. 그런 점에서 장기 지속의 개념은 좁은 의미의 역사라기보다 모든 것의 역사, 학문적 **통섭**으로 향하는 좋은 출발점이 된다.

절대정신

absoluter Geist

칸트는 철학사적 대전환(→ 코페르니쿠스적 전환)을 통해 그전까지 인식론적 난제였던 인식주체와 인식 대상의 관계를 깔끔하게 해명했다. 주체와 대상은 서로 병립적인 실체가 아니라 수나사와 암나사처럼 처음부터 서로 들어맞도록 되어 있기 때문에 인식 과정이 성립할 수 있다. 여기까지는 좋다. 그러나 칸트의 방법으로도 대상과 관련된 해묵은 난점은 해결하지 못했다.

전통적으로 인식 대상을 바라보는 관점은 두 가지다. 하나는 대상을 순전히 외부에 속한 것으로 보는 관점이다. 정원의 나무가 나의 외부에 속하는 사물인 것은 상식이므로 이 관점은 기본적인 힘을 가지고 있었다. 그런데 이 상식적 관점은 인간이 과연 사물의 본질을 인식할 수 있느냐는 문제와 연관되어 끝없는 논란을 불러일으켰다. 고대에 플라톤과 아리스토텔레스의 대립이 그랬고 중세에 실재론-유명론의 논쟁이 그랬다. 그래서 또 다른 관점이 채택되었는데, 그에 따르면 인식 대상은 외부의 사물 자체라기보다 그 외부의 사물이 정신 내부에 만들어내는 표상이라는 것이었다. 칸트는 물론 후자를 택했다.

그런데 그럴 경우 피할 수 없는 문제가 따랐다. 정신 내부의 표상은 과연 외부 사물을 올바로 반영하는가? 또한 외부 사물에 관한 인식 자체가 어떻게 가능한가? 이 골치 아픈 문제에 대해 칸트는 사물 본체의 인식은 불가능하다고 아예 문을 닫아걸었다(→물자체). 하지만 이것은 문제의 해결이 아니라 포기였으므로 다른 철학자들은 그의 주장을 인정할 수 없었다. 그래서 그 뒤에 등장한 피히테와 셸링은 칸트의 물자체를 집요하게 따지고 들었다.

그러나 칸트가 남긴 문제는 전혀 엉뚱한 방식으로 해결되었다. 헤겔은 칸트가 분석하고 비판한 **이성**이 개별 이성이기 때문에 물자체를 상정할 수밖에 없고 객관성을 획득할 수도 없다고 주장했다. 그가 대안으로 내놓은 개념은 절대정신이라는 총체적 이성이었다.

절대정신은 어느 개인의 이성이 아니라 모든 이성의 집합, 아니

그보다 더 큰 총체적 개념의 이성이다. 이 절대정신을 도입하면 칸트처럼 물자체의 영역을 설정할 필요도 없을 뿐 아니라 그동안 철학자들을 괴롭혀온 **주관/객관**의 문제도 근원적으로 해결할 수 있다. 개별 이성은 인식의 오류를 범할 수 있어도 절대정신은 무오류다. 게다가 절대정신은 단순히 세계를 인식하고 경험하는 데서 더 나아가 세계를 만들어내고 통제한다. 절대정신도 '정신'인 이상 관념인 것은 사실이지만 '절대'이기 때문에 관념만이 아니라 실재의 세계도 포함한다. 그래서 헤겔은 자신의 철학을 '절대적 관념론'이라 불렀다.

실재를 포함하는 관념, 현실을 포함하는 이성의 강력한 힘을 헤겔은 "현실적인 것은 이성적인 것이며, 이성적인 것은 현실적인 것"이라는 유명한 문구로 표현했다. 이제 절대정신은 철학적 의미만이 아니라 현실적이고 역사적인 의미도 가지게 되었다. 절대정신은 역사의 출발점이자 궁극적인 목적이다. 이를 바탕으로 헤겔은 절대정신과 변증법을 결합시켜 독특하면서도 황당한 역사철학을 전개한다.

모든 것의 출발점은 순수한 정신이다. 여기서 순수한 존재가 탄생한다. 순수한 존재는 사유의 대상이 아니며, 지각되거나 상상되지도 않고, 특정한 형태를 취하지도 않는다. 그래서 그 정립에서 나온 반정립, 즉 대립물은 바로 아무것도 아닌 것, 즉 무(無)다. 순수한 존재는 존재의 극한이며 무는 비존재의 극한이다. 따라서 모든 실재(순수한 존재를 제외한 모든 존재)는 이 양 극한 사이에 위치한다. 바꿔 말하면 양 극한 사이에서 모든 실재는 생성된다. 즉 순수한 존재(정립)-무(반정립)의 종합은 곧 실재의 생성이다.

역사란 절대정신이 자기실현을 이루는 과정이다. 헤겔은 역사의 과정을 동양 사회, 그리스-로마 사회, 독일 사회의 셋으로 나누고, 절대정신의 이념이 가장 잘 구현된 사회가 독일이라고 말한다. "독일 정신은 절대 진리의 실현을 목적으로 하는 새로운 세계의 정신이다." 계속해서 그는 독일의 역사도 세 시기로 나누는데, 첫째는 독일 **국가**가 처음 탄생한 9세기의 샤를마뉴 시대까지이고, 둘째는 16세기 종교개혁까지이며, 셋째는 그 이후다. 놀랍게도 헤겔은 그 세 시기를 각각 '성부의 나라', '성자의 나라', '성령의 나라'라고 부른다. 이렇게 독일을 노골적으로 찬양하는 헤겔의 입장이 후대의 히틀러의 광신적 독일 민족주의까지 이어진다고 보아도 무리가 아니다(그래서 헤겔은 파시즘의 철학적 기반을 제공한 철학자로도 간주된다). 히틀러는 샤를마뉴 시대에 탄생한 신성로마제국과 19세기 후반에 통일을 이룬 독일제국을 각각 제1제국과 제2제국으로 부르고, 자신이 집권한 나치 독일을 제3제국이라고 불렀기 때문이다.

헤겔의 시대에 독일은 통일을 이루지 못한 상태였으므로 그가 말하는 독일 국가는 당시 독일 지역의 구심점으로 등장한 신흥 강국 프로이센을 뜻한다. 그는 절대정신이 자기실현을 향해 나아가는 역사의 과정에서 가장 기본적인 단위를 국가로 보았다. "국가는 도덕적 이념의 실재이며, 가시적 의지로 표출된 도덕적 정신이다." 국가에 대한 이런 헤겔의 맹신은 그 시대가 **민족주의**의 전성기였다는 사실을 반영한다. 하지만 뒤늦게 통일한 독일이 20세기에 두 차례의 세계대전과 홀로코스트를 일으킨다는 것을 안다면 헤겔도 독일이 절대정신에 가장 근접한 국가라는 말은 감히 하지 못했을 것이다.

정략결혼
Marriage of Convenience

부와 권력은 누구나 꿈꾸지만 둘 다 가진 사람은 극히 드물다. 부자는 부자일 뿐이고 권력자는 권력자일 뿐이다. 하지만 부를 지키고 더욱 늘리기 위해서는 권력이 필요하고 권력을 마음껏 행사하기 위해서는 부가 필요하다. 둘 다 갖고 싶지만 둘 다 갖기는 어렵다. 이럴 때는 어떻게 해야 할까? 물론 돈으로 권력을 살 수도 있고 권력으로 돈을 만드는 것도 가능하다. 그러나 그런 일시적인 처방보다 부와 권력이 상시적으로 협력할 수 있는 체제를 구축할 수 있다면 최상이다. 이렇게 서로 절실히 원하는 부와 권력을 하나로 맺어주는 합법적인 방식이 바로 결혼이다. 그렇게 보면 재벌 가문이 늘 정치인이나 판검사 가문과 혼맥을 구축하려는 것은 '본능'에 가깝다. 그런 만큼 역사 속에서도 그 사례를 흔히 볼 수 있다.

정략결혼이 성행했던 유럽의 중세에 군주나 귀족의 여식은 중요한 '자산'이었다. 대표적인 사례는 15세기 교황 알렉산데르 6세의 경우다. 부패하고 탐욕스러운 데다 사생활도 복잡했던 그는 교황에 오르기도 전인 1491년에 열한 살짜리 어린 딸 루크레치아를 결혼 시장에 '매물'로 내놓았다(교황은 최고위 사제니까 당연히 도덕적인 인물이었을 것이고 결혼 따위는 하지 않았을 거라는 순진한 생각은 버리자!). 2년 뒤에 루크레치아는 아버지의 명에 따라 밀라노의 스포르차 가문으로 시집을 갔다가 곧이어 에스파냐의 아라곤으로, 또 이탈리아의 페라라로 쉴 새 없이 팔려갔다. 심지어 비정한 아버지는 근친상간마저 서슴지 않았다. 루크레치아가 낳은 아들은 처음에 오빠인 체사레의 서자로, 나중에는 아버지 알렉산데르의 서자로 인정되었으나 실은 교황의 친아들(혹은 외손자라고 해야 할까?)로 추측된다.

이렇게 타락의 극치를 달린 추한 정략결혼이 있었는가 하면, 비슷한 시기에 에스파냐에서는 가문과 국가를 반석에 올려놓은 성공적인 정략결혼도 있었다. 1469년 카스티야 공주 이사벨과 아라곤 왕자 페르난도의 결혼은 에스파냐의 건국을 빚었고 이후 유럽 각국의 궁정에 지대한 영향을 남겼을 뿐 아니라 아메리카의 정복으로 이어졌다.

당시 카스티야의 왕인 엔리케는 국제적으로 구혼자가 들끓었던 인기 여동생 이사벨을 포르투갈에 시집보내려 했다. 그러나 이사벨은 오빠의 뜻을 거슬러 카스티야보다 작은 나라인 아라곤의 궁정을 택하고 오빠 몰래 페르난도와 결혼식을 올린다. 이를 괘씸하게 여긴 엔리케가 몇 년 뒤에 죽자 이사벨이 여왕으로 즉위하면서 그 결혼은 빛을 발하기 시작했다. 대여섯 개 왕국이 공존하던 에스파냐 지역에서 가장 큰 두 나라가 카스티야와 아라곤이었으므로 이사벨의 선택으로 에스파냐는 통합을 이루고 역사상 처음으로 지역의 이름에서 나라의 이름으로 격상되었다.

그 탁월한 정략결혼의 전략은 다음 대에도 이어진다. 이사벨의 둘째 딸인 후아나는 합스부르크 가문의 후계자인 펠리페 1세와 결혼했다. 이로써 합스부르크 가문은 기존에 소유하고 있던 부르고뉴(지금의 프랑스와 독일 사이에 있던 나라로 중세 후기까지 강국이었다)와 이탈리아 남부에 에스파냐를 더해 일약 유럽의 지배 가문으로 성장하게 된다. 나중에 후아나의 두 아들인 카를 5세와 페르디난트 1세는 차례로 신성로마제국의 황제가 되어 권력의 정점에 오른다. 또한 이사벨의 넷째 딸인 캐서린은 잉글랜드 궁정으로 시집가서 영국의 카리스마 군주인 헨리 8세의 아내가 된다.

유럽 주요 왕실들이 친·인척으로 엮이자 급기야 일가붙이들끼리도 정략결혼을 했다. 잉글랜드로 간 캐서린은 아들을 낳지 못하고 딸 하나만 두었다(실은 두 아들과 세 딸이 모두 사산되거나 어릴 때 죽었다). 이 때문에 헨리 8세는 아내와 이혼하기 위해 수장령을 내리고 독자적인 종교개혁을 추진해 영국 교회를 만들었다(지금 우리나라에도 들어와 있는 성공회의 출발이다). 흥미로운 것은 캐서린의 유일한 혈육인 메리 1세의 결혼이다. 남동생 에드워드 6세가 후사를 남기지 못하고 젊은 나이로 죽자 메리가 왕위를 계승했다. 아버지의 종교개혁을 부정하고 가톨릭을 부활시키려 했던 그녀는 같은 가톨릭 왕국이자 아메리카의 정복으로 막강한 부국으로 떠오른 에스파냐의 왕 펠리페 2세와 결혼한다. 그런데 펠리페는 바로 메리의 어머니 캐서린의 친정 조카인 카를 1세의 아들이었으니 우리식 항렬로 따지자면 이모와 조카의 결혼인 셈이다.

실은 에스파냐가 아메리카를 차지하게 된 것도 결혼의 먼 성과다. 에스파냐는 8세기부터 수백 년 동안 유럽에서 유일하게 이슬람권의 지배를 받고 있었다. 이사벨과 페르난도의 결혼으로 건설된 에스파냐 왕국은 800년에 걸친 오랜 국토회복운동(레콩키스타)을 끝내고 드디어 1492년 봄 이슬람 세력을 북아프리카로 완전히 몰아내는 데 성공했다. 그 국가적 대사를 완수했을 때, 대서양 항로 개척을 위해 여러 나라의 군주를 찾아다니며 투자를 부탁하던 이탈리아의 선원이 이사벨 여왕에게 온다. 그가 바로 콜럼버스다. 아직 신생국에 불과한 에스파냐의 궁정이 무명의 탐험가에게 투자와 지원을 하게 된 데는 레콩키스타를 성취했다는 축제의 분위기가 큰 역할을 했다. 결국 그해 가을 콜럼버스는 아메리카를 '발견'해 이사벨에게 큰 선물을 안겨주었다.

중세에서 근대에 이르는 유럽의 변혁기에는 왕실 간의 결혼이 국가 발전의 주요한 수단이었다. 심지어 정략결혼으로 한 나라를 몽땅 차지하는 경우도 있었다(펠리페 1세의 아버지인 막시밀리안이 부르고뉴를 차지하게 된 것도 결혼을 통해 상속받았기 때문이다). 하지만 그건 어디까지나 왕조시대의 일이다. 그렇다면 재벌이 정계나 법조계의 권력자를 사위로 원하고 정치인이 재벌 며느리를 맞아들이려 애쓰는 우리 사회 지배층의 인식은 여전히 혈연에 매달리던 왕조시대에 머물러 있는 걸까?

제국

Empire

한자와 라틴어는 동양과 서양 여러 나라의 조상 문자쯤 된다. 한자는 우리나라의 한글과 일본의 가나 문자에 영향을 주었고, 라틴어는 중세에 이탈리아어, 에스파냐어, 프랑스어를 낳았다. 한자는 역사가 무척 오래지만 중국 한제국 시대에 정립되었고(최초로 중국을 통일한 진시황은 지역마다 달리 쓰던 한자의 서체를 전서篆書로 통일했는데, 진제국이 계속 존속했더라면 오늘날 한자, 한문, 한족은 진자, 진문, 진족이 되었을 것이다), 라틴어는 유럽 로마제국의 언어이자 문자였다. 문자의 측면에서 한제국과 로마제국은 동서양의 매트릭스에 해당한다.

따지고 보면 문자만이 아니다. 한제국이 채택한 유학은 이후 한·중·일 삼국의 왕조시대에 내내 중요한 국가 이데올로기였고, 로마제국이 공인한 그리스도교는 이후 유럽 중세를 지배하는 종교가 되었다. 그 밖에 법, 제도, 군대, 세제 등의 측면에서도 한제국과 로마제국이 후대에 미친 영향은 거의 절대적이다.

이렇게 동서양의 문자, 종교, 이념, 국가 체제 등에서 굵직한 족적을 남긴 두 제국, 한과 로마는 마침 엇비슷한 시기에 존재했던 제국이다. 한제국은 중간에 잠시 다른 왕조로 교체된 적이 있지만 기원전 2세기부터 400년가량 존속했고, 로마제국도 제정 이전까지 합하면 중국의 한제국과 비슷한 시기에 번영을 누렸다(로마제국은 5세기에 최종적으로 멸망하지만 한제국이 멸망한 3세기부터 심한 내우외환에 시달리며 말기적 증상을 보였다).

동서양의 두 제국은 거의 비슷한 시기에 존속했고 이후 수천 년에 걸쳐 후대의 문명에 큰 영향을 주었다는 점에서 역할과 위상이 비슷하다. 하지만 닮은꼴은 여기까지다.

명칭은 같은 제국이지만 동서양의 두 제국은 내용적으로 상당히 다르다. 우선 지리적으로 차이가 있다. 중국은 방대한 육괴로 이루어진 지역이므로 제국도 넓은 벌판에서 출발했다. 고대 중국의 중심인 황허 중류의 평원은 이름부터 중원(中原), 즉 한가운데 벌판이다. 춘추전국시대에 여러 제후국은 중원을 중심으로 사방에 자리 잡고 전부 중원의 정복(천하 통일)을 목적으로 삼았다. 그 목적을 이룬 것이 진제국이었으나 진시황이 죽으면서 그 첫 제국은 불과 수십 년 만에 붕괴했고 한제국이 그 뒤를 이어 중국식 제국의 초석을 이루었다.

반면 로마제국은 육괴의 중심이 별로 크지 않은 이탈리아 반도에서 출발했으며, 최대의 강역에 달했던 기원후 2세기 초 트라야누스의 치세에는 남유럽과 서남아시아, 북아프리카를 아우르는 방대한 영토를 자랑했다. 그러나 그 한복판에는 중원이 아니라 지중해라는 바다가 있었다. 한제국이 원형의 영토를 취했다면 로마제국은 지중해를 중심으로 하는 속이 빈 '반지'와 같은 형상이었다. 그래서 로마인들은 지중해를 제국의 외부로 보지 않고 내해처럼 취급해 마레 노스트룸, 즉 '우리 바다'라고 불렀다.

이 지리적 차이가 두 제국의 특성을 결정했고, 장기적으로는 동서양 문명의 형질을 규정했다. 영토에서부터 중심과 변방이 뚜렷한 한제국은 강력한 중앙집권 체제를 확립하고 중앙에서부터 바깥으로 동심원적인 체제가 확대된 데 비해, 한복판에 바다를 안고 있는 로마제국은 중국과 달리 중심이 약하고 전반적으로 느슨한 체제였다.

짜임새는 한제국만 못했어도 로마제국의 '우리 바다'는 넓게 퍼져 있는 각 속주 간에 유용한 '고속도로'가 되었다. 사실 지중해의 존재는 로마 이전부터 유럽 문명의 특성이 발달하는 데 결정적인 역할을 했다. 유럽 문명은 일찍부터 바퀴를 발명해 사용한 중국 문명보다 거의 모든 면에서 뒤졌지만, 바퀴를 이용하는 것보다 선박을 통해 훨씬 대량의 물자를 신속하게 운송할 수 있었다(한 예로 지중해의 고대 난파선에서는 200톤이나 되는 구리가 발견되었는데, 육로로는 지금도 수송하기가 버거운 화물량이다). 그 덕분에 지중해 문명권에서는 고대부터 '국제 관계'가 발달했다.

두 제국의 또 다른 중요한 차이는 황제다. 제국의 단독 지배자라는 기본적인 정의에서는 다를 바 없지만, 한제국(나아가 중국 역대 모든 제국)의 황제와 로마제국의 황제는 위상에서 큰 차이가 있었다. 아마 그 시대에 로마 황제가 한의 황제를 알았다면 부러움과 더불어 콤플렉스에 시달렸음직하다.

중국 황제는 천자라는 칭호에서 보듯이 절대 권력을 가진 지배자였을 뿐 아니라 제국의 단독 '오너'였다. 천자는 천하의 모든 것을 소유했다. 영토와 재산은 물론 신민들까지도 소유했다. 이 말은 곧 엄밀한 의미에서 중국의 제국 체제에는 사유재산의 관념이 없었다는 것을 의미한다. 이 점은 중국과 동양 사회의 여러 측면과 연관되는데, 이를테면 **세금**의 관념이 그런 예다. 지금은 납세가 의무인 동시에 권리이지만 왕조시대에 동양 사회에서 납세는 의무일 뿐이었다. 제국(혹은 왕국) 내의 모든 것이 황제(왕)의 소유였으니 나라님의 땅을 갈아먹는 농민에게 납세는 땅 주인에게 바치는 당연한 의무였을 뿐 납세에 따른 권리의 개념이 발달하지 못했던 것이다.

그와 달리 로마 황제는 진정한 의미에서의 재산, 즉 부동산(real asset)이 자기 집(궁전)과 이집트 속주밖에 없었다. 이집트는 초대 황제인 아우구스투스가 직접 군대를 거느리고 정복한 속주였기에 전통적으로 황제의 사유재산이었다. 따라서 로마 황제는 제국 최고의 신분이자 제일의 부자였을지언정 제국의 오너는 아니었다. 그런 탓에 로마 황제는 늘 신민들의 인기를 얻기 위해 애써야 했으며, 이를 위해 때로는 사재도 털어야 했다. 큰 도시마다 원형경기장이 세워지고 검투 경기 같은 오락 행사가 벌어진 것은 그 때문이다. 만약 중국 황제가 로마 황제의 그런 처지를 알았다면 '창피한 동료'라며 혀를 찼음직하다.

한제국과 로마제국의 지리적 차이, 체제상의 특성, 황제의 위상은 단지 두 제국만이 아니라 이후 동서양 두 문명이 전개되는 과정에 지대한 영향을 미쳤다. 한 가지 확실한 것은 적어도 지배자의 입장에서 보면 중국식 제국 체제가 훨씬 만족스러웠다는 점이다. 중국 역대 제국들이 하나같이 한제국을 모델로 삼은 데 비해 로마제국 이후 서양에서는 느슨한 제국 체제마저도 성립하지 못한 이유는 그 때문일 것이다.

제국주의
Imperialism

마르크스는 **자본주의**가 발전할수록 사회적 생산과 사적 소유의 **모순**이 심화되어 결국에는 자본주의가 붕괴하는 길로 나아갈 것이라고 예측했다. **사회주의혁명**은 거스를 수 없는 역사적 필연이므로 자신의 시대가 아니더라도 조만간 혁명이 성공하리라고 믿었다. 그러나 그의 낙관은 자본주의가 자유경쟁 속에서 진행되리라는 가정에 뿌리를 두고 있었다. 언제나 자유경쟁이 보장된다면 애덤 스미스가 말한 **보이지 않는 손**의 통제하에서 자본주의적 생산력이 순조롭게 성장할 것이고 그에 따라 자본주의의 모순도 심화될 것이 틀림없다. 사회주의의 환경이 저절로 숙성된다.

하지만 그것은 애초부터 불가능한 일이었다. 자유경쟁이 마냥 가능하려면 시장에 제한이 없어야 한다. 마르크스의 시대에는 아직 지구상의 모든 지역이 개방되지 않았고, 자본주의적 시장으로 개척될 수 있는 후보지가 충분히 남은 상태였다. 아마 그랬기 때문에 마르크스는 혁명적 낙관주의를 품을 수 있었을 것이다. 그런데 19세기 말 서구 열강에 의한 세계 분할이 완료될 시점에 이르자 사정은 달라졌다.

지구상의 땅이 제한되어 있듯이 시장은 무제한으로 열려 있는 게 아니었다. 이렇게 파이의 크기가 고정되어 있다면 자본주의국가와 기업들은 더 많은 몫을 차지하기 위해 서로 치열한 다툼을 벌일 수밖에 없다. 여기서 특정한 국가와 기업이 시장의 큰 부분을 장악한다면 어떻게 될까? 그때부터는 자유경쟁이 아니라 독점이다. 이렇게 해서 독점자본주의의 시대가 열렸다.

흔히 제국주의라고 하면 강력한 국가가 군사력과 경제력을 앞세워 **식민지** 개척에 활발히 나서는 현상을 가리킨다. 하지만 고대의 페르시아나 로마 같은 제국들이 추진한 고전적인 제국주의 정책과 달리 자본주의 시대의 제국주의는 독점의 위치에 오른 국가나 기업이 과잉생산된 **상품**을 이윤으로 전화시키기 위해 시장을 힘으로 장악하는 것을 뜻한다. 그런 점에 착안해 레닌은 제국주의를 자본주의의 최고이자 최후 단계라고 규정했다.

자본주의가 충분히 발달하면 독점화되리라는 것은 마르크스도 감지하고 있었다. "많은 사람에게서 자본이 박탈되어 한 사람의 수중에 거대한 양으로 모인다. 이러한 자본의 집중은 자본의 축적과 더불어 산업자본가들에게 사업 규모를 확대할 수 있도록 해준다." 그러나 그는 독점이 현실화되는 시대를 보지 못했기 때문에 그것을 제국주의와 연관시킬 수 없었다.

레닌은 독점과 더불어 제국주의의 또 한 가지 중요한 특성을 지적하는데, 그것은 바로 금융 분야다. 그는 제국주의를 정의하면서 금융에 대단히 큰 비중을 두었다. "제국주의란 독점체와 금융자본의 지배가 확립되어 있고, 자본수출이 현저한 중요성을 가지고 있으며, 국제 트러스트들 간의 세계 분할이 시작되고, 자본주의 거대 열강에 의한 지구상의 모든 영토 분할이 완료된 발전 단계에 있는 자본주의다."

제국주의는 단순히 영토 획득이나 시장 개척만을 목적으로 하는 게 아니라 금융자본의 진출을 도모한다. 마르크스가 상품을 분석의 틀로 삼았던 고전 자본주의의 시대는 지났고 이제는 금융이 자본주의의 핵심 개념으로 자리 잡았다. 사실 이런 현상은 자본주의의 필연적인 추세다.

상품을 바탕으로 하는 산업과 상업 자본주의는 누구나 이해하기 쉽다. 싸게 만들어 비싸게 팔면 산업자본주의요 싸게 사서 비싸게 팔면 상업자본주의다. 그러나 금융은 수백 년에 걸쳐 자본주의가 발달하면서 서서히 성숙된 자본주의의 가장 농밀한 부문이다(산업과 상업 자본주의에 관해서는 남부럽지 않았던 우리 사회가 1997년에 이른바 '외환 위기' 사태를 맞은 것도 금융이 취약했던 탓인데, 길게 보면 자본주의 역사가 짧기 때문이다).

20세기의 두 차례 세계대전은 제국주의의 본성에서 비롯된 전쟁이었다. 제1차 세계대전은 일찌감치 해외 식민지 개척에 나서 성공을 거둔 선발 제국주의 진영과 식민지 획득에 실패한 후발 제국주의 진영이 맞붙은 전형적인 제국주의 전쟁이었고, 제2차 세계대전은 1회전에서 참패한 후발 제국주의 국가들이 **파시즘**이라는 신무기로 무장하고 재도전했다가 또다시 실패한 사건이었다. 이 진통을 거치면서 지구상에는 식민지로 삼을 만한 '주인 없는 땅'이 완전히 사라졌다. 그 경제적 표현은 고전 자본주의 시대의 종말이다.

현대에 레닌의 제국주의 개념은 새로운 조명을 받는다. 지금은 레닌의 시대에 비해 영토를 중심으로 하는 정치적 식민지나 시장을 중심으로 하는 경제적 식민지보다 금융자본을 위한 식민지(신

식민지)의 개념이 훨씬 더 중요해졌다. 전통적인 의미에서의 제국주의 시대는 갔을지 몰라도 독점이 존재하고 금융이 비중을 잃지 않는 한 새로운 의미의 제국주의 시대는 여전히 진행 중이다.

제로섬
Zero-sum

"남의 불행은 나의 행복."

이렇게 생각하는 사람은 별로 없겠지만 실생활에서 이런 상황은 예상외로 많다. 대학 입시 날에는 수많은 어머니가 대학 문 앞에서 자식의 합격을 기원한다. 그중에는 종교를 가진 사람들도 많지만, 모두 하나같이 자기 자식만을 위해 기도한다. 문제는 자기 자식이 합격하면 누군가 남의 자식이 떨어진다는 점이다. 입학 정원이 제한되어 있으니까. 그런데 공교롭게도 그 '남의 자식'의 부모님도 같은 종교를 가지고 있다면 그 종교의 신은 어떻게 해야 할까?

입은 많은데 '파이'는 제한되어 있다. 이렇게 전체의 양이 늘어날 수 없는 경우에는 그 전체 안에서 부분들 간의 제 몫 찾기 경쟁이 치열해질 수밖에 없다. 현대사회의 이런 특성을 포착한 용어가 바로 제로섬이라는 개념인데, 1971년에 미국의 공학자인 서로(Thurow)가 제안했다.

제로섬이란 원래 수학의 한 분야인 게임 이론에서 유래한 말이다. 게임 이론은 수학에서 생겨났으나 개인이나 사회의 행태를 연구하는 행동 이론에 차용되었고, 그 때문에 더욱 유명해졌다. 게임 이론이란 이해관계가 상호 대립하는 집단의 행동 양식을 수학적으로 다룬 이론을 말한다. 하나의 시스템 또는 사회를 하나의 경기장으로 보고 참가 선수들의 행동 양식이 상호 간에 어떠한 영향을 미치는가를 고찰하는 것이기 때문에 '게임'이라는 이름이 붙었다. 정원이 제한되어 있는 대학 입시가 그런 규칙이 적용되는 사례다.

제로섬 이론에 따르면, 집단의 모든 구성원이 얻게 되는 득과 실의 총량은 결국 제로(또는 다른 상수)가 된다. 제로섬 이론에서는 총체적 갈등의 상황이 전제된다. 따라서 한 성원의 이익은 곧 다른 성원에게는 손해가 된다. 어느 성원이 어떤 행동을 선택하더라도 전체 성원의 득과 실은 결국 '플러스 마이너스 제로'가 되는 것이다.

이를 국제적 차원으로 확대해보면 한 나라의 이득은 다른 나라의 손실을 전제로 해서만이 가능하다는 논리가 된다. 예컨대 무역 흑자를 내는 나라가 있으면 반드시 같은 만큼의 적자를 보는 나라가 있는 것이다. 제로섬 사회의 모델은 경제성장이 멈추어 있으며, 따라서 자원이나 사회적 부의 총량이 일정한 사회다(파이의 크기는 고정되어 있다). 그러므로 여기서 어느 한 가지 문제를 해결하려 하면 필연적으로 다른 이해관계의 충돌이 일어날 수밖에 없다.

바람을 잔뜩 불어넣은 풍선의 한쪽을 손으로 누르면 다른 쪽이 부풀어 오르게 마련이다. 공기가 가득 들어 있고 풍선은 더 늘어날 수 없기 때문에 더 이상의 양적 성장은 불가능하다. 이 경우 무리하게 한쪽을 팽창시키거나 축소시키려 하면 이 '제로섬 풍선'은 결국 터질 수밖에 없다.

제로섬은 원래 미국 경제의 문제점을 분석하기 위해 창안된 개념이지만, 미국만이 아니라 현대사회의 특징을 드러내고 있다. 그런 만큼 적용되는 분야도 경제만이 아니라 극히 다양하다. 차세대 자동차로 꼽히는 전기 자동차를 예로 들어보자. 흔히 전기 자동차는 완전 무공해라고 생각하지만 반드시 그런 것만은 아니다. 뭔가를 얻으면 뭔가를 잃는 게 제로섬의 법칙이다. 전기 자동차는 축전지나 연료전지로 작동하는데, 이 전지를 충전시키려면 막대한 양의 화석연료나 원자력 에너지가 소비된다. 결국 전기 자동차 자체는 배출 가스가 없으므로 무공해라 해도 여기에 필요한 전기를 생산하는 데는 공해 물질의 배출이 없을 수 없다는 이야기다.

양적인 한계가 눈에 보이는 상황에서 제로섬의 개념은 특히 뚜렷하게 드러난다. 수많은 인구가 모여 사는 비좁은 대도시의 서민들은 "남의 집이 넓으면 내 집이 좁다."라는 말을 뼈저리게 실감할 것이다. 전체 면적은 고정되어 있으니까.

우리 사회가 유신독재에 신음할 때 어느 시인은 반정부 시위에 적극 참여하고 있는 대학생 아들을 둔 아버지의 심정을 이렇게 노래한 적이 있다. "아들아 너를 보고 편하게 살라 하면/도둑놈이 되라는 말이 되고/너더러 정직하게 살라 하면/애비같이 구차하게 살라는 말이 되는/이 땅의 논리가 무서워서/애비는 입을 다

물었다마는……." 편히 살고자 하면 도둑놈, 정직하게 살고자 하면 가난뱅이. 편함과 정직함이 공존할 수 없는 사회, 정직하게 사는 사람이 잘 살 수 없는 사회, 당시 우리 사회는 경제적인 의미가 아니라 정치적인 의미에서 제로섬 사회였다.

제3의 물결

Third Wave

보통 **혁명**이라 하면 프랑스혁명, 러시아 **사회주의**혁명 같은 근대의 정치적인 대사건들을 떠올린다. 그러나 인류 역사에서 정작으로 중요한 혁명은 문명사적인 혁명이다. 인류 문명을 통틀어 그런 혁명은 두 차례 있었다. 하나는 1만 년 전 신석기시대에 일어난 **농업혁명**이고, 다른 하나는 19세기 초반의 산업혁명이다. 농업혁명은 인간이 지구상에 등장해 살아왔던 500만 년 동안의 변화보다 더욱 큰 변화를 가져왔으며, 산업혁명 역시 마찬가지였다.

그럼 지금은? 지금도 역시 혁명의 와중에 있다. 이 세 번째 혁명을 미래학자 토플러는 제3의 물결이라고 부른다(혁명은 일회적인 사건을 가리키는 의미가 있기에 그는 '물결'이라는 말을 썼다). 농업혁명과 산업혁명은 각각 제1의 물결과 제2의 물결에 해당한다. 제1의 물결은 1만 년의 인류 역사를 이끌었고, 제2의 물결은 200년간 지속되었다. 그렇다면 제3의 물결은 어떨까?

현대라는 새로운 시대의 특징을 가리키는 이름은 많이 있다. 정보화 시대, 지구촌, 후기 산업사회, 과학기술 혁명 등의 용어들은 현대사회의 변화를 나름대로 포착하고 있다. 그 변화를 토플러가 '물결'이라고 말하는 이유는 크게 두 가지다. 첫째는 연속성을 뜻한다. 물결이라는 말의 원래 뜻이 그렇듯이 지금의 변화는 과거에 있었던 변화(제2의 물결)의 연속선상에 있다. 즉 제3의 물결은 제2의 물결을 대체하는 동시에 그것의 결과물이기도 하다.

산업화, 즉 제2의 물결은 모든 것을 규격화하고 획일화하는 데서 변화의 동력을 얻었다. 정치적으로는 **권력**의 집중, 경제적으로는 대량**생산**이 그 표현이다. 그러나 그런 규격화와 획일화는 일정 수준에 이르면 결국 탈규격화와 탈획일화로 나아갈 수밖에 없다. 권력의 집중이 완성되면 권력의 다원화를 지향할 수밖에 없고, 대량생산은 대량소비를 필요로 하게 마련이다. 이렇게 제2의 물결은 스스로 제3의 물결의 물꼬를 터주게 된다.

물결의 둘째 의미는 총체성이다. 제3의 물결이 가져온 변화는 사회의 특정한 분야에만 해당하는 것이 아니라 일상생활의 구석구석까지 전면적으로 파고든다. 한 예로 토플러는 기업에서 출퇴근 제도가 흔들리면서 직원 개인이 자신의 근무 시간을 정한다든가 아예 집에서 일하는 근무 방식으로 바뀌고 있음을 말한다(재택근무나 '소호Small Office Home Office' 방식을 처음 제안한 사람이 바로 토플러다). 생활환경이 바뀌면 당연히 가족제도도 바뀐다. 제2의 물결이 가져온 핵가족화는 산업화 시대가 끝나가면서 심하게 흔들린다. 이혼 가정이 늘고 아이를 낳지 않는 부부도 많아진다.

중요한 것은 그런 변화들이 특정한 하나의 형태를 취하지 않는다는 점이다. "제3의 물결에서는 제2의 물결 때처럼 어느 한 제도가 모든 사회를 지배하는 경우는 생기지 않는다. 그 대신 다양한 제도들이 생겨난다. 대다수 사람들이 통일된 가족제도에 의해 살지 않고 자신들의 마음에 맞는 제도를 만들어 개성 있는 삶을 꾸려나가게 된다." 토플러는 제3의 물결을 한 가지로만 정형화하지 않는다. 정치, 기업 경영, 지식의 발전, 일상생활 등 모든 영역에서의 변화는 "획일성을 피하고 다양성을 지향하는 방향"으로 움직인다. 따라서 획일성이라는 제2의 물결의 처방에 계속 의지하려는 개인이나 정부는 결국 시대에 뒤처지게 될 것이다.

제3의 물결이 반드시 장밋빛 미래인 것은 아니다. 다원화와 다양성은 인간에게 큰 폭의 자유를 주기도 하지만 다른 한편으로는 전통적인 가치관과 윤리에서 벗어나야 한다는 부담도 준다. 그것을 자유로 활용할 것이냐, 부담에 짓눌려 주저앉을 것이냐는 전적으로 개인의 몫으로 남게 된다.

젠더

Gender

증산교의 창시자인 강일순은 평소에 조선의 아낙이 해방되는 날이 곧 전 인류가 해방되는 날이라고 말했다. 세상의 모든 모순이 집적되어 있는 장소가 20세기 초의 조선이고 조선의 모든 모순을 끌어안은 것이 여성이라는 견해를 집약적으로 표현한 말이다.

그런데 이 말을 들은 어느 제자가 물었다.

"그 말씀은 여성이 남성보다 우위에 있어야 한다는 뜻입니까?"

그러자 강일순은 껄껄 웃으며 이렇게 말했다고 한다.

"예끼, 그렇기야 하겠는가? 남녀가 똑같아져야 한다는 말이지."

강일순의 말은, 일찍이 프롤레타리아의 해방은 프롤레타리아만이 아니라 부르주아지, 나아가 전 인류의 해방을 의미한다는 마르크스의 견해와 통하는 바가 있다. 궁극적인 해방은 피억압자를 억압자의 위치로 반전시키는 게 아니라 모든 사람의 평등을 도모하는 것이다.

성(性)이라고 하면 남녀의 성적 **차이**를 가리키지만 이 개념에는 두 가지 의미가 함축되어 있다. 우선 남성과 여성의 신체적 차이인데, 이것은 누가 봐도 명백하다. 그러나 남성과 여성은 생물학적 차이 이외에 사회적 차이도 있다. 이렇게 사회문화적으로 형성된 성을 젠더라고 부른다. 1995년 베이징에서 열린 제4차 세계여성대회는 남녀의 성적 구분을 섹스 대신 젠더로 표현하자는 결정을 내렸다.

인류의 문명사와 거의 일치할 만큼 오래된 남성 중심의 역사를 바로잡기 위한 방법으로 극단적인 **페미니즘**은 여성이 가정과 사회의 주도권을 장악하는 '관계 역전'을 주장하기도 한다. 그러나 그것은 또 다른 성차별에 불과하다. 복수가 복수를 낳듯이 차별에 역차별로 대응한다면 차별의 악순환은 근절되지 않고 오히려 증폭될 것이다.

젠더의 개념은 남녀의 성적 차이를 인정하고 그 차이가 차별로 전화되지 않도록 하려는 취지를 반영하고 있다. 역사적으로 남성과 여성의 신체적, 생물학적 차이가 사회적 역할에서의 차이를 낳은 것은 사실이다. 그러나 점차 그 사회적 차이는 거꾸로 성적 차이를 규정하기에 이르렀다. 그로 인해 남성성과 여성성의 관념이 생겨나고 개인들에게 강요되었다.

성적 차이가 차별로 전화되는 과정은 처음에 금기로 시작되었다. 남성의 사냥 도구를 여성이 만지면 부정이 탄다든가, 남성이 부엌에 들어가면 안 된다든가, 제사와 같은 종교의식에서 여성이 배제된다든가 하는 등의 관습적 규제가 그런 예다. 이와 같은 각종 규제와 금기에 의해 점차 남성의 영역은 가정을 넘어선 공적 공간이고 여성의 영역은 가정으로 제한된 사적 공간이라는 차별적인 구분이 생겨났다. 특히 여성은 출산이라는 특유의 신체적 기능을 가지고 있으므로 자녀 양육과 취사 같은 가사가 여성의 역할로 고착되었다.

사회마다 편차는 있지만 대체로 원시**공동체**에서 고대, 근대 사회를 거치면서 사회문화적으로 규정된 남성과 여성의 역할 구분은 더욱 강화되었고, 사회적 역할의 비중은 점점 남성에게로 기울었다. 그에 따라 성의 차이는 성의 차별로 이어졌다. 그러나 현대사회에 접어들어 이런 구도는 급격히 깨지기 시작했다. 우선 인권 평등의 관념이 탄생했고, 정치적 민주주의가 발달하면서 성적 차별이 이념적으로 거부되었으며, 직업이나 교육, 관습 등의 변화로 사회적 역할 구조가 성적 차이와 무관하게 바뀌었다.

그런 변화의 단면을 보여주는 사례가 트랜스젠더(transgender)라고 불리는 성전환자다. 이들은 신체적인 성과 정신적인 성이 서로 다르다는 것 때문에 성적 정체성의 혼란을 겪고 성적 차별을 받는 사람들이다. 과거에 이들은 엄연히 실존함에도 그 존재가 의도적으로 무시되거나 트랜스베스티즘(→ 관음증)과 같은 성 도착증 환자로 규정되었지만, 지금은 사회적 **소수자**로서 인정되며 법적 공인도 앞두고 있다.

종말론

Eschatology

멕시코의 유카탄 반도에서 고대 문명을 일구었던 마야인들의 달력에 따르면, 지금은 이 세상의 종말기에 해당한다. 정확한 종말의 날은 우리가 지금 사용하는 달력으로 2012년 6월 5일이다. 사실 그것은 마야인들의 독특한 날짜 계산법에 따른 결론일 뿐 종교적 의미는 없다. 그에 비해 종교의 종말론에서 말하는 세상의 종말은 사뭇 비감하다.

종말론이라는 개념은 '최후'를 뜻하는 '에스카토스(eschatos)'라는 그리스어에서 비롯되었지만, 그 유래는 멀리 유대교까지 거슬러 올라간다. 유대교의 경전인 《구약성서》에 따르면, 신은 이스라엘 백성들이 신의 율법에 따르지 않을 때 그들을 파멸하리라는 위협을 가했다. 하지만 이스라엘 백성들은 신이 자신의 목적을 실현하기 위해 선택한 도구이므로 신의 뜻을 충실히 따르면 구원을 보장받을 수 있다.

이와 같이 유대교에서는 신의 태도에 따라 세상의 종말이 언제든 닥칠 수도 있는가 하면 영원히 없을 수도 있다고 본다. 유대교는 대체로 사후의 내세보다는 지금의 현세를 더 중시한다. 그러나 유대교에서 발전해 나온 **그리스도교**에서는 현세보다 내세를 강조하는 입장으로 바뀌었고, 《신약성서》의 시대, 즉 그리스도가 이 땅에 온 뒤부터 종말의 과정이 시작된 것으로 본다. 바빌론에 잡혀간 유대인들(→ 디아스포라)도 장차 메시아가 강림하리라고 믿었으나, 그들은 그리스도를 메시아로 여기지 않은 반면에 그리스도교에서는 그리스도의 등장으로 심판의 시대가 시작되었다고 본 것이다.

《신약성서》의 대미를 장식하는 〈요한계시록〉은 장차 그리스도가 재림해 1천 년 동안 축복 속에서 이 세상을 다스린 뒤 최후의 심판이 내려지고 영원한 '하느님의 나라'가 성립한다고 말한다. 종말을 맞은 세상의 참상은 무시무시하다. "첫째 천사가 나팔을 부니 피 섞인 우박과 불이 나와서 땅에 쏟아지매 땅의 3분의 1이 타버리고 수목의 3분의 1도 타버리고 각종 푸른 풀도 타버렸더라. 둘째 천사가 나팔을 부니 불붙는 큰 산과 같은 것이 바다에 던져지매 바다의 3분의 1이 피가 되고 바다 가운데 생명 가진 피조물들의 3분의 1이 죽고 배들의 3분의 1이 깨지더라."(〈요한계시록〉)

이렇게 종말론으로 교도들에게 잔뜩 겁을 주는 의도는 명백하다. 신의 아들인 그리스도가 이 세상에 와서 인간이 지은 죄를 대속하고 죽었으므로 교리상으로 인간은 그때부터 무죄가 된다. 죄가 없으면 두려움을 모르고 두려움을 모르면 신을 섬기지 않는다. 교세가 아직 미약했던 그리스도교의 초기에 신에 대한 두려움이 사라진다면 신흥종교의 미래는 보장할 수 없다. 그래서 교회는 신의 재림과 최후의 심판을 교리에 포함시켜야 했고, 무시무시한 세상의 종말을 강조하지 않을 수 없었던 것이다(종교의 발전 과정을 보면 늘 교리보다 역사적 맥락이 중요했다는 것을 알 수 있다).

종말론은 그런 유용성을 가졌으므로 다른 종교에서도 당연히 인기 메뉴였다. 조로아스터교에서는 정의의 신 아후라 마즈다와 악신 아리만이 치열한 싸움을 벌이는 것을 심판의 과정으로 간주했으며, 결국 아후라 마즈다가 이겨 행복과 평화의 세상이 온다고 믿었다. 이슬람교에도 죽은 자가 내세에서 신 앞에 불려가 선악의 행위를 심판받는다는 교리가 있다. 또 불교와 힌두교는 윤회를 통한 해탈로써 열반에 도달하는 개인적 종말론을 가르쳤다. 이렇듯 대부분의 종교에는 종말론이 있으나 그리스도교의 경우처럼 삼류 호러물 같은 종말론은 보기 드물다. 그리스도교에서 종종 황당한 휴거를 주장하거나 광신적 집단 자살을 시도하는 경우가 발생하는 이유는 그 때문이다. 교도를 공포 속으로 몰아넣는 데는 종말론이 최고니까.

종교적 의미를 제외한다면, 실제로 이 세상이 종말을 맞게 되는 경로는 두 가지다. 하나는 6500만 년 전에 그랬던 것처럼 혜성이나 소행성의 충돌로 인류를 포함한 지구상의 생명이 대부분 멸종하는 경우다. 하지만 설사 인류는 멸종하더라도 지구는 계속 존재할 테고 새로운 생명체가 번성하게 될 것이므로 그것은 엄밀히 말해서 세상의 종말이 아니라 인간의 종말일 뿐이다. 또 다른 경로는 약 50억 년 뒤 태양이 수명을 다해 태양계 자체가 붕괴하거나, 다시 수십억 년 뒤 우주가 최종적으로 소멸하게 되는 경우다. 그런데 이것은 생명만이 아니라 물질과 시간까지 포함한 모든 것의 종말이므로 종말론 자체가 무의미하다.

결론적으로 보면, 종교적 종말론은 불순한 의도가 있고 우주적 종말론은 무의미하다. 현재를 살아가는 인간이 종말을 운운하는 것부터가 범주 착오인지도 모른다.

좌파 / 우파

Left Wing/Right Wing

1989년에 베를린 장벽이 무너진 뒤부터는 한반도만이 지구상에서 유일한 분단국가로 남게 되었다. 냉전 **이데올로기**가 생겨나면서 분단을 맞았던 한반도가 이제 그 이데올로기가 수명을 다했는데도 아직 분단 상태를 면치 못하고 있는 것이다. 그 영향으로 지금 북한은 세계적으로 가장 폐쇄적이고 철저한 공산주의 이념의 수호자가 되어 있고, 남한은 상대적으로 가장 철저한 반공 이념의 수호자가 되어 있다. 세계를 갈라놓았던 이념의 구분이 약해졌어도 한반도는 여전히 좌파/우파가 대립하는 지역이다.

흔히 자유민주주의를 신봉하는 이념을 가리켜 우파라고 부르고, 공산주의를 신봉하는 이념을 가리켜 좌파라고 부른다. 하지만 좌파/우파라는 개념은 원래 특정한 이념을 나타내는 데 쓰는 용어가 아니라 서로 반대되는 성향을 가진 두 세력의 상대적 관계를 가리키는 용어다. 일반적으로 같은 정체성을 지닌 집단 내에서도 혁신적이고 급진적인 세력을 좌파라고 부르고, 보수적이고 점진적인 세력을 우파라고 부른다.

오해하지 말아야 할 것은 용어 자체에 왼쪽은 어떻고 오른쪽은 어떻다는 의미가 있는 게 아니라는 점이다. 공교롭게도 언어적으로 보면 오른쪽을 뜻하는 영어의 right와 프랑스어의 droit는 모두 '바르다'는 뜻이 있고, left와 gauche는 모두 '그르다'는 뜻이 있다. 또 우리말에서도 오른쪽은 '옳다'라는 말에서 나왔고, 왼쪽은 '그릇되다'라는 뜻의 옛말인 '외다'에서 나왔다. 하지만 그것은 오른손을 주로 사용하는 사람들이 항상 더 많기 때문에 그랬을 뿐 좌파/우파와 직접적인 연관은 없다.

좌파/우파라는 말은 프랑스**혁명**에 기원을 두고 있다. 혁명의 와중인 1792년에 프랑스는 절대주의 왕정을 폐지하고 공화정을 수립했다. 당시 공화정 수립의 주체였던 국민공회는 크게 지롱드당과 자코뱅당의 두 무리로 나뉘어 있었다. 물론 둘 다 공화주의자들이었으나 지롱드당은 부유한 부르주아지를 대변했고 지방 분권과 경제적 자유주의를 주장했다. 자코뱅당 역시 부르주아지 출신이었지만 이들은 소시민층과 민중을 지지 기반으로 삼았고 강력한 중앙집권제를 주장했다.

자코뱅당은 민중의 복지와 프랑스혁명의 승리를 위해서는 통제경제도 불사해야 한다고 생각한 급진적인 민주주의자들이었다. 오늘날로 말하면 **사회주의** 이념까지 수용한 셈이다. 국왕인 루이 16세는 지롱드당의 반대에도 불구하고 자코뱅당이 처형을 주장해 단두대의 이슬로 사라지고 말았다. 표결의 결과는 찬성 387표, 반대 334표의 근소한 차이였는데, 당시 좌파/우파의 팽팽한 대립을 말해준다. 결국 루이 16세는 프랑스 절대왕정의 마지막 왕이 되고 말았는데, 절대군주인 국왕을 처형한다는 발상은 아무리 혁명적인 분위기라 해도 대단히 급진적이고 획기적인 대사건이었다.

그러면 지롱드와 자코뱅 중 어느 쪽이 좌파고 어느 쪽이 우파인가를 알기는 어렵지 않을 것이다. 하지만 좌파/우파의 명칭 자체는 정치적 성향에서 나온 게 아니다. 마침 국민공회에서 지롱드당은 오른쪽에 있는 좌석에 앉았고, 자코뱅당은 왼쪽에 앉았다. 오늘날까지 널리 쓰이게 된 혁신적이고 급진적인 좌파와 보수적이고 온건한 우파의 개념은 역사적 기원으로 보면 단순한 좌석 배치에서 비롯되었다(만약 두 당이 서로 방향을 바꿔 앉았다면 물론 좌·우파의 뜻이 바뀌었을 것이다).

언뜻 생각하면 좌파와 우파는 각각 진보와 보수라는 실체적 의미를 가지는 듯하지만, 실상 진보와 보수 자체가 상대적인 개념이므로 좌·우파란 관계적인 의미에 불과하다. 예를 들어 정치 이념이 좌·우파로 나뉜 사회에서 좌파가 제거된다면 얼마 안 가 기존의 우파가 또다시 좌·우파로 갈릴 것이다. 그러므로 어느 사회나 좌파와 우파는 존재하게 마련이고 또 존재할 가치와 필요가 있다고 봐야 한다.

여러 사람이 함께 속해 있는 단체에서는 필연적으로 여러 가지 생각과 행동이 공존하게 마련이다. 그 가운데 상대적으로 급진적인 사고방식을 가진 사람도 있고, 온건한 사고방식을 가진 사람도 있을 것이다. 심지어 한 사람의 마음속에도 그 두 가지 사고방식이 병존할 수 있다. 이렇게 보면 좌파/우파란 어느 것이 옳고 그른 게 아니라 함께 어우러져서 어떤 생각이나 행동의 결론을 내릴 때 사용하는 사고방식이라고 할 수 있다. 마치 두 다리가 모두 있어야만 굳건히 설 수 있듯이, 좌파/우파 양쪽의 기둥이 튼튼해야만 균형 잡힌 사고를 할 수 있다.

하지만 세계적으로 냉전 체제가 해체된 지 수십 년이 지났어도 아직 우리 사회에서는 좌파라는 말을 쓰기가 자유롭지 못하다. 많은 사람이 좌파와 우파를 관계적인 의미로 여기지 않고 실체적으로 고정된 의미로 여기기 때문이다(예를 들면 좌파와 우파의 프로그램이 처음부터 정해져 있다고 생각한다). 좌파가 좌파라고, 우파가 우파라고 스스로를 규정하고 대외적으로도 그렇게 표방할 때 좌·우파 간의 생산적인 소통이 가능해진다.

좌·우파 간의 소통이 중요한 이유는 소통 자체가 불가능하고 소통에 의미조차 두지 않는 집단이 있기 때문이다. 그것이 바로 극좌와 극우다. 좌파와 우파는 사회의 존립과 발전을 위해 필요하지만 극좌와 극우는 불필요할 뿐 아니라 때로 끔찍한 폭력을 낳기도 한다.

역사에서 보는 극우의 예는 히틀러의 나치 집단이다. 히틀러는 편협한 **민족주의** 이념에 사로잡혀 독일 민족을 고대 아리아인의 적통 후예로 여기고 여타의 모든 민족을 저열하다고 규정했다. 유대인 600만 명을 비롯해 집시와 슬라브인 수백만 명을 학살하고 제2차 세계대전을 일으킨 정신적 동력은 바로 히틀러의 극우 이념이었다. 이 이념은 지금도 네오나치 같은 극우 집단이나 종교적 근본주의로 계승되며, 2011년 7월 노르웨이에서 90여 명의 청소년을 학살한 브레이빅 같은 극우주의자로 이어진다.

그런가 하면 극좌의 예는 소련의 집권자였던 스탈린이다. 독일에서 히틀러가 세계대전을 준비할 때 스탈린은 수백 명의 정적을 처형하거나 암살하고 수백만 명의 국민을 대대적으로 숙청했다. 세계대전이라는 대외적인 변수가 생겨나지 않았다면 아마 숙청의 규모는 더욱 커졌을 것이다. 게다가 스탈린은 자신의 권력을 유지하기 위해 소련의 정치와 경제를 경직화했고, 대외적으로도 패권주의를 앞세워 사회주의의 기본 원칙인 프롤레타리아 국제주의도 팽개쳐버렸다.

이렇게 이념적으로 대척적일 것 같은 극우와 극좌는 의외로 서로 통한다. 나치의 원래 명칭이 독일국가사회주의노동당이라는 사실과 제2차 세계대전 발발 직전 히틀러와 스탈린이 맺은 독·소 불가침조약은 극우와 극좌가 어떻게 한통속이 되는지 잘 보여주는 역사적 사례다.

극우와 극좌는 폭력의 사용에 거부감이 없고 목적을 위해 수단을 정당화하는 데 거리낌이 없다. 극우와 극좌가 위험하다는 것은 역사적 상식이지만, 우리 사회처럼 좌파와 우파가 공식적으로 자리매김하지 않은 사회에서는 극우와 극좌를 제어하는 데 커다란 난관이 있다. 그 이유는 극우를 우파에, 극좌를 좌파에 가까운 것으로 보는 잘못된 관점 때문이다. 이 관점은 극우를 우파가 제어하고 극좌를 좌파가 제어해야 한다는 잘못된 결론을 낳는다.

비슷한 것은 오히려 우파와 좌파, 극우와 극좌의 쌍이다. 극우와 극좌는 자기 확신이 지나친 나머지 자신의 이념에 전혀 회의를 품지 않으며, 따라서 다른 세력과의 소통을 불필요하게 여긴다는 공통점이 있다. 종교적 근본주의나 이데올로기 지상주의가 그 예다. 반면 합리적인 우파와 좌파는 소통을 중시하고 필요로 한다. 그러므로 극우와 극좌는 우파와 좌파가 각각 따로 담당해 제어해야 할 대상이 아니라 우파와 좌파가 함께 손잡고 배제해야 할 이념이자 집단이다. 물론 그러기 위해서는 먼저 우파와 좌파가 명확한 입지를 가져야 하며, 서로의 필요성을 양측이 인정해야 한다.

이미 박물관에 들어갔어야 할 냉전 이데올로기가 유독 우리 사회에는 아직도 존재하며, 특히 선거 시기에는 상당한 영향력을 발휘한다. 끔찍한 동족 간의 전쟁을 겪었고, 아직 분단 상태에서 벗어나지 못한 탓이겠지만, 민족의 비극을 낳은 냉전 이데올로기를 우리만 끌어안고 있다면 우리의 앞날은 과거의 족쇄에 묶여 벗어나지 못하게 될 것이다. 새는 좌우의 날개로 나는 법이다.

주관 / 객관

Subject/Object

데카르트가 **코기토**의 개념으로 근대 철학, 특히 **인식론**의 토대를 놓은 것은 간단하면서도 유용했으나, 동시에 무모하고 위험했다. 의심할 수 없는 인식의 주체를 확립한 것은 분명히 훌륭한 철학적 기반이었다. 그러나 '생각하는 자아'를 유일하게 자명한 주체라고 인정하면 그것 이외에 나머지는 모조리 불명확한 대상이 된다. 따라서 인식 과정은 하나의 확실한 주체가 수많은 불확실한 대상들 사이를 돌아다니며 정체를 규명하는 것으로 정의된다.

인식 과정을 그렇게 보는 것은 데카르트의 발명품이 아니라 전통적인 인식론의 입장이었다. 주관을 뜻하는 라틴어 subjectum은 원래 '아래에 있는 것'이라는 뜻이고, 객관을 뜻하는 objectum은 '건너편으로 던져진 것'이라는 뜻이다(주체-대상과 주관-객관은 같은 의미지만 **형이상학**에서는 보통 전자를 사용하고 인식론에서는 후자를 사용한다). 주관을 객관보다 우위에 놓는 발상은 어원에서도 뚜렷이 드러난다.

하지만 그런 입장은 몇 가지 인식론적 위험성을 내포하고 있다. 어떤 의미에서 근대 철학은 그 위험성이 차례로 드러나면서 데카르트의 철학이 조금씩 극복되어가는 과정이라고 볼 수 있다.

우선 데카르트가 토대를 닦은 전통적인 인식론은 주관과 객관 사이에 넘지 못할 장벽을 세운다. 주관이 객관을 대상화해 정의하는 일방적인 인식 구조에서는, 주관에게 특권적 지위가 부여되고 객관이 무차별적으로 동질화되므로 주관과 객관이 영원히 따로 놀 수밖에 없다. 그러나 주관은 객관이 있어야만 존재할 수 있기 때문에 주관/객관의 분리는 결국 **모순**에 부딪히게 된다. 현대 철학에서 주관과 객관의 구분이 그리 명확하지 않다는 주장이 자주 제기되는 것은 그 때문이다.

주관/객관의 분리는 은연중에 주관이 주인처럼 군림하고 객관이 노예처럼 부림을 받는 관계를 가정한다. 주관이 객관을 정의하고 이름을 부여하는 위치에 있다는 것은 곧 주관이 객관을 지배하는 것 같은 느낌을 준다. 더욱이 그 객관에는 인간의 신체도 포함된다. 대표적인 사례가 데카르트의 정신-신체 이원론이다. 그는 정신과 신체의 독자성을 인정하면서도 정신이 신체를 마치 자동차처럼 운전하는 것으로 간주함으로써 사실상 유심론적 경향을 보였다.

주관은 인식론적으로 우위에 있지만 존재론적으로 우월한 것은 오히려 객관이기 때문에—인식 대상은 인식주체 없이도 존재하지만 주체는 대상 없이 존재하지 못한다—양자의 관계는 어느 것이 일방적으로 통한다고 단정하기 어렵다. 데카르트 이래 근대 철학은 인식론을 중심으로 전개되었으므로 유심론이 묵인되었으나 현대로 접어들면서 **존재론**이 대두되자 그런 경향은 곧바로 문제시되었다.

하지만 주관/객관의 분리로 생겨나는 가장 큰 문제점은 주관과 객관이 실체화된다는 점이다. 데카르트가 주관으로 확립한 생각하는 자아는 실체적 개념의 주관이며, 따라서 객관도 실체일 수밖에 없다. 하지만 이렇게 주관과 객관을 규정할 경우 양자의 관계를 짓기가 어려워진다. 실체끼리는 물리적 혼합은 가능해도 더 유기적인 화학적 결합은 불가능하다. 인식 과정을 해명하기가 어려워질 수밖에 없다. 그래서 데카르트 이후의 철학자들은 주관/객관의 관계를 따지는 데 온 힘을 쏟아야 했다.

특히 객관의 개념을 놓고 철학자들은 큰 혼란을 빚었다. 처음에 데카르트는 객관을 의식 내부에 위치시켰다. 즉 사물과 같은 외부 대상 자체가 아니라 그 대상이 의식 안에 표상된 것을 객관으로 보았던 것이다. 이런 객관의 개념은 라이프니츠나 스피노자 같은 합리론자들에게도 공통적이었다. 그러나 영국의 경험론자들은 의식 외부의 존재인 물질적 실체도 객관으로 간주했다. 그 때문에 주관/객관의 관계는 더욱 까다로워졌다.

결국 그 문제에 관한 가장 창조적인 해법을 내놓은 칸트는 주관의 내부에 객관을 인식할 수 있는 메커니즘이 존재한다는 결론을 내렸고, 외부 대상의 본질은 인식이 불가능하다는 한계를 지었다(→ 물자체). 칸트는 그 정도에 만족했으나 그것은 완전한 해법이라기보다는 합리론과 경험론의 절충에 불과했다. 그러나 주관과 객관을 실체적 개념으로 보는 한, 칸트를 넘어서는 해법은 불가능했다.

실체적 개념에서 벗어난 새로운 인식론적 사유를 처음으로 제시한 것은 후설의 현상학이었다. 후설은 칸트의 해법에서 한 걸음 더 나아가 주관은 객관을 인식할 수밖에 없는 필연적 성질을 가졌다고 보고 그것을 지향성이라 불렀다(→ 경험). 이제 주관은 자아,

정신, 영혼 같은 실체가 아니라 객관과 분리될 수 없는 관계적 개념으로 규정되었다. 주관이 먼저 존재하고 객관을 인식하는 게 아니라 주관과 객관이 동시적으로 존재하며, 주관은 '객관을 인식하는 방식으로서' 존재한다.

실체성을 잃으면 정체성도 약해지게 마련이다. 주관/객관이 실체라기보다 관계로서 규정되자 주관은 그 자체의 존재적 근거를 가지지 못하고 객관에 의지해서만 존재할 수 있는 처지로 전락했다. 이런 주관의 개념은 실존철학을 거치면서 더욱 약화되었으며, **구조주의** 철학에 이르러서는 아예 존재 자체를 부정당하게 되었다.

주체사상
主體思想

한국전쟁은 한반도 전역을 황폐화했다. 그러나 북한의 피해는 남한보다 더욱 심했다. 전쟁 기간 내내 제공권을 장악한 미국 공군의 맹렬한 폭격으로 산업 시설이 모조리 파괴된 것은 할 수 없다 치더라도 더 큰 문제는 전후에 복구를 도와주는 나라가 없었다는 점이다. 남한은 미국의 잉여농산물을 받아 급한 위기를 넘길 수 있었으나 당시 **사회주의**권에는 북한을 전폭적으로 지원해줄 만한 경제력을 가진 나라가 없었다. 소련은 잘못된 전쟁의 명분에서 발을 빼기 위해 애쓰는 중이었고 사회주의 신생국인 중국은 전쟁에 병력 지원을 해준 것만으로도 힘에 부치는 형편이었다. 동유럽의 사회주의국가들도 북한의 수많은 전쟁고아를 받아준 게 고작이었다.

이런 고립무원의 처지에서 나온 게 주체사상이다. "우리 식대로 살아나가자!"라는 주체사상의 구호는 혼자 힘으로 전쟁의 피해를 복구하고 재건할 수밖에 없는 상황에서 비롯된 궁여지책이었다. 북한의 공식적 주장에 따르면, 주체사상은 1926년 김일성이 항일 유격 투쟁을 시작할 즈음에 구상해 1930년에 당 조직의 원리로 적용되었다지만, 당시 김일성은 10대 소년이었으니 그 주장은 아마 주체사상의 정통성을 강화하기 위해 기원을 소급한 결과일 것이다.

주체라는 용어가 처음 등장한 것은 1955년 말 김일성의 연설에서였으며, 이후 1972년 12월에 채택된 사회주의 헌법에서는 주체사상을 공식 통치 이념으로 규정했다. 공교롭게도 같은 해 같은 달에 남한의 박정희는 유신헌법을 공표했는데, 이것은 우연의 일치라고 보기 어렵다. 주체사상은 김일성 개인을 우상화하려는 의도를 담고 있었고 유신 체제는 박정희의 장기 집권 의지를 표명한 것이기 때문이다. 5개월 전인 1972년 7월에 발표된 7·4남북공동성명의 이면에서 남북한의 독재자는 서로 '이대로 영원히'를 약속한 게 아닐까?

1970년대부터 1985년까지 확립된 주체사상의 원리는 체계적인 사상이라기보다는 대중 동원을 위한 이데올로기 또는 슬로건에 가깝다. 주체사상은 철학적 원리, 사회 역사 원리, 지도 원칙의 세 부분으로 구성되는데, 주체를 인간으로 규정하고 모든 것을 자주성의 원칙으로 풀어나가는 것을 핵심으로 한다. 철학적 원리는 "사람이 모든 것의 주인이며 모든 것을 결정한다."라는 명제로 요약되며, 사회 역사 원리는 "혁명과 건설의 주인은 인민대중이며 혁명과 건설을 추동하는 힘도 인민대중에게 있다."라는 논리다. 지도 원칙도 혁명과 건설에서 자주적이고 창조적인 입장을 지켜 나가야 한다는 내용이다.

드러난 내용으로 보면, 비록 마르크스-레닌주의를 창조적으로 발전시켰다는 북한 측의 주장에 동의할 수는 없다 해도 특별히 문제될 것은 없다. 사람이 모든 것의 주인이고 자주성과 창조성을 발휘해야 한다는데, 주체를 거부하는 **구조주의** 철학자가 아니라면 굳이 반대할 이유가 없다. 다만 문제는 1980년대부터 **권력** 승계를 위해 주체사상에서 '수령'의 개념과 사회유기체설의 측면이 강조되기 시작했다는 점이다.

주체사상의 수령론에 따르면, 인민대중은 손과 발이고 수령은 머리에 해당한다. 머리가 손발을 부리듯이 수령은 혁명의 과업을 위해 인민대중을 마음대로 부릴 수 있다. 김일성의 권력을 상속받기 위해 주체사상의 체계화를 주도한 김정일은 "인민대중은 당의 영도 밑에 수령을 중심으로 조직 사상적으로 결속됨으로써 영생하는 하나의 사회정치적 생명체를 이룰 때 역사의 자주적인 주체가 된다."고 주장했다.

1950년대 전후 복구 시기에 김일성은 북한 주민들의 절대적인 지지를 받았다. 아무도 도와주지 않는 처지에서 그들은 김일성의 영도가 없으면 굶어 죽을 것이라고 믿었으며, 주체사상에 대해서도 전폭적으로 추종했다. 게다가 당시는 중·소 이념 논쟁을 배경으로 사회주의 각국이 고전적인 마르크스-레닌주의 원칙을 자국의 실정에 맞도록 수정하는 분위기가 지배적이었으므로 주체사상은 북한식 창조적 마르크스-레닌주의로 국제적인 성가를 올리기도 했다.

그러나 국가 경영에 필요한 유전자가 따로 있는 것도 아닌데 부자간에 권력을 세습하는 현상은 마르크스-레닌주의와 무관하고 봉건적 왕조에서나 볼 수 있는 일이다. 더욱이 인민대중이 수령의 영도와 지배를 받는다는 것이 과연 인민대중의 자주성과 창조성을 강조하는 주체사상의 원리와 통하는지도 의문이다. 주체사상이 아직도 현실적인 힘을 가지고 있다면 그 이유는 사상의 내용 때문이라기보다는 북한 사회가 그것에 그만큼 길들여져 있기 때문일 것이다.

ㅈ

죽음

Death

고대 인도의 전설에 따르면, 옛날에는 죽음이 없었고 사람들은 모두 영생을 누렸다고 한다. 그러나 죽음이 없는 삶이 계속되자 온갖 불편이 따랐고 행복보다는 불행이 컸다. 그래서 사람들은 신에게 죽음을 내려달라고 기도했다. 신이 죽음을 선물한 뒤 인간은 비로소 행복을 얻었다.

죽음을 얻음으로써 삶의 행복을 깨달았다는 것은 충분히 공감할 수 있는 **역설**이다. 공감할 수 있는 이유는 끝이 없이 과정만 영원히 지속된다면 그 과정도 무의미해지기 때문이다. 또한 역설인 이유는 누구나 죽음을 두려워하고 가급적 늦추고 싶기 때문이다.

삶이 존재라면 죽음은 존재를 마치는 것, 즉 비존재다. 그렇다면 죽음은 삶이 시작되기 이전과 같을 것이다. 죽음은 태어나기 이전의 상태, 달리 말하면 꿈을 꾸지 않으면서 잠자는 상태와 같다. 태어나기 이전의 상태를 두려워하는 사람은 없다. 그런데 왜 죽음을 두려워하고 피하려 할까?

죽음에 대한 두려움은 사실 죽음 자체가 아니라 장차 죽으리라는 예상에 대한 두려움이다. 삶이 중단되면 살아생전의 모든 관계와 기억도 사라질 것이다. 단절에 대한 두려움, 바로 이것 때문에 죽음 이후의 상태라는 관념이 생겨났고 이것을 바탕으로 종교가 탄생했다.

죽음은 삶이 끝난 상태인데도 삶의 상태 속에서 고찰되기 때문에 인간은 예부터 삶의 관념으로 죽음을 사고하고 삶의 용어로 죽음을 규정하는 데 익숙했다. 무엇보다 죽은 이후의 세계를 가리키는 내세(afterlife)라는 용어 자체가 삶(life)을 포함하고 있다.

종교는 대부분 내세의 관념을 기반으로 한다. 플라톤은 행복한 내세에 대한 믿음을 고취해야만 바람직한 사회가 가능하다고 보았다. 내세가 좋은 세상이라고 믿어야만 시민들이 죽음을 두려워하지 않고 좋은 군인이 될 수 있다는 것이다. 이렇게 죽음에 대한 두려움과 내세의 관념은 기본적으로 체제 수호적이며 보수적인 성격을 가진다. 그리스도교가 생겨나기 이전의 인물임에도 플라톤이 중세 그리스도교 시대 내내 정신적 지주로 존경을 받았던 이유 중 하나다. 역사적으로도 행복한 내세의 관념은 늘 성직자와 군국주의적 독재자에게 유리하게 이용되었다.

하지만 내세는 모든 종교의 교리상으로 큰 모순이기도 하다. 예를 들어 그리스도교의 가르침에 따르면 현세는 내세의 천국에 갈 수 있느냐를 가름하는 기준이다(특히 종교개혁 이후 신교의 모태가 된 칼뱅주의에서 그 점이 강조되었다). 말하자면 지옥 같은 고등학교에서 벗어나 자유와 행복에 찬 대학에 들어가는 일종의 대학 입시인 셈이다. 그런데 만약 그렇다면 내세에 빨리 갈수록 더 좋지 않을까? 월반을 통해 조기 진학이 가능하다면 우수한 학생은 당연히 그렇게 할 것이다. 그러나 빨리 현세를 졸업하고 내세로 진학하려는 사람은 거의 없다. 또 교리상으로도 그것이 좋다고 가르치지 않는다. 자살을 죄악으로 규정하고 금지하니까.

결국 종교란 내세라는 미지의 영역을 만들어내고 그것에 대한 두려움을 조장함으로써 현세의 삶을 규정하려는 불순한 의도에서 성립했다고 볼 수 있다(성직자가 세속의 권력마저 장악한 유럽 중세가 전형적인 예다). 물론 종교를 효과적으로 이용해 현세의 삶을 더욱 풍요롭게 만드는 사람에게는 종교의 의도를 불순하게 여기지 않겠지만, 그렇다고 해서 논리적인 불순함을 면할 수는 없다.

삶을 (알려져 있다는 의미에서) 빛에 비유하고 죽음을 (미지의 영역이라는 의미에서) 어둠에 비유한다면, 빛과 어둠의 관계를 통해 삶과 죽음의 관계를 이해할 수도 있다. 빛은 국지적이고 어둠은 보편적이다. 빛은 항상 일부분만을 비추는 반면 어둠은 빛이 비추지 않는 모든 영역에 고루 미친다. 어둠은 빛을 감싸지만 빛은 어둠을 (잠시 물리치기는 해도) 감싸지 못한다. 그런 점에서 어둠은 우주의 근본이다. 우주는 별들이 국지적으로 밝은 영역을 형성하는 가운데 기본적으로 어둠이 지배하는 구조로 되어 있다. 그렇다면 삶이란 죽음과 죽음 사이, 즉 태어나기 이전과 죽은 이후의 사이에 존재하는 잠정적인 과도기가 아닐까?

진화론

Evolution Theory

현대 유전공학의 성과는 정말 눈부시다. 인간은 체세포를 이용한 동물 복제에도 성공했다. 이제 공룡의 세포 한 조각만 있으면 공룡 전체를 복원하는 것도 가능할지 모른다. 영화에 나온 '쥐라기 공원'이 실제로 개장될 날도 머지않은 듯하다.

문제는 인간의 복제도 이론적으로 가능해졌다는 점이다. 여기에는 윤리적인 쟁점이 제기될 소지가 크다. 현재의 과학 수준으로도 유전자조작을 통해 새로운 종의 생물을 만드는 것은 충분히 가능하다. 침몰한 유조선에서 흘러나오는 기름을 먹어치우는 박테리아는 이미 수십 년 전에 '생물 특허'를 받았다. 닭다리를 좋아하는 사람들을 위해 다리가 넷인 닭을 만드는 것도 지금 기술로 가능하다. 다만 윤리적인 문제 때문에 그런 생물을 '생산'하지 않을 뿐이다.

진화론은 모든 생물이 진화를 통해 오늘날의 모습으로 발전했다고 말하는데, 현대의 유전공학을 보면 진화가 아니라 창조에 가깝다. 인간은 이제 신의 전문 영역이었던 생명을 창조하는 수준에까지 이른 걸까? 하지만 유전자조작을 생명 창조라고 보기는 어렵다. 더욱이 유전공학을 가능케 한 진화론은 생명이 창조되었다는 **창조론**과는 대척적인 입장이다.

과학의 시대였던 19세기에 인류의 지성계를 뒤흔든 가장 큰 사건은 바로 다윈의 《종의 기원》이 출판된 것이었다. 이 책은 출간 당일에 1,250부가 팔려 나갈 정도로 유럽 전역에 센세이션을 일으켰으며, 이 책에서 주장된 진화론은 이후 생물학만이 아니라 철학, 사회학, 정치학, 경제학 등 거의 모든 학문과 사상에 광범위한 영향을 미쳤다. 그래서 19세기를 다윈의 세기라고 부르기도 한다.

다윈이 진화의 개념을 처음 포착한 계기는 변이(變異)였다. 영국 해군의 측량함을 타고 5년 동안 세계 각지를 돌아다니면서 그는 같은 종의 생물이라도 사는 지역에 따라 생김새와 습성이 제각각이라는 사실을 깨달았다. 그런 변이가 일어나는 이유는 무얼까? 물론 지형이나 기후, 먹이 등의 차이 때문일 수도 있다. 그러나 다윈의 생각은 달랐다. 그는 변이의 근본적인 원인이 생물 종 자체

ㅈ

안에 있다고 믿었다. 그 간접적인 증거는 사육과 재배에서 나타난 인위적인 변이였다. 오래전부터 농부들은 가축과 작물의 교배를 통해 좋은 품종을 생산해왔다.

문제는 자연 상태에서도 그런 변이가 가능한가였다. 자연 상태에서는 인간의 의도적인 선택적 교배가 불가능하므로 변이가 없어야만 한다. 하지만 그렇다면 그가 탐험에서 본 수많은 변이는 뭐란 말인가? 같은 핀치 새인데 어떤 것은 곤충을 먹기에 적합한 가늘고 긴 부리를 가지고 있고, 어떤 것은 식물의 씨앗을 먹기에 적합한 두꺼운 부리를 가지고 있는 이유는 무얼까?

그 해답은 맬서스의 《인구론》에서 얻을 수 있었다. 인구는 기하급수적으로 증가하는데 식량은 산술급수적으로 증가하므로 인구가 조절되지 않으면 치열한 생존경쟁이 일어날 수밖에 없다는 것이 《인구론》의 내용이다. 뒤늦게 이 책을 읽은 다윈은 바로 이 생존경쟁의 원리를 자연 세계에 도입했다. 다윈은 번식률이 가장 낮은 코끼리의 경우를 계산해보았다. 30세에서 90세까지 생식 가능한 코끼리가 여섯 마리의 새끼를 낳는다면 1천 년도 못 되어 코끼리의 수는 2천만 마리에 이를 것이다. 한 번에 100개가량의 알을 낳는 거북의 경우는 말할 것도 없다. 그러나 자연 세계에서는 그런 일들이 실제로 일어나지 않는다. 그 이유는 바로 제한된 먹이와 환경에서는 제한된 개체 수만 생존할 수밖에 없도록 만드는 생존경쟁 때문이다.

생존경쟁은 곧 자연선택의 개념과 통한다. 거북 한 마리는 100개의 알을 낳지만 그중 20개만 부화하고 부화한 새끼 거북들도 대부분 새와 물고기들에게 잡아먹힌다. 이렇게 자연계는 생존경쟁에 따라 평형을 유지한다. 그렇다면 생존하는 개체는 어떤 특징이 있을까? 어떤 개체가 생존하기에 적합할까?

답은 간단하다. 환경에 잘 적응하는 개체는 생존하고 그렇지 못한 개체는 소멸한다. "빠른 주력과 강한 체력을 가진 늑대는 가장 우세한 생존의 기회를 잡게 될 것이며, 또한 잘 보존되고 선택될 것이다. 가장 많은 꿀을 분비하는 꿀샘을 가진 꽃은 가장 빈번하게 곤충이 찾아들며, 또 빈번하게 교잡이 이루어지기 때문에 오랜 시간에 걸쳐 우세해지고, 지역적인 변종이 될 수 있다." 자연선택의 원리는 바로 적자생존이다. 사육과 재배의 경우에 인간의 의도적 선택이 했던 역할을 자연계에서는 자연선택의 원리가 담당해 주는 것이다. "자연선택은 날마다, 시간마다, 전 세계적으로 가장 경미한 변이를 계속하고 있으며, 나쁜 것을 버리고 우수한 것을 보존하고, 아무도 모르는 사이에 유기적 또는 무기적으로 '기회가 있으면 언제 어디서나' 생활 조건에 대한 모든 생물의 개량을 촉진하고 있다."

아무리 경미한 변이라도 오랜 세대에 걸쳐 누적되면 엄청난 변화를 초래한다. 따라서 개체가 이룬 변이는 조금씩 쌓이고 덧쌓이면서 마침내 다른 생물 종으로의 진화를 일으킨다. 이렇게 해서 다윈의 진화론은 완성되었다.

그러나 진화론에 대해서는 발표 당시부터 논란이 많았다. 우선 개체가 이룬 변이가 어떻게 후손들에게 계속 전달되는지를 알 수 없었다. 또한 그때까지 발견된 화석들을 보면 진화의 중간 단계를 말해주는 화석의 예가 전혀 없었다. 진화론 특유의 연속성이 증명되지 못하는 한 진화론의 미래는 없었다.

다윈이 끝내 풀지 못한 그 문제는 얼마 뒤 멘델과 드브리스가 해결했다. 멘델이 발견한 유전법칙은 변이가 후손들에게 유전되는 메커니즘을 설명했고, 드브리스가 제기한 돌연변이의 개념은 생물의 진화가 다윈이 생각한 것처럼 완만하게 진행된 게 아니라 급격한 과정이었음을 밝혔다.

일부 그리스도교 진영에서는 지금도 진화론을 받아들이지 않고 신이 생명을 창조했다는 창조론을 굳게 믿는다. 창조론은 과학적 근거가 취약하고 **목적론**의 결함을 지니고 있는 탓에 정식 이론으로서 성립하지는 못한다. 그러나 진화론도 과학적인 측면에서는 무리가 없으나 목적론의 문제점에서는 완전히 자유롭지 못하다. 진화의 최종적 결과물인 오늘날의 생물 종을 기준으로 삼아 과거의 진화 과정을 꿰어 맞춘다면 시간 순서에 따른 완벽한 진화의 시나리오를 구성하기는 어렵다. 이것은 두고두고 진화론의 빈틈으로 남을 것이며, 이 틈을 메우는 것이 장차 진화론의 최대 과제가 될 것이다.

질풍노도

Sturm und Drang

예술이 시대를 선도하는 이유는 **이성**보다 감성의 측면이 강하기 때문일 것이다. 예술은 냉철한 분석보다는 예리한 직관을 바탕으로 하므로 철학이나 사회과학보다 현실과 연관되는 정도가 약하다. 역사적으로도 예술은 이성에 반대하는 경향이 강했는데, 이런 예술의 면모를 여실히 보여주는 역사적 사례가 18세기 말에 독일에서 일어난 질풍노도 운동이다.

독일어의 Sturm은 '폭풍'이고, Drang은 '압박'이라는 뜻이다. 영어로는 storm and stress로 번역되지만 거의 고유명사화되어 있기 때문에 영어권에서도 주로 독일어 원어를 그대로 사용한다.

괴테와 실러 등의 작가들이 주도한 질풍노도 운동은 그때까지 유럽의 지성계를 지배하던 **계몽주의**의 합리성을 거부하고 자연, 감성, 인간의 개성 등을 찬양했다. 바야흐로 낭만주의 시대가 개막된 것이다. 이성을 바탕으로 하는 전통적 도덕과 감성을 중시하는 새로운 도덕은 물과 기름처럼 서로 섞이지 못했다. 전통에 얽매이지 않고 개성을 앞세운 '젊음의 반란'이었으니 그 양태는 질풍노도처럼 터져 나올 수밖에 없었다.

질풍노도라는 말은 원래 18세기 말 독일의 극작가 프리드리히 폰 클링거가 발표한 희곡의 제목이었다. 클링거는 프랑스의 신고전주의 전통을 거부하고 극의 캐릭터에 주안점을 두어 셰익스피어풍의 인물을 중심으로 극을 구성하고자 했다.

그런데 불과 얼마 전까지만 해도 진보적인 역할을 했던 계몽주의가 왜 느닷없이 낡아빠진 틀로 전락해버린 걸까? 이는 당시의 철학적 쟁점과도 무관하지 않다. 데카르트가 근대 철학의 문을 열고 이성의 시대를 개막한 이후 이성은 마치 만능 키처럼 모든 문제를 척척 풀어내는 탁월한 성능을 자랑했다. 그러나 영국 경험론은 이성의 인식 능력에 제동을 걸었고, 경험론의 난제를 해결한 칸트도 이성의 근본적인 한계(→물자체)는 끝내 어쩔 수 없었다.

그 경계선에 선 인물이 루소였다. 그는 '두 얼굴의 사나이'였다. 계몽주의자로서의 루소는 이성의 기치를 내걸고 프랑스혁명의 이념을 제공했는가 하면, 낭만주의자로서의 루소는 "자연으로 돌아가라."(《에밀》)라고 외치며 이성의 고루한 틀에서 벗어날 것을 주장했다. 괴테와 실러가 영향을 받은 루소는 물론 낭만주의자인 루소였다.

질풍노도 운동은 단순히 문예사조만의 문제가 아니라 삶의 문제이기도 했다. 남의 약혼녀 로테를 사모하다가 끝내는 권총 자살로 극적인 최후를 택하는 '젊은 베르테르'는 당시의 대표적인 '신세대상'이었다. 소설의 주인공을 모방하여 젊은이들은 유행병처럼 자살병을 앓았으며 실제로 자살 사건도 빈번하게 일어났다.

그러나 아직 이성의 힘은 막강했다. 칸트의 선방으로 이성은 낭만주의 신세대의 때 이른 도전을 거뜬히 물리치고 여전히 시대의 아이콘임을 입증했다. 이후 20세기에 이르러 이성의 광기가 드러날 때까지 이성은 학문과 생활에서 계속 독보적인 지위를 유지하게 된다.

ㅊ

차이

Difference

'개념'이라는 단어의 뜻을 알기 위해 국어사전을 찾아보자. "여러 관념 속에서 공통된 요소를 뽑아내어 종합하여 얻은 하나의 보편적인 관념"이라는 뜻이 나온다. 그런데 이 뜻풀이에도 모르는 단어들이 많다. 그 정의를 올바로 이해하려면 관념, 공통, 요소, 종합, 보편적 같은 단어들을 또 찾아봐야 한다. 그래서 '관념'을 찾아보면 "어떤 대상에 관한 인식이나 의식 내용"이라는 뜻이 나온다. 이 뜻을 이해하려면 또다시 대상, 인식, 의식, 내용 같은 단어들을 찾아봐야 한다. 이런 식으로 찾다 보면 사전을 다 뒤져도 결국 원하는 단어의 확실한 정의는 얻지 못할 것이다.

이런 악순환을 끊으려면 사전 바깥의 뭔가가 필요하다. 그 뭔가를 단어의 지시 대상이라고 부른다. 전통적인 사고에 따르면, 단어는 지시 대상을 가져야 한다. 나무라는 단어는 정원에 있는 실제의 나무를, 개라는 단어는 그 나무 옆에서 뛰노는 실제의 개를 가리키는 게 당연하다. 그러나 문제는 그 당연해 보이는 단어와 지시 대상의 연관성이 알고 보면 그렇게 당연하지 않다는 데 있다.

구조주의 언어학을 창시한 소쉬르에 따르면, 나무라는 단어는 잎을 키우지 않고 개라는 단어는 짖지 않는다. 잎을 키우는 것은 실제의 나무이며 짖는 것은 실제의 개다. 그것들을 나무와 개라고 부르게 된 필연적인 이유는 없다. 바꿔 말해 단어와 지시 대상은 필연적인 연관이 아니라 자의적인 연관을 가질 뿐이다. 자의적인 연관이라니, 말은 그럴듯하지만 실은 아무런 연관도 없다는 뜻이다.

소쉬르는 언어를 기호의 체계로 간주하고 언어 기호를 기표와 기의로 나눈다(→ 기호). 전통적인 언어 이론으로 보나, 상식으로 보나 기표와 기의는 같아야 한다. 그렇지 않으면 언어는 대화와 소통의 도구가 되지 못할 것이다.

소쉬르가 이 명백한 상식을 굳이 거부한 이유는 기표와 기의가 무조건 같다고 볼 경우 마치 기의가 기표를 낳은 것처럼 착각할 수 있기 때문이다. 즉 정원에 나무가 실재하고 있기 때문에 나무라는 말이 생겨난 것처럼 여길 수 있다. 그러나 정원의 나무를 나무라는 말로 부르게 된 것은 나무 자체에서 비롯된 게 아니라 단지 사회적 약속의 결과일 뿐이다. 보통 사물이 먼저 존재하고 그 사물을 가리키는 이름이 생겨난 것으로 생각하지만, 실상 사물의 이름은 그 사물과 무관하고 오히려 다른 사물들의 이름들과 구분 짓기 위해 생겨난 것이다.

그런데 언어 기호가 지시 대상과 무관하다면 단어의 의미는 어떻게 확정될 수 있을까? 소쉬르는 여기서 차이의 개념을 도입한다. 단어의 의미를 결정하는 것은 그 단어 자체가 아니라 다른 단어와의 차이, 다시 말하면 언어 체계 내에서 그 단어가 가진 관계다. 이 점을 더 분명히 보여주는 예는 목요일, 중령, 남극 같은 단어들이다. 목요일은 그 자체로 정의되지 않는다. 목요일은 단지 수요일과 금요일 사이에 위치한 요일을 가리키며, 중령은 소령과 대령 사이의 계급일 뿐이고, 남극은 북극이 있기 때문에 의미를 가지는 단어다. 이처럼 단어의 의미는 차이에 의해 정해진다. "한 기호의 가장 정확한 성격은 바로 다른 기호들과의 차이다."

전통적인 사고에서 의미는 실체가 가진 속성이었다. 모든 실체가 고정된 의미를 가졌다는 전제가 있었기에 사전도 성립할 수 있었다. 그러나 소쉬르가 말하는 차이는 그런 사고를 전복시킨다. 의미는 실체에서 나오는 게 아니라 차이, 즉 한 실체와 다른 실체의 관계에서 형성된다. 실체의 의미를 알기 위해 '~란 무엇인가?'라는 질문 형식은 이제 무의미해졌다. 그렇다면 모든 지식과 담론의 뿌리가 흔들리게 된다. 우리는 지금까지 사전의 방식으로 지식을 탐구하고 학습해왔다. 하지만 사전이란 단어의 뜻을 고정시키는 장치일 뿐 차이를 설명하지 못한다.

단어의 의미가 다른 기호들과의 차이, 즉 기호 체계에 의해 결정된다는 소쉬르의 발상은 20세기의 가장 큰 지적 사조인 구조주의를 낳았다. 구조주의는 인식주체(인간)가 인식 대상(세계)을 인식하며 언어는 그 매개체라고 보는 데카르트 이래의 전통적인 **인식론**을 전면적으로 부정한다. 단어는 주체가 의미를 부여하는 것도 아니고 대상을 나타내지도 않는다. 단어의 의미를 결정하는 단어들 간의 차이는 바로 언어 체계, 즉 구조다. 이리하여 인간은 인식과 사고의 중심에서 탈락하고 구조가 그 역할을 대신하게 된다.

차축 시대

Achsenzeit

동서양의 역사를 살펴보면 묘하게 겹치는 시점들이 몇 개 있다. 고대 그리스가 폴리스들의 도시국가 시대를 맞았을 때 중국은 춘추전국시대의 제후국들로 분열된 시기였다. 또 유럽에 로마제국이 존재하던 시기에 중국에는 한제국이 성립되어 동서양 **제국** 체제의 기틀이 만들어졌다. 이런 역사적인 접점 이외에 정신사적으로도 동서양의 접점이 있다.

19세기 독일의 철학자 야스퍼스는 고대 그리스철학이 태동한 시기와 중국 제자백가가 활동한 시기가 비슷한 점에 착안해 이 시기를 차축 시대라고 이름 지었다(독일어의 Achse는 영어의 axis이므로 영어로는 Axial Age라고 부르는데, 말 그대로 차축 시대라는 뜻이다). 대략 기원전 6세기부터 3세기까지 약 300년간에 해당하는 시대다.

우선 철학자들의 이름만 열거해도 동시대성이 일목요연하게 파악된다. 이 시대에 그리스에서는 최초의 철학자로 알려진 탈레스를 비롯해 피타고라스, 데모크리토스, 소크라테스, 플라톤, 아리스토텔레스 등이 활동했고, 중국에서는 노자를 위시해 공자, 묵자, 장자, 맹자, 한비자 등이 활동했다. 동서양을 통틀어 인류의 정신사적 기틀이 놓인 시대다.

이 정신사적 기틀은 동서양의 역사 수천 년에 걸쳐 영향을 남겼다. 2천여 년에 달하는 서양철학사를 간단히 정리하면 플라톤과 아리스토텔레스를 해석하고 재해석하는 과정이라고 말할 수 있다(화이트헤드는 "서양철학의 역사는 플라톤에 대한 주석"이라고 말했다). 또한 동양철학에서는 공자(유가), 노자(도가), 한비자(법가)의 사상이 오늘날까지 지대한 영향력을 미치고 있다(동양철학의 또 다른 축인 불교 철학도 얼추 이 시기에 탄생했다).

차축 시대에 탄생한 철학 사상, 더 좁혀 말하면 그 무렵에 제기된 철학적 물음은 이후 동서양 문명의 전반적 성격을 결정했다. 어찌 보면 두 문명의 차이는 최초의 철학적 물음이 달랐던 데서 비롯된 것일지도 모른다.

그리스 철학자들은 "세상 만물은 무엇으로 구성되는가?"를 물었다. 산은 산이요 물은 물인데, 왜 그런 질문을 던졌을까? 그들은 산과 물이 눈으로 보기에는 달라도 궁극적으로는 동일한 요소로 이루어졌다고 믿고 그 원질을 아르케라고 불렀다. 다만 세상 만물의 원질이자 공통적 요소인 이 아르케가 무엇인지를 놓고는 철학자들마다 의견이 엇갈렸다. 이를테면 탈레스는 물이라고 했고, 아낙시메네스는 공기, 헤라클레이토스는 불, 데모크리토스는 원자, 피타고라스는 수(數)라고 본 것이다. 물론 그 답들은 다 틀렸지만 중요한 것은 답보다 그런 철학적 물음을 제기했다는 점이다. 그들은 최초의 철학적 대상으로 자연을 택했고 자연에서 근본 요소를 찾았기에 고대 그리스철학을 자연철학이라고 부른다.

그에 비해 중국의 고대 철학자들이 제기한 최초의 철학적 물음은 자연이 아니라 인간 사회였다. 그리스인들과 달리 중국인들은 "사람은 어떻게 살아야 하는가?"를 물었다. 개인적인 도덕을 말하는 듯싶지만, 이 물음은 이내 개인이나 도덕의 차원을 넘어 사회를 이루고 국가를 구성하는 원리로 이어졌다. "국가는 어떻게 운영되어야 하는가?", "군주는 국가를 어떻게 다스려야 하는가?", "신민이 취해야 할 도리는 무엇인가?"

이런 중국철학의 물음에는 사실 애초에 답이 정해져 있었다. 바로 하늘의 뜻, 즉 천리다. 사람은 천리에 따라 살아야 하고, 국가는 천리에 맞춰 운영되어야 하며, 군주와 신민은 천리에 의해 정해진 본분을 지켜야 했다.

언뜻 생각하면 도덕적이고 질서 정연하다. 하늘의 뜻이니 당연히 도덕적일 테고 동일한 원리가 사회 전체에 관철되니 질서 정연할 것이다. 하지만 여기서 문제는 누가 천리를 정의하느냐다. 천리라는 말 자체는 중요하지 않다. 도덕과 질서도 마찬가지다. 누가 어떤 의도로 천리를 정의하고 도덕과 질서를 어떻게 규정하는지에 따라 천리, 도덕, 질서의 의미가 현실적으로 나타날 것이다.

역사적으로 천리를 정의한 것은 지배 집단이었다. 중국의 지배자는 전부 천리를 받았다고 공언했다(특히 전 왕조를 무너뜨리고 새 왕조를 개창한 지배자는 그 점을 유독 강조했다). 결국 중국철학의 근본 명제는 그 자체로 정의되는 게 아니라 시대와 환경에 따라 지배 집단이 정의하는 것에 불과했다. 중국철학이 순수한 철학으로 발전하지 못하고 정치 **이데올로기**로 변질된 이유는 그 때문이다.

그에 비해 그리스철학에서 제기된 세상 만물의 구성 요소는 누가 어떻게 대답하든 정치적 의도와 무관하고 순수하게 **인식론**적인 물음이었다. 그런 탓에, 천리에 관한 해석을 둘러싸고 정치 이데올로기화된 중국철학과 달리 그리스철학은 학문 본연의 의미인 진리 추구의 길로 나아갈 수 있었다.

야스퍼스는 고대의 차축 시대를 말했으나 동서양의 정신사적 차축 시대는 중세와 근대에 한 차례씩 더 볼 수 있다.

고도의 문화를 자랑하면서도 중국의 역대 한족 왕조 가운데 가장 물리력이 취약했던 송제국은 12세기 초에 북중국을 여진의 금에게 잃고 황족과 고관들이 강남으로 달아나 왕조를 부활시켰는데, 이것을 남송이라고 부른다. '오랑캐'에게 중원을 빼앗긴 적은 과거에도 여러 차례 있었으나 통일 제국이 그런 변고를 겪은 적은 처음이었으므로 그 사건은 당대의 지식인들에게 큰 충격을 안겨주었다. 현실에서 돌이킬 수 없다면 이론에서라도 그 격변은 어떻게 해서든 설명되어야 했다. 그래서 등장한 인물이 주희다.

중화가 야만에게 패배한 것은 천리에 어긋나는 일이다. 그러므로 그것은 일시적인 현상일 뿐 근본적인 변화일 수는 없다. 주희는 중화를 근본적인 이치, 즉 이(理)로 규정하고 오랑캐를 일시적인 기운, 즉 기(氣)로 규정했다. 잠시 기가 승하는 경우가 있지만 결국에는 이로 돌아갈 것이다. 이기론 역시 유학의 출발처럼 철학이라기보다 정치 이데올로기로 탄생했다. 이와 같은 현실에 대한 이데올로기적 변명을 바탕으로 주희는 신유학, 즉 성리학을 정립했다. 공자가 유학을 창시한 이래 유학에서 일어난 최대의 변화였다.

하지만 정치 이데올로기만으로는 현실의 격변을 정당화하기 어렵다. 그전까지 유학이 정치적 측면에서만 적용되었다면 이제부터는 백성들의 생활에 밀접하게 다가가야 한다. 그래서 주희는 유학의 경전들을 체계화해 사서삼경으로 편집하고, 유학의 생활 원리를 쉽게 풀이한 《근사록》과 《소학》을 편찬해 민간에 보급하기로 했다. 그러나 정작 유학을 대중화하려는 주희의 노력이 빛을 본 것은 후대에 한반도의 조선에서였다(중종 때 조광조가 주희의 정신을 이어받아 성리학의 대중화를 도모하기 위해 《근사록》, 《소학》, 《여씨향약》을 널리 보급했는데, 그의 개혁은 실패했으나 이때부터 조선은 완전한 성리학 국가가 되었다).

공교롭게도 비슷한 시기에 유럽에서도 수백 년간 유지되어온 중세의 질서를 무너뜨리는 대격변이 일어났다. 11세기부터 십자군 원정이 여러 차례 전개되면서 서유럽 세계에는 동방에 유럽의 그리스도교 문명권보다 더 앞선 선진 문명권이 있다는 사실이 일반에게도 널리 알려졌다(후대에 서양사가 서유럽 중심으로 기록된 탓에 서유럽이 일찍부터 발달한 것처럼 여겨지지만 실은 13~14세기까지도 서유럽은 중동과 동유럽보다 크게 뒤졌다).

여러모로 중국의 남송과 비슷한 상황이었다. 이때 서유럽 세계에서 주희의 역할을 한 사람은 토마스 아퀴나스였다. 그리스도교 성서에 따르면, 신이 진흙으로 빚은 아담이 최초의 인간이고 모든 사람은 아담의 후손이다. 그런데 동방의 아라비아에는 아담은커녕 신의 피조물이라는 것도, 그리스도의 존재도 알지 못하지만 발달한 문명권을 일군 이슬람권이 있었다.

토마스 아퀴나스는 물론 주희를 알지 못했으나 주희처럼 그런 상황을 이데올로기적으로 해명해야 하는 처지에 놓였다. 종전의 신학으로는 변화된 새로운 상황을 제대로 설명하기 어려웠다. 그래서 그는 신학을 둘로 나누어 전통적인 신학을 계시신학으로 구분하고, 새로운 상황을 설명하기 위한 새로운 학문을 자연신학으로 정립했다. 이를테면 물이 높은 데서 낮은 데로 흐르는 자연현상이나 동방의 이교도 문명의 존재 같은 주제들은 계시신학이 아니라 자연신학으로 설명하려는 의도였다.

남송의 주희가 위기에 처한 유학을 구했듯이 유럽의 토마스 아퀴나스는 위기에 처한 그리스도교를 구했다. 결과적으로 보면 성리학과 그리스도교는 이후의 사태에 대처하지 못했으므로 두 사람의 시도는 실패한 셈이었지만(성리학은 중국에서 힘을 잃고 한반도로 중심을 옮겼고, 그리스도교는 16세기에 종교개혁의 파란을 겪었다), 그래도 유학과 그리스도교가 탄생한 이래 최대의 자체적 변화였다.

세 번째 차축 시대는 동서양의 역사가 본격적으로 얽히기 시작한 18세기다. 유럽의 역사에서는 **계몽주의** 시대라고 부르지만 이 시기에는 마치 약속이라도 한 것처럼 동양에서도 지식에 대한 관심이 크게 증폭되었다. 구체적으로 그 양상은 사전의 편찬으로 나타났다.

프랑스에서는 디드로와 달랑베르가 1751년부터 백과사전을 펴내기 시작했다. 1782년부터는 알파벳 순서가 아니라 주제별 백과

사전이 간행되기 시작해 1832년에 총 166권으로 완간되었다. 이 계몽주의 운동이 프랑스혁명의 정신적 자양분으로 작용한 것은 잘 알려진 사실이다. 중국에서는 청의 황제 강희제의 명으로 1706년에 백과사전에 해당하는 《고금도서집성》이 무려 1만 권에 달하는 분량으로 편찬되었으며, 건륭제 치세인 1782년에는 현존하는 거의 모든 문헌을 집대성한 《사고전서》가 간행되었다. 마침 한반도의 조선에서도 영·정조 치세를 맞아 실학이 만개했으니 18세기는 가히 동서양을 아우르는 지식의 시대라고 불릴 만했다.

하지만 그 무렵에는 이미 지식과 학문을 대하는 자세에서 동서양의 차이가 뚜렷했다. 프랑스의 백과사전은 출판업자와 학자들이 결집해 민간에서 추진한 사업이었고 시중에 '판매'되는 방식으로 유통되었다. 그에 비해 《고금도서집성》은 정부의 명령에 의해 진행된 국책 사업이었고 당연히 일반에 유통되지도 않았다. 심지어 《사고전서》는 명칭에서 보듯이 사고(四庫), 즉 네 곳의 '창고'에 보관하기 위해 몇 질만 인쇄한 문헌이었으니 애초에 지식을 보관하려는 것이었을 뿐 널리 보급하기 위한 목적은 아니었다.

유럽에서는 시민사회가 국가의 권력 독점에 제동을 걸고 나섰으나 동양 사회에서는 여전히 왕조시대의 관치가 사회의 모든 영역을 장악하고 시민사회의 등장을 용납하지 않았다. 예전처럼 두 문명이 접촉하지 않았던 시대였다면 모르겠지만 바야흐로 서양 세력이 동양에 진출하는 중대한 시대였던 만큼 세 번째이자 마지막 차축 시대에는 앞의 두 차례와 달리 동양의 정신사적 기틀이 붕괴되는 조짐을 보이고 있었다.

착취

Exploitation

원래는 좋은 의미를 가진 말이지만 **개념**이 되면 나쁘게 쓰이는 용어가 있다. 그 반대로 일상적으로는 좋지 않은 이미지를 가진 말이지만 실제로는 그렇지 않은 게 있다. 원래 단결이라는 뜻이었던 **파시즘**이나 어의 자체는 덩어리라는 뜻에 불과한 **콤플렉스**가 전자의 예라면 착취라는 개념은 후자의 예다.

일반적으로 착취라면 고용주가 부당한 방법으로 이득을 수취하는 것을 뜻한다. 그러나 경제학 개념으로서의 착취는 법에 어긋나는 행위가 아니라 자본주의사회에서 자본가가 정당한 방식으로 이윤을 수취하는 행위다. 착취를 뜻하는 exploit라는 영어 단어도 원래는 자원을 개발하고 이용한다는 의미다.

자본주의 이전 단계인 고대 노예제사회와 중세 봉건사회에서도 지배계급이 이익을 얻는 방법은 노예와 농노를 착취하는 것이었다. 그 메커니즘을 단순화하면, 노예 소유주와 봉건영주는 노예와 농노에게 일을 시키고 생계와 노동력을 유지할 수 있을 정도만 대가로 준 뒤 나머지를 차지하는 것이다. 지금의 법과 제도로 보면 가혹하고 부당한 짓이지만 당시의 기준으로 보면 전혀 이상할 게 없는 처사였다.

그러나 **자본주의** 시대에 들어 착취는 예전처럼 공공연하게 이루어지지 않는다. 무엇보다 **신분**상으로 모든 사람이 평등해졌기 때문에 이제는 계약에 의한 고용이 아니면 사람을 함부로 부릴 수 없게 되었다. 그래서 생산수단과 자본을 소유한 자본가는 노동자와 계약을 맺고 정해진 시간 동안 노동력을 구매한다. 그 시간 동안 노동자의 노동력이 생산한 가치는 모두 자본가의 소유가 된다.

가치를 생산하는 것은 **노동**이다. 자본가는 노동자가 생산한 가치에서 자신의 이윤을 얻고, 노동자에게 임금을 지불하고, 생산에 필요한 비용(재료비, 시설비, **세금** 등), 자본의 확대재생산을 위한 비용을 염출해야 하므로 미리 노동력의 가치를 계산한 뒤 노동시간과 노동강도를 정한다. 이것이 자본주의적 착취의 과정이다. 이렇게 보면 착취는 자본주의가 존속하고 발전하기 위해 필수 불가결하고 정상적인 메커니즘이다.

하지만 비록 자본주의사회의 법적 기준에서 착취는 부당한 게 아니라 하더라도 도덕적인 면에서 정당하다고 볼 수는 없다. 우선 가치의 생산에 반드시 필요한 노동력을 제공하는 생산자가 자신의 생산물로부터 **소외**되는 현상은 사회적 불평등과 비인간화를 초래한다. 게다가 자본가는 이윤의 수취를 가장 우선시하기 때문에 노동자에 대한 착취의 정도를 갈수록 심화시킨다.

물론 개별적으로 선의를 가진 자본가들은 있다. 그러나 착취는 자본주의적 생산에 필수적으로 내재하는 구조적인 현상이기 때문에 자본가 개인의 도덕심이나 선한 의지로 근절할 수 있는 게 아니다. 그래서 마르크스는 자본가들에게 호소하는 대신 **혁명**을 통해 사회체제를 변혁시키는 것을 해법으로 제시했다. 하지만 그의 사상을 계승한 현실 사회주의 체제에서도 착취가 폐지되지는 못했다.

창조론

Doctrine of Creation

다윈이 《종의 기원》의 초고를 완성한 것은 1830년대 말이었다. 그러나 책이 출판된 때는 20여 년이 지난 1859년이었다. 이렇게 출판이 늦어진 데는 그동안 수집한 수많은 사례를 체계화할 이론적 근거를 보강하기 위해서이기도 했지만 다른 이유도 있었다. 당시는 창조론이 지배적이었으므로 어설프게 **진화론**을 발표했다가는 엄중한 종교적 비난을 받을 가능성이 컸던 것이다.

창조론은 세상 만물이 신의 의지와 기획에 의해 만들어졌다고 보는 입장이다. 그 신이란 말할 것도 없이 **그리스도교**의 신을 가리킨다. "태초에 하나님이 천지를 창조하시니라." 이 구절로 시작되는 《구약성서》에는 신이 엿새에 걸쳐 빛과 어둠, 물과 뭍, 시간, 뭇 생명과 인간을 창조하는 과정이 기록되어 있다. 이 부분을 비유나 상징이 아니라 문자 그대로 받아들이는 것이 창조론이다. 그런 지적 분위기에서 다윈이 진화론을 주장한 것은 이론적으로만이 아니라 현실적으로도 용기 있는 행동이었다(그래도 열렬한 지지자들이 있었던 덕분에 《종의 기원》은 10년간 1만 3천 부가 팔려 당시로서는 획기적인 베스트셀러가 되었다).

성서적 세계관에서 보면 세계의 역사는 6천 년밖에 되지 않는다. 《구약성서》에 따르면, 신이 창조한 최초의 인간 아담은 130세에 셋을 낳았고, 셋은 105세에 에노스를 낳았고, 에노스는 90세에 게난을 낳았다. 이렇게 시작되는 인간의 계보를 모두 합하면 아담에서 노아까지가 약 1천 년이며, 노아에서 아브라함까지가 약 850년이다. 계속해서 《신약성서》에는 아브라함부터 다윗까지 14세대, 다윗에서 그리스도까지 28세대로 되어 있으므로 대략 1천~2천 년가량 된다. 이렇게 따질 경우 신이 세계를 창조한 시기는 얼추 기원전 4천~3천 년 무렵이다.

이런 논거를 바탕으로 17세기에 영국의 대주교인 어셔는 지구가 기원전 4004년 10월 22일에 창조되었다고 말했는데, 이것이 이후 교회 측이 주장하는 천지창조의 전통적인 연대가 되었다. 인간을 포함한 모든 생물은 진화의 결과가 아니라 신이 창조한 것이다.

생산이나 제작이라면 모태나 재료를 필요로 하지만 창조라면 무에서 유를 만드는 행위다. 신이 세계를 만든 행위는 아무것도 없는 상태에서의 창조다. 그래서 성서에서는 신이 '말씀'으로 우주 만물을 창조했다고 표현된다.

다윈의 진화론은 창조론에 큰 위협을 주었다. 진화론의 영향을 받은 사상이 사회의 전 분야에 도입되자 창조론의 진영에서는 과거처럼 성서만을 근거로 삼지 않고 이른바 '과학적 창조론'을 만들어 대항하기에 이르렀다. 진화론이라는 강적을 맞아 창조론도 '진화'한 셈이다.

성서를 자구 그대로 받아들이는 편협한 종교적 관점은 전통이 취약한 신생국 미국의 생리에 잘 맞았다(→근본주의). 그래서 과학적 창조론은 주로 20세기 후반에 미국에서 크게 성행했는데, 오늘날에도 미국의 몇몇 주에서는 진화론을 거부하고 창조론을 교육과정에 넣고 있다.

과학적 창조론의 핵심적 근거는 생명의 탄생이 워낙 절묘한 타이밍과 조합으로 이루어졌기 때문에 도저히 우연으로 볼 수 없다는 점이다. 예를 들면 하나의 세포까지 환경에 정확히 적응하는 데 필요한 대단히 복잡한 체계를 가지고 있다는 사실에 압도당한 생물학자는 창조론의 유혹에 쉽게 빠져든다. 단순히 진화로만 이런 고도의 생명체가 탄생한다는 것은 불가능에 가까운 우연이라고 생각하기 때문에 누군가의 기획이 반드시 개재되어야만 한다고 믿는다. 그 '누군가'란 물론 신이다.

그러나 그런 창조론의 논리는 **목적론**의 일반적인 문제점을 그대로 드러내고 있다. 양동이에 든 물을 쏟으면 물방울들이 사방으로 흩어진다. 각각의 물방울이 떨어진 곳은 사실 우연으로 정해진 것이지만, 물방울의 시점에서 보면 바로 그곳에 떨어진 것은 너무나 공교롭기 때문에 마치 단순한 우연이 아닌 듯하다. 창조론의 목적론적 성격은 바로 거기서 나온다.

똑같은 모양의 조그만 타일이 가득 붙은 커다란 벽이 있다고 해보자. 공을 벽에 던지면 그 타일 중 어느 하나에 맞을 것은 분명하다. 즉 그것은 필연이다. 하지만 그 공을 어느 특정한 타일에 맞힌다는 것은 야구의 투수라 해도 어려운 일이다. 필연은 설명이 쉽지만 우연을 인과적으로 설명하기란 불가능하다. 그런데 맞은 타일(즉 공의 목적)의 입장에서 보면 왜 그 공이 바로 그곳에 맞았는지 인과적인 설명이 충분히 가능해진다. 예컨대 특정한 힘과 특정한 방향으로 공을 던졌기 때문에 그 공은 바로 그 타일을 맞힌 것이다. 목적론의 맹점은 바로 여기에 있다. 생명체를 이루는 세포는 대단히 복잡하고 환경에 절묘하게 적응하는 구조를 취하고 있기 때문에, 저절로(즉 진화를 통해) 형성된 것이라고는 보기 어렵다는 생각이 들게 마련이다. 그러나 그것은 진화의 결과물(목적)인 현재의 세포를 보고 가지게 된 선입견에 불과하다. 사실 공은 어느 타일이든 맞을 수밖에 없었는데 우연히 맞은 그 타일이 "왜 하필 나인가? 이건 신의 뜻이다."라고 생각하는 것과 같다. 이것이 창조론의 목적론적 맹점이다.

창조론의 지도자들 중에는 과학의 분야에서 박사 학위를 받고 상당한 명성을 가진 사람들이 포함되어 있다. 그런 사람들이 왜 창조론을 지지할까? 이 당혹스러운 현상에는 두 가지 이유가 있다. 하나는 성서를 문구 그대로 해석하지 않는다면 그리스도교 신앙이 힘을 잃을지도 모른다는 우려다. 다른 하나는 지질학자와 천문학자들이 말하는 수십억 년이라는 우주의 연대를 받아들일 경우 인류가 유한하다는 그리스도교의 가르침이 희석될지 모른다는 우려다. 물론 둘 다 비종교인 혹은 폭넓은 시각을 가진 종교인의 관점에서 보면 터무니없는 생각이다.

ㅋ

카오스

Chaos

과학의 주요 기능은 예측에 있다. 물 분자는 수소 원자와 산소 원자의 결합으로 이루어져 있으므로 분해하면 기체가 될 것이라는 예측이 가능하며, 실제로 전기분해를 통해 기체로 만들 수 있다. 인체는 면역 기능을 가지고 있으므로 병원균의 일부를 투입하면 스스로 항체를 만들 것이라는 예측에서 의사는 예방주사를 놓는다. 18세기 말에 천왕성이 발견된 이후 천왕성의 운동에서 미약한 섭동이 관측되자 천문학자들은 그 바깥 궤도에 행성이 있으리라고 예측했고, 그 결과 해왕성과 명왕성이 예측된 위치에서 발견되었다(명왕성은 안타깝게도 2006년에 소행성으로 재분류되었다).

이렇게 과학적 예측이 가능한 이유는 자연계에 인과율이 관철되기 때문이다. 모든 현상에는 원인이 있으므로 원인을 찾으면 얼마든지 결과를 예측할 수 있다. 이런 과학적 낙관주의는 철학적 합리주의와 더불어 수 세기 동안 인간의 지성사를 지배했고 실제로 숱한 성과를 낳았다. 그런데 인과율이 통하지 않는다면 어떨까? 혹은 단선적 인과율이 아니라 대단히 복잡하고 비선형적인 인과율이 적용되는 영역이라면 어떨까?

1961년에 미국의 기상학자인 로렌츠는 기상관측을 하던 중 재미있는 생각을 하게 되었다. 기상학은 어느 분야보다 예측이 중요하면서도 어느 분야보다 예측이 까다롭다. 심지어 기상 통보관들 사이에 의견이 엇갈릴 경우 '다수결 투표'를 통해 기상예보를 할 정도로 정확한 예측이 어렵다. 그래서 로렌츠는 중국 베이징에 있는 나비의 날갯짓이 다음 달에 미국의 뉴욕에서 폭풍을 일으킬지도 모른다고 말했는데, 그의 말은 나중에 나비효과라는 용어로 널리 알려지게 되었다(처음에 그는 나비 대신 갈매기를 예로 들었다가 시적 효과를 위해 나비로 바꾸었다고 한다). 작은 변화가 엄청난 격변을 유발할 수 있다는 로렌츠의 발상에서 현대물리학의 카오스이론이 탄생했다.

카오스란 원래 그리스신화에 나오는 용어로, 세상이 생겨나기 전의 혼돈 상태, 캄캄하고 텅 빈 공간을 가리킨다. 성서의 첫 대목에는 "땅이 혼돈하고 공허하며"라는 구절이 나오는데, 이 혼돈은 곧 벌어질 신의 천지창조를 예고한다. 카오스는 무질서하고 무정형하지만 신은 카오스를 재료로 삼아 질서와 형태를 갖춘 우주를 창조했다. 그래서 카오스는 만물의 본래 상태를 가리키는 의미로도 사용된다. 우주가 진공에서 만들어졌다는 종교적 **창조론**과 하나의 극미한 점에서 대폭발이 일어났다고 보는 **빅뱅** 이론은 카오스를 출발점으로 본다는 면에서 서로 통한다.

카오스는 질서를 예고하는 무질서, 창조를 앞둔 혼돈을 뜻하기 때문에 그냥 뒤죽박죽인 무질서나 혼돈과는 다르다. 오히려 카오스는 겉으로 보기에는 불안정하고 불규칙한 것 같으나 실은 나름의 질서와 규칙성을 가지고 있다. 뉴욕에 폭풍이 일어난 원인이 고작 베이징의 나비라면 허무한 결론이겠지만 어쨌든 원인은 원인이므로 복잡하긴 해도 인과율에 위배되지 않는 것은 틀림없다.

이렇게 카오스는 한편으로는 전통적인 인과율의 극한에 위치하면서 다른 한편으로는 기계적 인과율이 아닌 새로운 인과율을 요구하고 있다. 카오스의 개념이 도입됨에 따라 과학적 예측도 과거처럼 단선적인 명확성을 추구하는 대신 총체적인 효과를 고려한 복합성을 추구하는 방향으로 바뀌었다. 과거의 인과율이 간단한 일차방정식으로 풀 수 있는 문제였다면 카오스의 인과율은 더 고차방정식을 요구한다.

아인슈타인은 "신은 주사위 놀이를 하지 않는다."라며 진리는 단순한 것이라고 강변했다. 그러나 자연계를 포함한 현실은 결코 단순하지 않다. 이론이 설명해야 할 대상이 복잡하다면 이론 역시 복잡해야 오히려 이해하기 쉽다는 것은 괜한 **역설**이 아니다. 카오스이론이 필요하다는 사실은 곧 대상이 카오스적으로 구성되어 있기 때문이다. 뉴턴역학으로 자연계의 모든 현상을 설명할 수 있다면 상대성이론이나 양자역학 같은 것은 필요가 없을 것이다.

현재 카오스이론은 물리학과 기상학만이 아니라 수학, 천문학, 나아가 경제학에 이르기까지 두루 원용되고 있다. 이 이론을 토대로 모호성과 불명확성을 다루는 퍼지이론과 불규칙 상태의 사물을 묘사하는 프랙탈 기하학이 등장했다. 혼돈의 개념을 바탕으로 하는 만큼 아직 이론 자체가 완성되지는 못했으나 카오스의 개념은 태풍, 지진 같은 기상 현상 이외에 주식가격의 변화를 연구하는 데도 원용된다.

코기토

Cogito

Cogito ergo sum(코기토 에르고 숨: 나는 생각한다, 그러므로 나는 존재한다).

데카르트가 철학의 제1원리, 즉 출발점으로 삼은 이 말은 철학의 전 역사를 통해 가장 유명하고 영향력이 큰 문장일 것이다. 여기서 비롯된 코기토란 원래 동사의 형태지만 철학적 인식을 가리키는 명사처럼 사용된다.

코기토는 cogitare(생각하다)라는 라틴어 동사의 1인칭이며, (re)cognize나 (re)cognition 같은 영어 단어의 어원이기도 하다. 데카르트는 원래 프랑스어로 "Je pense, donc je suis."라고 썼다가 나중에 라틴어 문구로 고쳤다. 영어로는 "I think, therefore I am."이라고 번역하는데 뜻은 다 마찬가지다.

중세의 신학에서 벗어난 시대, 17세기를 맞아 데카르트는 철학이라면 당연히 확실한 토대에서 시작해야 한다고 믿었다. 신이 모든 것을 규정하고 설명해주던 시대가 끝났으니 이제 철학은 출발점부터 새로 다져야 했다.

확실한 토대에서 출발하자! 이러기 위해서는 우선 어떤 의심도 견뎌낼 수 있는 자명한 것에서부터 시작해야 한다. 그런데 절대로 의심할 수 없는 자명한 게 과연 무얼까? 데카르트는 이것을 알기 위해 일단 모든 것을 의심해보기로 했다. 실제로 회의한다기보다 자명하고 확실한 기반을 얻기 위한 방법으로 회의한다는 의미에서 그의 추론 방식을 '방법적 회의'라고 부른다.

의심할 수 있는 모든 것을 의심한 뒤에도 남는 게 있다면 그것이 바로 자명하고 확실한 것이 아닐까? 모든 것을 의심하는 정당성을 확보하기 위해 데카르트는 속임수에 아주 능한 악마가 존재한다고 가정했다. 그런 악마가 있다고 해도 속일 수 없는 것이라면 자명하고 확실한 것이 된다. 그게 무얼까?

외부에 관한 인식을 얻는 데 맨 먼저 작용하는 감각일까? 아니다. 데카르트는 "지금까지 내가 받아들인 모든 것은 감각으로부터 배운 것"이라는 점을 인정하지만, 감각은 늘 우리를 속일 수 있으므로 철학적 토대가 되지 못한다고 여겼다. 그럼 어느 학문보다도 원리에 충실한 수학일까? 이것도 아니다. 수학자 출신인 데카르트는 "내가 잠들어 있든 깨어 있든 2+3=5이며, 사각형은 네 개의 변밖에 없다."라고 인정하지만, 수학적 원리 역시 속임수에 통달한 악마라면 우리가 언제나 틀리도록 유도할 수 있다고 보았다.

그런데 아무리 의심해도 의심할 수 없는 것은 실제로 있었다.

그것은 바로 나 자신이다. 내가 누구에게 속는다고 가정해보자. 그 경우에도 속는 내가 없다면 과연 속는 일이 일어날 수 있을까? 또 내가 모든 걸 의심한다고 해보자. 그 경우 의심하는 내가 없다면 과연 의심한다는 일이 어떻게 가능할까? 더 넓게 보면, 내가 생각한다고 할 때—그 생각이 옳든 그르든—생각하는 내가 없다면 생각한다는 일이 과연 어떻게 가능할까?

설령 내가 남에게 속는다 해도 속기 위해서는 먼저 '속는 나'가 존재해야 한다. 내가 의심하기 위해서는 먼저 '의심하는 나'가 존재해야 한다. 여기서 데카르트는 "나는 생각한다, 그러므로 나는 존재한다는 이 진리만은 더없이 확실한 것"이라며 "나는 이것을 철학의 제1원리로서 받아들일 수 있다."라는 결론을 내렸다.

어찌 보면 지극히 당연한 상식을 뭐 그리 어렵게 논증하느냐 싶겠지만, 데카르트의 그 결론은 근대 철학의 훌륭한 출발점이었다. 르네상스 시대를 거치며 인간은 신의 품에서 벗어났으나 아직 인간의 고유한 무기인 **이성**을 모든 사고의 토대로 삼지 못하고 있었던 것이다. 데카르트가 물꼬를 튼 이성은 이후 철학적으로는 **형이상학**의 완성을 낳았고 현실적으로는 산업혁명과 과학기술의 발전을 낳았다.

코페르니쿠스적 전환

Copernican Revolution

사물은 변하지 않는데 사물을 둘러싼 **담론**은 계속 변한다. 푸코의 이 이론을 무엇보다 뚜렷하게 보여주는 역사적 사례는 지동설이다. 16세기에 폴란드의 천문학자 코페르니쿠스가 지동설을 발표하기까지 태양계라는 '사물'에 관한 담론은 1500년 전에 확립된 프톨레마이오스의 천동설이었다.

태양계가 생겨난 50억 년 전부터 지구는 태양의 둘레를 매년 한 바퀴씩 돌았으나 천동설은 그 반대로 태양이 지구의 둘레를 돈다고 설명했다. 천동설의 우주관에서는 지구가 우주의 중심이고, 그 바깥에 행성들과 태양이 있는 천구가 있고, 또 그 바깥에 항성들이 있는 천구가 있으며, 또 그 바깥에는 신이 있다고 믿었다. 오늘날에는 아무도 믿지 않는 천동설이 그토록 오랫동안 사실로 여겨져왔던 이유는 무엇일까? 두말할 나위 없이 눈으로 보기에는 천동설이 옳기 때문이다. 눈에 보이는 대로 믿는다면 달이나 태양이나 별들이 지구 주위를 하루에 한 바퀴씩 돌고 있다는 것이 더 자연스러운 사실이다.

다만 천동설의 초창기에도 이미 행성의 밝기가 달라진다든가 이따금씩 일부 행성이 역행운동을 하는 문제가 제기되었으나 프톨레마이오스는 주전원(周轉圓)의 개념을 도입해 수많은 부수적 중심, 즉 이심(異心)이 존재한다는 가설로 그런 현상들도 천동설 체계에 꿰어 맞추었다. 그러나 과학적 관측이 정밀해짐에 따라,

천동설이 계속 효력을 유지하기 위해서는 점점 더 많은 주전원과 이심이 필요해졌다. 일식과 월식 같은 천체 현상도 처음에는 천동설로도 그럭저럭 설명할 수 있었으나 점차 오차가 커져 나중에는 예측 자체가 불가능해져버렸다. 이 문제를 일거에 해결한 것이 바로 코페르니쿠스의 지동설이다.

코페르니쿠스는 눈에 보이는 대로 믿지 않았다. 그는 눈보다 과학이 더 정확하다고 믿었으며, 태양을 중심으로 발상을 전환할 경우 '눈에는 차지 않더라도' 과학적으로는 완벽하게 설명할 수 있다는 사실을 깨달았다. 가히 혁명적인 발상의 전환이었다. 단순히 어떠어떠한 지식을 발견한 것이 아니라 인식의 틀, **패러다임**을 바꾼 것이기 때문에 그 대전환은 단지 천문학뿐만 아니라 학문과 사상 전반에 걸쳐 지대한 영향을 미쳤다.

18세기에 독일 철학자 칸트는 코페르니쿠스의 업적에 비견될 만한 철학상의 대전환을 이루었다고 자신하고 그것을 스스로 코페르니쿠스적 전환이라고 불렀다. 그전까지 전통적인 철학에서는 인식 또는 지식이 인식주체, 즉 정신의 바깥에서 온다고 믿었다. 인식이나 지식은 외부 사물에 대한 앎이므로 그런 태도는 당연했다. 사물의 실체를 이데아로 본 플라톤이나, 신이 창조하고 질서를 부여한 외부 실체가 별도로 존재한다고 본 중세 실재론자들이나, 실체에 관한 인식이 불가능하다고 본 영국 경험론자들이나 그 점에서는 마찬가지였다. 앎의 근원은 외부에 있고 모든 앎이 정신 활동의 바깥에서 온다는 것은 불변이었다. 실체는 언제나 그 자체로 존재하고 정신은 외부의 실체를 인식의 대상으로 삼을 뿐이었다.

하지만 칸트가 보기에 그것은 천동설이나 마찬가지였다. 그럼 그의 지동설은 무얼까? 그는 전통적인 **인식론**을 정반대로 뒤집어 정신이 대상을 구성한다고 보았다. 사물이 붙박이로 존재하고 인식주체가 그 주위를 돌면서 인식 활동을 하는 게 아니라 인식주체가 고정되어 있고 사물이 주체의 주위를 돌고 있는 것이다. 외견상으로 천동설이 진리처럼 보였듯이 언뜻 보기에는 주체가 사물을 수동적으로 인식하는 게 상식인 것 같지만 실은 그 반대로 주체는 능동적으로 사물을 구성한다.

물론 '구성'한다는 말은 어폐가 있다. 초능력자가 아닌 이상 내가 정신 활동을 통해 사물을 구성하거나 변화를 줄 수는 없다. 칸트의 말은 그런 뜻이 아니라 우리의 정신 속에는 사물의 인식을 가능하도록 해주는 기본 형식이 들어 있다는 뜻이다. 경험론자들은 **감각**을 곧 **경험**이라고 여겼지만 실은 감각은 자료에 불과할 뿐이고 그것을 경험으로 만드는 것은 우리의 정신 속에 내재된 형식이다. 마치 원료를 가공해 제품을 제조하는 공장처럼 우리의 정신은 감각 자료를 해석해 경험으로 만들어내는 것이다.

이런 대전환으로 칸트는 그전까지 수많은 철학자를 괴롭혀왔던 인식론의 커다란 난제를 일거에 해결했다. 합리론은 정신의 인식 작용에 너무 매달렸고 경험론은 대상의 실체성을 지나치게 강조했다. 그러나 칸트는 정신 안에 대상을 인식할 수 있는 메커니즘이 내재되어 있다고 봄으로써 합리론과 경험론의 한계를 극복할 수 있었다.

콤플렉스
Complex

떠오르는 대로 자유롭게 말할 수 있는 생각이 있다("점심으로 짜장면이나 먹자."). 반면 마음속으로 상상은 해도 입 밖에는 내지 못하는 생각이 있다("나는 총무부의 김 대리를 짝사랑하고 있어"). 그런가 하면 말하기는커녕 마음대로 상상하지도 못하는 생각이 있다("×××××"). 첫째 것은 일반적인 생각이고, 둘째 것은 상식이나 윤리에 어긋나는 생각이다. 그럼 셋째 것은 무얼까? 자기 자신도 미처 의식하지 못하는 생각이다. 콤플렉스는 바로 셋째 것에 해당한다.

콤플렉스란 원래는 복합체라는 뜻으로, 아파트 단지나 여러 가지 기능을 가진 건물 '덩어리'를 가리키는 용어다. 정신분석학과 심리학에서 나타내는 의미도 그것과 크게 다르지 않다. 다만 여기서는 물체의 덩어리가 아니라 생각의 덩어리다. 여러 가지 관념이 마음속에 복합적으로 응어리진 것을 가리켜 콤플렉스라고 한다.

"너, 외모에 콤플렉스가 있니?" 이렇게 말할 때처럼 일상생활에서는 흔히 열등감을 콤플렉스라고 말하는데, 이런 용법은 잘못이다. 콤플렉스는 의식적인 것도 있지만 거의 대부분 **무의식**적이며, 열등감보다는 자신에 대한 금제(禁制)로 작용하는 경우가 많기 때문이다.

정신분석학에서 가장 중요한 것은 프로이트가 말한 오이디푸스 콤플렉스와 거세 콤플렉스다. 오이디푸스 콤플렉스는 그리스신화에 나오는 비극적 주인공인 오이디푸스처럼 "아버지를 죽이고 어머니와 결혼하고 싶다."라는 무의식적 욕망이 억압되어 만들어진다(→근친상간).

프로이트는 어린아이에게도 성욕이 있다고 보았다. 어린 남자아이가 가진 성욕의 대상은 우선 어머니다. 그런데 어머니의 공식적 '짝'인 아버지는 그것을 금지하는 존재이며, 나아가 그런 금지로 이루어지는 사회질서를 상징한다. 어머니에 대한 욕망을 포기하도록 하기 위해 아버지는 아이에게 "고추를 잘릴지도 모른다."라는 공포감을 불어넣는다. 이런 아이의 공포가 바로 거세 콤플렉스다. 하지만 아이의 성욕은 억압되고 포기를 강요받아도 사라지지 않고 무의식 속으로 밀려 들어가 저장된다.

아이가 자란 뒤에도 그 유년기의 콤플렉스가 계속 무의식에 남아 있으면서 병리적인 현상을 유발할 경우 정신과 의사는 그것을 환자의 의식에 드러내도록 해줌으로써 치료한다. 억압된 콤플렉스의 정체를 의식으로 확인할 수 있을 때 환자는 콤플렉스에서 벗어날 수 있다.

프로이트는 콤플렉스를 제한적으로 사용했고 그다지 정교한 개념이라고 여기지 않았다. 그러나 스위스의 정신의학자인 융은 콤플렉스를 더 폭넓게 사용했으며, 마음속의 감정이 담긴 복합체만이 아니라 다중 인격이나 부분 인격도 콤플렉스로 간주했다.

프로이트가 직접 언급한 콤플렉스는 오이디푸스 콤플렉스와 거세 콤플렉스밖에 없지만 후대의 정신분석학자와 심리학자들은 그 밖에도 여러 가지 콤플렉스의 개념을 만들어냈다. 예를 들면 슈퍼

맨 콤플렉스, 카사노바 콤플렉스, 피터팬 콤플렉스, 신데렐라 콤플렉스, 카인 콤플렉스 등이 있고 심지어 모범생 콤플렉스, 착한 여자 콤플렉스라는 말도 쓰는데, 대부분은 학술적 개념어가 아니라 생활 용어다. 그 용어들의 뜻은 콤플렉스의 의미에서 유추할 수 있으므로 알기 쉽다. 슈퍼맨 콤플렉스는 이 세상의 정의로운 일을 모두 도맡으려는 착각이고, 카사노바 콤플렉스는 이 세상 모든 여자가 자기를 따라주었으면 하는 망상이다.

클리셰
Cliché

글은 의미를 담고 표현하는 수단이지만 글의 모든 부분이 표현하고자 하는 의미에 충실하게 복무하는 것은 아니다. 한 문장에도 실사와 허사가 있듯이 문장들이 모여 이루는 글에도 내용과 관련이 없고 사실상 아무런 뜻도 없는 부분이 있다. 이런 부분은 왜 있을까?

편지를 쓰든 책을 쓰든 글을 쓰는 사람은 어떤 메시지를 담고자 한다. 하지만 메시지를 올바르게 표현하기 위해서는 문법을 준수해야 하고 표현과 수식에도 신경을 써야 한다. 이렇게 메시지 자체와 관계가 먼 요소들이 작용하기 때문에 글은 항상 지은이의 의도를 완벽하게 담아내지 못한다. 아무리 긴급한 용건이 있다 해도 그 용건만으로 글의 전부를 구성할 수는 없다.

글에는 드러난 것과 숨은 것이 있다. 드러난 것이 메시지라면, 숨은 것은 메시지와는 무관하지만 글이 되도록 하기 위해 필요한 부분이다. 예를 들면 편지의 처음과 끝에 사용하는 "안녕하십니까?"와 "그럼 이만 줄입니다." 같은 표현은 그저 인사치레라는 것 이외에 메시지와는 아무런 관계가 없다. 비즈니스 서신에서 흔히 쓰는 "댁내 무고하신지요?"라든가 "지난번에 폐를 끼쳤습니다." 같은 어구도 실제로 상대방의 가정에 큰 관심을 가지고 있거나 지난번 만남에서 결례를 했다는 뜻이 아니라 메시지를 전개하기 위한 상투적인 표현에 불과하다. 선거 유세나 자기 소개서에 흔히 쓰는 "뽑아만 주신다면 열심히 일하겠습니다." 같은 문구는 너무도 당연한 말이기에 오히려 무의미하고 진부하다. 이런 문구들을 클리셰라고 부른다.

클리셰란 원래 서적을 인쇄할 때 사용하는 연판을 가리키는 프랑스어인데, 말 그대로 판에 박은 문구라는 뜻이다. 영어의 스테레오타입(stereotype)과 어원이나 의미가 똑같다. 문장보다는 주로 두세 개의 짧은 단어들로 이루어지는 어구가 클리셰의 주종을 이룬다.

클리셰로 분류되는 진부한 표현들도 원래부터 클리셰였던 것은 아니다. 처음에는 유의미한 실사의 역할을 했던 문구도 자주 사용되고 표현이 관례화되면서 본래의 뜻을 잃고 의례적인 기능만 남게 된 것이다. 어떤 문구가 클리셰인지 아닌지는 그것을 다른 문구로 바꿔보면 확실히 알 수 있다. 다른 문구로 바꾸었는데도 큰 맥락에서 의미가 달라지지 않는다면 그 문구는 클리셰다. 편지의 서두에 사용하는 "댁내 무고하신지요?"라는 인사말은 전혀 뜻이 다른 "오랜만에 연락을 드립니다."로 바꿔도 아무런 상관이 없다. 이런 의례적인 문구는 그것을 구성하는 텍스트와는 무관하고 텍스트를 둘러싼 맥락, 즉 콘텍스트에 의해 의미가 결정되기 때문이다(→ 텍스트/콘텍스트).

속담이나 관용어의 형식을 취하는 클리셰도 있지만, 속담과 관용어는 생겨난 시기나 기원이 불분명한 반면 클리셰는 출처가 확실하고 특정한 개인이 지어낸 경우가 많다. 정치적 구호나 광고 문구도 처음에는 신선하다고 여겨 썼겠지만 널리 알려지면 클리셰가 된다. 처음에 참신했던 후보가 당선되면 대부분 클리셰가 되는 것도 마찬가지 과정이라고 할까?

클리셰는 일상용어만이 아니라 문학 용어로도 사용되는데, 뜻은 같다. 처음에는 신선했던 문학적 표현도 지나치게 많이 사용되어 진부해지면 클리셰로 분류된다. 특히 상상력과 창의성이 빈곤하고 허세와 멋만 부릴 줄 아는 시인이나 작가들이 클리셰를 많이 사용한다. 여성의 아름다움을 '이슬처럼 영롱한 두 눈', '파란 정맥이 드러나 보일 정도로 투명한 피부' 등으로 묘사하거나 분단과 통일 문제를 다룬 작품에 자주 사용되는 '한라에서 백두까지' 같은 표현들이 그런 예다.

하지만 클리셰도 적절히 사용하면 좋은 효과를 발휘할 수 있다. 셰익스피어처럼 위대한 문호도 클리셰를 적절히 활용하는 데 능했다. "약 모르고 오용 말고 약 좋다고 남용 말라."라는 말처럼 오용과 남용의 중간을 취하면 클리셰도 좋은 수사적 표현이 된다. 이 말도 클리셰가 된 광고 문구지만.

키치
Kitsch

'싸구려'라는 뜻의 이 독일어가 싸구려의 처지를 면하게 된 것은 현대 문화의 한 풍조를 반영한다. 지금은 이 싸구려를 의도적인 조악함이나 복고적 성향을 가리키는 의미로도 사용하기 때문이다.

키치란 원래 19세기 말에 독일에서 저급한 미술 작품을 가리키는 뜻으로 사용된 용어였다. 그 이전까지 미술 작품은 주로 교회나 귀족 등의 의뢰인에게서 주문을 받아 제작되었으나, 19세기 후반부터는 화상들이 화가들의 작품을 화랑에 전시하고 직접 소비자에게 판매하는 방식이 자리 잡았다(→ 예술). 이는 돈만 있으면 누구나 미술 작품을 소유할 수 있게 되었다는 의미다.

19세기는 적어도 서유럽에 관한 한 풍요의 세기였다. **자본주의**의 생산력은 절정에 달했고, 인간의 존엄성과 인권을 토대로 하는 자유주의 이념이 사회에 팽배했으며, 봉건적 신분 질서가 완전히 해체되고 경제력을 장악한 부르주아지가 사실상 사회의 지배계급이 되었다.

ㅋ

원래 부와 명예는 궁합이 잘 맞게 마련이다. 같은 시기에 조선의 상민들이 돈을 모으면 양반의 족보를 사들여 새로운 가문의 뼈대를 만들었듯이, 19세기 말에 돈을 벌 만큼 벌었다고 생각한 유럽의 부르주아지들은 경쟁적으로 귀족들의 문화를 흉내 내기 시작했다. 당시 유럽의 귀족들은 자국 내의 문화를 넘어 전 세계의 문화에 호기심을 보이고 있었으나(→ 오리엔탈리즘) 각국의 부르주아지들은 예전에 귀족들이 하던 것처럼 그림이나 조각 같은 미술품을 구입해 집안을 장식하고자 했다. 물론 졸부가 흔히 그렇듯이 돈이 있다고 해서 예술적 심미안이 갑자기 생길 수는 없다. 그들은 언뜻 그럴듯해 보이는 싸구려 미술품을 마구 사들였다. 실상은 진짜 고급 미술품을 구입해도 그것을 제대로 감상할 줄 아는 안목이 없었다.

이것이 키치 문화의 시작이다. 처음에 미술 용어로 사용된 키치라는 말은 점차 용도가 확대되어 저급한 미술품만이 아니라 조악한 패션이나 취향도 뜻하게 되었다. 이때까지는 부정적인 의미였다.

그러나 본격적인 대중문화의 시대인 현대에 들어 키치는 싸구려의 이미지를 떨어버리고 대중적인 예술 장르로 의미가 전화되기 시작했다. 특히 1960년대에 워홀이나 리히텐슈타인 같은 팝아트 미술가들이 통조림 깡통이나 만화를 이용한 작품을 선보이면서 키치는 조잡하고 투박한 효과를 의도적으로 추구하는 하나의 경향으로 인정받기에 이르렀다. 오늘날에는 일부러 어색하게 꾸민 패션이나 복고풍의 유행, 틀에 얽매이지 않고 자유로움을 지향하는 성향을 전반적으로 키치 문화라고 부르기도 한다.

저급, 고급의 의미가 고정되지 않고 혼재되는 현대의 예술에서 키치는 이제 부정적인 것도, 긍정적인 것도 아니라 하나의 장르가 되었다. 키치 자체의 천박한 의미는 떨쳐냈다는 이야기다. 하지만 키치를 (예전의 경멸적인 의미에서) 키치로 만드는 진짜 저급한 예술과 예술가는 여전히 존재한다. 그것은 처음부터 효과를 노린 부자연스럽고 인위적인 키치다. 자연스럽거나 정밀한 계산에서 키치를 구현하지 않고 그냥 유행에 따른다거나 불순한 의도에서 일부러 저급함을 저급한 그대로 노출하는 경우다.

ㅌ

타불라 라사

Tabula Rasa

사람의 체질이나 성격을 결정하는 요소는 크게 두 가지로 나뉜다. 하나는 타고난 것, 즉 유전적 요소이고 다른 하나는 환경이다. 이 가운데 어느 것이 더 중요한 역할을 하는지는 정확히 알 수 없다. 아마 개인마다 편차가 있을지도 모른다. 유럽 대륙에서 합리론이 발달하고 영국에서 경험론이 발달할 무렵에도 그와 비슷한 쟁점이 있었다. 인식 과정에는 주체와 대상이 관여된다. 주체를 강조하면 인간 내부의 인식 기능을 부각시키게 되고, 대상을 강조하면 외적인 **경험**을 중시하게 된다. 둘 중 어느 것이 더 인식에서 중요한 기능을 할까?

근대 철학의 포문을 연 데카르트는 인간에게는 타고난(구체적으로 말하면 신이 부여한) 본유관념이라는 일종의 장치가 있어 대상을 인식할 수 있다고 보았다. 하지만 경험론자들은 그런 게 있을 리 없다고 반박했다. 특히 경험론의 시조인 로크는 인간의 정신에 원래 아무것도 없다고 말했다. "마음을 아무 글자도 없고 아무 생각도 담겨 있지 않은 백지라고 가정해보자. 그렇다면 이것을 어떻게 채울까? 이에 대한 대답은 하나다. 그것은 경험이다."(《인간오성론》) 여기서 나온 말이 바로 타불라 라사, 즉 '흰색의 서판'이다.

로크는 인간이 백지 상태로 태어난다고 보았다(발음 때문인지 어찌 보면 '백치 상태'와 비슷하다고 할 수 있다). 인간은 어떤 생각이나 관념을 머릿속에 지니고 태어나는 게 아니라 백지처럼 아무것도 쓰여 있지 않은 머리를 가지고 태어난다는 뜻이다.

사실 데카르트가 본유관념이라는 개념을 상정하게 된 것은 나름대로 고심한 결과였다. 예를 들어 "2+3=5" 같은 지식은 누구나 다 옳다고 생각한다. 모든 사람이 동의하는 이런 종류의 지식은 경험을 통해 얻어지는 게 아니다. 경험은 하는 사람마다 다르게 마련이고, 심지어 내가 하는 경험조차 때와 장소에 따라 다르기 때문에 절대적인 지식을 주지는 못한다.

그러나 로크의 생각은 반대였다. 인간은 경험을 통해서만 사고할 수 있으며, 경험이 없으면 아무런 사고도 불가능하다는 게 그의 이론이었다. 인간은 타불라 라사만을 가지고 태어나며, 경험이 그 빈 서판에 글이나 그림을 남기는 것이다. 그 글이나 그림이 바로 인간의 사고이고 판단이다. 그에 따르면, "2+3=5"라는 지식도 원래 알 수 있는 게 아니라 경험으로 배워 아는 게 된다.

인간의 정신을 빈 서판에 비유한 원조는 고대 그리스의 아리스토텔레스였다. 그는 인간의 정신이란 수동적인 것이므로 밖에서부터 어떤 자극이 주어져야만 정신의 속이 채워진다고 믿었다. 감각을 통해 얻는 자극을 인식함으로써 비로소 인간의 정신은 능동적으로 사고하고 판단할 수 있다는 생각이었다. 또한 로마 시대의 스토아학파도 감각을 통한 경험이 있기 전까지는 정신 활동이 없다고 보았다.

하지만 로크는 우리가 외부 대상을 직접 경험하는 것은 아니라고 말했다. 외부 대상에 관해 우리가 알 수 있는 것은 그 대상의 본질이 아니라 그것이 우리의 마음속에 불러일으킨 관념이다. 또한 그 대상의 관념은 외부 대상이 우리 마음속에 반영되어 저절로 형성되는 게 아니라 우리의 마음이 외부 대상을 감각해 만들어내는 것이다. 이렇게 인식 과정에 능동성을 부여했다는 점에서 로크는 유연한 입장을 취한 경험론자였다. 로크의 타불라 라사를 극단적인 경험론의 상징으로 몰아간 것은 오히려 버클리나 흄 같은 후대의 철학자들이다.

그런데 만약 메모리만 갖추어진 백지 상태의 컴퓨터라면 그저 입력되는 자료를 기억이나 할 뿐 더 이상의 기능은 수행하지 못할 것이다. 정보를 처리하고 계산하는 중앙처리장치가 내장되어 있어야 컴퓨터는 효율적인 기능을 할 수 있다. 로크는 컴퓨터의 모든 기능이 소프트웨어로만 가능하다고 말하는 것과 같다. 그렇게 보면 로크의 타불라 라사보다는 데카르트의 본유관념 쪽에 힘이 더 실리지 않을까? 경험론의 상징인 타불라 라사와 합리론의 상징인 본유관념은 훗날 칸트에게서 종합된다(→코페르니쿠스적 전환).

텍스트/콘텍스트

Text/Context

"건전한 사상과 올바른 국가관을 가진 후보가 꼭 당선되어야 합니다."

선거를 앞두고 어느 후보가 연설 중에 이런 말을 했다. 흠잡을 데 없고 반박이 불가능한 주장이다. 건전한 사상이 불건전한 사상보다 낫고 올바른 국가관이 잘못된 국가관보다 낫다는 것은 누구나 아는 상식이니까. 그렇다면 훌륭한 연설일까? 아무도 그렇게 생각하지는 않을 것이다. 우선 너무도 당연한 말이기 때문에 무의미하다는 게 문제다. "교과서는 책이다."와 같은 동어반복의 문장처럼, 틀리지는 않지만 쓸모는 없다. 연설로서의 가치와 효과는 당연히 전무하다. 그러나 그 연설이 나쁘다고 볼 수 있는 더 큰 이유가 있다.

대개 '지극히 온당한' 주장은 배후에 다른 의도가 숨어 있을 가능성이 크다. 포장지가 예쁠수록 알맹이는 부실하게 마련이므로 그 숨은 의도는 필경 불순할 터이다. 만약 그 연설을 한 후보가 특정한 종교(예컨대 그리스도교)에 바탕을 둔 사고만을 '건전한 사상'으로 여기고 특정한 이념(예컨대 반공주의)에 입각한 국가관만을 '올바른 국가관'으로 여긴다면 어떨까?

그렇다면 그 연설은 특정한 종교와 이념을 가진 후보가 당선되어야 한다는 의도를 숨기고 있는 것이다. 그 연설자는 그리스도교와 반공주의를 내세운 정치적 발언이 불법이라는 것을 알고 겉으로 책잡히지 않기 위해 상식적인 문구로 불순한 의도를 포장한 것이다. 나중에 선거법 위반을 묻는다면 그는 필경 그런 의도가 없었다며 오리발을 내밀 게 뻔하다. 불순할 뿐 아니라 비열한 수법이다.

그 연설의 주장은 하나의 텍스트다. 우리는 흔히 텍스트가 의미를 담고 있다고 생각하지만 알고 보면 그런 경우는 많지 않다. 오해되거나 해석될 여지가 전혀 없이 완전히 투명한 텍스트만이 직접적인 의미를 담고 있다. 교통 표지판의 문구가 그런 예다. '좌회전'이나 '유턴 금지' 같은 텍스트는 그대로 특정한 행위를 지시하기 때문에 오해의 여지도 없고 해석할 필요도 없다. 법률 용어도 대체로 그렇다. "살인죄는 사형, 무기징역 혹은 5년 이상의 유기징역에 처한다."라는 형법의 조항은 누가 봐도 그 의미가 명확하다(다른 해석의 여지를 남기지 않기 위해 법률 용어는 의도적으로 건조함을 택한다).

하지만 현대사회에서 그렇게 내용이 단순한 텍스트는 매우 드물다. 텍스트는 거의 다 해석의 대상이며, 텍스트의 해석이나 오해를 놓고 논쟁이 벌어지는 경우가 허다하다. 심지어 앞의 연설처럼 처음부터 특정한 해석이나 오해를 의도적으로 겨냥한 텍스트도 있다.

"차린 건 없지만 많이 드세요." 집들이 같은 상황에서 집주인이 흔히 말하는 텍스트다. 손님이 이걸 곧이곧대로—말하자면 교통 표지판이나 법률 문구처럼—받아들여 "정말 차린 게 별로 없군요." 하고 대답한다면 불순한 의도(집주인을 일부러 모욕하려는 의도)를 가졌거나 멍청하거나, 둘 중 하나다. 집주인이 말한 그 텍스트의 참 의미는 "성의껏 차려놓았으니 맛있게 먹어라." 혹은 "이 정도 차려놓았으면 당신들이 불만을 품어서는 안 된다."라는 것이다. 이렇게 텍스트의 의미는 텍스트 자체에서 나오지 않고 텍스트를 둘러싼 상황이나 맥락, 즉 콘텍스트에서 나온다.

물론 참 의미와 연관된 콘텍스트를 직접 노출시키면 오해를 없앨 수 있지 않겠느냐는 주장도 가능하다. 그러나 집주인이 "맛없어도 맛있게 먹어야 돼."라든가 "당신 같은 손님들에겐 이 정도도 과분해."라고 말한다면 집들이의 의미 자체가 사라지고 대화와 소통도 불가능해진다. 설령 손님들도 이미 집주인의 진짜 의도를 알고 있다 해도 집주인은 텍스트상에서 그 의도를 드러내면 안 된다.

따지고 보면 일상생활에서 이루어지는 대화는 거의 다 콘텍스트를 텍스트로 포장하는 방식으로 이루어진다. 친구에게서 "그래, 너 잘나서 좋겠다."라는 텍스트를 듣고 "내가 잘나서 부러워하는구나."라고 생각할 사람은 없을 것이다. 즉 텍스트를 발신하는 사람이나 수신하는 사람이나 이미 텍스트가 그 자체로 받아들여지지 않고 콘텍스트에 따라 해석이 가해지리라는 것을 알고 있다.

앞의 연설에서 본 것처럼 텍스트/콘텍스트의 관계는 정치 분야에서 불순하게 악용되는 경우가 많다. 권력을 다루는 정치에서는 명분이 중요하므로 정치적 발언은 적어도 표면상으로는 하자가 없어야 하기 때문이다. 마음속으로는 다른 생각을 가지고 있어도 건전한 사상과 올바른 국가관을 가진 후보가 당선되어야 한다고 주장하면 적어도 텍스트상으로는 비난받을 일이 없다. 하지만 그

발언은 그 콘텍스트를 이해하는 지지자들을 결집시키는 효과를 낳는다. 그렇다고 해서 그렇게 주장하는 사람에게 "그리스도교도이자 반공주의자가 당선되어야 한다는 뜻이냐?"라고 묻는다면 그는 당연히 "내가 언제 그렇게 말했느냐?"라며 발뺌할 것이다. 정치가 때로 비열해지고 혼탁해지는 것은 그 때문이다.

니체는 진리를 묻지 말고 누가 진리를 말하느냐를 물으라고 말했다. 진리, 정의, 행복, 도덕 같은 개념들은 텍스트상으로는 누구도 거부할 수 없다. 다만 그 개념들을 구사하는 측의 의도가 불순할 경우—니체식으로 말하면 '권력'에 의해 굴절된 경우—텍스트에만 주목하는 것은 어리석은 태도다. 1980년대 초 신군부의 5공화국 정권은 '정의 사회 구현'을 구호로 내걸었다. 이것도 텍스트는 나무랄 데 없다. 다만 그 '정의(正義) 사회'라는 텍스트를 누가 정의(定義)하느냐, 즉 콘텍스트가 문제될 뿐이다. 그런데도 당시 대다수 언론들은 의도적이었는지 무지한 탓이었는지 모르지만 텍스트에만 주목하고 콘텍스트에는 눈을 감았다.

통섭

Consilience

비빔밥이라는 요리는 신기하다. 여러 가지 재료가 들어가지만 각각 따져보면 별로 대단한 것은 없다. 시금치, 고사리, 도라지 등 각종 나물과 달걀 프라이, 고추장, 참기름 정도인데, 솔직히 말해 나물은 질기고 고추장은 텁텁하다. 재료들 개별적으로는 특별히 맛있는 것도 아니고 값비싸거나 귀한 것도 아니다. 그러나 그 재료들이 한데 뭉치면 놀라운 맛을 낸다.

음식이야 굳이 비빔밥이 아니더라도 원래 여러 재료들이 섞여 맛이 나게 마련이므로 그렇다고 치자. 비빔밥처럼 요소들이 섞이면서 만들어내는 시너지 효과는 예술 분야에서도 확인할 수 있다. 고리타분한 음악의 '순혈주의'를 버린다면, 서로 다른 장르의 음악이 합쳐져 생겨난 신선한 조합을 즐길 수 있다. 팝과 클래식의 크로스오버, 록과 재즈의 퓨전은 각각의 장르에서는 구현할 수 없었던 음악적 상상력을 보여준다.

요리와 음악에서 가능한 게 학문에서 불가능할 리 없다. 학문의 비빔밥, 크로스오버, 퓨전을 가리켜 통섭(通涉)이라고 한다.

통섭은 원래 과학에서 나온 용어다. **실증주의**가 과학의 만능 무기였던 19세기 중반 실증주의의 가장 중요한 방법인 귀납법의 허점을 메우기 위해 통섭이라는 용어가 생겨났다. 귀납법은 개별적인 사실들을 종합해 원리를 도출하는 방법으로 널리 사용되지만, 엄밀히 따져보면 아무리 많은 사실들을 사례로 포괄한다 해도 그 자체만으로는 원리를 낳지 못하는 근본적인 결함이 있다(→ 귀납/연역). 지구가 탄생한 이래 수십억 년, 수백억 날에 걸쳐 해는 늘 동쪽에서 떴지만 그렇다고 해서 내일도 해가 동쪽에서 뜨리라는 것을 '논리적으로' 보장하지는 못한다. 물론 현실적으로는 너무나 자명한 상식이지만 논리적인 검증은 어렵다.

이런 문제에 맞닥뜨린 실증주의자들은 고민 끝에 나름대로 해결책을 고안해냈다. 한 분야에서 얻은 귀납적 결론을 다른 분야에서의 귀납적 결론과 일치하는지 비교해보면 검증이 가능하지 않겠느냐고 본 것이다. 사실 이런 방식은 해법이라기보다 실증주의의 신앙과도 같은 귀납법을 최대한 연장한 것에 불과하다. 무수한 비교를 통해 진리를 얻겠다는 발상으로는 귀납법의 한계를 극복할 수 없을뿐더러, 비빔밥을 좋아하는 취향과 크로스오버 음악을 좋아하는 취향을 비교하는 것은 무의미하기 때문이다. 하지만 그 과정에서 실증주의자들은 (본의 아니게) 통섭이라는 귀중한 개념을 후대에 남겨주었다.

통섭은 융합을 통해 새로운 것(주로 발전적이라고 평가될 수 있는 것)이 생겨나는 과정을 가리키는 용어다. 학문의 분야에서 가장 중요한 통섭은 인문학과 과학의 교류다. 1950년대에 영국의 C. P. 스노는 통섭이라는 용어를 쓰지는 않았어도 인문학과 과학의 통섭이 필요하다는 점을 간파했다(스노는 과학자이자 소설가였던 데다 정부 관료로도 일했으므로 삶 자체가 통섭에 가까운 인물이었다).

스노는 과학자가 인문학에 무관심하고 인문학자(그는 문학적 지식인이라는 표현을 쓴다)가 과학을 오해하는 학문적 세태를 개탄하며 이렇게 말한다. "문학적 지식인과 과학자의 사이는 몰이해, 때로는 (특히 젊은이들 사이에서) 적의와 혐오로 틈이 크게 갈라지고 있다. 그러나 그보다 더한 것은 도무지 서로를 이해하려 들지 않는다는 점이다. 이상하게도 그들은 서로 상대방에 대해서 왜곡된 이미지를 가지고 있다. 그들은 심지어 지식만이 아니라 정서적인 차원에서도 별반 공통점을 찾을 수 없다."

부부가 결별하는 과정을 보면 의사소통의 차단으로 시작했다가 최종적으로는 정서의 차원에서 멀어지지 않는가? 이쯤 되면 문화의 차이라고 말할 만하다. 그래서 스노는 자신의 책 제목에 '두 문화(Two Cultures)'라는 용어를 삽입했다. 50여 년 전 영국의 스노가 경고한 위기는 지금 우리에게도 그리 낯설게 느껴지지 않는다. 고등학교 때부터 문과와 이과를 구분하고 대학에서도 인문학과 과학이 통합된 교양 과정을 경시하는 풍토는 장차 의사소통을 차단시키고 정서의 틈을 넓혀 결국에는 '두 문화'의 결별을 낳을지도 모른다.

특히 대학에서는 인문학과 과학만이 아니라 또 다른 '두 문화' 사이에 의사소통의 어려움과 정서적 간극이 점점 커지고 있다. 그것은 바로 기초 학문과 응용 학문의 괴리다. 인문학 분야에서는 철학·역사, 사회학 같은 기초 학문과 법학, 경영학 같은 응용 학문이 서로 멀어지고, 과학 분야에서는 물리학이나 화학, 생물학 같은 기초 학문과 의학이나 공학 같은 응용 학문이 서로 멀어진다. 말하자면 이중적 '두 문화'인 셈이다. 두 집안이 소통할 필요성에 앞서 한집안 내부에서의 소통이 더 시급할 정도다.

스노가 그런 현상의 원인으로 꼽는 것은 교육, 특히 전문화에 치중된 교육이다. 전문화 교육은 사회가 당장에 필요로 하는 인력을 양성하기에는 편리하지만, 장기적으로는 전인교육을 무너뜨려 사회의 진로를 왜곡시키리라는 게 그의 진단이다.

그렇게 보면 통섭의 개념은 학문에 적용하기보다 먼저 교육정

책에 적용해야 할 것이다. 교육적 감수성이 생애 최고조에 달하는 청소년기에 전문적인 교육은 득보다 해가 많다. 처음부터 비빔밥을 먹도록 했다면 그 맛을 충분히 즐길 수도 있었을 아이에게 시금치를 따로 먹으라고 강요하면 아무리 '뽀빠이'를 내세워도 시금치와 친해지게 할 수 없다. 처음부터 음악 자체를 즐기도록 교육했다면 평생토록 음악을 벗으로 삼을 수 있었을 아이에게 딱딱한 교향악이나 시끄러운 록 음악을 들려준다면 아이는 평생 음악과 담을 쌓고 지낼 것이다.

인문학이든 과학이든, 혹은 기초 학문이든 응용 학문이든 학문의 근본적 목적은 현실을 이해하고 개혁하기 위해서다. 그렇다면 통섭은 기본일 수밖에 없다. 학문의 대상이자 소재인 현실이 이미 통섭적으로 구성되어 있기 때문이다. 현실에서 학문이 나온 것이지, 학문에서 현실이 나온 게 아니다. 현실이 통섭적으로 흘러가고 있으므로 그 현실을 올바로 파악하려면 통섭의 자세를 취하지 않을 수 없다. 그렇기 때문에 통섭은 사실 기획해서 되는 게 아니며, 그래서도 안 된다. 통섭의 필요성을 애써 부르짖기보다 학문과 교육의 본래 취지를 올바로 이해하면 통섭의 필요성은 저절로 깨닫게 된다. 그게 진짜 통섭이다. 비빔밥의 맛과 퓨전 음악의 멋을 굳이 강요하거나 강조할 필요가 없는 이유다.

트라우마

Trauma

정신의학과 심리학의 용어들 가운데는 인접 학문에 두루 원용되는 것도 있지만 거의 일상적인 용어처럼 널리 사용되는 것도 있다. **무의식**이나 **원형**이 전자에 속한다면 트라우마는 후자에 속하는 용어의 예다. 일상용어로 전용되는 과정에서 트라우마는 의미도 약간 바뀌었다.

그리스어의 트라우마트(traumat)에서 비롯된 트라우마는 원래 '상처'라는 뜻이며, 일반 의학에서도 같은 뜻으로 사용된다. 상처라면 신체적인 현상인데 어떻게 정신의학과 심리학에서 사용하는 개념이 되었을까? 그 이유는 신체적인 현상에서 심리적인 상처가 생겨난다는 사실이 현대 정신의학에 의해 밝혀졌기 때문이다(그래서 신체적인 상처는 트라우마라고 부르지 않는다).

트라우마의 정식 병명은 외상후 스트레스 장애(PTSD, post traumatic stress disorder)다. 여느 정신 질환과는 달리 PTSD는 환자의 심리나 신체에 발병의 원인을 둔 게 아니라 환자의 삶에서 일어난 충격적인 사건 때문에 발생한다. 예를 들면 전쟁, 화재, 지진이나 홍수 같은 천재지변, 신체적 폭행이나 강간, 비행기나 기차에 의한 대형 사고 같은 사건에서 가까스로 살아남은 사람들이 훗날 PTSD에 시달리는 경우가 많다.

인간의 기억은 나무와 같다. 삶에서 생겨난 작은 상처는 나무가 자라면서 껍질에 난 생채기가 아물듯이 쉽게 잊힌다. 그러나 생명을 위협할 만큼 중대한 사건을 경험하면, 마치 깊게 파인 도끼 자국이 나무에 영구히 상처로 남듯이 당사자에게 평생토록 지워지지 않는 기억이 된다. 이 경우 외부적 사건은 심리적 상처로 전화되어 질환을 일으킨다.

외상을 낳은 사건이 있은 지 며칠 뒤에 PTSD가 따르는 경우도 있고, 때로는 몇 년이나 지난 뒤에 증세가 나타나는 경우도 있다. 꿈속에서 같은 사건을 되풀이해 겪는 환자는 그래도 좀 괜찮은 상태지만, 심할 경우에는 평상시에도 환자 스스로가 그 사건에 관한 생각을 억제하지 못한다. 이럴 때는 만성질환이 되는데, 대개 불면증, 불안증, 주변에 관한 과민 반응 등의 증상을 수반한다. 집중력이 떨어져 일상생활에 불편을 겪는 경우도 많다.

대부분의 환자들은 피해 의식이나 불필요한 수치심을 자주 느끼며, 일상적인 상황에 대한 정서적 반응에서 비정상적인 태도를 드러내고, 대인관계에서도 장애를 겪는다. 이런 상태가 지속되면 알코올이나 약물 남용으로 이어지거나 심하면 자살을 시도하기도 한다.

정신의 특정한 상태가 신체의 질병을 유발하는 경우도 있고, 반대로 신체에 원인을 둔 정신의 질환도 있다. 전자의 예가 스트레스라면 후자의 예는 트라우마다. 스트레스와 트라우마는 신체와 정신이 흔히 생각하는 것처럼 확연히 분리된 게 아니라는 사실을 말해주는 좋은 증거다.

ㅍ

파시즘

Fascism

대동단결은 좋은 말이지만 같은 뜻의 파쇼는 나쁜 말이다. 파시즘을 줄여서 부르는 말이기 때문이다. 뜻이 같은데도 용도가 엇갈린 이유는 그 개념을 둘러싼 역사적인 맥락에서 찾을 수 있다.

파시즘이라는 용어는 고대 로마의 개선식에서 사용하던 권력의 상징물인 파스케스에서 비롯되었다. 화려한 개선식이 벌어지면 릭토르(행정관의 수행원)들은 월계수로 장식된 막대기들을 묶은 다발을 들고 행진했는데, 이것을 파스케스라고 불렀다. 막대기들을 묶은 이미지와 **권력**의 상징이라는 의미가 대동단결을 나타내기에 적합하다고 여겼던 모양이다.

파스케스의 '현대적 용도'에 처음으로 착안한 사람은 제1차 세계대전 이후 이탈리아의 권력자로 떠오른 무솔리니였다. 전쟁 전부터 이탈리아는 유럽의 후발 **제국주의** 국가로서 뒤늦게 뛰어든

식민지 쟁탈전에서 별로 재미를 보지 못하고 있었다. 비록 개전 초기에 재빨리 3국 동맹에서 벗어나 연합국 측에 가담했으나, 고무신 바꿔 신은 팔자가 대개 그렇듯이 전승국으로서의 혜택도 별로 받지 못했다.

당연히 전후 이탈리아의 경제 사정은 무척 어려웠고 국민들은 무능한 정부를 호되게 비판했다. 이런 분위기에서 무솔리니는 당당한 풍채와 열정적인 연설을 효과적으로 활용해 순식간에 국민들의 지지를 한 몸에 받았다. 그는 옛 로마제국의 영광을 되찾겠다고 국민들을 현혹하면서 자신을 중심으로 단결하라고 외쳤다. 그렇게 시작된 새로운 정치체제가 바로 파시스모(파시즘) 정권이었다.

무솔리니의 성공은 개인의 영광과 국가의 발전을 혼동하는 후발 제국주의 국가들에 모범 사례가 되었고, 파시즘이 일약 세계화되는 시대를 열었다. 독일의 나치, 에스파냐의 팔랑헤, 일본의 군국주의 군부가 모두 1930년대에 등장한 파시즘 정권들이다. 자신의 자리를 위협할 정도로 급성장하는 후배를 그냥 놔두고 볼 선배는 없다. 영국, 프랑스, 미국 등 선발 제국주의 국가들은 파시즘의 응징에 나섰고, 그 결과는 에스파냐 내전, 제2차 세계대전, 태평양전쟁으로 터졌다.

군사독재의 경험이라면 우리 현대사에서도 남부럽지 않게 찾아볼 수 있지만, 독재와 파시즘은 구별할 필요가 있다. 정권의 속성은 비슷하다. 그러나 독재는 독재자가 대다수 국민들의 반대를 무릅쓰고 마음대로 권력을 행사하는 것인 데 비해 파시즘은 국민의 다수가 지지하는 독재 체제를 가리킨다. 1930년대 독일의 나치 정권은 실제로 많은 독일 국민들의 지지를 받았고, 심지어 나치 정권의 반유대주의(→홀로코스트)를 지지한 국민들도 적지 않았다(오늘날 독일 국민들이 나치라는 말만 들어도 소스라치게 놀라는 이유는 조상의 그런 '원죄' 때문이다). 바로 그런 점에 주목하면 파시즘의 새로운 면모가 드러난다.

파시즘에 관한 가장 피상적인 분석은 히틀러와 무솔리니 등 희대의 정신병자들이 대중을 선동하고 권력을 독점한 체제라는 설명이다. 주로 서구의 보수적 역사가들이 이렇게 주장하는데, 이들은 파시즘의 성립을 소수 전쟁광들의 탓으로 돌리고 싶어 한다. 하지만 파시즘은 서구 역사의 사생아가 아니라 적자다. 제국주의 시대인 19세기에 식민지 쟁탈전에서 실패한 유럽의 국가들이 파시즘화되는 것은 역사적 필연이었기 때문이다.

그래서 고전적 마르크스주의는 파시즘을 자본주의의 정치경제적 위기가 표출된 결과라고 간주한다. 이런 입장을 취하면 파시즘의 역사적 필연성을 설명할 수 있지만, 이것이 파시즘의 필요충분조건인 것은 아니다.

오스트리아 출신의 심리학자인 빌헬름 라이히는 파시즘에 관한 독창적인 심리적 분석을 시도한다. 그는 당시 독일과 이탈리아 사회에 파시즘의 대중 선동이 성립할 수 있는 심리적 조건이 존재했다고 말한다. 쉽게 말해 대중이 파시즘 체제를 원했다는 것이다. 독일과 이탈리아 국민들은 스스로 파시즘의 억압을 기꺼이 감수하고자 했다. 일종의 집단적 정신병인데, 심리적으로 그것은 마조히즘(→ 관음증)에 해당한다. 라이히의 파시즘 이론은 사회경제적 또는 **이데올로기**적 관점이 아니라 **욕망**의 무의식적 투여라는 관점에서 파시즘을 바라보고 있다. 이 입장은 **마르크스주의**의 정치경제적 파시즘 분석을 훌륭하게 보완한다.

패러다임

Paradigm

옛것의 연구를 통해 새로운 지식을 발견한다는 온고지신의 정신은 학문에서 상식에 속한다. 실제로 역사를 살펴보면 그 점을 실감케 하는 사례를 많이 찾을 수 있다. 15세기 이탈리아의 르네상스는 2천 년 전의 그리스 고전 문화를 새로이 발견하고 해석함으로써 학문과 예술의 부흥을 일으킨 운동이었다. 18세기 조선의 실학자 정약용이 주장한 정전법은 4천 년 전 중국 주나라 시대의 토지제도에 그 기원을 두고 있었다. 그뿐인가? 데카르트가 근대 철학의 토대를 만들지 않았다면 어떻게 칸트와 헤겔이 있었겠으며, 고전주의 음악의 엄정한 형식미가 아니었다면 어떻게 낭만주의 음악의 자유로운 표현이 생겨날 수 있었겠는가? 이처럼 정치, 사회, 학문, 예술 등 모든 면에서 '옛것'은 언제나 '새것'을 창안하는 데 결정적으로 기여한다.

그런데 미국의 과학사가인 토머스 쿤은 과학의 경우 오히려 옛

것을 완전히 버려야만 새것이 태어날 수 있다고 주장한다. 그에 따르면, 과학이 발전해온 역사는 옛것에서 새것을 차근차근 배우는 과정이 아니라 옛것을 새것으로 완전히 대체하는 과정이다. 달리 표현하면 이 과정은 연속이 아니라 단절이고, 연장이 아니라 비약이며, 진화가 아니라 **혁명**이다. 이 과정을 설명하기 위해 쿤은 언어학에서 패러다임이라는 용어를 차용한다. 그 덕분에 패러다임은 철학과 사회과학 등 여러 학문과 예술 분야에까지 폭넓게 원용되는 개념으로 자리 잡았다.

쿤은 패러다임이 바뀌는 것을 과학혁명이라고 지칭한다. 패러다임은 이를테면 기본형 또는 표준형이다. 동사의 기본형에서 온갖 변형과 활용형이 파생되듯이, 하나의 과학적 패러다임에서 여러 가지 과학적 인식과 모델들이 나온다. 그뿐 아니라 과학적 이론, 그리고 그 이론을 검증하는 실험 기술과 장비, 이론을 구성하는 논리, 나아가 과학자 집단이 공유하는 관념과 가치관, 관습까지도 모두 그 패러다임에서 벗어날 수 없다.

어느 학문 분야에나 고전이 있듯이 과학에도 고전이 있다. 아리스토텔레스의 《피지카》, 뉴턴의 《자연철학의 수학적 원리》, 라부아지에의 《화학》 등 인류 역사의 과학적 고전들은 새로운 패러다임을 개척했다는 공통점을 지닌다. "과학의 고전들은 일정한 시기 동안 특정한 학문 분야에서 적절하고 타당한 문제와 해결 방법들을 다음 세대의 연구자들에게 암묵적으로 규정하는 역할을 했다. 그럴 수 있었던 이유는 그 저술들이 두 가지 중요한 특징을 가지고 있었기 때문이다. 하나는 기존의 패러다임을 옹호하는 학자들을 물리칠 수 있을 만큼 획기적이라는 것이며, 다른 하나는 새로운 패러다임을 지지하는 학자들에게 새로이 해결해야 할 문제들을 남겨놓을 만큼 유연하다는 것이다."

정상 과학의 시기(과학혁명이 일어나지 않는 시기)에는 하나의 패러다임이 유지되면서 평온하게 과학이 발달한다. 이 시기의 과학적 발견과 이론은 지배적인 패러다임을 증명하고 보충하며 더욱 풍요롭게 만든다. 예를 들어 2세기에 새로운 패러다임으로 탄생한 프톨레마이오스의 천동설은 1천 년 이상이나 천문학 분야에서 정상 과학의 발달을 이끌었다. 학자들은 천동설을 토대로 일식과 월식을 정확하게 예측했으며, 평범한 사람들은 해와 달, 밤하늘의 무수한 별들이 일정한 궤도를 가지고 운동하는 현상을 바라보면서 천체가 지구 주위를 돈다는 사실을 의심하지 않았다. 당시에는 물론 패러다임이라는 말이 없었지만 있다 해도 굳이 사용할 필요가 없었을 것이다. 사람들에게 천동설은 단지 하나의 패러다임인 것이 아니라 진리 그 자체였으니까.

이렇게 단일한 패러다임이 진리로 군림하는 시기에는 설령 그 체계에 다소 어긋나는 사실이 있다 해도 패러다임이 쉽사리 무너지지 않는다. 예컨대 프톨레마이오스보다 500년이나 앞서 고대 그리스의 아리스타르코스가 지동설을 주장한 적이 있었으나 그의 이론은 천동설에 완전히 패배하고 역사의 뒤안길로 밀려났다. 천동설의 패러다임이 그만큼 강력했던 탓이다.

과학혁명은 패러다임이 바뀌는 과정이다. 그 과정을 진화나 발전처럼 연속적인 용어가 아닌 '혁명'이라는 말로 부르는 이유는 과거의 패러다임에서 발견되고 해석된 이론들이 새 패러다임에서는 근본적으로 변화되기 때문이다.

만유인력의 법칙으로 유명한 뉴턴의 천문학은 프톨레마이오스의 천동설을 발전시키는 과정에서 '자연스럽게' 나온 것이 아니었다. 양자는 뿌리에서부터 서로 달랐다. 프톨레마이오스는 눈에 보이는 천체의 운동이라는 현상을 가지고 천동설을 구성했지만, 뉴턴은 운동이라는 현상이 아니라 그 현상의 원인을 문제 삼았다. 그는 행성계에서 운동의 현상보다 그 원인, 즉 운동을 일으킨 힘이 중요하다고 보았다. 눈으로 보기에는 태양이 지구를 도는 것 같지만, 눈에 보이지 않는 힘을 중심으로 고찰하면 지구는 지구보다 33만 배나 무거운 태양 주위를 돌고 있다. 이처럼 뉴턴역학은 천동설을 계승한 것이 아니라 관점 자체를 (현상에서 원인으로) 바꿈으로써, 즉 패러다임 자체를 전환함으로써 천문학의 새로운 패러다임을 제시했다.

이렇게 패러다임이 바뀌고 나면 마치 기다리기라도 했다는 듯이 새로운 패러다임에 토대를 둔 새로운 발견이 홍수처럼 쏟아진다. 천왕성은 이미 17세기 말부터 천문학자들에 의해 무수히 관찰되었으나 한동안 수수께끼의 별이라고 여겨졌다. 18세기 말에 허셜이 그것을 행성이라고 규정하자 패러다임이 바뀌었고, 그 뒤 수십 년 동안에 천문학자들은 수많은 소행성을 발견했다.

패러다임의 개념은 1960년대에 유행병처럼 번져 학술계에서 큰 인기를 끌었지만 동시에 많은 학자들로부터 뜻이 모호하다는 비판을 받았다. 마침내 쿤 자신마저 패러다임의 개념을 철회할 수밖에 없었다. 그러나 이후 패러다임은 오히려 자연과학보다도 인문, 사회과학과 예술 분야로 널리 확산되었고, 현재는 일상적인 용어로도 사용되고 있다.

패러디

Parody

창작이란 어떤 작품을 처음으로 만들어낸다는 뜻이다. 어떤 작품을 창작하기 전에는 그 작품이 존재하지 않았어야 한다. 그런데 따지고 보면 이 구분은 말처럼 그리 명확한 게 아니다. 새로운 작품을 창작하기 전에 그것과 비슷한 다른 작품이 있었다면 어떨까? 더구나 창작자가 그 작품을 알고 자신의 창작에 이용했다면?

문학이나 음악에서 특정한 작품을 의도적으로 모방해 변형시킨 작품을 패러디라고 말한다. 패러디란 원래 음악에서 비롯된 **개념**으로, '다른 노래와 병행하는 노래'라는 뜻의 그리스어인 파로데이아(parodeia)에 유래를 두고 있다. 특히 음악에서는 같은 음률에 다른 노랫말을 붙이는 것을 패러디라고 부른다. 재미 삼아 흔히 하는 놀이인 '노래 가사 바꿔 부르기'가 패러디의 원형인 셈이다.

문학적 패러디의 특징은 의도적인 모방이라는 데 있다. 그 점은 작가 자신은 물론이고 독자도 알고 있다. 그렇기 때문에 패러디 작가는 원래의 작품을 흉내 내서 어떤 이득을 취하려 하기보다는 주로 그 작품을 풍자하거나 조롱하기 위해 패러디의 방식을 선택한다. 패러디 작품이 대부분 익살과 해학을 담고 있는 이유는 그 때문이다.

모방이라고 해서 패러디가 쉬운 것은 아니다. 패러디는 단순한 모방도 아닐뿐더러 원래의 작품을 지나치게 자유분방하고 가볍게 다루는 벌레스크(burlesque)보다 더 문학적 깊이를 요구하는 장르다. 패러디를 제대로 하기 위해서는 패러디 작가가 대상 작품의 주제와 기법, 배경 등에 관해 철저하게 이해하고 있어야 한다. 또한 패러디 작품이라는 사실을 모두가 알아야 패러디의 의미가 있기 때문에 대상 작품도 이미 널리 알려진 것을 선택할 필요가 있다.

패러디와 자주 혼동되는 개념으로 표절이 있다. 의도적인 모방이라는 점에서는 같지만, 표절은 모방이라는 것을 작가만 알고 독자는 모른다는 점에서 패러디와 다르다. 그래서 패러디는 창작으로 간주되고 표절은 조잡한 모방으로 간주된다. 하지만 엄밀한 의미에서 표절이란 없다. 두 문학작품이 문장에 이르기까지 거의 비슷하다면 그것은 사실상 같은 작품이지 표절이 아니다. 또한 주제가 비슷하고 인물만 좀 다르다면 그것은 번안 작품이다. 지엽적인 부분보다 전반적인 분위기가 닮았다면 그것은 유행을 따랐을 뿐이다. 원작을 일부러 모방해 희화화했다면 그것은 패러디나 벌레스크다.

패러디와 표절의 문제는 창작의 본질과 관련된다. 과연 무언가를 새로 만들어낸다는 일이 가능할까? 작가가 사용하는 문법과 단어들은 작가 자신이 만든 게 아니며, 다루는 주제와 인물들도 순전히 작가의 **경험**과 상상력의 소산인 것만은 아니다. 해 아래 새것은 없듯이 완벽한 창작이란 없다. 시는 비교적 문법에 구애받지 않고 단어에도 작가만의 색깔을 불어넣을 수 있다는 점에서 창작의 개념에 가장 가깝지만 시도 역시 완벽한 창작과는 거리가 있다.

작가는 작품을 혼자서 쓰는 게 아니다. 그가 보고 배우고 느끼고 겪은 현실, 학문, 예술, 경험 등이 모두 그의 작품 안에 녹아들어 있기 때문이다. 창작자는 무의 상태에서 문장을 건져 올리는 게 아니라 언제나/이미 존재하는 언어 구조 속에 들어가 특정한 양식에 따라 문자들을 배열할 뿐이다. 골방에 틀어박혀 고독하게 창작되는 문학작품이라 해도 마찬가지다. 그렇게 보면, 처음부터 독자의 생각과 반응을 염두에 두는 패러디는 창작의 사회적 성격을 가장 선명하게 표방하는 문학 형식이라고 할 수 있다.

페르소나

Persona

누구나 자기에 관해서는 자기가 가장 잘 안다고 생각한다. 실제로 자신의 신체, 성격, 취향, 버릇은 자기 자신이 누구보다 더 잘 알 것이다. 하지만 남들이 보는 나의 모습도 역시 나의 일부다. 나만이 나를 잘 안다는 생각을 지나치게 고집하면 다른 사람이 바라보는 자신의 모습을 부정하기 쉽다. 세상을 혼자 살아간다고 착각하는 독불장군이 아니라면 그것은 옳지 않을뿐더러 매우 위험한 견해다.

영어의 person, 프랑스어의 personne, 독일어의 Person. '사람'을 뜻하는 이 말들은 형태에서 보듯이 같은 어원을 가진다. 모두 페르소나라는 라틴어에서 파생되었다. 그런데 페르소나는 자신의 내면에 있는 참모습이 아니라 남들에게 보이기 위한 자신의 모습을 가리킨다. 나의 '사람됨(personality)'을 남들의 판단에 맡기는 셈이랄까?

페르소나는 원래 연극에서 배우가 쓰는 가면이라는 뜻이었다. 여기서 의미가 점차 확대되어 연극의 등장인물과 성격까지 아우르게 되었고 나중에는 인격이나 사람까지 뜻하게 되었다. 그리스도교의 중요한 교리인 **삼위일체**론에서 삼위는 성부, 성자, 성령의 세 가지 위격을 가리키는데, 이 위격이 바로 페르소나다.

가면이라는 뜻에서 나왔으니 페르소나는 자칫 가짜 인격을 말하는 것처럼 오해를 받기 쉽다. 하지만 그것과는 무관하다. 페르소나는 남에게 내보이기 위한 자신의 면모이므로 주로 직업이나 신분, 사회적 관계와 밀접한 연관을 가진다. 예를 들어 보험 설계사라면 처음 만나는 사람에게도 친절하고 부드러운 이미지를 주는 페르소나를 가지고 있을 테고, 경호 업체의 직원이라면 다른 사람들에게 위압감을 줄 수 있는 페르소나를 가지고 있을 것이다. 그러나 퇴근해서 집에 돌아가면 상냥한 보험 설계사도 식구들에게 짜증을 내고, 근엄한 경호원도 자기 어머니 앞에서는 어리광을 부린다. 그렇다면 페르소나는 순전히 사회적 관계를 유지하기 위한, 말 그대로 가면에 불과한 걸까?

프로이트가 정립한 **무의식**의 개념은 인간의 정신이 언제나 단일하고 동일하지는 않다는 것을 보여주었다. 우리는 의식적 소망과는 별도로 얼마든지 다른 사고와 행동을 할 수 있다. 마음속으로는 짝꿍을 좋아하는데도 겉으로는 냉담한 척할 수도 있으며, 담임 선생님을 진심으로 존경하는데도 무심코 '담탱'이라고 비하해 부르게 될 수도 있다. 전자가 의식적인 분열이라면 후자는 무의식적인 분열이다.

프로이트의 무의식을 확대 발전시킨 심리학자 융은 우리의 정신이 분열을 속성으로 가지고 있다고 말한다. "진정한 성격, 진정한 인격이란 무엇일까? 정상적인 사람에게서도 성격 분열은 결코 불가능한 것이 아니다." 그래서 융은 페르소나를 부정적으로 보지 않고 긍정적 역할을 부여한다. 그에 따르면, 페르소나는 허위적인 자신의 모습이 아니라 일상생활을 영위하기 위해 반드시 필요한 수단이다. 무의식이 그렇듯이 페르소나도 지킬의 내면에 웅크린 하이드가 아니다.

하지만 페르소나와 자신을 완전히 동일시하면 하이드가 될 수 있다. 군대의 장교에게 리더십과 카리스마는 반드시 필요한 자질이지만 그렇다고 그 페르소나를 가정이나 사회에까지 끌고 갈 경우에는, 본인이 의도하든 의도하지 않든 '왕따'가 되거나 '마초'로 보이기 십상이다. 페르소나와 자아가 완전히 동일시되면 나머지 인격은 사라지는 게 아니라 자아의 숨겨진 측면—융은 이것을 '그림자'라고 부른다—이 되어 자아가 발전하는 데 장애물로 작용한다.

자신이 생각하는 자신의 모습과 남에게 내보이는 자신의 모습은 서로 다를 수 있고, 또 다른 게 정상이다. 중요한 것은 어느 것이 진정한 나의 모습이라고 억지로 규정하기보다 양자의 조화와 균형을 유지하는 일이다. 나만이 나를 가장 잘 안다는 고집은 페르소나에 대한 모독이다.

페미니즘
Feminism

의회 민주주의가 등장한 지는 상당히 오래되었지만 여성이 참정권을 가지게 된 것은 그리 오래된 일이 아니다. 현대 민주주의가 가장 발달한 나라로 꼽히는 미국을 비롯해 서구 대부분의 나라들은 20세기에 들어서야 여성에게 남성과 동등한 정치적 권리를 부여했다. 우리나라의 경우에는 1948년 헌법이 제정될 때 처음으로 여성에게도 정치 · 교육 · **노동** 등 각 분야에서 남성과 동등한 권리가 인정되었다.

모든 권리는 승인되는 과정에서 늘 이해 당사자들의 투쟁이 따랐다. 세계 최초로 영국에서 19세기 중반에 여성 참정권을 허용한 것도 당시 여성 운동가들이 열렬히 투쟁한 결과였다. 이때 생겨난 개념이 페미니즘이다. 여성을 가리키는 femina라는 라틴어(영어 단어 female의 어원)에서 나온 페미니즘은 흔히 여권주의라고 번역되는데, 남성 중심 사회의 속박과 압제로부터 해방되고자 하는 여성의 사회운동을 뜻한다.

공교롭게도 여성이 억압과 차별을 당해온 역사는 인류 문명의 역사와 거의 일치한다. 문명 이전의 원시**공동체** 사회에서는 여성의 신분이 남성에 비해 결코 낮지 않았으며, 모권을 중심으로 하는 모계사회에서는 오히려 여성이 남성에 비해 높은 지위를 누렸다. 인간 사회가 성립되기 전의 채집-수렵 생활에서는 남성이 지닌 신체적 힘이 중요한 요소였지만, 농경 생활이 정착되면서 여성의 경제적 기여도가 크게 높아졌기 때문이다. 게다가 농경 사회에서는 인간의 노동력이 중요해졌으므로 출산을 통해 노동력의 생산을 담당하는 여성이 사회에서 가장 중요한 인력이었다.

그러나 문명의 역사가 시작되고 사유재산 제도가 등장하면서 가부장제가 발달하고 여성의 지위가 몰락했다. 이 과정은 중세에 이르기까지 인류 역사상 수천 년에 달하는 기간이다. 이윽고 중세의 봉건적 질서가 해체되고 **자본주의**가 싹을 틔우면서 여성의 권리를 보장하는 새로운 가치관이 나타나게 된다.

자본주의는 중세 봉건영주의 손아귀에서 산업 노동력을 빼내기 위해 '만민 평등'을 이념으로 내걸었다. 그 정치적 표현이 민주주의다. 그러나 노동력은 해방되었어도 수천 년 동안 억압과 차별을 당해왔던 여성의 지위가 하루아침에 달라지지는 않았다. 여성이 온전한 권리를 찾기까지는 이후에도 수 세기가 더 필요했다. 오늘날에도 대부분의 사회에서 여성은 법적으로만 평등할 뿐 아직 성

차별이 완전히 사라진 것은 아니다.

피상적으로 생각하면 여성운동의 적은 남성으로 보인다. 수천 년 동안의 가부장제를 통해 남성은 여성에게 억압과 압제를 가해 왔던 게 사실이다. 그래서 페미니즘의 초기에는 남성을 적으로 삼았다. 하지만 사회적 분업에도 성적 차이는 있으며, 중요한 것은 성적 차이 자체가 아니라 그것이 성적 차별로 이어지지 않도록 하는 데 있다. 이 사실을 깨달은 페미니즘 운동은 점차 남성을 적으로 삼는 데서 벗어나 인간의 보편적인 기본권의 차원에서 전개되었으며, 특히 **소수자**의 평등을 지향하는 운동과 자주 접목되었다.

오늘날 페미니즘이 설정한 목표는 다중적이다. 한편으로는 여전히 일부 남아 있는 가부장제의 전통과 싸워야 하면서도 다른 한편으로는 자본주의사회에서 남성과 여성을 똑같이 괴롭히는 **착취**, 그리고 법과 정치, 사회와 문화의 차원에서 여성에게 가해지는 각종 제약과 차별을 철폐해야 한다. 마르크스는 일찍이 프롤레타리아는 가장 심한 착취에 시달리는 계급이므로 프롤레타리아의 해방은 프롤레타리아만이 아니라 부르주아지까지 포함한 인류 전체의 해방이라고 말했는데, 마찬가지 논리를 적용하면 여성의 해방은 여성만이 아니라 남성까지 포함한 인간의 총체적인 해방이라고 할 수 있을 것이다.

포스트모더니즘

Postmodernism

모더니즘은 **이성**과 합리주의에 반대하는 기치를 높이 치켜들었으나 전통과의 확고한 결별을 이루지 못했고 혁신적이면서도 보수성을 크게 탈피하지 못해 용두사미가 되고 말았다. 그 이유는 모더니즘이 주로 문학과 **예술**의 분야에 국한된 탓이 크다. 수백 년에 걸쳐 이력이 쌓이면서 튼튼해진 합리주의의 벽을 뚫으려면 그에 못지않은 강력한 논리가 필요했고, 이를 위해서는 역시 철학적 사유가 뒷받침되어야 했다. 그런 점을 보완한 포스트모더니즘은 단지 말뜻처럼 '모더니즘 이후'에 그치지 않고 근대 이성에 대한 체계적인 공략을 의미한다.

이 개념을 처음 제기한 프랑스의 현대 철학자 리오타르는 원래 포스트모더니즘이 아니라 '포스트모던'이라는 형용사를 사용했다(모던은 현대를 뜻하므로 포스트모던은 보통 '탈현대'라고 번역된다). 그 용어가 현대의 새로운 사조를 대표하게 되면서 1960년대부터는 포스트모더니즘이라는 명사가 자연스럽게 사용되기 시작했다. 때마침 푸코, 데리다, 라캉, 들뢰즈 등 **구조주의** 계열의 현대 철학자들도 이 흐름에 동참했으므로 포스트모더니즘은 대체로 포스트구조주의와 상통하게 되었다.

이성을 거부하고 비합리주의를 앞세우는 조류는 모더니즘에서부터 나타났으며, 의식보다 **무의식**을 강조하고 주체 대신 구조를 중심으로 하는 사유 양식은 이미 구조주의에서 보여준 바 있다.

포스트모더니즘은 이런 흐름을 수용하면서 이성을 바탕으로 하는 계몽과 도덕을 거부하고 합리주의로 위장된 억압의 본질을 폭로하는 데 주력한다.

모더니즘과 구조주의에서 제시된 기본 관점은 포스트모더니즘에서 더욱 구체화되고 극단화되었다. 무의식의 활동은 합리적이 아니라 충동적이므로 무의식이 강조되면 이성보다 **감정**과 **욕망**이 중시된다. 이성은 예측 가능하고 확실하지만 감정과 욕망은 늘 예측 불허이고 불확실하다. 이성의 관점에서 본다면 무의식을 기본으로 하는 사유는 일관성이 없고 **모순**에 가득 찬 사고방식이다. 따라서 불확실성과 모순을 설명할 수 있는 새로운 사유 체계가 필요하다. 필연성을 기준으로 삼는 전통적 사유는 이제 우연성을 포괄하는 방향으로 바뀌어야 한다.

이런 문제의식은 합리성을 거부한다는 이유만으로 무책임하게 설정된 것도 아니고 철학이나 예술 같은 특정한 분야에만 적용되는 것도 아니다. 물리학의 양자역학을 정립하는 데 결정적 기여를 한 덴마크의 물리학자 닐스 보어는 우연을 단순한 우연으로 간주하지 말고 그 자체로 물리학 법칙의 일부로서 수용해야 한다고 말했다. 이는 욕망의 자연스러운 흐름을 억제하거나 차단하면 안 된다는 들뢰즈와 가타리의 입장, 기계적 인과성과 필연성을 포기하고 예측 불가능성과 우연성의 관념을 도입해야 한다는 푸코의 주장과 맥을 같이한다.

이데올로기가 힘을 잃는 시대에 걸맞게 포스트모더니즘은 1970년대까지 사회체제의 통치 이데올로기나 반체제운동의 지배 이데올로기였던 거대 담론을 거부한다. 지배계급이 자신의 이해관계를 국가나 민족으로 포장하는 허구적 국가주의는 말할 것도 없지만, 그에 맞서 민족적, 계급적 해방을 내거는 거창한 이념도 마찬가지로 배척의 대상이 된다.

포스트모더니즘의 선구자인 리오타르는 '전체'를 내세우는 일체의 이념을 믿지 않는다. 전체를 구호로 삼은 데서 빚어진 시행착오는 역사적으로 무수히 찾아볼 수 있다. 인류 역사에서 전체성과 보편성을 추구한 정치와 종교, 예술은 모두 실패했다. 리오타르는 그것이 모두 거대 담론의 오류에 빠진 결과라고 말한다. 계몽, 인권, 도덕 등 인류 전체를 대상으로 하는 **형이상학**적 이념도 거대 담론이며, 그 점에서는 **혁명**, 평등, **착취**의 근절을 부르짖는 **마르크스주의**도 예외가 아니다. 거대 담론은 항상 통합과 합의를 목적으로 하기 때문에 **목적론**의 덫을 피할 수 없고 기껏해야 **유토피아**에 그칠 따름이다. 중요한 것은 전체가 아니라 부분이며 동질성이 아니라 **차이**다.

이성, 의식, 확실성, 일관성, 연속성, 동질성 등 근대적 사유의 틀을 버리고 언어, 무의식, 불확실성, 모순, 단절, 차이에 초점을 맞추는 포스트모더니즘은 분명히 새로운 사조지만 아직 특정한 구체적 형태를 보이지는 않는다. 현재까지는 각각의 철학자, 예술가마다 '시안(試案)'을 개진하는 느낌을 주고 있는 정도다. 그러나 이런 암중모색의 과정이 어느 정도 쌓이면 어떤 식이든 모종의 형태를 취하고 체계성을 보이게 될 것이다.

흥미로운 것은 전통과의 확고한 분리를 선언한 포스트모더니즘이 사유의 주제와 내용에서는 오히려 모더니즘보다도 전통적 사고와 가까운 측면이 있다는 점이다. 그것은 억압과 권력의 지배를 거부하고 **자유**와 해방 같은 전통적인 이념을 계승하는 측면이다. 과거처럼 이데올로기나 거대 담론의 방향으로 나아가는 것은 거부하지만, 그런 이념들을 여전히 존중한다는 것은 포스트모더니즘의 시대에도 아직 보편적인 가치의 생명력이 끊어지지 않았음을 반증한다.

포퓰리즘

Populism

고대 그리스는 민주주의의 요람이라고 간주되지만 실상 당대의 석학이었던 플라톤과 아리스토텔레스는 민주주의를 좋게 보지 않았다. 이유는 간단하다. 민주주의는 대중에게 중요한 의사 결정을 맡기는 제도인데, 대중이 반드시 현명하다고 볼 수는 없기 때문이다. 더구나 대중은 때로 불순한 의도를 가진 소수의 선동가들에 의해 쉽게 조종되기도 한다. 실제로 플라톤의 스승이었던 소크라테스도 민주주의를 표방하는 선동가들에게 고발을 당해 처형되었다.

이렇게 대중의 뜻에 따르는 정치적 이념이나 활동을 포퓰리즘이라고 부른다. 대중을 뜻하는 라틴어 'populus(영어 단어 people의 어원)'에서 나왔으므로 대중주의라고도 번역되지만, 흔히 쓰이는 용도를 고려하면 대중 추종주의 혹은 인기 영합주의라고도 할 수 있겠다(마침 어원이 같은 popular라는 영어 단어에는 '인기'라는 뜻이 있다). 대중주의라면 중립적인 느낌이지만 대중 추종주의나 인기 영합주의라면 부정적인 느낌이 강하다. 아마 플라톤과 아리스토텔레스는 그냥 대중주의라고 말하고 싶지 않았을 것이다. 그들은 이미 2천여 년 전 초창기 민주주의에 내포된 위험성을 간파한 것이다.

포퓰리즘은 적어도 민주주의의 외양을 취하는 탓에 쉽게 부정될 수 없다. 다수 대중의 의지를 따르는 것을 표방하고 있기 때문에 포퓰리즘을 부정하면 자칫 대중에게 도전하는 결과가 될 수 있다. 현대사회에서 다수의 정당성은 철학적으로는 **공리주의**에 의해, 제도적으로는 민주주의의 평등선거에 의해 보장되어 있다. 하지만 현대사에서는 그런 허점을 이용해 선동가 집단이 권력을 장악한 사례가 많다.

무솔리니와 히틀러는 제2차 세계대전을 일으킨 전범이지만 권좌에 오를 때는 당시 이탈리아와 독일 대중의 강력한 지지를 받았다. 1922년 이탈리아의 무솔리니는 수많은 대중 집회를 통해 국민들의 인기를 얻어 총리가 되었으며, 1933년 독일의 히틀러는 합법적인 선거를 통해 집권했다. 독재자로 잘 알려진 인물들이지만 그들은 엄밀히 따지면 독재자라기보다 파시스트였던 것이다 (→파시즘).

독일과 이탈리아의 경우에서 보듯이 포퓰리즘은 일시적으로 권력의 정당성을 가져다줄 뿐 아니라 국민 대다수의 지지에 입각한

국가 총동원을 가능케 한다. 또한 포퓰리즘이 작동하려면 무솔리니와 히틀러의 경우처럼 강력한 카리스마를 갖춘 지도자가 필요하다. 유럽의 두 나라는 그런 지도자와 그렇게 결집된 국민적 역량을 전쟁으로 표출시켰지만, 제3세계에서는 주로 국가 주도의 경제성장 전략으로 나타난다.

1950년대 멕시코, 페루, 아르헨티나, 브라질, 볼리비아 등 라틴아메리카 여러 나라에는 일제히 카리스마를 가진 독재자와 권위주의 정권이 들어서서 국가 발전과 경제성장을 주도했다. 국민들은 포퓰리즘을 민주주의로 착각했고, 정권은 선동을 리더십과 동일시했으며, 학자와 관료 집단은 그런 체제를 새로운 발전 모델로 격상시켰다. 여기에 우파 이념인 **민족주의**와 좌파 이념인 **사회주의**까지 겹쳐 라틴아메리카는 온갖 정책과 이데올로기가 뒤섞인 도가니로 변했다. 그 결과 한동안 지표상으로는 성공적인 경제성장률을 기록했으나 결국은 노동계급을 비롯한 대중이 희생되고 경제구조가 심각하게 왜곡되고 말았다.

포퓰리즘은 다수 대중의 뜻을 등에 업고 있다는 점에서 민주주의와 유사하지만 짝퉁의 한계를 벗어나지는 못한다. 고대 아테네처럼 직접민주주의가 가능한 곳에서도 포퓰리즘의 해악이 있었을진대 현대의 대의 민주주의에서는 말할 것도 없다. 처음에는 대중의 의지가 결집된 양태를 취하지만 결국에는 대중을 조종하는 선동가 집단에게 악용되며, 이 집단이 지배 엘리트가 되면 포퓰리즘의 어의와 정반대인 엘리트주의로 전락하게 된다.

플라토닉 러브

Platonic Love

플라톤은 철학자가 다스리는 나라를 이상 국가라고 보았다. 그러나 그 국가는 재산만이 아니라 아내와 자식까지 포함해 모든 것을 공유하는 철저한 **공산주의** 사회였다. 그러므로 플라토닉 러브는 플라톤의 사랑이라는 뜻이지만 플라톤이 말한 개념은 아니다.

플라토닉 러브를 우리말로 옮기면 '플라톤식의 사랑'이 되겠는데, 그 뜻은 관능적이고 육체적인 사랑과 대비되는 정신적이고 이성적인 사랑을 가리킨다. 실제로 그 말이 유행한 때는 플라톤의 시대로부터 2천 년이 지난 르네상스 시대다.

플라톤이 운영했던 학교인 아카데메이아를 본받아 15세기 중반에 이탈리아의 학자들은 피렌체에 플라톤 아카데미라는 학교를 설립했다. 스물아홉 살의 젊은 나이에 이 학교의 교장이 된 마르실리오 피치노는 플라톤 철학의 권위자로서, 메디치가의 후원을 받아 플라톤과 그리스 고전 철학, 그리고 로마 시대의 신플라톤주의 철학자인 플로티노스의 저작을 번역하고 연구하는 데 힘썼다. 그는 플라톤의 철학이 역사상 그 어느 철학보다 우수하고 **그리스도교**의 진리에 버금간다고 말했으며, 신을 향한 영혼의 사랑을 강조한다는 점에서 양자가 일치한다고 보았다. 그런 그가 플라토닉 러브를 말했다면 그것이 어떤 사랑을 뜻하는지는 묻지 않아도 뻔하다.

지금도 그 개념에는 어딘가 보수적인 냄새가 나는데, 그런 점은 당시에도 마찬가지였다. 르네상스가 만개한 시대, 인문주의가 싹트고 인간이 신에게서 벗어나 자유의지를 마음껏 누리던 때에 그렇게 경건하고 금욕적인 사랑을 강조했다면 보수적이라는 평판을 피할 수 없다. 아닌 게 아니라 그 무렵은 철학사적으로도 플라톤 철학이 보수화된 시기였다.

플라톤과 아리스토텔레스는 서양철학의 쌍두마차에 해당하지만 세를 떨친 시기는 서로 달랐다. 플라톤 철학은 기본적으로 종교와 친화력이 있었으므로—플라톤의 이데아를 인격화하면 곧바로 신의 이미지가 나온다—중세 내내 성행했고, 아리스토텔레스는 이슬람권에서만 연구되었을 뿐 서유럽에는 거의 이름조차 알려지지 않았다. 그러다가 중세 후기에 아리스토텔레스 철학이 라틴어로 번역되어 갑자기 크게 융성했다. 이런 상황에서 피치노는 플라톤 철학의 위상을 보존하겠다는 각오를 다졌으니, 말하자면 철학적 복고주의를 추구했던 것이다.

이런 배경에서 생겨난 플라토닉 러브라는 개념은 오늘날에도 널리 사용되는데 지금은 종교적인 측면보다 윤리적인 측면이 강하다. 그래서 신에 대한 사랑이라는 관념보다는 주로 남녀 간의 정신적인 사랑을 뜻하는 용어로 사용된다.

ㅎ

하위문화

Subculture

문화를 놓고 수준을 논하거나 우열을 가릴 수는 없지만(→ 문화상대주의), 특정한 문화를 생산하고 향유하는 집단 또는 특정한 문화가 영향력을 미치는 범위에 관한 논의는 충분히 가능하다. 사회적 엘리트에게는 그들 나름의 문화가 있고, 노동자에게는 노동자 특유의 문화가 있게 마련이다. 이렇게 한 사회의 전반적이고 지배적인 문화와 별도로 소집단만이 지닌 문화를 하위문화라고 부른다.

사회의 주류 문화로부터 거리를 둔 데서 짐작할 수 있듯이 하위문화는 원래 일탈적인 집단의 문화를 가리키는 **개념**으로 생겨났다. 1950년대에 미국에서 청소년 비행을 연구하는 과정에서 하위문화의 개념이 제기된 것이다. 그러나 오늘날에는 그런 부정적인 뜻이 없고 특정한 직업 집단, 연령층, 지역, 취향 등과 관련된 의미로 사용된다.

주류가 없으면 비주류가 있을 수 없듯이 사회의 전체 문화와 하위문화는 밀접한 연관을 가진다. 그러나 전체 문화가 하위문화를 통제하고 제약하는 관계가 아니라 오히려 하위문화가 독자적으로 발달하면서 전체 문화에 대해 순기능 혹은 역기능을 하는 관계다. 전체 문화의 빈틈을 메워주는 경우에는 순기능이지만 전체 문화에 대해 적대적이고 파괴적인 역할을 할 경우에는 역기능이다.

상류층, 청소년 등 사회의 각 계층에 고유한 하위문화, 도시와 농촌 같은 지역별 하위문화는 대체로 전체 문화에 대해 순기능을 한다. 그러나 사회와 학교의 폭력배 문화, 비도덕적인 취향의 향락 문화는 사회에 유해하고 독소적인 역할을 한다. 물론 사회에 적대적인 하위문화라고 해서 무조건 역기능이라고 볼 수는 없다. 지배 문화가 사회 발전을 가로막고 질서를 저해하는 경우에는 대항문화(counter-culture)가 진보적인 역할을 담당한다.

독재 세력과 민주 세력이 대립하고 있었던 1970~1980년대 우리 사회에서는 군사 문화가 지배적인 주류 문화였다. 이럴 경우 대항문화는 부당한 지배를 제어하고, 궁극적으로 군사 문화를 종식시키는 것을 목표로 삼게 된다. 하지만 문화와 정치는 다르므로 대항문화는 직접적인 정치운동으로 이어지는 게 아니라 부당한 정치**권력**에 대한 비판 의식을 고취함으로써 독재 체제에 반대하는 사회적 분위기를 조성하는 작용을 한다.

문화는 양면성을 지니고 있다. 한편으로는 다양성을 추구하는 문화적 본능이 있는가 하면, 다른 한편으로는 물리적 기반이 취약하기 때문에 외적인 강제력이 가해지면 획일화되기 쉽다. 정치권력은 후자의 측면에 주목해 문화를 통제하고 조종하는 방식으로 체제를 정당화할 수 있다고 믿는다. 1970년대에 박정희 군사정권이 국민교육헌장과 새마을운동으로 국가 지상주의의 가치관을 전 국민에게 고취하려 한 게 그런 사례다.

그러나 주류 문화는 어느 정도 통제가 가능해도 하위문화는 애초에 통제 자체가 불가능하다. 하위문화는 권력 집단의 의도에 따라 형성되지도 않고 폐기되지도 않는다. 그런 점에서 한 사회의 문화적 역량을 나타내는 지표를 알려면 주류 문화보다 하위문화를 보아야 한다. 작은 것이 아름답다. 선진사회의 특징이 다수 대중을 위한 장치보다 **소수자**에 대한 정교한 배려에 있는 것과 마찬가지다.

하이브리드

Hybrid

"눈매가 치켜 올라간 여자가 있었소. 그녀는 눈매가 내려간 남자와 결혼하면 정상적인 눈매를 가진 아이를 낳을 수 있을 거라고 믿고 그런 남자를 찾아 결혼했다오. 그런데 그녀는 한쪽 눈이 올라가고 다른 쪽 눈이 내려간 아이를 낳았소."

마릴린 먼로가 버나드 쇼에게 자신의 외모와 당신의 두뇌가 합쳐지면 완벽한 아이가 태어나지 않겠느냐고 말했을 때 버나드 쇼가 했다는 대답이다. 두 사람은 나이 차이가 70세나 되고 쇼가 죽을 무렵 먼로는 신인이었으니 아마 누가 꾸며낸 이야기겠지만, 두 개체를 합칠 경우 반드시 양측의 장점만 취하게 되지는 않는다는 메시지를 전하고 있다.

유전적으로 볼 때, 사회적으로 높이 평가되는 형질—예컨대 보기 좋은 외모, 뛰어난 지능—이 우성인자라면 다행이지만 반대로 열성인자라면 유전자의 결합은 좋지 않은 결과를 낳게 된다. 가축을 교배시킬 때 혈통을 중시하는 것은 그 때문이다. 그러나 지나친 근친교배는 순종을 낳기보다 오히려 유전적 결함을 더 키우게 될 수도 있다. 특히 인간의 경우에 순혈주의를 고집하면 유전적, 생물학적 결함은 물론이고 사회적 결함도 발생한다. 자민족중심주의, 외국인 혐오증, 다양성을 인정하지 않는 폐쇄적인 태도 등이 그 결과다. 이런 관점에서는 혼혈이나 잡종을 뜻하는 하이브리드라는 개념이 곱게 보일 리 없다.

다행히 생물체의 유전이 아닌 경우에는 하이브리드가 상당한 효과를 발휘한다. 하이브리드 카는 기존의 가솔린 엔진에다 전기자동차의 배터리 엔진을 함께 장착해 도로 여건에 맞게 자동으로 엔진이 전환되도록 만든 자동차다. 차체의 무게가 가볍고 연비도 좋을 뿐 아니라 무엇보다 유해 배기가스 배출량이 적어 대기오염의 문제를 완화할 수 있다는 게 큰 장점이다. 또한 하이브리드 컴퓨터는 아날로그 방식과 디지털 방식을 혼용해 아날로그의 장점인 속도와 디지털의 장점인 정확도를 모두 살릴 수 있다. 그 밖에 헬리콥터의 기동성과 일반 항공기의 속도를 조합한 하이브리드 항공기가 있는가 하면, 채권의 안정성을 갖추고 주식처럼 매매하기도 편한 하이브리드 채권도 있다.

다양성과 다원성을 특징으로 하는 현대사회는 하이브리드의 시대다. 기계와 장치, 제도와 문화는 말할 것도 없고 생물의 영역에서도 마찬가지다. 오로지 빨리 달리는 능력만 필요한 기형적 경주마를 양성하는 게 아니라면 현대사회에서 순종은 큰 의미가 없다. 자연스러움을 기준으로 할 때 우주의 역사와 인간의 역사에서 더 자연스러운 것은 늘 순종이 아니라 잡종이었다. 순종은 언제나 일시적으로만 존재했을 뿐 결국은 자연선택으로 사라졌고 진화는 언제나 하이브리드를 통해 진행되어왔다.

해체

Deconstruction

책은 저자가 쓰고 독자가 읽는다. 독자는 책의 저자가 무엇을 말했는가를 염두에 두고 그 내용을 알기 위해 책을 읽는다. 교과서든 소설이든 철학서든 만화책이든 다 마찬가지다. 책을 통해 저자와 독자는 대화를 나눈다. 저자가 말하는 바를 제대로 이해했을 때 독자는 그 책을 잘 읽었다고 생각한다. 이것이 상식적인 책 읽기다. 그런데 당연해 보이는 이 상식에는 문제가 있다.

저자는 어떤 주제에 관해서 글을 쓰고 독자는 저자가 설정한 주제를 염두에 두고 책을 읽는다고 가정할 때, 독서법은 크게 두 가지로 나눌 수 있다. 책의 논리(저자의 논리) 속에 뛰어들어 그것에 따라 책을 읽을 것인가, 아니면 독자가 자신의 논리에 따라 그 책을 자기 나름의 방식으로 소화할 것인가? 앞의 것이 학습이라면 뒤의 것은 비평이다. 학습이 올바른 독서일까, 비평이 올바른 독서일까? 예를 들어 마르크스가 쓴 《자본론》은 **자본주의**경제를 탁월하게 분석하고 있는, 지금도 여전히 유효한 '경제서'로 봐야 할까, 아니면 자본주의 초창기인 19세기에 그 시대의 문제의식을 정확히 담아냈던 책이지만 이제는 하나의 '역사서' 혹은 '고전'이 되었다고 봐야 할까? 경제서라면 《자본론》의 경제학적 '이론'을 이어받아야 할 것이고, 역사서라면 《자본론》의 역사적, 해방적 '이념'을 이어받아야 할 것이다.

이렇듯 독해란 생각만큼 단순하지 않다. 독일의 해석학자인 가다머는 문학을 해석할 때와 비문학을 해석할 때를 구분해야 한다고 주장한다. 비문학의 해석은 저자와 독자가 합의에 도달하는 것을 목표로 하는 방식과 같지만 문학의 경우에는 저자가 뒤로 물러앉고 언어 자체가 전면에 등장한다. 문학을 해석할 때는 독자의 지평이 넓어지고 끝없는 독해만 존재한다. 그래서 문학은 저자의 의도와 얼마든지 다른 해석이 가능하며, 저자조차 한 명의 해석자로서 역할을 할 뿐이다.

그런데 프랑스의 현대 철학자인 자크 데리다는 한 걸음 더 나아가 아예 그런 구분조차 무시한다. 가다머는 전통적인 입장에서 진일보했으나 책 속에 저자의 의도가 존재한다고 가정한다는 점에서는 달라진 게 없다. 그러나 데리다가 보기에 책에는 저자의 의도 같은 게 없다. 책은 저자와 독자가 다정하게 대화하는 의사소통의 통로가 아니다. 책은 저자가 자신의 의도를 완벽하게 담아내는 매체도 아니고, 독자가 수동적으로 저자의 의도를 읽어내는 매체도 아니다. 그래서 데리다는 전통적인 독해를 해체해야 한다고 말한다.

책을 해석할 때 늘 중요한 두 축으로 여겨졌던 저자와 독자는 해체된다. 물론 이 말은 물리적으로 존재하지 않는다는 뜻이 아니다. 저자는 책을 쓸 당시에 특정한 독자를 미리 연상할 수 없으며, 독자는 저자의 의도야 어떻든 그 책을 자기 마음대로 읽을 권리가 있다. 따라서 저자와 독자는 전통적인 독해에서 생각하는 것만큼 서로 투명하게 친한 사이가 아니며, 오히려 서로에 대해 전혀 모르는 낯선 관계다. 저자도 독자도 확정된 실체가 아닌데, 어떻게 저자에게서 독자에게로 의미가 순조롭게 흐르기를 기대하겠는가?

저자와 독자가 해체되면 책의 내용도 해체된다. 한 권의 책을 관통해 흐르는 일관된 내용, 진리, 전체 같은 것은 애초부터 없다. 책은 독자에게 모르는 것을 가르쳐주거나 특정한 감동을 주지 않는다. 독자는 단지 손에 들고 있는 책을 읽음으로써 직접 뭔가를 **생산**할 수 있을 뿐이다. 바둑 한 판을 두면서 대국자들은 수많은 판을 머릿속에서 두듯이, 어떻게 편집하느냐에 따라 같은 필름들을 가지고 수많은 영화를 만들어낼 수 있듯이, 한 권의 책은 독자의 머릿속에서 수많은 책을 (재)생산한다.

독해의 해체를 통해 데리다는 지배적 독해가 행사하는 억압적 **권력**의 해체를 꾀한다. 아리스토텔레스 이후 서양 사상사의 지배적 흐름은 문자를 음성보다, 글쓰기를 말하기보다 열등한 것으로 간주한 것이었다. **이성**이 파악한 사물의 본질을 말로 표현하는 것이 일차적인 재현이었고, 글은 언제나 부차적인 재현에 머물렀다. 말이 글로 바뀌는 데서 해석은 억압된다. 성서의 원본보다 수많은 주석본이 더 큰 위력을 가지는 것은 그 때문이다(→ 성서). 이렇게 억압되어온 해석을 복원해서 감추어진 목소리를 드러내는 게 데리다가 시도하는 원대한 해체 기획의 요체다(푸코가 고고학적 방법으로 타자의 침묵을 드러내고자 한 것과 같은 맥락이다(→ 동일자/타자).

전통적인 독해관에는 억압적 권력을 바탕으로 합의를 강요하는 정치적 함의가 숨어 있다. 텍스트—데리다가 말하는 텍스트란 문헌만이 아니라 영화, 음악 등의 예술, 정책이나 법의 형태를 취하는 권력의 메시지, 나아가 일상적 대화까지도 아우르는 의미다—자체가 아니라 텍스트의 해석이 권위와 권력을 행사한다(→ 텍스트/콘텍스트). 예를 들어 한국전쟁은 과거의 사건이지만, 전쟁에 대한 독해는 시대에 따라 달라졌고 특정한 방향의 독해는 냉전 시대에 억압적 반공 **이데올로기**를 생성하는 데 크게 기여했다.

지배적 독해의 가장 해악적인 측면은 바로 다양한 관점을 용인하지 않는 데 있다. 억압적 권력은 단일한 독해만을 제시하면서 그것에 따라야만 사회적 합의와 단결을 도모할 수 있다고 주장한다. 그러나 그것은 강요된 합의이고 **파시즘**적인 단결일 뿐이므로 해체의 타깃이 된다.

헤게모니
Hegemony

지난 20세기의 처음과 끝을 장식한 것은 **사회주의**다. 세기 초에 러시아에서 최초의 사회주의**혁명**이 성공했으나 세기 말에 사회주의권은 일제히 붕괴했다. 한때 전 세계 **식민지**·종속국들을 흥분과 기대감에 떨게 했던 사회주의가 한 세기도 버티지 못하고 그렇듯 허망하게 몰락한 이유는 무얼까?

마르크스는 낡은 사회에서 물질적 조건이 충분히 성숙해야만 새로운 사회질서가 생겨날 수 있다고 말했다. 이 말은 곧 선진 **자본주의**국가에서 사회주의혁명이 일어나야 한다는 뜻이다. 현실 사회주의권이 무너진 것은 마르크스의 주장을 거스른 탓일까? 그러나 이탈리아의 마르크스주의자인 안토니오 그람시의 생각은 달랐다. 그는 이미 1930년대에 현실 사회주의의 몰락을 예견했는데, 마르크스처럼 혁명의 경제적 조건만 고려한 것은 아니었다.

혁명 이전 시기 차르 체제의 러시아에는 없었고 당시 서유럽 국가들에는 있었던 게 있다. 그것은 바로 시민사회다. 용어는 익숙하지만 '시민'이라는 계급이 역사적으로 존재하지 않았던 우리 사회의 맥락에서는 사실 시민사회의 개념을 제대로 이해하기 어렵다(선거 유세에서 흔히 듣는 '국민 여러분'이라는 말을 서양에서는 '시민 여러분'이라고 한다. '시민'의 사전적 정의는 도시 거주자를 뜻하지만 서양의 역사와 문화에서 시민은 곧 '일반 국민'의 의미였다).

17세기 영국, 18세기 프랑스가 잘 보여주듯이 서유럽 국가들은 시민계급, 즉 부르주아지가 역사적으로 존재했다. 이들은 시민혁명을 통해 근대 의회 민주주의의 발전에 지대한 기여를 했다. 그런데 20세기 초까지 차르 체제의 제국적 질서가 잔존했던 러시아에는 시민계급이 부재했다(이 점은 중국이나 북한 등 제2차 세계대전 이후에 생겨난 사회주의국가들도 마찬가지다). 시민계급과 시민혁명의 '생략'은 사회주의혁명을 거친 국가들이 사회주의를 계속 발전시키는 데 치명적인 결함이었다.

시민사회의 대립물은 **국가**다. 국가는 지배하고 시민사회는 국가를 견제한다. 서유럽의 근대사는 국가와 시민사회가 서로 갈등과 타협 속에서 긴장과 조화를 이루며 전개된 역사였다. 그런데 시민사회의 전통이 없는 러시아에서는 국가의 전제적 지배가 여과 없이 국민들에게 전해졌다. 부실한 사회주의혁명조차 아래로부터의 자연스러운 사회혁명이 아니라 위로부터의 인위적인 정치혁명이라는 형태를 취한 것은 그 때문이다.

그 반면에 서유럽 세계에는 시민사회가 있었기에 국가의 지배도 일방적이고 폭력적인 방식을 취할 수 없었다. 시민사회의 동의를 얻지 못한다면 국가도 결국 붕괴할 것이기 때문이다. 이런 시민사회의 역할에서 그람시는 헤게모니의 개념을 끌어낸다.

국가는 지배계급의 이해를 관철시키는 도구다. 그러나 시민사회라는 감시 장치가 있기 때문에 물리력에만 의존할 수는 없다. 그래서 국가는 한층 세련된 지배 방식을 구사하게 되는데, 이것이 바로 헤게모니다. 헤게모니는 패권, 지배라는 뜻이지만 물리력이나 강제력에 의한 지배와는 다르다. 헤게모니는 피지배자의 동의나 합의에 기반을 두는 지배이며, 그람시에 따르면 문화적, 도덕적 지배의 측면을 포함한다.

물론 폭력성이 덜하다고 해서 헤게모니를 지배계급이 피지배계급에게 베푸는 시혜라고 보면 안 된다. 겉으로는 온건한 방식인 듯 보이지만 실은 원시적이고 난폭한 지배로는 피지배계급을 완벽하게 지배할 수 없기 때문에 헤게모니가 채택된 것이다. 지배계급은 자신의 이익을 어느 정도 희생하고 양보하면서 피지배계급과 적절한 선에서 타협을 이룬다. 그러나 그들의 참된 목적은 피지배계급으로 하여금 현실을 당연시하게 만들어 지배 구조를 영속화하려는 데 있다.

이렇게 지배계급이 세련된 지배 방식을 취한다면 그 지배에서 해방되려는 혁명도 과거처럼 조악한 것이어서는 안 된다. 그람시는 지배계급이 구사하는 헤게모니의 방식을 혁명 세력도 활용해야 한다고 주장한다. 그가 염두에 둔 혁명은 러시아혁명처럼 단기간에 모든 것을 뒤엎고 **권력**을 탈취하는 과정이 아니라 완만하고 장기적인 과정이다. 그래서 그는 혁명을 유격전이 아닌 진지전이라고 말한다.

단기전이나 유격전이라면 물리력만으로도 승리할 수 있지만 장기전이나 진지전에서 승리하려면 지배계급의 헤게모니에 대응할 수 있는 대항 헤게모니를 갖추어야 한다. 그 목적은 **이데올로기** 투쟁을 통해 대중의 의식을 혁명적으로 전환시키는 데 있다. 그러므로 지배계급의 헤게모니에서와 마찬가지로 혁명 세력의 헤게모니에서도 중요한 것은 역시 대중 교육이다. 하지만 교육의 목적은 **계몽주의**처럼 대중을 가르치고 이끌기 위해서가 아니라 대중에게 잠재된 혁명 의식을 고취해 혁명의 주역으로 만들기 위해서다.

혁명

Revolution

"내 팔자에 무슨 난리야."

우리 속담에 이런 말이 있다. "한심한 내 처지를 보면 차라리 난리라도 났으면 좋겠는데 내 팔자에 난리가 날 운수라도 있겠느냐."라는 뜻이다. 난리가 나면 세상이 뒤집어져 위가 아래로 되고 아래가 위로 될 테니 없는 사람들에게는 오히려 좋은 일이다.

혁명이란 바로 그런 난리를 뜻하는 개념이다. 난리가 나타내는 혁명의 이미지는 두 가지다. 첫째, 혁명은 작은 변화가 아니라 사회의 질서가 뒤집힐 만큼 큰 폭의 변화다(혁명보다 작은 변화를 개혁이라고 말한다). 둘째, 사회의 기득권층은 난리가 나서 좋을 일이 없을 테니 당연히 혁명을 바라지 않는다. 따라서 혁명은 피지배계급이 체제를 전복시켜 지배계급이 되는 급격한 사회 변화를 가리킨다. 역사에서 그런 혁명의 예로는 17세기 영국 내전, 18세기 미국의 독립혁명과 프랑스혁명, 20세기 러시아 **사회주의**혁명 등이 있다.

혁명이 반드시 사회 발전이나 진보를 낳는 것은 아니다. 혁명은 특정한 사회집단이 의도적으로 추구하는 것이라기보다는 혁명적 조건에서 필연적으로 발생하는 것이기 때문에, 누구도 혁명이 일어나리라는 것만 예견할 수 있을 뿐 결과가 어떨지는 예측할 수 없다. 혁명의 계기는 마치 우연적으로 보이지만 실은 과거 체제의 모순이 곪을 대로 곪아 자연스럽게 혁명의 방아쇠와 같은 역할을 한 것이다. 그러므로 1789년에 바스티유 감옥을 파리의 군중이 우연히 점거한 사건이 없었더라도, 1905년에 러시아 경찰이 상트페테르부르크 시민들을 향해 우발적인 발포를 하지 않았다 해도 프랑스혁명과 러시아혁명은 일어났을 것이다.

마르크스는 혁명이 역사적 필연성을 가지는 주된 이유를 경제적 요인에서 찾았다. 그가 설명하는 사회혁명의 과정은 이렇다. "사회의 물질적 생산력은 특정한 발전 단계에 이르면 기존의 생산관계, 또는 이전까지 적합했던 소유관계와 갈등을 빚게 된다. 생산력을 발전시키는 힘이었던 이 관계는 오히려 생산력을 제약하는 질곡으로 변화한다. 그때 사회혁명의 시대가 시작된다."

마르크스는 고대 노예제사회에서 봉건제사회로, 다시 봉건제사회에서 **자본주의**사회로 이행한 역사적 과정을 사회혁명으로 보았다. 그는 특정한 사회질서의 내부에서 생산력이 충분히 발전하면 새로운 생산관계가 나타난다고 주장했다. 바꿔 말하면 혁명의 조건이 충분히 성숙되기 전까지는 혁명이 일어날 수도 없고 성공할 수도 없다는 의미다.

그러나 자본주의적 생산력이 완전히 발달한 뒤에야 사회주의혁명이 가능하다고 믿었던 마르크스의 생각과는 반대로 1917년에 후진 자본주의국가인 러시아에서 사회주의혁명이 일어났고 또 성공했다(→ 약한 고리). 레닌이 이끄는 볼셰비키라는 혁명 조직이 '위로부터의 혁명'을 시도한 것이었는데, 비록 혁명의 물질적 조건은 성숙하지 않았으나 차르 체제의 극심한 억압이 그 조건을 대신했고 혁명의 주체적 역량이 튼튼했기 때문에 성공한 경우라고 볼 수 있다. 하지만 20세기 말에 현실 사회주의권이 붕괴한 것은 처음부터 단추가 잘못 끼워진 혁명이 끝까지 성공하기란 어렵다는 사실을 말해준다.

혁명은 원래 사회적 격변을 가리키지만 반드시 사회적 의미가 아닌 격변도 혁명이라고 부르는 경우가 있다. 과학상의 비약적인 발전을 가져온 과학혁명(→ 패러다임)이나 자본주의 체제를 공고히 하는 데 결정적인 역할을 했던 산업혁명이 그런 사례들이다.

현존재

Dasein

나를 제외한 세상의 모든 것이 잠시 정지된다면, 하는 생각은 누구나 한번쯤 해보았을 것이다. SF 영화에서 흔히 보는 장면이지만 생각만 해도 신난다. 이를테면 은행에서 돈을 마음껏 가져올 수도 있고, 평소에 미워하던 사람의 머리통을 한 대 갈겨줄 수도 있다.

하지만 조금만 생각해봐도 그 상상은 원리적으로 불가능함을 알 수 있다. 나 이외에 모든 것이 정지되어 있어야 하는데, 은행에서 돈을 가져오거나 미워하는 사람의 머리통을 때리려면 나의 바깥에 존재하는 객관적인 세계의 일부(돈이나 머리통)를 반드시 움직여야 하기 때문이다. 그러나 문제는 그뿐이 아니다. 도대체 어디까지가 '나'이고 어디까지가 '세계'일까? 내 신체와 정신은 '나'이고 그 밖에 모든 것은 '세계'일까? 그럼 내 장 속의 대장균, 내 핏줄 속의 백혈구는 나일까, 세계일까? 투명인간이 되는 약을 발명했다고 하자. 투명인간의 신체 중에 투명한 부분은 어디까지여야 할까? 투명인간이 뱉은 침이나 흘린 피, 잘라낸 머리카락은 투명해야 할까, 그렇지 않아야 할까?

언뜻 쉬워 보이는 문제가 이렇게 어려워지는 이유는 나와 세계가 칼로 두부 자르듯이 매끈하게 구분되지 않기 때문이다. 그래서 독일의 철학자 하이데거는 인간을 세계-내-존재(In-der-welt-sein)라고 부른다(그냥 '세계내존재'라고 하지 않고 굳이 하이픈을 붙인 이유는 주체와 세계가 뗄 수 없이 연관되어 있음을 나타내기 위한 것이다).

'나'는 세계와 별개로 존재하는 개체가 아니라 늘 세계 속에 처해 있는 존재다. 그렇기 때문에 모든 것이 고정되어 있고 오직 나만 움직일 수 있다든가, 모든 것이 눈에 보이고 오직 나만 보이지 않는다는 것은 원리적으로 불가능하다. 어디까지를 '나'라고 한정하는 것 자체가 불가능하기 때문이다.

하이데거는 스승인 후설을 좇아 19세기 후반부터 20세기 초까지 풍미했던 **실증주의**를 거부한다. 실증주의는 **주관/객관**의 분리를 당연한 것으로 여기고, 이 전제에서 모든 논의를 전개했다(따라서 실증주의에서는 앞에서 말한 상상이 얼마든지 가능하다). 그러나 후설의 현상학과 하이데거의 현상학적 존재론에 따르면, 주관과 객관은 구분할 수 없이 연결되어 있다.

조어(造語) 기능이 뛰어난 독일어의 특성을 살려 하이데거는 세계-내-존재, 즉 인간존재를 현존재(現存在)라는 개념으로 표현한다. 현존재란 다자인(Dasein)을 번역한 용어인데, 다자인 역시 원래 있는 용어가 아니라 하이데거가 'da(거기 혹은 그때)'와 'Sein(존재)'을 결합해 만든 말이다. 영어로는 There-Being이라고 번역한다.

하이데거가 인간을 굳이 현존재라는 까다로운 이름으로 부르는 이유는 무얼까? 그의 의도는 실증주의적이고 생물학주의적인 실체로서의 인간 개념(흔히 말하는 '자아')을 거부하려는 데 있다. 인간은 사물처럼 응고되고 결정화(結晶化)된 존재가 아니다. 사물과 달리 인간은 의식 활동을 하기 때문이다. 인간은 무엇을 의식하는 존재이지 무엇에 의해 의식되는 존재가 아니다. 따라서 인간의 존재 방식은 사물의 그것과 다르며 또 달라야 한다.

그럼 인간, 즉 현존재의 존재 방식은 무얼까? 현존재는 존재하면서 자신의 존재를 문제 삼는 유일한 존재다. 인간은 세계 속에 존재하면서도 세계를 대상화시켜 바라볼 수 있는 특수한 존재다. 세계 속에 존재하는 한에서 인간은 객체이며, 세계를 마주 대하고 있는 한에서 인간은 주체다. 즉 인간은 주체이면서 동시에 객체다.

인간은 스스로 존재하면서도 존재의 의미를 묻는다. 살아가면서도 끊임없이 자신이 왜 사는가를 묻는다. 시간 속에 처해 있으면서도 시간 자체를 대상화시킨다. 세계의 일부이면서 세계의 주인이기도 한 존재 방식, 이를 가리켜 하이데거는 현존재의 이중적 존재 방식이라고 말한다. 여기서 인간의 존재 방식을 사물의 존재 방식과 동일한 것으로 가정하는 실증주의적 인간관은 무너진다.

그러나 하이데거가 세계-내-존재나 현존재와 같은 새로운 개념들을 만들어 쓴 데는 다른 이유도 있다. 그는 **인식론**에 치우친 기존의 **형이상학**으로는 **존재론**을 다룰 수 없다고 보았다. 주관과 객관을 분리하는 데 익숙한 형이상학의 언어는 개별 존재자를 말할 수는 있어도 존재 일반을 말할 수는 없다. 그래서 하이데거는 존재를 기술할 수 있는 유일한 언어를 시에서 찾았다. 그에게 현존재는 일종의 철학적 시어(詩語)인 셈이다.

"말할 수 있는 것에 관해서는 명료하게 말하라. 그러나 말할 수 없는 것에 관해서는 침묵하라." 철학적으로 전혀 다른 계열에 속하는 논리실증주의 철학자 비트겐슈타인이 한 말이지만, 하이데거도 역시 '말할 수 없는 것'을 말해야 하는 한계에 이르렀다. 철학적 고민의 동시대성을 말해주는 사례다.

형이상학
Metaphysics

과학의 탐구 방식과 철학의 탐구 방식은 다르다. 과학은 관찰에 의거하는 반면 철학은 사유의 힘으로 진리를 찾는다. 철학 중에서도 가장 순수한 사유에 의존하는 분야, 그런 의미에서 가장 철학적인 분야가 형이상학이다.

형이상학의 어원을 보면 개념의 의미를 쉽게 알 수 있다. 형이상학은 아리스토텔레스에게서 비롯된 개념이지만 원래대로였다면 '제1철학'이라는 이름으로 불렸을 것이다. 아리스토텔레스는 학문의 순서를 정할 때 먼저 존재자에 관한 학문인 자연학, 즉 피지카(physika)를 공부한 뒤 존재 일반에 관한 근본 원리를 다루는 제1철학을 공부해야 한다고 말했다. 피지카는 물리학의 어원이니까 지금으로 말하면 '자연과학→철학'의 순서로 공부해야 한다는 뜻이다. 그의 취지를 이어받아 기원전 1세기의 그리스철학자인 안드로니코스는 아리스토텔레스의 저작을 정리하면서 제1철학을 자연학의 뒤에 놓고 메타피지카(metaphysika, '자연학 뒤의 것')라는 이름을 붙였다. 이렇게 보면 형이상학은 흔히 알려진 것처럼 단순히 서지학적으로 생겨난 이름인 것만은 아니다.

이 점은 형이상학이라는 한자 명칭이 생겨난 유래에서도 확인된다. 유학의 경전인 《주역》에는 "형이상자(形而上者)를 도(道)라 하고 형이하자(形而下者)를 기(器)라 한다."라는 구절이 있는데, 여기서 형이상학이라는 용어가 만들어졌다(형이하학이라는 말은 없다). 형이상자란 형태가 없고 불변하는 요소이며, 형이하자는 형태가 있고 가변적인 요소를 뜻하므로 메타피지카의 그럴듯한 번역어인 셈이다.

형이상학은 세상 만물의 근원을 찾았던 초기 그리스철학의 맥을 정통으로 잇고 있다. 눈에 보이는 세계는 참된 것이 아니다. 피지카의 세계, **감각**의 세계의 배후에는 **경험**과 관찰로는 알 수 없고 순수한 사유를 통해 이해할 수 있는 메타피지카의 세계, 진리의 세계가 있다. 이곳이 바로 인간의 영혼, 선(善)과 행복, 신이 존재하는 영역이다.

과학은 개별 사물을 탐구 대상으로 한다. 물리학은 사물의 이치를 말해주는 법칙을 찾고 사회학은 사회현상의 원인과 결과를 분석하는 학문이다. 그러나 형이상학은 개별 사물이 아니라 사물의 총체, 세계의 궁극적 근거를 다루므로 부분적 지식이 아닌 전체적 지식, 특수성이 아닌 보편성을 추구한다. 과학은 경험 세계에 국한되지만 형이상학은 경험 세계를 초월한다. 경험 세계를 벗어날 수 없는 인간이 선험적이고 초월적인 세계를 탐구한다? 그렇다면 형이상학은 필연적으로 신학과 결부될 수밖에 없다.

실제로 초기 형이상학자인 플라톤과 아리스토텔레스는 철학 체계 내에 신의 관념을 포함시켰다. 플라톤은 이데아의 세계를 거의 신의 영역으로 간주했으며, 아리스토텔레스는 만물을 움직이되 그 자체는 움직이지 않는 원동자를 가정했다. 이런 철학적 배경에서 **그리스도교**의 신이 등장했다. 아우구스티누스와 토마스 아퀴나스 등 중세의 철학자들은 모두 플라톤과 아리스토텔레스의 형이상학을 이용해 그리스도교 신학을 성립하고 신을 논증하고자 했다.

근대에 들어 신학의 권위가 실추되는 상황에서도 형이상학은 전혀 힘을 잃지 않았다. 데카르트에서부터 헤겔에 이르기까지 대륙에서 전개된 합리론의 전통은 기본적으로 형이상학을 완성해가는 과정이었다. 공교롭게도 형이상학의 위기는 '형이하학'이 발달하면서 생겨났다. 중세의 철학적 전통이 약했던 영국에서는 종교개혁 이후 현실적인 사유 양식이 자리를 잡았고 이것이 특유의 경험론으로 발전했다. 경험론의 극한을 추구한 흄은 감각을 통하지 않은 인식이란 없다면서 순수한 사유는 불가능하다고 못 박았다. 흄은 형이상학의 권위에 정면으로 도전하지 않았을 뿐 사실상 형이상학을 부정한 셈이다.

경험론의 전통에 힘입어 근대 자연과학이 비약적으로 발달하자 형이상학은 거센 도전을 받았다. 형이상학은 근거도 없고 실용성도 없는 순수한 사유 체계일 뿐이며, 철학을 위한 철학에 불과하다. 이런 비판에도 불구하고 같은 시기에 헤겔은 **이성**의 절대화를 통해 형이상학을 완성했다고 믿었으나(→절대정신) 다른 측면에서 보면 그것은 형이상학의 종말이었다.

하지만 진지한 철학자들은 자연과학의 성과를 등에 업은 **실증주의**의 천박한 비판에 맞서 형이상학의 본래 권위를 회복시키고자 했다. 후설의 현상학이 그 첫 성과였고, 그의 뒤를 이은 하이데거는 인식론으로 일관하던 근대 형이상학적 전통에 존재론을 포함시켜 약점을 보완했다(→인식론/존재론).

현대 철학은 여전히 형이상학을 수용하고 계승하려는 입장과 형이상학을 거부하고 해체하려는 반(反)형이상학적 입장으로 나뉜다. 전자는 실존철학과 비판철학의 계열로 이어졌으며, 후자의 대표적인 흐름으로는 실증주의를 계승하면서 그 피상성을 극복하기 위해 언어를 테마로 내세우는 논리실증주의와, 형이상학의 전제가 되는 '자명한 주체'를 포기하고 무의식적 구조를 중심으로 하는 **구조주의**가 있다.

호모루덴스

Homo Ludens

노는 것을 직업으로 갖고 있다면 언뜻 부러워 보이지만 실은 그렇지 않다. 사람들에게 즐거움을 주는 일로 먹고사는 연예인들은 다른 사람들이 노는 날에 일해야 한다. 프로 스포츠 선수는 휴일에 더욱 열심히 경기를 해야 한다. 경마의 기수나 프로게이머는 남들이 즐기는 경주나 컴퓨터 게임에서 승리하기 위해 머리를 싸매야 한다.

일상생활에서는 대부분 일과 놀이가 완전히 분리되어 있다. 놀 여유가 전혀 없이 일만 해야 하는 사람도 안됐지만 반대로 할 일이 전혀 없어 놀아야만 하는 사람도 딱하다. 사르트르의 소설《구토》의 주인공인 로캉탱은 놀면서 살 수 있는 연금 생활자다. 그는 남아도는 시간과 무료함을 달래기 위해 롤르봉 후작이라는 프랑스 역사상의 한 인물을 '취미로' 연구하는데, 그 과정에서 그는 자신의 실존, 즉 존재의 무근거함을 깨닫는다. 그가 소일거리이자 연구 주제로 택한 롤르봉은 결국 그 자신의 텅 빈 근거를 메우기 위한 소재에 불과했다. 일과 놀이가 완전히 분리되면 지킬과 하이드처럼 이중생활을 하게 되거나, 일도 놀이도 무의미해지게 된다.

그러나 놀이는 단순한 여가 활용이 아니라 인간의 본질이다. 그 점을 강조하기 위해 네덜란드의 문화사학자인 하위징아는 호모루덴스, 즉 '놀이하는 인간'이라는 용어를 만들었다.

전통적인 견해에서는 놀이가 문화의 일부분으로 분류되었다. 그러나 하위징아는 오히려 문화가 놀이에서 비롯되었다고 말한다. 놀이는 문화의 한 하위 분야가 아니라 그 자체로 독립적인 범주다. 게다가 놀이는 인간이 살아가는 데서 부차적인 여가 활동이 아니라 삶의 근본적인 활동이다. 구석기시대의 유적인 알타미라나 라스코의 동굴벽화를 보면 인류는 초기부터 일과 놀이와 삶을 일치시켰음을 알 수 있다.

하지만 고기도 먹어본 사람이 먹는다는 말처럼 놀이도 놀아본 사람이 놀 줄 아는 법이다. 〈하나비〉라는 일본 영화에는 두 명의 불행한 사내가 나온다. 주인공인 니시 형사는 딸을 잃고 백혈병에 걸린 아내의 치료비 때문에 야쿠자에게 빚까지 진, 한마디로 이 세상에 미련이 있을 이유가 없는 인물이다. 또 주인공의 단짝 친구이자 콤비인 호리베 형사는 총상을 입고 하반신 불구가 되면서 단란하던 가정마저 박살난다. 병문안을 온 니시에게 그는 이렇게 말한다. "한가한 것도 고역이군. 어머니는 시를 쓰거나 그림을 그리라는데, 지금까지 늘 바쁘게 살아오느라 뭐 할 줄 아는 게 있어야지."

바쁘게 살아오느라 할 줄 아는 게 없다? 그동안 한 일은 많았어도 놀아본 적은 없다는 이야기다. 호리베의 그 말은 **역설**이지만, 주어진 일만 열심히 수행하면서 일상에 매몰된 채 사는 데 익숙해진 우리 사회의 생활인들에게는 뼈저린 역설이다.

지금이라면 쉰이라는 나이를 아직 한창 일할 때로 치지만 얼마 전까지만 해도 우리 사회의 쉰이면 오히려 일할 만큼 일한 나이였다. 남들이 40년에 걸쳐 하는 일을 불과 20년 동안에 우지끈뚝딱 해치웠으니 이제는 놀고 싶다는 생각이 드는 건 당연하다. 그러나 문제는 호리베가 그렇듯이 그동안 일만 하느라 '어떻게 놀아야 하는지'를 잊었다는 사실이다. 온종일 친구들과 100원짜리 장기나 화투판을 벌이는 시아버지와, 온종일 며느리와 손자들에게 잔소리를 퍼붓는 시어머니는 그래서 생겨났다.

미국의 심리학자인 에리히 프롬은 누구나 할 줄 알 것 같은 사랑에도 '기술'이 필요하다는 점을 강조했다. "사람들은 사랑을 그렇게 갈망하면서도 사랑보다는 성공, 권위, 돈, **권력** 등을 더 중요한 것으로 여기며, 사랑의 기술을 배우기 위해서는 아무것도 하지 않으면서 그러한 목표를 성취할 수 있는 방법을 배우기 위해서는 모든 정력을 사용하고 있다."

놀이도 사랑과 마찬가지로 기술이 필요하다. 젊은 시절을 일로만 때운 사람들은 막상 그 일이 떨어져 나갔을 때 불안할 수밖에 없다. 이런 비극을 예방하려면 일할 수 있는 나이에 일과 더불어 반드시 놀이의 기술도 배워두어야만 한다. 늘 아이들은 놀이보다 공부를, 어른들은 놀이보다 일을 중시해온 우리 사회에서, 정작으로 그 공부와 일의 발전을 저해해온 것은 바로 호모루덴스의 관념이 없었던 탓일 게다.

홀로코스트

Holocaust

일제강점기에서 1970년대까지 교회운동과 민족운동을 이끌었던 함석헌은 일찍이 베트남과 우리 민족을 '수난의 여왕'이라 부르며 역사적으로 크나큰 고통을 받은 대표적인 민족으로 꼽은 적이 있었다. 그러나 세계사를 통틀어 가장 큰 수난을 당한 민족은 역시 유대인이라고 해야 할 것이다. 고향을 잃고 세계 각지로 흩어진 이후 유대인은 가는 곳마다 차별과 학대에 시달렸다(→ 디아스포라). 더욱이 유대인은 그들이 삶의 터전으로 삼은 나라의 정부만이 아니라 국민들에게도 탄압과 배척을 받았다. 그 두 가지가 합쳐진 결과로 일어난 인류 역사상 최대의 비극은 원래 번제를 뜻하는 그리스어에서 나온 홀로코스트라는 용어를 '유대인 대학살'이라는 뜻의 고유명사로 만든 것이다.

히틀러가 1933년에 독일의 총리로 집권하자마자 한 달 만에 반유대주의를 정책으로 시행한 것은 그것을 관철시킬 만한 대중적 기반이 있었기 때문이다. 고대에서 근대에 이르기까지 유대인들이 유럽 각국에서 심한 박해를 받은 것은 일단 박해를 가한 측의 비인도적인 행위의 탓이지만 그 원인은 유대인들에게도 있었다.

우선 그들은 유대교 특유의 선민의식을 버리지 않았고, 민족적 정체성을 지나치게 강조했으며, 어디서나 자신들만의 신앙과 생활 습관을 전혀 바꾸려 하지 않았다. 말하자면 왕따를 자초한 셈이다. 게다가 부동산 소유권이 제한되어 있는 탓에 유대인들은 주로 현금을 다루는 장사나 대금업에 종사했으므로 현지 주민들에게서 따가운 눈총을 받지 않을 수 없었다.

하지만 그 어떤 이유도 무려 600만 명의 유대인을 살해한 유사 이래 최대 규모의 학살극을 변명할 수는 없다. 나치 독일이 치밀하게 수순을 밟아간 과정은 홀로코스트가 얼마나 계획적인 것이었는지를 잘 보여준다. 1935년에 나치 독일은 일단 유대인의 시민권을 박탈해 학살의 '법적 근거'를 마련했다. 곧이어 유대 회당(시나고그)을 비롯한 유대인 기관들을 파괴했으며, 유대인들의 재산을 빼앗고 집단 수용소에 감금하기 시작했다.

1939년 제2차 세계대전이 터지자 수용소에 감금되지 않은 유대인들은 유대인 표시를 한 채 게토라고 불리는 유대인 거주 지구에 사실상 갇힌 상태로 살아야 했으며, 남자들은 군수공장에 징집되어 강제 노동을 해야 했다. 묘한 것은 그렇게 가혹한 정책이었음에도 반유대주의는 독일만이 아니라 유럽 전역에서 상당한 대중적 지지를 얻었다는 사실이다. **파시즘** 체제를 만들어냈고 모든 면에서 히틀러의 흉내를 내고자 했던 이탈리아의 무솔리니가 맨 먼저 반유대주의를 입법화했고, 뒤이어 헝가리와 루마니아도 유대인 박해 정책을 공식적으로 채택했다.

개전 초기에 독일이 중부 유럽 전역을 장악하자 반유대주의도 점령 지역으로 퍼져 나갔다. 이런 분위기에 힘입어 나치 수뇌부는 유대인을 장기적으로 격리시키려는 계획을 구상했다. 놀랍게도 그것은 아프리카 동남부의 마다가스카르 섬으로 유대인을 대거 이주시킨다는 내용이었다. 미국이 참전하고 전황이 독일에 불리해지지 않았더라면 그 SF 영화와 같은 황당한 계획이 실천에 옮겨졌을지도 모른다. 만약 실제로 그렇게 되었다면 이스라엘은 종전 후 마다가스카르에 건국되고 오늘날 중동 문제는 발생하지 않았을 것이다.

초반에 치솟았던 독일의 위세가 죽고 연합국의 기세가 오르기 시작하는 1942년 나치는 드디어 결정적인 홀로코스트를 준비했다. '유대인 문제의 마지막 해결책'이라는 명칭이 붙은 반제 회의에서 나치 독일은 모든 유대인을 집단 수용소에 감금하기로 결정했다. 비록 학살이라는 말은 사용하지 않았으나 회의에서는 일단 강제 노동을 통해 유대인의 자연 감소를 유도한 뒤 남은 유대인들은 "적절하게 처리한다."라는 방침을 세웠는데, 그 말이 사실상 학살을 의미한다는 것은 명백했다(**텍스트/콘텍스트**를 교활하게 이용한 사례다). 곧바로 대량 처형을 위한 가스실을 설치했다는 것이 그 증거다.

전쟁 기간 동안 처형된 유대인은 400만 명에 달했으며, 다른 방식으로 살해된 수를 합하면 모두 600만 명의 유대인이 목숨을 잃었을 것으로 추정된다. 1948년에 이스라엘이 건국될 수 있었던 것은 전 세계 유대인들이 연합국 측에 전폭적으로 재정 지원을 하며 영향력을 행사한 덕분도 있지만 아마 홀로코스트로 인한 유대인의 엄청난 비극에 공감하는 국제적 분위기도 큰 역할을 했을 것이다. 그러나 그 때문에 중동 문제가 생겨났으니 한 비극의 해결이 다른 비극을 낳은 셈이다.

환경

Environment

"하느님이 이르시되 우리의 형상을 따라 우리의 모양대로 우리가 사람을 만들고 그들로 바다의 물고기와 하늘의 새와 가축과 온 땅과 땅에 기는 모든 것을 다스리게 하자 하시고 …… 하느님이 이르시되 내가 온 지면의 씨 맺는 모든 채소와 씨 가진 열매 맺는 모든 나무를 너희에게 주노니 너희의 먹을거리가 되리라……."

《구약성서》의 〈창세기〉에 나오는 구절이다. **그리스도교**는 처음부터 인간을 신이 창조한 세계의 주인으로 규정했다. 인간은 지상에서 신을 대리하는 역할이었으므로 신이 부여한 권리를 바탕으로 자연을 지배할 수 있었다. 자연환경은 인간을 위해 존재하는 것이었다.

그에 비해 비슷한 시기 중국에서 탄생한 도가 사상은 인간의 특권을 인정하지 않고 인간 역시 자연의 일부이며 자연의 순리에 따라 살아가야 한다고 가르쳤다. "성인(聖人)은 만물을 알지만 어느 것에도 얽매이지 않는다. 그저 그렇게 살아갈 뿐 무엇을 소유하거나 무엇에 의지하지 않는다."(노자, 《도덕경》)

인간은 환경을 지배하고 관리하는 역할일까, 아니면 환경의 일부로서 환경에 관철되는 법칙에 순응하는 존재일까? 인간에게는 두 가지 측면이 다 있다. 하이데거는 인간이 존재하면서 스스로 존재를 문제 삼는 이중적 존재 방식을 취한다고 말했는데(→ 현존재), 그 논리를 연장하면 인간은 자연에 속하면서 자연을 대상화하는 이중적 존재라고 할 수 있을 것이다.

흔히 환경문제를 떠올리면 '인간 대 환경'이라는 노골적인 대립 구도를 설정하기 쉽다. 그렇게 인간을 환경 파괴의 주범으로 몰아붙인다면 문제는 간단하지만 그런 식으로 해결될 문제는 아니다. 인간 역시 환경에 속하는 존재이기 때문에 문제는 복잡해진다. 인간은 환경의 산물이자 환경을 만들어 나가는 행위자다. 환경을 만들고 환경 속에서 살아가는 인간이 그 환경을 파괴한다는 게 가능할까?

그 질문은 환경에 관한 사상과 이론의 근저에 놓인 중요한 주제이며, 일상적으로도 자주 마주치는 문제이기도 하다. 실제로 개발과 보존에 관한 진지한 논의가 전개될 때마다, 또는 둘 중 어느 한 측의 입장—주로 개발의 논리—을 의도적으로 대변하려는 힘겨룸이 벌어질 때마다 그 문제는 표면상 드러나지 않으면서 가장 깊숙한 쟁점이 되고 있다. 단적인 예로, 숲을 뒤엎고 아파트 단지를 짓는다면 그건 환경 파괴일까? 일단은 그렇다고 해야 할 것이다. 하지만 환경의 산물인 인간이 자신을 위해 하는 활동이 어떻게 환경과 논리적으로 배치될 수 있을까?

같은 라틴어 어원〔civitas〕에서 비롯된 도시(city)와 문명(civilization)은 역사적으로 항상 **제국주의**와 행보를 같이했다. 제국주의가 존속하기 위해서는 **식민지**가 반드시 필요하듯이, 도시라는 공간은 애초부터 '시장'을 중심으로 탄생하고 발달한 만큼 살아남기 위해서 주변에 방대한 농촌을 거느리고 수탈하지 않을 수 없었다. 이는 문명이 야만(savage: '숲'을 뜻하는 라틴어 silva에서 나왔다), 즉 자연환경을 굴종시키며 발전했다는 논리와 상통한다.

문제는 그런 식의 '발전'이 자연에는 물론이고 문명에도 도움이 되지 않는다는 점이다. 문명이 자연에 가한 상처는 부메랑처럼 되돌아와 도시를 오히려 자연 상태로 만든다. 자연은 위험이고 문명은 안전이라는 철석같은 믿음이 깨어지기 시작한다. 현대에 환경문제가 대두된 이유는 바로 거기에 있다. 인간은 자신의 생존을 위해 자연을 새롭게 보게 된 것이다.

사실 환경오염은 문명의 초창기부터 있었다. 기원전 1만 년 전 인간이 최초로 동식물을 사육하고 정착 생활을 하게 된 것(→농업혁명)이 환경오염의 시작이다. 그때부터 인간은 삼림을 개간해 밭과 도시를 건설했고, 지구상에 골고루 분포된 광물자원을 도시로 집중시켜 자연의 균형을 파괴했다. 특히 청동기와 철기 같은 금속기를 사용하기 시작하면서부터는 금속을 제련하는 연료를 얻기 위해 대대적으로 숲을 제거했다. 인류 문명의 초창기에 예외 없이 대홍수가 있었다는 신화는 아주 일찍부터 삼림 파괴가 조직적으로 이루어졌음을 시사한다. 대기오염은 비교적 최근의 일이지만 토양과 물의 오염은 인류 문명과 거의 역사를 같이한다.

환경 파괴가 인간의 행위에 기인한다는 데는 동의하지만 인간의 일상적 활동이 아니라 사회 구조적인 측면에서 주된 요인을 찾는 논리도 있다. 사회생태학은 사회의 계급 구조가 자연을 지배하고 착취하는 동기와 수단을 만들어냈다는 입장을 취한다. 미국의 생태학자인 머레이 북친은 봉건사회가 몰락하면서 유기적 사회가 붕괴되었고, 뒤이어 등장한 자본주의는 인간 사회만이 아니라 자연 세계까지도 총체적으로 부정하는 자기 파괴적 성향을 드러냈다고 말한다. 그래서 북친은 지배와 억압의 체제를 전복시켜야 자연과 인간 사회가 조화와 균형을 회복할 수 있다는 무정부주의적 환경론을 제시한다.

그러나 환경을 파괴하는 것도 인간이지만 환경을 보존하는 것도 인간이다. 인간과 환경은 원래부터 대립적인 관계가 아니라 상호 의존적인 관계다. 사하라를 횡단하는 트럭 운전사는 혼자 출발하는 법이 없다고 한다. 자신의 트럭에 많은 사람이 올라탈 때까지 기다렸다가 서늘한 해질녘이 되면 길을 떠난다. 차비를 받으려는 게 아니라 운전사에게는 사람들이 필요하기 때문이다. 사막 도로의 곳곳에 도사린 모래언덕과 구덩이를 건너가려면 사람들이 내려 트럭을 밀어주어야 한다. 트럭을 인간으로, 사막을 환경으로 보면 알기 쉽다. 트럭은 강하지만 그 강함으로는 부드러운 사막의 모래언덕을 넘을 수 없다. 서로의 필요성을 인정하고 상호 의존하는 것, 이것이 인간과 환경의 올바른 관계다.

| 참고문헌 |

김방한, 《소쉬르: 현대 언어학의 원류》(민음사, 1998) 소쉬르의 저서는 사후에 그의 노트를 묶어 펴낸 《일반 언어학 강의》밖에 없는데, 특별히 그의 언어학을 전문적으로 연구하려는 게 아니라 구조주의 인식론과의 연관성을 이해하려는 목적이라면 이런 해설서로도 충분하다.

남경태, 《종횡무진 동양사》(그린비, 1999) 중국, 인도, 일본 세 나라의 역사를 탄생, 성장, 융합의 세 단계로 나누어 서술하고 있다.

남경태, 《종횡무진 서양사》(그린비, 1999) 갈래가 많고 복잡한 서양의 역사를 이리저리 꿰어 맞추며 통사적 흐름으로 전개한 대중 역사서다.

남경태, 《종횡무진 한국사》(그린비, 2001) 민족사나 일국사의 관점에서 벗어나 지역사의 맥락에서 한국사를 비판적으로 조망한 통사다.

프리드리히 니체, 《비극의 탄생》(범우사, 2002) 첫 책인 만큼 니체도 여기서는 산문의 정제된 맛을 보여준다. 보통은 그저 '이야기'로 넘기는 고대 그리스의 신화와 사상을, 이야기보다 '맥락'을 중시하는 관점으로 예리하게 분석하는 데서 니체적 사상의 맹아를 볼 수 있다.

아서 니호프, 《사람의 역사》(푸른숲, 1999) 정치, 경제, 군사 부문의 하드웨어만 가지고는 역사를 올바로 이해할 수 없다. 이 책은 인류학적 관점에서 문명이 전개되어온 과정을 기존의 역사보다 더 큰 호흡으로 설명한다.

찰스 다윈, 《종의 기원》(을유문화사, 2001) 《자본론》과 더불어 19세기의 중요한 문헌인데, 《자본론》보다 훨씬 쉽고 재미있다. 진화론을 의식하지 말고 박물지를 읽는다는 가벼운 생각으로 읽어도 좋다.

도널드 더들리, 《로마 문명사》(현대지성사, 1997) 고대 로마의 역사를 이만한 분량으로 이만큼 효과적으로 정리한 책은 보기 드물다.

르네 데카르트, 《방법서설》(문예출판사, 1997) 근대 철학의 문을 연 데카르트의 가장 중요한 저작이다. 코기토의 개념이 나오지만, 그것 외에도 수학적 추론으로 인식의 문제를 해명하려는 데카르트의 노력을 볼 수 있다.

들뢰즈·가타리, 《앙띠 오이디푸스》(민음사, 2000) 자본주의의 억압은 사회경제적 차원보다 욕망의 차원에서 더 적나라하고 심각하다. 정치경제학적 관점에서는 생각하지도 못한 '경고'를 주는 책이다. 만약 마르크스가 지금 이 책을 보았다면 자신의 혁명론을 수정했을까?

빌헬름 라이히, 《파시즘의 대중심리》(그린비, 2006) 파시즘의 하드웨어는 잘 알려져 있지만 그보다 더 중요한 파시즘의 소프트웨어를 예리하게 분석한 것은 라이히의 탁월한 공로다. 여기서 비롯된 미시 파시즘의 관점은 바로 지금 우리 사회에 절실하게 필요하다.

스털링 P. 램프레히트, 《서양철학사》(을유문화사, 2001) 국내에 소개된 철학사는 몇 가지 종류가 있지만 읽을 만한 게 없다. 개중 나은 게 이 책인데, 이것도 서술이 지루한 데다 미국 철학의 비중이 지나치게 높아 엄정하지 못한 편이다. 러셀의 《서양철학사》는 지은이의 관점이 투영되었다는 특색을 가졌으나 오히려 그 때문에 내용이 매우 엉성하다. 러셀의 명성을 의심케 하는 책이다. 특히 대한교과서에서 나온 러셀의 《서양철학사》는 도저히 읽을 수 없을 정도로 번역이 엉망이니 주의하도록!

블라디미르 레닌, 《제국주의론》(백산서당, 1988) 지금은 이 책에서 제국주의에 관한 총론 부분만 유효하지만, 현대 자본주의에서 금융의 개념이 중요하다는 레닌의 예측은 시대를 뛰어넘은 촌철살인을 보여준다. 마르크스-레닌주의 고전의 하나로 읽어도 좋다.

클로드 레비스트로스, 《야생의 사고》(한길사, 1996) 프레이저의 《황금가지》를 재미있게 읽었다면 이 책에서는 재미와 더불어 깊이도 느낄 수 있을 것이다. 단, 지은이가 다루는 인류학적 주제에만 매몰되지 말고 구조주의적 방법론에도 유의해야 본전을 건질 수 있다.

존 로크, 《통치론》(까치글방, 1996) 근대 사상가들은 어떤 주제의 책을 쓰든 앞부분에 인성론을 비롯한 기본적인 사상을 서술하는 것부터 시작한다. 그래서 이 책에는 근대 정치 이론만이 아니라 로크의 철학도 제시되어 있다. 통치자에 관한 책이 아니므로 제목은 '통치론'보다 '정부론'이 나을 듯하다.

데비이드 롤, 《문명의 창세기》(해냄, 2001) 영화 속의 고고학자 인디애나 존스가 실제로 있다면 바로 이 책의 지은이일 것이다. 지은이가 사륜구동 자동차를 몰고 중동 일대를 누비며 역사, 언어학, 지리학, 고고학, 지명 등 다양한 학문적 기반을 통해 에덴동산의 실제 위치를 찾아가는 과정은 액션 영화를 보는 것 같은 지적 즐거움을 선사한다.

게오르크 루카치, 《역사와 계급의식》(거름, 1999) 루카치가 쓴 여러 편의 글을 모아 놓은 것인데, 그가 생각하는 계급의식에 관해 알기 위해서는 1장과 3장만 읽어도 된다.

데이비드 리스먼, 《고독한 군중》(홍신문화사, 1994) 타인 지향적 사회에서 현대인이 느끼는 고독과 소외를 사회학적으로 분석했다. 원저가 1950년대 미국 사회를 대상으로 하는 만큼 지금은 좀 낡은 감이 있다.

카를 마르크스, 《임금 노동과 자본》(박종철출판사, 1999) 마르크스가 노동자 대중에게 노동과 가치 생산의 개념을 쉽게 설명한 내용을 담은 소책자다.

카를 마르크스, 《자본론》(비봉출판사, 2002) 방대한 분량에 지레 겁먹지 말 것! 이 책을 주제로 한 심도 깊은 학술 토론에 참가하는 경우가 아니라면 1권의 앞부분 150쪽까지만 읽는 것으로도 충분하다.

마오쩌둥, 《실천론·모순론》(범우사, 1994) 마르크스-레닌주의자라기보다는 실사구시의 전략가였던 마오쩌둥이지만 모순의 개념을 확장하고 심화시킨 것은 탁월한 학문적 업적이었다.

마셜 매클루언, 《미디어의 이해》(민음사, 2001) 미디어가 범람하는 시대에도 사람들은 미디어란 메시지를 전달하는 매개체일 뿐이라는 생각에서 벗어나지 못했다. 그런 점에서 미디어를 메시지 자체로 본 매클루언의 상상력은 놀랍다. 그가 지금까지 살아 인터넷과 SNS를 분석한다면 어떠할까?

존 스튜어트 밀, 《자유론》(책세상, 2005) 19세기 대표적인 자유주의자의 지혜롭고 균형 잡힌 사상을 잘 보여주는 고전이다. 다만 온건하고 사려 깊은 태도보다 강렬한 개성을 높이 평가하는 사람은 이 책이 지루하게 느껴질 것이다.

롤랑 바르트, 《현대의 신화》(동문선, 2002) 텍스트에 매몰되어 콘텍스트를 놓치기 쉬운 전형적인 분야가 신화다. 신화를 내러티브가 아닌 기호로 해석하는 근거는 거기에 있다. 고대의 신화도 그러한데 현대의 신화는 말할 것도 없다.

루스 베니딕트, 《문화의 패턴》(까치글방, 2005) 우리에게는 《국화의 칼》로 더 유명하지만 인류학의 매력을 알게 해주는 것은 이 책이다. 1930년대에 나온 책임에도 전혀 신선미가 떨어지지 않는 데는 인류학과 더불어 지은이의 문장력이 주는 매력도 있다.

장 보드리야르, 《기호의 정치경제학 비판》(문학과지성사, 1998) 《정치경제학 비판》을 초고 상태로만 남긴 마르크스가 이 책을 보았다면 화를 냈을까, 웃어 넘겼을까? 지은이는 현대사회에서 기호가치가 상품의 가치에 못지않은 비중을 가진다고 주장하지만, 기호의 물질성을 현실의 물질성에 비할 수는 없겠다.

장 보드리야르, 《시뮬라시옹》(민음사, 2001) 시뮐라크르(모방)라는 새로운 기준으로 현대사회의 현실과 가상을 재정의한다. 이 책이 SF 소설처럼 신선하게 여겨진다고 해서 가상을 현실보다 현실적으로 여기려고 애쓸 필요는 없다.

장 폴 사르트르, 《구토》(문예출판사, 1999) 놀고먹는 팔자인 연금 생활자도 실존의 관점을 들이대면 전혀 부러워할 게 없다. 주인공 로캉탱이 공원 벤치의 나무를 보면서 구토감을 느끼는 장면은 실존주의 문학의 압권이다.

에드워드 사이드, 《오리엔탈리즘》(교보문고, 2000) 동양을 바라보는 서구의 시각이 어떻게 형성되었는지, 그 배후에 놓인 의도가 무엇인지를 날카롭게 분석한다. 단, '오리엔트'란 우리의 동아시아와는 거리가 있다는 점에 유의할 것. 번역자가 쓴 장문의 글도 매우 유익하다.

《성경전서》(대한성서공회) 성서는 단순히 그리스도교의 경전만이 아니다. 그리스도교도든 아니든 성서는 인류 문명의 한 고전으로서 접할 가치가 충분하다. 특히 《구약성서》는 고대 중동사를 알려주는 중요한 역사적 문헌이다. 굳이 사서 읽을 필요 없이 www.bskorea.or.kr에서 전문을 읽어도 된다. 그러면 교회는 용납하지 않겠지만 하느님은 용서할 게다.

애덤 스미스, 《국부론》(범우사, 1992) 이 책의 원제는 '여러 국가의 부의 본질과 원천에 관한 연구'다. 유럽 세계가 처음으로 영토 국가, 국민국가로 분립된 상황을 맞은 탓에 스미스는 이런 거창한 제목으로 엄청난 분량의 책을 썼지만, 그 내용은 분업, 노동가치론, 자유방임주의로 간단히 요약된다.

신오현, 《자유와 비극》(문학과지성사, 1979) 나온 지 30년 가까이 된 책이지만 지금 읽어도 좋은 명저 급에 속하는 책이다. 사르트르의 철학을 중심으로 하면서 데카르트로부터 시작되는 근대 인식론의 역사, 후설의 현상학, 하이데거의 존재론이 탁월하게 요약되어 있다.

신채호, 《조선상고사》(일신서적, 1998) 역사서는 아카데미즘보다 저널리즘에 바탕을 둔 게 더 흥미롭다. 역사학자가 아닌 민족운동가의 관점에서 서술된 이 역사서는 민족사관과 역사적 상상력이 무엇인지 여실히 보여준다. 고대 이두문에 관한 탁월한 추리는 짭짤한 부수입이다.

이진경, 《철학과 굴뚝청소부》(그린비, 2005) 국제적 경쟁력을 갖춘 소장학자가 쓴 보기 드문 철학 대중서다. 데카르트에서부터 현대의 들뢰즈와 푸코까지 서양철학의 흐름을 쉽고 흥미롭게 소개한다.

최재희, 《칸트의 순수이성비판 연구》(박영사, 1994) 《순수이성비판》은 전문 철학자들도 고개를 절레절레 흔들 만큼 난해하다. 쓸데없이 시간 낭비하지 말고 좋은 해설서를 찾자. 단, 해설서라도 칸트철학의 철학사적 맥락은 알고 접하는 게 좋다.

E. H. **카, 《역사란 무엇인가》(까치글방**, 2001) 대학 초년생들을 위한 역사 입문서로 알려져 있지만 실은 읽어내기가 그리 만만치 않은 책이다. 원래 대학원생을 대상으로 한 강의였던 데다 일반 역사서처럼 역사적 사건이나 인물을 설명하는 게 아니라 지은이는 사관의 의미를 강조하기 위해 사건과 인물을 사례로 사용하고 있기 때문이다.

토머스 쿤, 《과학혁명의 구조》(까치글방, 2002) 과학은 철학과 다르지만 과학사는 철학사와 닮은 데가 있다. 이 책은 지은이의 의도와 무관하게, 과학을 사례로 삼은 철학적 인식론으로 읽을 수도 있다.

도널드 팔머, 《참을 수 없이 무거운 철학 가볍게 하기》(현실과과학, 2002) 조잡한 제목과는 달리 서양철학의 역사를 간결하면서도 재치 있게 요약한 책이다. 지은이가 직접 그린 센스 있는 삽화들이 수록되어 있다.

미셸 푸코, 《광기의 역사》(나남출판, 2003) 광기에 관해 알고 싶은 사람이 이 책을 택한다면 난센스다. 푸코는 먼저 자신의 가설적 이론을 확립하고 학문적 사례들을 통해 그 이론을 점차 입증해가는 독특한 연구 방식을 취했다. 그러므로 광기는 푸코가 자신의 사상을 전개하기 위해 선택한 사례일 뿐이다.

미셸 푸코, 《지식의 고고학》(민음사, 2000) 지식의 본성은 권력에 저항하는 것이라고 믿었던 사르트르는 순진했다. 지식은 오히려 권력과 영합해 권력이 제대로 행사될 수 있도록 안내하는 간신배와 같은 역할을 한다. 푸코의 고고학은 정경 유착이나 권언 유착보다 지식-권력의 유착이 더 생래적임을 밝힌다.

제임스 조지 프레이저, 《황금가지》(한겨레출판, 2003) 베니딕트의 문화인류학과 레비스트로스의 구조인류학은 이 책이 없었다면 불가능했을 것이다. 원시사회의 합리성, 주술의 과학성, 신화의 체계성 등 서구적 사고의 상식을 뒤엎는 관점은 이 책의 주 메뉴이고 원시사회와 주술과 신화의 다양한 속성을 회화처럼 생생하게 보여주는 것은 이 책의 양념이다.

지그문트 프로이트, 《꿈의 해석》(열린책들, 2004) 이 책은 꿈과 무의식을 연관 지음으로써 정신분석학이라는 새로운 학문을 창시하는 데 밑거름이 된 중요한 문헌이지만, 정작 프로이트 자신은 이 책이 현대 철학에 중대한 영향을 미치게 되리라는 것을 알지 못했다. 환자들의 꿈을 분석한 임상적 사례들은 통속적인 해몽서를 읽는 것 같은 잔재미도 준다.

지그문트 프로이트, 《정신분석 입문》(육문사, 2000) 프로이트는 현대 사상에 지대한 영향을 미쳤으나 그의 책은 전문 학술서의 냄새가 별로 나지 않아 대체로 읽기 쉬운 편이다. 이 책은 일반인을 대상으로 한 프로이트의 시리즈 강연을 묶은 것이어서 딱딱한 제목과는 달리 편하게 읽을 수 있다.

플라톤, 《국가·정체》(서광사, 2005) 화이트헤드는 "서양철학의 역사는 플라톤에 대한 주석"이라고 말한 적이 있다. 플라톤을 공부할 때는 좋은 점과 나쁜 점이 있다. 좋은 점은 이 책 한 권만 읽으면 된다는 것이고, 나쁜 점은 이 책의 분량이 상당하다는 것이다. 플라톤의 저서와 그의 사상에 관한 책은 무수히 많지만 단 한 권으로 최대의 효과를 얻으려면 이 책밖에 없다. 플라톤의 형이상학, 정치사상, 인식론 등이 모두 망라되어 있다.

위르겐 하버마스, 《현대성의 철학적 담론》(문예출판사, 1994) 전통 철학의 맥을 잇고 있는 거장이 자신의 관점에서 반대 진영의 포스트구조주의 철학을 비평하는 독특한 책이다. 가뜩이나 내용이 만만치 않은데 서툰 번역 때문에 더욱 어려워진 게 흠이다.

베르너 하이젠베르크, 《부분과 전체》(지식산업사, 2005) 불확정성의 원리에 관심이 없더라도, 현대 과학에 전혀 호기심이 없더라도 이 책은 매력 만점이다. 지은이를 비롯해 보어와 아인슈타인 등 첨단의 물리학자들이 캐릭터로 등장하는 호화 캐스팅도 흥미롭지만, 이들이 나누는 대화는 과학적 사유와 철학적 사유의 진실한 만남을 문학작품에 못지않게 감동적으로 보여준다.

스티븐 호킹, 《시간의 역사》(청림출판사, 1991) 시간의 처음은 사건의 처음이다. 시간이 시작됨으로써 물질과 우주가 형성되었고, 나아가 인간이 탄생되는 모든 사건이 일어났다. 그러므로 시간의 역사는 곧 모든 것의 역사다. 지은이는 우주의 비밀을 이해하는 것이 '신의 마음을 헤아리는 것'과 같다고 말한다.

| 찾아보기 |

ㅇ

ㅈ

개념어 사전

1판 1쇄 발행일 2006년 12월 20일
2판 1쇄 발행일 2012년 2월 20일
3판 1쇄 발행일 2019년 12월 23일
3판 3쇄 발행일 2023년 4월 17일

지은이 남경태

발행인 김학원
발행처 (주)휴머니스트출판그룹
출판등록 제313-2007-000007호(2007년 1월 5일)
주소 (03991) 서울시 마포구 동교로23길 76(연남동)
전화 02-335-4422 **팩스** 02-334-3427
저자·독자 서비스 humanist@humanistbooks.com
홈페이지 www.humanistbooks.com
유튜브 youtube.com/user/humanistma **포스트** post.naver.com/hmcv
페이스북 facebook.com/hmcv2001 **인스타그램** @humanist_insta

편집주간 황서현 **편집** 최윤영 임미영 이영란 **디자인** 김태형
용지 화인페이퍼 **인쇄** 삼조인쇄 **제본** 다인바인텍

ISBN 979-11-6080-321-1 03100

• 이 책은 《개념어 사전: 인터넷에서도 검색할 수 없는 생생한 지식의 보물창고》(2012)의 개정판입니다.